民國歷史與文化研究

十五編

第 **11** 冊

近現代「京劇捧角」文化研究

王照璵 著

花木蘭文化事業有限公司

國家圖書館出版品預行編目資料

近現代「京劇捧角」文化研究／王照璵 著 -- 初版 -- 新北市：
花木蘭文化事業有限公司，2022〔民111〕
目 6+312 面；19×26 公分
（民國歷史與文化研究 十五編；第 11 冊）
ISBN 978-986-518-930-3（精裝）
1.CST：京劇 2.CST：中國戲劇 3.CST：文化研究
628.08   111009777

ISBN-978-986-518-930-3

9 789865 189303

民國歷史與文化研究
十五編 第十一冊   ISBN：978-986-518-930-3

近現代「京劇捧角」文化研究

作　　者 王照璵
總 編 輯 杜潔祥
副總編輯 楊嘉樂
編輯主任 許郁翎
編　　輯 張雅淋、潘玟靜、劉子瑄　美術編輯 陳逸婷
出　　版 花木蘭文化事業有限公司
發 行 人 高小娟
聯絡地址 235　新北市中和區中安街七二號十三樓
　　　　 電話：02-2923-1455／傳真：02-2923-1452
網　　址 http://www.huamulan.tw 信箱 service@huamulans.com
印　　刷 普羅文化出版廣告事業
初　　版 2022 年 9 月
定　　價 十五編 14 冊（精裝）新台幣 42,000 元

近現代「京劇捧角」文化研究

王照璵 著

作者簡介

王照璵，台南市學甲區人。私立東吳大學學士、國立暨南國際大學碩士、國立中央大學中文系博士。目前為中央大學兼任講師，曾擔任新屋高中實驗研究組組長與華德福實驗班教師。師從李國俊、王安祈等教授研究戲曲，專攻近、當代戲曲文化。碩士論文題目為：《清代中後期北京「品優」文化研究》。博士論文題目為《近現代「京劇捧角」文化研究》，曾發表〈伶黨：民國時期捧伶文士集團初探〉、〈花事狼藉——從《順天時報》看清末北京「品優」文化的變遷〉、〈戲曲抒情與敘事的對話景觀：論《徽州女人》的抒情境界〉、〈私寓對北京崑曲之生存影響簡考〉等學術論文。

提　要

　　清末民初在西潮的衝擊下，中國社會進入全方面的轉型，作為大眾娛樂的戲曲藝術也不例外，在西方文化的浸染下，中國社會逐漸改變視戲曲為小道以及卑視伶人的傳統觀念，而透過報刊、印刷、攝影等新技術的密集傳播，更將戲曲伶人推向眾所矚目的焦點，成為全國知名的娛樂明星。在以京劇為代表的戲曲界逐漸形成「捧角」文化。

　　本論文以清末民初的興起這波「捧角」風潮做為研究主題，深入梳理「京劇捧角」文化的內涵，探究其淵源、過程、群體、活動以及此時文士捧角者與伶人的關係。可以發現「捧角」文化重構傳統戲曲的文士與伶人的關係，伶人從原先任人品賞的客體，成為眾星拱月的明星。在當紅名伶身邊，甚至會聚集一批被稱之為某黨的群體，為其提供資源、出謀劃策、協助伶人編演新戲，對於近現代京劇名角的舞台藝術產生極為深遠的影響。

目

次

表目次

第一章　緒　論

一、論題說明

（一）研究動機

　　章詒和在《伶人往事》中說道：「藝人，是奇特的一群，在創造燦爛的同時，也陷入卑賤」〔註1〕。短短數語卻深刻地道盡了中國伶人悲涼的生命情調。傳統社會視伶人如賤民，套上重重桎梏，但伶人卻以其色藝，突破階級的限制，遊走社會之中，其出類拔萃者甚至有顛倒眾生之魅力，翻騰起舉國若狂的浪潮，獲得極高的聲望。而士雖為四民之首，擁有較高的社會地位，一旦試場得意便可策馬瓊林，一舉成名天下知，但舞文弄墨、鑽研經史之餘，卻也常四體不勤、五穀不分，失去了在現實社會謀生的能力，若無恆產或資助，就陷於貧無立錐之地，甚至成為樂蘅軍筆下的「漂泊者」。〔註2〕文、伶的社會階級有別，但這種尊卑並存的生命情調卻有幾分類似。在不同的時代、環境裡，文人與伶人的交往也展現出各類的形態。有時文人潦倒，流落梨園，文伶相互扶持，同舟共濟；有時文人得志，則賞伶人清歌曼舞，品色鑑藝。文人或將這些優伶引為知己、同調，借由品題書寫優伶，在伶人身上投射自我，抒發自己的情感。〔註3〕或視其為天地靈氣所鍾的高妙藝術

〔註1〕章詒和，《伶人往事》（臺北：時報出版社，2006年），頁6。

〔註2〕樂蘅軍，〈世紀的漂泊者〉，《古典小說散論》（臺北：純文學出版社，1976年），頁149～166。

〔註3〕龔鵬程，〈品花記事：清代文人對優伶的態度〉，氏著《中國文人階層史論》（宜蘭：佛光人文社會學院，2002年），頁321～327、337。

品，加以品題鑑賞。〔註4〕而文人善書能寫，伶人搬演歌詠的佳篇妙曲，賴其生花彩筆點染鋪排，其聲名亦可借文字流播遠颺，這也使得伶人也樂於親近文人，兩者間出現不少文壇佳話，甚至是風流韻事。正因如此，自戲曲藝術成熟以來，文、伶便有剪不斷、理還亂的關係。

伶人是戲曲的演出載體，文人則身兼戲曲的創作者／觀賞者／評論者多重身分，包攬了戲曲生產與消費兩個層面，是推動戲曲前進的主要階層，兩者關係互動自然對戲曲發展有深刻的影響。因此探究文、伶交往以及所產生的效應一直為筆者所關注議題。雖然歷來關於文士與優伶的交遊的記載不絕於縷，但在清代以前仍多以個案方式存在。如《青樓集》般以伶人為書寫主體的作品也不多見，文、伶的相關書寫多散見於各類筆記雜著之中。直至清代中葉，私寓出現作為文士與優伶的往來樞紐，在北京城形成一種獨特的文化風尚，成為道、咸、光數朝，許多客居北京文人們的集體記憶，文伶之間也形成龔鵬程所謂：「欣賞者與被欣賞者互動共構的鑑賞關係。」〔註5〕這些文士留下一批相當可觀的菊榜、菊譜的品伶專著。於這種文化風尚，筆者曾撰寫碩士論文《清代中後期北京「品優」文化研究》，對此風尚進行全方面的考察，稱之為「品優文化」〔註6〕。「品優文化」可說是傳統文、伶最成熟的模式。

但到了晚清這樣關係受到了挑戰，眾所皆知晚清到民國是中國政治變遷、文化最為激烈的時代。政治上，西方列強蠶食鯨吞，新生的中國政權仍是岌岌可危；文化上，西方文明強勢來襲，古老的傳統文化顯得搖搖欲墜。

〔註4〕陳森，《品花寶鑑》（臺北：三民書局，1998年），十二回，頁187。

〔註5〕龔鵬程，〈品花記事：清代文人對優伶的態度〉，氏著《中國文人階層史論》，頁300。

〔註6〕所謂「私寓」原本是名伶私人住居之意，是相對於戲班落腳處的「總寓」而言。但在清代中葉，因為禁妓侑酒佐觴，伶人取代妓女填補了這時期北京城缺乏的聲色產業，成為當時士商階層流行的休閒娛樂。優伶（主要是旦角）除了場上演出外還要遊走於舞臺下的陪酒酬酢，甚至出賣色相，成為當時梨園一種常態。名伶私宅成了主要的營業的空間，由於私寓往往冠上某某「堂」的名稱，而從事這行業的伶人被稱為「相公」，「相公堂子」便成為這營業的俗稱。「品優」一詞是筆者碩士論文為了方便討論所提出的概念：「凡是對優伶進行審美活動，並為此所衍申出來的一切行為活動，都可以算是「品優」活動。」關於私寓的歷史發展、營業狀況及產生的影響。可參照筆者的碩士論文，王照璵，《清代中後期北京「品優」文化研究》（南投：國立暨南國際大學，2008年）。

政治、文化衝擊激盪出許多火花，促使著中華文明轉型。而此時恰也是京劇的成熟鼎盛時期，舞臺上名伶輩出，頭角崢嶸。整個大環境的激烈變化自然衝擊到梨園生態，不僅改變了清代中葉以來文、伶所建構「品優文化」，也逐漸顛覆了中國千餘年來傳統的文、伶關係。在這樣的背景下，傳統的品優文化會產生怎樣的改變呢？因此筆者意欲在碩士論文的研究成果基礎上往下探究民國時期的文、伶關係所建構的劇壇文化。〔註7〕

（二）捧角文化

　　「捧角」一詞並不見於清代梨園花譜中，是清末民初之際才有的說法。羅癭公曾談及民國初年的劇壇風氣時說道：「民國元、二年間，梅蘭芳初露頭角。其時朱幼芬每日出演，交游甚廣，捧之者眾。評劇捧角之風已漸開矣！」〔註8〕馮小隱也說「民國有捧角之說，以前所無也。」〔註9〕可見得在此時人們的認知中，「捧角」是新興的劇壇現象，與傳統的「品優」並不相同。造成這差異的關鍵轉折有二，一是新式報刊媒體的傳入，二是私寓制度的禁絕。傳統品優文化在這樣的潮流衝擊下，並沒有消失無蹤，而是在新的時代中與新式媒體結合轉型，造就清末民國的捧角文化。對此葉凱蒂有非常精闢的分析：

> 在這一背景下（按：指私寓禁絕），捧角文化同時發生變化。從文字上看，過去對旦角的讚美主要是從其美貌、溫柔、多情的角度，反應在此類文字與文風中的情緒是作者對旦角的性愛心理。對旦角從藝術造詣表演天分上的分析評判，是 19 世紀隨著報紙期刊的出現而產生的。這一突破不但標誌著文風的轉變，同時也反映觀念的變化。報紙的公共空間促成了從主觀的愛慕到客觀藝術標準的建立這一過程。從形式上看，捧角文化突破了過去限於文人政客圈子的界限，以清末民初的報紙為園地，使這一文化進入到公共文化領域中，導致捧旦的公開化、公共化。其基礎在於新的藝術批評文風的

〔註7〕以 1949 為界，中華民國可分作大陸時期與臺灣時期，為方便論述，在本文中若無特別說明，「民國」所指稱的是在大陸時期的中華民國，不包括 1949 年後退守臺灣的中華民國。

〔註8〕羅癭公，《菊部叢譚》，張次溪，《清代燕都梨園史料正續編》（北京：中國戲劇出版社，1988 年），頁 781。

〔註9〕馮小隱，〈顧曲隨筆〉，《戲劇月刊》第 1 卷第 11 期，《中國早期戲劇畫刊》，冊 4，頁 229～230。

興起，例如「戲評」、「劇評」、「談戲」等專欄的建立；同時也因受
到時代精神的影響，例如民國時期伶人的社會地位得到新政權的肯
定。〔註10〕

這段文字精準地分析了捧角文化興起的背景。參酌上述說法，筆者以私寓為
樞紐，文伶共構的鑑賞關係稱之為「品優文化」。而將清末民初後因為報刊傳
播、伶人明星化，以及私寓禁絕後，逐漸轉型的觀眾與伶人的互動關係稱之
為「捧角文化」。

　　捧角有哪些具體行為呢？這可參考馮小隱的說法：

> 民國有捧角之說，以前所無也，是以業伶者，技術不必果精，交遊
> 不可不廣，捧之道不一。如馮某之於梅蘭芳，瘦公之於程硯秋，此
> 固定之捧角者也。此外或以文字鼓吹或以詩歌讚美，或為仿製戲服，
> 或為編訂腳本，或四處奔走。亦如巨頭之派遣代表，或廣結報館，
> 亦類政界之造輿論，或廣為銷票，或當場喝采，取逕不同，其為捧
> 則一也。顧曲家以耳代目盲從附和，人云亦云，只需捧之者眾，雖
> 無真實本領，亦能浪得虛名。老伶名宿捧者無人，亦遂不能不退居
> 邊裨之列矣。〔註11〕

與「品優」文化類似，「捧角」也包含了臺上臺下兩個層面，不過「品優」偏
向於文人的品鑑審美。「捧角」則是投注有形、無形的資源，讓伶人獲得更高
的聲譽。這些在伶人身上投注資源者，則常被稱之為「捧角家」，他們多數希
望以此與伶人建立私人關係。但也有少部分人願意不計利害地提供資源，成
為伶人藝術的贊助者。

　　由於「捧角」常常以報刊上談戲專欄為陣地，故「評劇」一詞常常與「捧
角」連用，如前引羅瘦公的說法便是一例。就字面上意義來看，評劇是指在
報刊上撰寫劇評，發表與戲曲相關的文字，偶爾也稱「評戲」，那些常態性發
表劇評者則被稱為評劇家，整個評論界則被稱為評劇界。〔註12〕雖然這詞彙

〔註10〕葉凱蒂，〈從護花人到知音──清末民初北京文人的文化活動與旦角的明星
　　　　化〉，陳平原、王德威編，《北京：都市想像與文化記憶》（北京：北京大學出
　　　　版社，2005 年），頁 122。
〔註11〕馮小隱，〈顧曲隨筆〉，《戲劇月刊》第 1 卷第 11 期，《中國早期戲劇畫刊》，
　　　　冊 4，頁 229～230。
〔註12〕目前學界多稱為劇評家，但在民國時期多使用評劇家一詞，因此筆者文中皆
　　　　使用此詞。

容易與地方劇種中又稱為蹦蹦戲的「評劇」混淆，但「評劇」已經是當時各式報刊慣用詞彙，為保留時代特色，在本論文中的「評劇」皆指在刊物上發表劇評文章的行為。

雖然撰寫劇評是當時人們捧角的慣技之一，但在許多人眼中，「捧角」與「評劇」價值不同，不能混為一談：

> 夫劇之有評，所以促進歌衫舞扇之改良，而間接以收易俗移風之效力者也，世風日降，評劇者不此之務，而為出於捧角之一途，已放棄其當然之天職矣。〔註13〕

> 而別具肺腑，藉捧角行野心者，仍不應以評劇家目之。蓋評劇家與捧角客其性質其品格判若天淵，萬無混為一談之理也。〔註14〕

在理想中評劇必需建立客觀公正的標準，以督促伶人藝術，改良戲曲，最後達到移風易俗的功效。而捧角則更多帶有鮮明的主觀意念，甚至有時還帶有利益交換的色彩，有上下床之別。但人皆有主觀喜惡與偏好，自然不存在完全客觀公正的劇評，而捧角也未必全然是負面的行為，正如張肖傖所說：

> 今人每願居捧角之實，而不願居捧角之名，其實捧之一字，明含捧之向上之意，亦即古人標榜之意。老譚、小樓之有今日固由藝術之精湛廣博，然當其頭角嶄露以迄成名之時，何嘗非眾人捧之而成。梅蘭芳之在今日已算中國第一活寶，然而搖旗吶喊者正不乏人，是知捧亦無庸諱者也。〔註15〕

正是因為有捧角才能造就這麼多的名伶，在此脈絡下，沙大風在〈答老鰥先生〉更指出公正捧角，賞拔後輩伶人，實為評劇者的義務責任：

> 吾嘗謂角非不可捧，要在捧之有道，或此人為初出茅蘆之腳色，藝有可取，而其名不彰，是吾輩應盡提掖獎進之責任，或其人為潮流所排擊，一般人對之發生誤解，吾人應當為其正視聽，明優點⋯⋯吾人應當盡吾等獎掖後進之責任，同時吾人應當注意吾等獎掖後進之本意，不僅在使其掙每場五百金之大洋錢，吾人應注意後生之輩，

〔註13〕常樾公、孫谷紉，〈評劇一份子筆伐口誅之天討〉，《順天時報》，1915 年 3 月 13 日，五版。

〔註14〕訥庵，〈訥庵菊譚〉，《順天時報》，1917 年 2 月 16 日，五版。

〔註15〕張肖傖，〈吾人有捧言菊朋之必要〉，《戲劇月刊》第 1 卷第 4 期，《中國早期戲劇畫刊》，冊 2，頁 71。

務使其成為實至名歸之梅蘭芳，萬勿使其成為盜名欺世之某先生，
是則已盡吾輩評壇莫大之責任。〔註16〕

因此雖然「評劇」不等於「捧角」，但兩者之間關係著實盤根錯節，難以判然
二分。由於此時評劇家透過撰寫評伶論劇與戲曲界產生緊密的連結，這使得
民國時期所謂的「評劇」不局限於紙面上評論伶人色藝、劇作優劣，而是延
伸出參與劇界活動的意涵，更具有探究戲曲知識的面向，是民國時期劇學成
熟的重要推手。至於「捧角」更提供民國伶黨成長的沃土，對於民國時期名
伶藝術發展有著深遠的影響。總而言之，「評劇」、「捧角」都牽涉到了觀眾、
演員互動關係，共同推進民國戲曲發展。由於「捧角」一定程度上包含了
「評劇」，因此本論文以「捧角」來指稱清末民國伶人與文人所共同建構的劇
壇文化。

（三）年代斷限

首先，必須先解釋題目中的「近現代」的意涵，並說明年代斷限的理由。
在中國文學、歷史研究中，普遍將近代定義為鴉片到五四運動（1840～1919）
這段時間，而現代則指五四運動到兩岸分治（1919～1949），當代則是兩岸
分治到當今。〔註17〕「捧角」起源於清末，興盛於民國，正好涵蓋了近代與
現代兩個時代，因此將題目定為「近現代」。這時期的中國，政治上局勢不
穩，文化上中西雜揉，在這樣環境下成長的「捧角」文化自然比傳統「品優」
文化更具有現代多元喧嘩的特質。從「品優」到「捧角」的轉型有個漸變的過
程，難以明確劃分，不過「捧角」文化的成形與報刊的催化脫不了關係。由於
《申報》在同治十一年（1872）刊登的〈戲園瑣談〉，往往被視為第一則報刊
劇評，自此開啟戲曲與新媒體結合的契機。〔註18〕因此筆者將研究時間上限
訂於此年。

民初以來「捧角」之風日益興盛，而四大名旦的崛起正為其高峰。即使
是民國二十六年（1937）對日戰爭的爆發，都沒對這種文化產生致命的衝擊。
不過戰爭的烽火仍是影響此時名伶的演出生涯，四大名旦在此時慢慢退出演

〔註16〕沙大風，〈答老鯨先生〉，《半月戲劇》第 2 卷第 9 期，《中國早期戲劇畫刊》，
　　　　冊 34，頁 45。
〔註17〕王安祈，《當代戲曲》（臺北：三民書局，2002 年），頁 5。
〔註18〕傅謹，〈大眾傳媒與新興的戲曲批評——中國戲曲文獻的體與用研究之四〉，
　　　　《戲曲文獻研究》，2013 年，頁 14。趙海霞，《1872～1919 年近代報刊劇評
　　　　研究》（上海：復旦大學博士論文，2011 年），頁 33。

出第一線，劇壇開始世代交替，此時「捧角」的風氣仍在，卻無法再創輝煌，規模與熱烈程度上也不如民國二十六年以前。到了民國三十八年（1949）中華民國退守臺灣，中華人民共和國全面收編戲曲界，這風氣也隨之終結。因此筆者將研究時間的下限也訂於 1949 年為止。

二、研究方法與議題

　　關於民國時期京劇的相關書籍不少，諸如藝術評論集、梨園軼事、伶人傳記、回憶錄之類的專著可說是琳瑯滿目，不乏當時身歷其境之人的筆墨，其中可作為研究「捧角」文化的資料看似非常充足，但筆者深入研讀後，很快地便發現相當嚴重的問題。那就是這些書籍大多為 1949 年後所作，論述中時時可見國共政權更迭所造成的強烈意識形態干擾。

　　像中共這樣對戲曲高度重視的政權是中國史上少有的，在獲得內戰勝利前夕，仍須安頓政局之時，便迫不及待地展開了戲曲改革工作。在官方的主導下，透過改戲、改人、改制一系列行動全面改造戲曲。為了有效改革戲曲，更展開整理挖掘戲曲資源的工作，許多演出劇本獲得了出版的機會，還為名伶出版文集、藝術評論集、回憶錄等。這的確為戲曲史料的保存做出了極大的貢獻。但重視同時也代表干涉，整理後的劇本和各式評論集、傳記、回憶錄，不同程度地都參雜中共的意識形態，從中無法完全掌握 1949 年以前梨園劇壇、文伶關係的真實樣貌。這些文字往往讓我們看見的是一個個的人民藝術家，而非流行娛樂場上風華絕代的名伶。

　　臺灣方面，固然有一些來臺文人戲迷撰寫他們的梨園記憶來表達對故園的緬懷，而轉進臺灣的國民黨政權，意識形態的干擾也沒有對岸那麼深入全面。但多數叱吒風雲的名伶並未來到臺灣，使得這些文字不乏誇飾之語與自我標榜之嫌，而且在數量仍不足全面觀照民國劇壇。

　　為了突破上述文獻的侷限，筆者將目光放到了民國時期報紙期刊與各類出版品的身上。近年來對報刊雜誌的研究日益興盛，成為研究近當代政治、經濟、歷史、文化、文學等諸多領域時的重要文獻資料，關於戲曲史領域的研究，運用報刊資料也取得了不錯的成績。

　　在近現代多元的輿論環境，各式報刊成為交織著等各種聲音的公共輿論空間。雖然這些記述未必正確，內容也零散片段缺乏條理，卻相對如實地展示出當時人們眼中的劇壇生態、梨園文化、伶人形象，沒有 1949 年後相關著

作那強烈的意識形態。這些報刊雜誌可說是民國劇壇的展示櫥窗，一窺這些文、伶們所塑造出的近代梨園景觀。除了報刊之外，清末民國出版的各式梨園刊物，如伶人專集、劇評文集，甚至是梨園小說，都是研究捧角文化第一手資料。至於 1949 年以後伶人、評劇家的回憶錄，在仔細甄別後，仍可作為研究補充之用。

本篇論文大致有以下幾個研究重點：

（一）報刊劇評的開展

清代中葉以後品優專書的傳鈔出版已經蔚然成風，成為當時的熱門商品，這些書籍不僅記錄下諸多名伶風采與梨園風情，更將「品優文化」流播至不同階層、地域。而到了晚清時期，隨著西方船堅砲利叩關中國的，還有各式各樣的新文化、新技術，其中外國的印刷技術使得中國本已發達的出版業有了更長足的進步，而西方現代報刊的引入，也使得傳統的梨園書寫有了進一步的變化與發展。

眾所皆知，報刊出版傳播形式與它所具有的高度傳播力絕非一般書籍所能企及，著名大報的影響力足可突破群體、地域的侷限。雖然當時有識之士本欲以此力量達到啟迪民智，宣揚進步思想的目的。但額外的效果則是造成這種傳播力與當時的娛樂產業快速緊密的結合，當時主流娛樂戲曲便成為最大的受益者，晚清時期書寫梨園的文字逐漸轉移陣地，成為報刊常駐版面的一部分後。新式的戲劇評論文字「劇評」於焉誕生。

「劇評」是清末民初受西方戲劇影響才出現的名詞，雖然中國歷史上關於戲劇的討論文字很早就散見於各類筆記雜著，尤其在晚明時期更是時有所見。這些文字評價劇本優劣，敘述演員技藝，已有劇評的雛形。清代中葉「品優文化」興起，大量「品優專著」留下不少伶人舞臺藝術的描繪。但這些記錄常用華麗辭藻包裝著主觀情感，美則美矣，但內容往往流於片斷化、印象化。到了清末民初，報業的興盛，恰好提供了這樣一個發表意見的紙上空間。正如劍雲在〈三難論〉與聽花《中國戲曲》中所說：

> 國人嗜劇者日多，久之有所得，以其意見發為評論，揭之報紙。評劇家之名以立。十年以來，遂成風氣。國中大小報紙，幾無不列評劇一欄。〔註19〕

〔註19〕劍雲，〈三難論〉，《菊部叢刊》，《平劇史料叢刊》（臺北：傳記文學出版社，1974 年），頁 122。

> 所謂劇評者，中國從前殆無其事。（但出小冊子評論優伶者古來往往
> 有之）清季以降，報章風行於世，於是戲評時設一欄。民國以來，
> 報館林立，劇評漸繁，迄乎今日。則京津滬楚之間，大小報章，特
> 設一欄，連載劇評。〔註20〕

評劇風潮還使得這時期出現了「評劇家」這前所未有的身分。可見清末民國時報紙評劇風氣之盛，同時成熟發達的出版業，也促使民國以後名伶、梨園相關的出版品宛如雨後春筍般大量問世，如劇評集、品伶詩集、伶人專刊、名伶照片、演出劇本、梨園小說……等，形式內容之多彩多姿，令人目不暇給，是當時人們消遣讀物，也是戲迷們炙手可熱的珍藏。雖然這些報刊或出版品大多追求娛樂性，往往充滿了八卦與小道消息，但從中可以觀察到當時評劇家如何書寫劇壇、塑造伶人、認識梨園，甚至從中可以觀察到不同話語力量的運作與競爭現象。可見認識此時報刊與出版品傳播運作的方式，是我們探究此時劇壇、伶人、觀眾三者互動關係不可或缺的研究基礎。報刊的公開性、即時性、互動性、多元性等特質逐漸滲入這些品伶談戲文字之中，改變了過去書寫伶人方法與角度。這在民國以後尤為明顯，展現出與前代截然不同的風格。

　　雖然報紙開放、多元、傳播迅捷的特質，使得民國報刊評劇空間成為各種話語權競爭角逐的場域，致使深度大多未能開展，客觀公正性也有待商榷。但不管怎麼說，報刊劇評的成熟與常態化是民國劇壇的一大特色。這些新興的評劇家者大多可劃分在廣義的文人範疇中，因此劇評也成為伶人與文人觀眾對話的管道之一，字裡行間也反映了文人對戲曲的態度與美學。因此研究此時捧角文化，對此時劇評之形式與內涵清裡爬梳有著十足的必要性。

（二）伶人明星化與形象塑造

　　清代以來菊榜、菊譜的興盛，已經使得伶人成為當時品優客追捧的對象，已有類似明星的特質，但畢竟仍侷限於特定階層與地域，也沒有基本上改變伶人服侍文人的傳統關係。晚清以來從西方傳來的新式傳播媒介，無論是報刊、攝影還是唱片，都對於這時期名伶的聲望的流播宣揚，產生很明顯推波助瀾的功用，突破了地域、階級、群體的制約，一步步地成為近代意義上的明星。使得清末民初的名伶開始具有全國性的知名度，其中最具代表性的就

〔註20〕聽花，《中國戲曲》（北京：順天時報，1925年），頁281。

是譚鑫培：

> 譚鑫培的時代，剛巧是中國社會進化史上一個偉大的時代，因為和
> 他生命同時，中國報紙業也由萌芽而漸如春筍怒發地生長出來了，
> 報紙上有了關於譚鑫培的記載和批評，銷路就會擴大起來，比登載
> 八國聯軍入北京的消息還更有人注意些；因此鑫培的名聲不但隱然
> 駕慈禧太后和光緒皇帝而上，且隱然駕中華民族而上。〔註21〕

其言或許略有誇張，但亦可知報刊傳播對譚鑫培聲名流傳影響之大，讓他從
北京地區的名伶一舉成為全國知名的明星。不過此時譚鑫培已是演藝生活晚
期，雖然成功乘上這波浪潮，但沒幾年便與世長辭。真正搭上這股風潮的其
實是稍後以梅蘭芳為代表的諸多名伶，尤其是旦行演員，如四大名旦的稱謂
就是在一報一刊一唱片的推波助瀾下奠定的。〔註22〕可見這些新式媒體在伶
人明星化中所佔有的關鍵力量。

名伶明星化的衍伸出來的就是伶人社會地位的提升與經濟所得的大幅提
升。在傳統觀念裡娼優都屬以色藝娛人的賤民階級，其中伶人地位甚至不如
娼妓。〔註23〕但晚清以來新式媒體傳播力量卻首先在這兩個群體發酵，先後
成為當時人們矚目的焦點。而清末民初受西方文化影響而興起的戲曲改良
論，戲曲逐漸被視為可以移風易俗的木鐸，伶人也被視為教化天下人之講
師。即使卑視優伶的觀念不可能一下子根除，但至少是公眾對伶人的一種期
待，由晚清到民國，這種觀念漸為人所接受，優伶身分也逐步攀升。

許多名伶對此也有所自覺，其中佼佼者，如梅蘭芳、程硯秋，在周邊文
人的協助下，有計畫地塑造自我形象，並以國際視角將名伶打造成中國文化
的一張名片。因此梅蘭芳赴美、日的演出與程硯秋訪歐之旅都不只是私人行
程，而是公眾的文化盛事。出國其間，報紙仍不時報導相關動態，對這些名
伶而言，出國演出或訪問，對外扮演文化交流使節的角色，對內則成為最好

〔註21〕劉守鶴，〈譚鑫培專記〉，《劇學月刊》第 1 卷第 11 期，收錄於《中國早期戲劇
　　　　畫刊》（北京：全國圖書館文獻縮微複製中心，2006 年），冊 18，頁 667。
〔註22〕所謂一報是《順天時報》，一刊是《戲劇月刊》，一唱片是指長城唱片公司所
　　　　出版的四五花洞唱片。見葛獻挺，〈四大名旦產生的經過和歷史背景〉（一），
　　　　《中國京劇》，2007 年第 2 期，頁 50～51。
〔註23〕〈清稗類鈔‧娼妓類〉記載：「京師之伶不敢謁妓，卒然遇之，必屈一膝以致
　　　　敬，稱之曰姑姑，妓則貽以手巾、荷包等事。……然妓女若與優伶共宿，則人
　　　　皆賤之……。」徐珂，《清稗類鈔》（北京：中華書局，2003 年），頁 5155。

的宣傳話題。他們積極參與各類文教活動，諸如梅蘭芳與齊如山等人成立國劇學會，程硯秋受邀進入中國戲曲音樂學院、中華戲曲專科學校擔任要職，此時他們都不再只是單純的演藝人員，而是文化界的重要參與者。

（三）「文人」內涵的質變

「文人」是中國階層中重要的骨幹，也是研究文史時朗朗上口的名詞，但這階層在不同時空背景其下指涉意涵卻略有差異。龔鵬程在〈中國傳統社會的文人階層〉一文中從歷時性的角度述說了文人階層的流變，文中提出「文化人」的概念，認為自晚明以來，文人一詞的內涵從一個文學人的身分，逐漸成為一種以文學為主，而且又具有廣泛文化藝術涵養的人，是一種文化人，也是「傳統文化的人」，他們透過掌握傳統、體現文化，所以他們也就代表文化。〔註24〕而從相關文獻可知，清代私寓最主要消費者是赴京趕考的各省舉子〔註25〕，也有部分京官參與。但不管有官無官？他們都是熟經史，諳文墨，以科舉為晉身之階的傳統文人，他們以自身的美學觀打造了「品優文化」。但自光緒三十一年（1905）科舉制度終結，傳統文人失去之千百年來賴之晉身的途徑，等同敲響了這個階層的喪鐘。與此同時，晚清以來在洋務運動的推行與西式教育的引進下，西學東漸的效果也逐漸顯現，西方知識、文化逐漸滲入傳統文人階層，在西學的洗滌下，兼學中西逐漸成為清末民國知識份子的共同特質。因此他們承載的「文化」內涵產生了質變。雖然他們大多仍有深厚的舊學基礎，但文學不再具有獨尊的地位，他們身上承載的「文化」內涵不再只有傳統文化，西方文化也成為他們知識構成的重要部分。王敏比較晚清與民國上海報人的研究，可以作為我們理解這些中西兼學的文人群體的參考。她稱晚清以來報人的主體是「混合型文化人」，這些人受的是舊式教育，多有參加科舉的經歷，他們因工作關係接受西方科學知識，但骨子裡還是認同傳統道德價值，一有機會馬上回歸傳統體制。而民國以後，報人則是以留學或受新式教育者為主體，他們雖有舊學根基，但對西方文化則有更多認同，更展現出中西交織的價值觀。〔註26〕筆者以為從晚清到民國，西潮東漸促使文人階層開始分化，除了傳統文人之外，這批西化程度深淺不一

〔註24〕龔鵬程，〈中國傳統社會的文人階層〉，《中國文人階層史論》，頁39。
〔註25〕王照璵，《清代中後期北京「品優」文化研究》，頁101。
〔註26〕王敏，《上海報人社會生活（1872～1949）》（上海：上海辭書出版社，2008年），頁17～32。

的「混和型文化人」逐漸成為文人階層主體。清末科舉雖然終結了傳統文人的仕宦之路,但也給予這類混和型文化人更廣闊的人生舞臺,他們投身政界、金融界、軍界、學界、報界各領域,不同領域的經驗,使這些文化人不再只會誦經讀史、吟詩作對,而有更廣闊多元的知識與文化視野。這批文化人在面對戲曲與伶人的態度觀念也不像傳統文人那麼一致。即使是同是西化傾向鮮明的文化人,既有如新文化運動中,對舊劇猛烈批判攻擊的陳獨秀、錢玄同等人,也有國劇運動中對舊劇批判性肯定的余上沅、趙太侔等人。分化的文人階級為此時戲曲發展帶來不同以往的改變與挑戰。

(四)文、伶關係新境界

綜上所述,清末民初之際,文人與伶人都面臨了前所未有社會地位重構整合的歷程,這自然也影響彼此之間的關係,兩者的關係進入一個全新的階段。如上所說,分化後的文人階層,其文化背景差異很大,除了擅於吟風弄月傳統文人外,也有同時在傳統與新式教育成長的混和型文化人,更有海外歸國滿懷改革理想的新知識分子。不同背景的文人對戲曲以至於伶人的態度都不盡相同,有的還企圖維持清代「品優文化」中的文、伶交往模式;有的則是作為戲迷在劇場為其吶喊助威;有的投身報界撰文捧優,評戲品藝為生;有的成為伶人輔佐,為其出謀劃策、編寫劇本;有些懷抱革新理想,視戲曲為落後陳舊之物,欲以新劇取而代之;有些則致力於戲曲革新,在舞臺演出與戲曲教育頗有建樹。但在諸多文人中,有兩個群體對此時捧角評劇文化影響最為深遠,筆者擬著重探討之,他們分別是:

1. 評劇家

前文曾提及,評劇家即是指相對穩定在報刊上發表劇評的人,而報刊作為捧角評劇的主要陣地,報人自然成為評劇家的大宗。即便不是報人,也往往與報刊有著密切的關係。晚清新興的報業引吸引不少科舉不第的文人投身其中。隨著科舉廢除,眾多斷絕仕宦之途的文人,為謀生也只能投身報界舞文弄墨。隨著評劇之風的興起,掌握話語權的報人對劇界的影響力也就日益可觀。他們報導劇壇動態、刊登演出廣告,撰寫劇評,甚至編寫劇本,於公於私很容易與伶人建立起複雜深厚的交誼。而資深評劇家大多也是地方名士,伶人每到一地演出往往也要前往拜會。新興的坤伶、童伶更需要他們提攜吹捧,認為義父或是發展出男女關係更是時有所聞。舉凡邀角商演、籌辦義演、灌錄唱片、名伶選舉往往可以看到這些評劇家身影穿梭其間。如上述提及促

使四大名旦稱號成立的四個關鍵人物無不是評劇家出身。〔註27〕此時期伶人公眾形象多由他們一手打造，評劇家與伶人、劇界關係之密切可見一斑。

2. 伶黨

「伶黨」則是指清末民初由觀眾所組成的「戲迷集團」，常被冠上伶人名字，被稱為「某」黨，為方便論述，稱之為「伶黨」。早在「品優」文化興盛的時期，文人帶著自己賞識的優伶參與文會，吟詩結集，彼此之間交換情報，分享看戲心得，這些文社已經有了戲迷團體特質，不過他們不是某個特定優伶的支持者，而是喜好品優賞戲的同好，其本質仍是文人結社。而民國時期的戲迷團體明確為某伶人的支持者，以伶為中心的趨向非常明顯。

多數伶黨就類似現今後援會一般，除了為伶人宣揚炒作，助長聲勢，有時還會在報刊、劇場引起各式紛爭。但少數伶黨成功地整合不同領域的文化人，將戲迷團體轉型成為協助伶人規劃演藝生涯，甚至足以推動伶人藝術發展的經紀、創作團隊。當時除了稱為某「黨」外，有時也稱「幕」突出其輔弼之功。我們可以這麼理解：「戲迷團體」是伶黨的初級階段，而「伶幕」則是在「戲迷團體」基礎上發展出的伶黨成熟階段。筆者以為伶黨的崛起是民國劇壇最獨特的一道梨園景觀，更可視為捧角文化最極致展現。

三、前人研究成果

清末捧角文化牽涉的層面相當的廣泛，包含了戲劇評論、捧角文化、文伶關係等不同層面。早年對此研究較少，王安祈在〈京劇文士化的幾個階段〉〔註28〕、〈京劇梅派藝術中梅蘭芳主體意識之體現〉〔註29〕是較早碰觸到民國文伶合作關係的論文，探討這時期文人與伶人攜手合作編演新劇的文化意義，展現出文伶合作關係裡，伶人所佔有的核心位置。林幸慧在其碩士論文《流派藝術在京劇發展史上的意義》〔註30〕也有京劇史上文、伶合作以及伶

〔註27〕 葛獻挺，〈四大名旦產生的經過和歷史背景〉（一），《中國京劇》，2007 年第 2 期，頁 50～51。

〔註28〕 王安祈，〈京劇文士化的幾個階段〉，收錄於氏著《傳統戲曲的當代表現》（臺北：里仁書局，1996 年）。

〔註29〕 王安祈，〈京劇梅派藝術中梅蘭芳主體意識之體現〉，收錄於氏著《為京劇表演體系發聲》（臺北：國家出版社，2006 年），頁 31～98。

〔註30〕 林幸慧，《流派藝術在京劇發展史上的意義》（新竹：清華大學碩士論文，1997 年），後由里仁書局出版改為《京劇 VS 流派藝術》（臺北：里仁書局，2004 年）。

黨的初步探討，他們的研究成果對筆者深有啟發。不過兩位學者撰寫論文時，報刊資料尚不充足，因此難免有些侷限。近年來報刊研究盛行，為戲曲研究提供了豐富的文獻素材，葉凱蒂〈從護花人到知音——清末民初北京文人的文化活動與旦角的明星化〉〔註31〕一文，以犀利的視角探究清末民初文伶關係在報刊催化下的轉變，以及此時伶人明星化的梨園新貌，可說是研究清末民初由品優過渡到捧角文化的開拓之作，為本篇論文提供了重要的論述基礎。

近年來以清末民初捧角文化為主題的研究有徐煜〈明星崇拜心理中的非審美成分——以晚清以來捧角現象為樣本〉〔註32〕、徐劍雄、徐家林〈都市里的瘋狂——近代上海京劇捧角現象〉〔註33〕。這兩篇都以上海捧角現象為研究主題，偏向探討捧角文化的娛樂面向，並分析觀眾的捧角心理。相對於前兩篇文章對捧角活動都採取比較負面的態度，沈后慶〈民國捧角文化：以梅黨為例〉則略有不同，此文陳述了當時人們對於捧角熱潮正反兩方的態度，並未完全將捧角汙名化，而是指出：「『捧角』現象畢竟是戲劇向前發展的重要表徵。」〔註34〕

除此之外，關於清末民初伶人群體的研究多少也會觸及到捧角議題，近年關於女伶的研究，如張遠《近代平津滬的城市京劇女演員（1900～1937）》〔註35〕、張雅筑《報刊媒體與京劇坤伶的明星化（1912～1937）》〔註36〕、董虹《城市、戲曲與性別：近代京津地區女伶群體研究（1900～1937）》〔註37〕

〔註31〕葉凱蒂，〈從護花人到知音——清末民初北京文人的文化活動與旦角的明星化〉，收錄於陳平原、王德威主編，《北京：都市想像與文化記憶》（北京：北京大學出版社，2005 年），頁 121～134。

〔註32〕徐煜，〈明星崇拜心理中的非審美成分——以晚清以來捧角現象為樣本〉，《戲劇文學》，2012 年第 10 期（總 353 期），頁 113～117。

〔註33〕徐劍雄、徐家林，〈都市里的瘋狂——近代上海京劇捧角現象〉，《貴州社會科學》，2007 年第 3 期（總 207 期），頁 40～45。

〔註34〕沈后慶，〈民國捧角文化：以梅黨為例〉，《中國戲劇》，2017 年第 5 期，頁 67～69。

〔註35〕張遠，《近代平津滬的城市京劇女演員（1900～1937）》（山西：山西教育出版社，2011 年）。

〔註36〕張雅筑，《報刊媒體與京劇坤伶的明星化（1912～1937）》（中壢：國立中央大學碩士論文，2016 年）。

〔註37〕董虹，《城市、戲曲與性別：近代京津地區女伶群體研究（1900～1937）》（南開大學歷史學所博士論文，2012 年）。

等論文中，則做為劇壇背景，陳述當時捧女伶的風氣。還有吳新苗〈從狎優到捧角：《順天時報》中堂子史料及文人與「相公」的關係〉〔註38〕則是以清末《順天時報》刊載的相公堂子報導為依據，分析此時私寓文人從狎優到捧角的變遷。

　　由捧角文化還可衍伸出關於伶黨的討論。伶黨之爭是民國年間娛樂界常見現象，絕大多數只是伶人、戲迷之間的競爭比較，但有些黨爭也有特別意義。目前學界較關注的是關於馮（春航）、賈（璧雲）黨爭，因為這不只是單純黨爭，更代表當時兩種戲劇思潮的抗衡。在周淑紅〈南社人「捧角」中的戲曲現代性因子〉〔註39〕、劉汭嶼〈梨園內外的戰爭——20世紀第二個十年上海京劇界之馮賈「黨爭」〉〔註40〕，以及唐雪瑩《民國初期上海戲曲研究》〔註41〕〈南社與戲曲〉章節，都對當時捧角風氣以及馮賈之爭做過詳細的討論，並注意到南社成員藉由捧角寄託政治思想乃至於達到宣傳新思想的目的。至於梅（蘭芳）、程（硯秋）黨爭，也有學者論及，梅程之爭讓我們看到當時名伶競爭從娛樂空間延伸到藝術文教場域。在谷曙光《梨園文獻與優伶演劇——京劇崑曲文獻史料考論》〔註42〕中〈《劇學月刊》：戲劇期刊的重鎮與「梅程黨爭」〉章節中都論及《劇學月刊》的刊行、內容中所暗含的梅程之爭的影子。而曹南山〈「梅程黨爭」的幕後較量：從《戲劇叢刊》與《劇學月刊》管窺藝術流派之爭〉〔註43〕則在前文基礎上，分析兩份期刊在內容上相互對應之處，分析兩黨競爭的狀況。

　　關於評劇文化可以分成三個議題，分別是對於劇評、戲曲刊物以及評劇家群體的研究，而這三個議題往往又彼此糾纏。目前筆者所見的學界成果有傅謹〈大眾傳媒與新興的戲曲批評——中國戲曲文獻的體與用研究之四〉一

〔註38〕吳新苗，〈從狎優到捧角：《順天時報》中堂子史料及文人與「相公」的關係〉，《文藝研究》，2013年第7期，頁111～118。

〔註39〕周淑紅，〈南社人「捧角」中的戲曲現代性因子〉，《南京理工大學學報（社會科學版）》第28卷第4期（2015年7月），頁44～50。

〔註40〕劉汭嶼，〈梨園內外的戰爭——20世紀第二個十年上海京劇界之馮賈「黨爭」〉，《文藝研究》，2013年第7期，頁101～110。

〔註41〕唐雪瑩，《民國初期上海戲曲研究》（北京：北京大學出版社，2012年）。

〔註42〕谷曙光，《梨園文獻與優伶演劇——京劇崑曲文獻史料考論》（北京：中國科學出版社，2015年）。

〔註43〕曹南山，〈「梅程黨爭」的幕後較量：從《戲劇叢刊》與《劇學月刊》管窺藝術流派之爭〉，中央戲劇學院學報《戲劇》，2016年第3期（總第167期），頁55～66。

文概述了劇評大眾傳媒性以及作為戲曲理論研究的文獻價值。〔註 44〕趙海霞博士論文《1872～1919 年近代報刊劇評研究》〔註 45〕，是目前關於報刊劇評最全面的研究，對於報刊劇評的淵源、體例、語言形式、戲劇觀念、評劇家群體以及劇評中所展現的大眾文化做了相當程度的探討。耿祥偉博士論文《晚清民國戲劇期刊研究》則是以宏觀視角概覽了此時期的各式戲劇期刊，探討此時期戲劇觀念衝突與轉變，文中並沒有刻意區分傳統戲曲與話劇，但整體內容重點更偏向於話劇。〔註 46〕胡淳艷〈民國時期京劇劇評之批評〉則聚焦在京劇劇評上，分析此時京劇劇評的優缺點。〔註 47〕松浦恒雄〈特刊在中國現代戲劇中的作用——以民國初年的特刊為中心〉〔註 48〕一文則是分析民國伶人特刊專集在當時劇壇的作用。張芳《民國初期戲劇理論研究（1912～1919）》主題雖是是探討此時期的戲劇理論，也帶到不少關於報刊劇評以及評劇家群體的研究。〔註 49〕谷曙光《梨園文獻與優伶演劇——京劇崑曲文獻史料考論》〈近代傳媒與戲曲〉一章對這三個議題都有所著墨，如報刊所造就的同步劇評現象的探討、《劇學月刊》以及其中暗含的黨爭的現象分析、與評劇家張古愚與其主辦的《戲劇旬刊》的研究。

　　有些研究則將焦點聚集在特定刊物，如朱星威的碩士論文《戲曲出版與商業文化：《戲劇月刊》研究，1928～1932》〔註 50〕，針對 1920～30 代非常重要的戲曲刊物《戲劇月刊》，論述其創辦歷程、編輯撰稿人、連載內容、出版機制及其影響力。陳淑美《舊京城　新曙光——論 1930 年代的齊如山與北平國劇學會及其期刊》〔註 51〕則是以齊如山與梅蘭芳等人成立的北平國劇協會發行

〔註 44〕傅謹，〈大眾傳媒與新興的戲曲批評——中國戲曲文獻的體與用研究之四〉，《戲曲文獻研究》，2013 年。

〔註 45〕趙海霞，《1872～1919 年近代報刊劇評研究》（上海：復旦大學博士論文，2011 年）。

〔註 46〕耿祥偉，《晚清民國戲劇期刊研究》（上海：復旦大學博士論文，2010 年）。

〔註 47〕胡淳艷，〈民國時期京劇劇評之批評〉，《四川戲劇》第 2 期（2009 年 2 月），頁 35～37。

〔註 48〕松浦恒雄，〈特刊在中國現代戲劇中的作用——以民國初年的特刊為中心〉，《學術研究》，2010 年第 3 期，頁 143～151。

〔註 49〕張芳，《民國初期戲劇理論研究（1912～1919）》（長春：吉林大學出版社，2013 年）。

〔註 50〕朱星威，《戲曲出版與商業文化：《戲劇月刊》研究，1928～1932》（新加坡：新加坡國立大學碩士論文，2009 年）。

〔註 51〕陳淑美，《舊京城　新曙光——論 1930 年代的齊如山與北平國劇學會及其期

的《戲劇叢刊》、《國劇畫報》為材料，探究這時期齊如山的戲曲研究成果。

關於評劇家的研究，在趙海霞《1872～1919 年近代報刊劇評研究》、張芳《民國初期戲劇理論研究（1912～1919）》文中都有所陳述。趙婷婷〈《申報》劇評家立場的轉變〉〔註 52〕、〈《申報》京劇評論家的自我建構〉則是以發表在《申報》的劇評為依據探討評劇家觀念與自我認知的改變。〔註 53〕至於個別評劇家的研究則以齊如山為顯學，這與齊如山著作等身脫不了關係。如謝欣儒的《齊如山編導理論暨劇本七種研究》〔註 54〕、陳淑美《齊如山京劇參與之探討》〔註 55〕以及梁燕《齊如山劇學研究》〔註 56〕。都是針對齊氏的戲曲學術、編劇、導演成就的研究。近年來辻聽花的研究也頗為熱門，么書儀收錄於《晚清戲曲的變革》〈清末民初日本的中國戲曲愛好者〉〔註 57〕一文是早期關於辻聽花的研究，么氏還整理翻譯相關史料，為相關研究打下一定的基礎。在此基礎上周閱〈辻聽花的中國戲曲研究〉〔註 58〕、吳宛怡〈近代劇評的發生——《順天時報》與辻聽花〉〔註 59〕、李莉薇〈辻聽花對京劇的研究與傳播〉〔註 60〕、盧琳的碩士論文《辻聽花京劇劇評所反映清末民初演劇與新聞的關係》〔註 61〕、仝婉澄〈辻聽花和波多野乾一：日本的中國戲曲研究者〉〔註 62〕等文相繼問世，讓我們對這位具有多重身分的中國通、評劇家

刊》（桃園：國立中央大學中國文學系博士論文，2015 年）。

〔註 52〕趙婷婷，〈《申報》劇評家立場的轉變〉，收錄於《戲劇藝術》第 1 期（2008 年 2 月），頁 50～54。

〔註 53〕趙婷婷，〈《申報》京劇評論家的自我建構〉，收錄於杜長勝主編，《京劇與現代中國社會》（北京：文化藝術出版社，2011 年），頁 695～706。

〔註 54〕謝欣儒，《齊如山編導理論暨劇本七種研究》（臺北：國立臺灣師範大學碩士論文，2002 年）。

〔註 55〕陳淑美，《齊如山京劇參與之探討》（宜蘭：佛光人文社會學院藝術學研究所碩士論文，2004 年）。

〔註 56〕梁燕，《齊如山劇學研究》（北京：學苑出版社，2008 年）。

〔註 57〕么書儀，《晚清戲曲的變革》（北京：人民文學出版社，2006 年），頁 418～485。

〔註 58〕周閱，〈辻聽花的中國戲曲研究〉，《國際漢學》，2012 年第 2 期，頁 586～600。

〔註 59〕吳宛怡，〈近代劇評的發生——《順天時報》與辻聽花〉，收錄於《戲劇研究》第 10 期（2012 年 7 月），頁 69～108。

〔註 60〕李莉薇，〈辻聽花對京劇的研究與傳播〉，《中國戲曲學院學報》第 35 卷第 3 期（2014 年 8 月），頁 64～72。

〔註 61〕盧琳，《辻聽花京劇劇評所反映清末民初演劇與新聞的關係》（臺北：國立臺灣大學戲劇學研究所碩士論文，2015 年）。

〔註 62〕仝婉澄，〈辻聽花和波多野乾一：日本的中國戲曲研究者〉，《廣州大學學報（社會科學版）》第 14 卷第 6 期（2015 年 6 月），頁 64～72。

有更深的理解。

除了齊如山、辻聽花外，趙興勤、趙韡合作的「民國時期戲曲研究學
譜」系列中，對數名民國年間的評劇家做了初步的資料彙整與研究，如〈杜
穎陶戲曲研究的學術路徑與啟示意義——民國時期戲曲研究學譜之十四〉
〔註 63〕、〈徐筱汀戲曲研究的主要特色與學術貢獻——民國時期戲曲研究學
譜之十六〉〔註 64〕、〈佟晶心戲曲研究的學術取徑與創新意義——民國時期
戲曲研究學譜之十八〉〔註 65〕、〈馮叔鸞「戲學」的豐富內蘊及文化旨歸——
民國時期戲曲研究學譜之二十〉〔註 66〕將評劇家視為研究者，勾勒出他們散
佚的人生樣貌，並簡介其戲曲研究成果，可說是評劇家研究的奠基之作。如
姚贇挈博士論文《馮叔鸞「戲學」研究》〔註 67〕可說是在此基礎上開展出來
的成果。

有些則是從編劇的角度闡發評劇家群體的成就，如田皓的碩士論文《翁
偶虹劇作研究》〔註 68〕、李偉〈論傳統文人對京劇改革的推進——以齊如
山、翁偶虹為例〉〔註 69〕、顏全毅〈20 世紀早期文人京劇創作與「角兒」演
劇風格創建的合力與難題〉〔註 70〕〈羅癭公創作敘論〉〔註 71〕、〈陳墨香京劇

〔註 63〕趙興勤、趙韡，〈杜穎陶戲曲研究的學術路徑與啟示意義——民國時期戲曲研
究學譜之十四〉，《社會科學論壇》，2013 年第 8 期，頁 206～218。

〔註 64〕趙興勤、趙韡，〈徐筱汀戲曲研究的主要特色與學術貢獻——民國時期戲曲研
究學譜之十六〉，《中國礦業大學學報（社會科學版）》，2014 年第 1 期（2014
年 3 月），頁 78～88。

〔註 65〕趙興勤、趙韡，〈佟晶心戲曲研究的學術取徑與創新意義——民國時期戲曲研
究學譜之十八〉，《中國礦業大學學報（社會科學版）》，2014 年第 2 期（2014
年 6 月），頁 48～59。

〔註 66〕趙興勤、趙韡，〈馮叔鸞「戲學」的豐富內蘊及文化旨歸——民國時期戲曲研
究學譜之二十〉，《中國礦業大學學報（社會科學版）》，2014 年第 4 期（2014
年 12 月），頁 77～85。

〔註 67〕姚贇挈，《馮叔鸞「戲學」研究》（臺北：國立政治大學博士論文，2017 年）。

〔註 68〕田皓，〈翁偶虹劇作研究〉，收錄於吳尉民主編，《戲劇擷英錄——戲劇學碩士
優秀論文集》第三集（昆明：雲南大學出版社，2009 年），頁 1～71。

〔註 69〕李偉，〈論傳統文人對京劇改革的推進——以齊如山、翁偶虹為例〉，收錄於
《中華藝術論叢》第十輯，頁 265～282。

〔註 70〕顏全毅，〈20 世紀早期文人京劇創作與「角兒」演劇風格創建的合力與難題〉，
杜長勝編，《京劇表演理論體系建構》（北京：文化藝術出版社，2013 年），頁
1145～1155。

〔註 71〕顏全毅，〈羅癭公創作敘論〉，收錄於中央戲劇學院學報《戲劇》，2013 年第 2
期（總 148 期），頁 53～65。

創作敘論〉〔註72〕都是從文伶合作的編演關係探討對民國時期戲曲演出的影響。而胡疊〈翁偶虹的當代意義〉則是以翁氏戲劇觀念來說明當代戲曲創作的誤區。〔註73〕

由於報人是評劇家大宗，因此自然不能輕忽清末民初報人的研究，如洪煜《近代上海小報與市民文化研究（1897～1937）》〔註74〕、李楠《晚清、民國時期上海小報研究——一種綜合的文化文學考察》〔註75〕、王敏《上海報人社會生活（1872～1949）》〔註76〕從社會、出版、文學各角度探究民國時期報刊出版機制、報人團體的社會特質以及他們所創作的各類文學作品等。這些研究都成為筆者研究評劇家群體時的重要基礎。其他如林幸慧《由申報戲曲廣告看上海京劇發展（1872～1899）》〔註77〕，由《申報》上刊載的戲曲廣告勾勒晚清時期上海梨園圖景，對於海派京劇初期有非常深入的解析。而葉凱蒂的《上海·愛：名妓、知識份子和娛樂文化（1850～1910）》〔註78〕研究對象雖是晚清妓女與文人共構的娛樂文化。但晚清時期娼、優同時成為報刊媒體的寵兒，兩者與文人的交往互動，同異之間頗耐人尋味，葉凱蒂的文化研究方法足可借鑑用來分析清末民國文伶關係。

四、文獻分析

所謂報刊包括報紙以及期刊兩個部分，但晚清民國時期發行的報刊多如牛毛，難以盡讀，因此必須初步篩選。除了報刊以外，本研究還需要用到如日記、回憶錄、小說、當時戲曲出版品等相關文獻資料。為清眉目，筆者試述如下：

〔註72〕顏全毅，〈陳墨香京劇創作敘論〉，《中國戲曲學院學報》第 36 卷第 3 期（2015 年 8 月），頁 24～31。

〔註73〕胡疊，〈翁偶虹的當代意義〉，《中國戲曲學院學報》第 30 卷第 3 期，2009 年，頁 48～51。

〔註74〕洪煜，《近代上海小報與市民文化研究（1897～1937）》（上海：上海書店，2007 年）。

〔註75〕李楠，《晚清、民國時期上海小報研究——一種綜合的文化文學考察》（北京：人民文學出版社，2005 年）。

〔註76〕王敏，《上海報人社會生活（1872～1949）》（上海：上海辭書出版社，2008 年）。

〔註77〕林幸慧，《由申報戲曲廣告看上海京劇發展（1872～1899）》（臺北：里仁書局，2008 年）。

〔註78〕葉凱蒂著、楊可譯，《上海·愛：名妓、知識份子和娛樂文化（1850～1910）》（北京：三聯書局，2012 年）。

（一）報紙

筆者選擇了以下三份非戲曲專門的綜合性報刊作為主要的研究文獻，更可以凸顯出一般大眾的視野：

1.《申報》

《申報》（1872～1949），是美國商人美查（Ernest Major）創刊發行的中文報紙。其間幾今轉手，外商色彩逐漸淡出，全由華人主政。不過即便是在由外商主導時期，主筆政者皆為華人。因此可說是第一份針對華人所發行的中文報紙，是近代中國發行時間最長，影響力最大的報紙。可以說要研究清末民國時期的政治、社會、經濟、文化、娛樂等不同層面議題，都相當依賴《申報》。因此理所當然地成為筆者選用的報紙文獻。雖然《申報》並沒有固定欄目刊登戲曲報導，但由於《申報》發行時間長且穩定，還是累積了相當可觀的文章，其中京劇尤為大宗。不過雖屬大報，但為刺激銷量，梅蘭芳來滬演出時，也模仿小報有〈梅訊〉的刊登，如起居注般鉅細靡遺的報導梅氏在上海的生活起居。亦可見《申報》編輯策略之靈活。

2.《順天時報》〔註79〕

《順天時報》（1901～1930）是日商在中國順天府（即今北京地區）所發行的第一份中文報紙。但由於部份資料的佚失，目前所能看到最早的資料為 1905 年 8 月 22 日以後的資料。《順天時報》創辦人為中島真雄（1859～1943）。雖然因為是日人創辦的報紙不時遭到中國人抵制，但《順天時報》仍與《大公報》成為華北地區的兩大報紙龍頭。由於發行地點在北京，時間又從清末延伸至民國，因此很珍貴地保留下當時已經日益衰敗的品優文化樣貌，以及傳統品優初入報刊場域所產生的質變。民國以後，由於主編之一的日人辻武雄（1868～1931）雅愛京劇，常以辻聽花為筆名發表文章，故《順天時報》在版面上一直有較多的梨園資訊。值得一提的是報社曾舉行多次的名伶選舉，其中民國六年（1917）的伶界大王選舉以及民國十六年（1927）所舉辦的五大名伶新劇票選，尤為熱烈，對於伶人聲望有很大的宣傳作用。

3.《北洋畫報》〔註80〕

《北洋畫報》（1926～1937）是創辦人馮武越（1897～1936）在天津刊行

〔註79〕筆者使用的《順天時報》版本是中研院微卷翻拍檔案。
〔註80〕《北洋畫報》（北京：書目文獻出版社，1985 年）。

的畫報。1933 年馮武越因病將報社轉賣給譚林北，持續刊行到 1937 年對日戰爭爆發方才終刊，是北方非常重要的畫報刊物。自發行起戲曲資訊一直佔有重要版面，從民國十七年（1928）2 月 29 日起，每期更有固定的戲劇專刊版面，雖然曾短暫停止，不過不久即恢復，一直維持到結束為止。民國十九年（1930）曾舉行四大女伶皇后的選舉，引起相當大的迴響。由於馮武越為梅黨健將馮耿光之姪，因此對於梅蘭芳美國行、以及梅、孟婚戀的都投以相當高的關注，甚至能得到第一手的資料。由於畫報的性質，因此刊登了大量的伶人相片，是本論文研究伶人圖像的重要文本依據。

（二）期刊

由姜亞沙、經莉、陳湛綺主編《中國早期戲劇畫刊》收錄了二十一種民國時期發行的戲劇期刊雜誌，是目前收錄最為完整的戲曲期刊合輯。其中以戲曲為主的刊物有以下八種，也是筆者最主要依據的期刊文本，八種期刊分別為：

1.《戲劇月刊》

《戲劇月刊》（1928～1931），月刊，由劉豁公主編，是當時上海最著名的戲曲專門刊物。內容博雜廣泛，從娛樂消息到學術類文章一應俱全。包括戲界掌故、唱念研究、劇本歌譜以及劇壇觀察……等。也曾為梅蘭芳、程硯秋、尚小雲、荀慧生、譚鑫培、言菊朋等人發行特刊。尤其 1931 年所舉辦的四大名旦的徵文比賽，更是進一步促使四大名旦名號確立的菊壇活動，足見其影響力。

2.《劇學月刊》

《劇學月刊》（1932～1936），月刊，由中國戲曲音樂院研究所刊行，主編甚多，其中影響最大的是徐凌霄。中國戲曲音樂院研究所是李石曾用退回的庚子賠款所建立的機構，提出「本科學精神對於新舊徬徨中西揉雜支劇界病象，疑難問題，謀適當之解決」、「用科學方法研究本國原有之劇藝，整理而改進之」。以此標舉出「劇學」刊名。〔註81〕除了傳統戲曲研究之外，也引介不少介紹西方戲劇文章，具有強烈溝通中西的色彩，比起《戲劇月刊》學術傾向更為明顯。

〔註81〕凌霄，〈劇學月刊述概〉，《劇學月刊》第 1 卷第 1 期，《中國早期戲劇畫刊》，冊 17，頁 13。

3.《戲劇叢刊》

《戲劇叢刊》（1932～1935）不定期刊物，北平國學會刊行，齊如山主編。與《劇學月刊》同屬學術性質刊物。提出「以純學者之態度，科學方法為系統的整理與研究。」〔註82〕相對於《劇學月刊》中西並陳的內容，《戲劇叢刊》則完全集中以京劇為主的傳統戲曲領域，對於京劇知識的建構有非常突出的貢獻。

4.《國劇畫報》

《國劇畫報》（1932～1933），週刊，北平國學會刊行，齊如山主編。內容多為戲曲的掌故、閒談，刊登大量的與戲曲相關的照片、圖畫，保留相當多珍貴的戲曲相關的圖像史料。雖然《中國早期戲劇畫刊》有收錄此份畫報，但印刷不清，因此筆者使用 2009 年學苑出版社重新刊行的合訂本。〔註83〕

5.《戲劇週報》

《戲劇週報》（1936～1936），週刊，上海戲劇週報社發行，白雪主編。內容以劇壇消息為主，間及劇評、掌故、八卦，娛樂性傾向明顯。

6.《半月劇刊》

《半月劇刊》（1936～1937），半月刊，北平半月劇刊社發行，沈聞雛主編。雖然也屬於娛樂性刊物，但由於在北平發行，內容更加關注於京劇場上藝術評論，較少八卦報導，也有部分京劇研究的文章刊登。

7.《十日戲劇》

《十日戲劇》（1937～1941），旬刊，上海國劇保存社，張古愚主編，其前身為《戲劇旬刊》（1935～1937）兩者實一脈相傳，但《戲劇旬刊》並未收錄《中國早期戲劇畫刊》之中。這兩份期刊可說是這時期娛樂性期刊中最具有批評意識的戲曲刊物。編輯立場較為保守，常對當時伶人藝術、海化京劇、捧角慣習作出尖銳的抨擊，為此常常與其他刊物和伶人發生衝突。

8.《半月戲劇》

《半月戲劇》（1937～1948），半月刊，上海聲美出版社發行，鄭子褒主編，內容多元龐雜，雖以娛樂性文章為主中，也穿插著不少具有研究性文章，是少數發行到抗戰勝利後的娛樂戲曲期刊，呈現出戰後劇壇亂象。

〔註82〕傅芸子，〈發刊詞〉，《戲劇叢刊》第 1 期，《中國早期戲劇畫刊》，冊 16，頁 5。
〔註83〕北平國劇學會編，《國劇畫報》（北京：學苑出版社，2009 年）。

（三）其他文獻

除了報紙與期刊外，雖然是最主要的研究文獻，仍需要各式各樣的文獻支持，今將報刊之外的相關文獻分類簡述如下：

1. 清末民國出版刊物

梨園出版品的歷史由來已久，在那個戲曲還是流行娛樂，戲曲伶人仍是大眾明星的時代，這樣的出版品無疑是眾多戲迷購買搜求的熱門商品。但由於這類讀物即時性、通俗性與娛樂性，除了死忠支持者外，往往不會用心保留，加上清末民國時期戰亂頻仍，致使這類刊物不少毀於戰火之中，即便如此仍保留不少相關的著作。

（1）名伶專集

在「品優文化」盛行的清代，除了部分伶人單篇小傳外，其餘記載伶人訊息的讀物多為譜錄形式，一本書中便紀錄了許多名伶。〔註84〕但到了民國年間，為單一伶人出版的專集則成為普遍的現象，如羅癭公等人編《璧雲集》〔註85〕、柳亞子等人《春航集》〔註86〕、梅社編《梅蘭芳》〔註87〕、沙遊天編《留香集》〔註88〕、金仲蓀編《霜杰集》〔註89〕。到了民國二三十年代，劇場也開始為伶人編纂各式各樣的特刊，如黃金大戲院吳江楓編《程硯秋專輯》〔註90〕、天蟾舞臺編《程硯秋圖文集》〔註91〕、楊中中、鄂呂弓、舒舍予編《荀慧生專集》〔註92〕。這些專集內容包羅萬象，除了紀載伶人的家世生平外，大多還收集了相關品評詩詞、演出評論、劇目解說、唱詞精選之類的文字，以及各式劇照、時裝照片，甚至還有個人日記節錄。而且可以發現這些專集編者大多與伶人關係密切，甚至本身就是伶黨成員。

〔註84〕王照璵，《清代中後期北京「品優」文化研究》，頁46。

〔註85〕羅癭公等人編，《璧雲集》，根據1911年《小說月報》整理，傅謹主編，《京劇歷史文獻匯編》，冊2，頁707～719。

〔註86〕柳亞子編，《春航集》（上海：上海廣益書局，1913年）。

〔註87〕梅社編，《梅蘭芳》（上海：中華書局，1919年），收錄於《民國京崑史料叢書》（北京：學苑出版社，2008年），第5輯。

〔註88〕沙遊天編，《留香集》，《民國京崑史料叢書》（北京：學苑出版社，2012年），第9輯。

〔註89〕金仲蓀編，《霜杰集》（上海：上海商務圖書館，1926年）。

〔註90〕黃金大戲院吳江楓編，《程硯秋專輯》，民國二十七年（1938）十一月刊行。

〔註91〕天蟾舞臺編，《程硯秋圖文集》，民國三十五年（1946）十一月刊行。

〔註92〕楊中中、鄂呂弓、舒舍予、吳江楓編，《荀慧生專集》（上海：黃金出版社，1941年）。

（2）劇評集

前文曾言及民國以來劇評興盛的狀況，這類劇評大多刊載於報紙之上，但其中受歡迎的評劇家往往會將他的劇評集結出版。如張聊公《聽歌想影錄》、《歌舞春秋》〔註93〕、馮叔鸞《嘯虹軒劇談》〔註94〕、楊塵因《春雨梨花館叢刊》〔註95〕等。而周劍雲主編的《菊部叢刊》〔註96〕則是整理收集當時報刊諸多劇評而成。這類文字對於我們了解這些劇評家戲劇觀、當時文伶關係以及劇壇風貌都有不小的助益。

（3）照片集

清末民初攝影技術日益普遍，因此相片逐漸取代圖畫成為報刊使用的圖像。此時名伶照片常常作為看戲的贈品來提振票房。既有其市場需要，腦筋動得快的出版社自然不會放過賺錢的機會，因此各式名伶照片集紛紛出版，立言畫刊社編《名伶百影》〔註97〕、編者不詳的《霓裳豔影》〔註98〕、戴蘭生《名伶化妝譜》〔註99〕、編者不詳的《名伶劇影──六十四家小照》〔註100〕、戴樸生主編的《名伶影集》〔註101〕紛紛問世。這類刊物重點在圖像，除了序、跋、伶人小傳外，文字大多簡單。只有徐慕雲《梨園影事》〔註102〕，除伶人小傳外，還刊載伶人書法、繪畫，還搭配不少研究文字，內容豐富，可稱得上圖文並茂。

2. 日記、書信集、回憶錄

伶人或伶黨文人的日記、書信集本應該是探究此時文伶關係的第一手資

〔註93〕張聊公，《聽歌想影錄》（天津書局，1941 年版影印）、《歌舞春秋》（廣益書局，1951 年版影印）。二書皆收錄於《民國京崑史料叢書》，第 2 輯。

〔註94〕馮叔鸞，《嘯虹軒劇談》（上海：中華圖書館，1914 年）。

〔註95〕楊塵因，《春雨梨花館叢刊》（上海：民權出版部，1917 年）。

〔註96〕周劍雲編，《菊部叢刊》（上海：上海交通圖書館，1918 年）。

〔註97〕北京立言畫刊社編輯，《名伶百影》，收錄於《民國京崑史料叢書》，第 6 輯。

〔註98〕編者不詳，《霓裳豔影》（據首都圖書館藏本影印），收錄於《民國京崑史料叢書》，第 11 輯。

〔註99〕戴蘭生，《名伶化妝譜》（北京：事實白話報發行部，1923 年），收錄於《民國京崑史料叢書》，第 10 輯。

〔註100〕編者不詳，《名伶劇影──六十四家小照》（據民國原版影印），收錄於《民國京崑史料叢書》，第 10 輯。

〔註101〕戴樸生主編，《名伶影集》（據首都圖書館藏本影印），收錄於《民國京崑史料叢書》，第 11 輯。

〔註102〕徐慕雲，《梨園影事》（上海：華東印刷公司，1933 年）。

料，但筆者所知的現存日記如羅癭公日記，因並未出版而難以寓目。已出版或發表的日記、書信集有《梅蘭芳往來書信集》〔註103〕、《程硯秋日記》〔註104〕、荀慧生《小留香館日記》〔註105〕雖然經過整理刪削，或是殘缺不全，但還是能給予我們一些伶人交遊與生活的資訊。

至於伶人與文人們日後的回憶錄或自傳如梅蘭芳的《舞臺生活四十年》〔註106〕、齊如山的《齊如山回憶錄》〔註107〕、許姬傳的《許姬傳七十年見聞漫錄》〔註108〕、《許姬傳藝壇漫錄》〔註109〕、翁偶虹《翁偶虹編劇生涯》〔註110〕，以及政協北京市委會文史資料研委會編《京劇談往錄》中的部分篇章。這類文獻雖然不免受到後來政權更迭因素的干擾，但仔細甄別仍有相當珍貴的史料價值，大大補充報刊史料的不足。

3. 小說

劉輝在〈論小說史即活的戲曲史〉言道：

> 小說中對戲曲的大量描述，最可寶貴者，是不同時代的小說，忠實地
> 反映了不同時代的戲曲風貌。我們說一部小說史就是部活的戲曲史，
> 這正是「活字的真正涵意，也是所有史料不可比擬之處。〔註111〕

更認為「小說反應戲曲時代風貌的最大特點，在於形象逼真，這是任何戲曲文獻不可比擬和替代的。」〔註112〕強調小說在領域研究中的史料價值，雖然小說不能證史，但卻可以佐史。近年來有許多梨園主題的小說被重新挖掘出來。如穆儒丐《梅蘭芳》〔註113〕便是一例，在當時便以社會小說為名，強調其紀實性質，或不免有渲染之筆，但仍提供了清末民初私寓被禁後，呈現出

〔註103〕王文章、秦華生編，《梅蘭芳往來書信集》（北京：文化藝術出版社，2015年）。

〔註104〕程硯秋著、程永江整理，《程硯秋日記》（長春：時代文藝出版社，2010年）。

〔註105〕荀慧生，《小留香館日記》（北京：中國戲劇出版社，2016年）。

〔註106〕梅蘭芳，《舞臺生活四十年》，《梅蘭芳全集》（石家莊：河北教育出版社，2000年），冊1。

〔註107〕齊如山，《齊如山回憶錄》，《齊如山全集》（臺北：聯經出版社，1979年），冊10。

〔註108〕許姬傳，《許姬傳七十年見聞漫錄》（北京：中華書局，1985年）。

〔註109〕許姬傳，《許姬傳藝壇漫錄》（北京：中華書局，1994年）。

〔註110〕翁偶虹，《翁偶虹編劇生涯》（北京：同心出版社，2008年）。

〔註111〕劉輝，〈論小說史即活的戲曲史〉，收錄於劉輝，《小說戲曲論集》（臺北：貫雅文化事業有限公司，1992年），頁88。

〔註112〕劉輝，〈論小說史即活的戲曲史〉，收錄於劉輝，《小說戲曲論集》，頁93。

〔註113〕穆儒丐，《梅蘭芳》（臺北：秀威資訊科技股份公司，2012年）。

由品優轉向捧角的劇壇現象。穆儒丐另一本小說《北京》〔註114〕敘述民國初
年北京的生活百態，其中也有不少梨園相關的描繪。還有徐凌霄《古城返照
記》〔註115〕、陳墨香《活人大戲》〔註116〕這些梨園小說作者多是評劇家，甚
至是伶黨成員，因此小說內容反映的劇壇文化頗為可信。不僅有大量敘述當
時劇壇文化的筆墨，藉由人物對白中提供了大量戲曲知識與掌故，展現出作
者的見解。即使「事件」是誇張渲染，但「現象」、「觀念」還是可以作為本研
究的參考。

除了上述文獻外，由傅謹主編的《京劇歷史文獻匯編》輯錄了十餘種晚
清報刊上戲曲相關文字，以及相關出版品，補充了大量的晚清戲曲文獻資料，
也是本文重要的依據文本。〔註117〕

五、論文結構

本論文總共七章，第一章為緒論，首先解釋論文題目「捧角文化」的意
涵、解釋時代斷限的理由。其次說明研究方法與議題，陳述報刊文獻對於此
「捧角文化」的重要性，並標舉出本論文將要處理的議題。最後介紹前人相
關研究成果，以及使用的各式文獻資料，作為整個研究的基礎。

第二章〈「品優」文化的變遷〉，本章旨在探討清末民初品優文化轉型為
捧角文化的過程。首先從清末的《順天時報》觀察此時社會環境對私寓的衝
擊，以及此時品優文化以及文伶關係的質變。其次則探討私寓明令禁絕後，
品優遺風在當時北京劇壇上造的陰影。最後則是比較新興的「捧角」與傳統
「品優」異同之處。

第三章〈評劇書寫研究〉，劇評作為清末民初新興的文體，展現出古典與
現代交織的特質，這也使得劇評形式與內涵非常複雜多元，傳統品伶詩歌與
研討戲曲改革的劇論刊載在同一版面，可說是司空見慣之事。本章旨在探討
近代劇評淵源與形成背景、並對其空間拓展、發展歷程作一梳理。

第四章〈名伶圖像研究〉，伶人的演藝特質使得他們的圖像一直有一般人
物像所沒有的吸引力，為特定群體手中流通的收藏品。但清末攝影技術傳入

〔註114〕穆儒丐，《北京》（臺北：釀出版，2013 年）。

〔註115〕徐凌霄，《古城返照記》（北京：同心出版社，2002 年）。

〔註116〕陳墨香，《活人大戲》（北京：中國戲劇出版社，2015 年）。

〔註117〕傅謹主編，《京劇歷史文獻匯編》（南京：鳳凰出版社，2011 年），傅謹主編，
《京劇歷史文獻匯編‧清代卷‧續編》（南京：鳳凰出版社，2013 年）。

中國，攝影逼真、易複製、流通的特點，克服圖像不易快速傳播的限制。此時伶人圖像不只是商品，甚至成為「品牌」、「廣告」，除此之外，還產生了評論、研究的用途。在本章中探究了從清代到民國伶人圖像傳播狀況，並分析伶人對這新興的技術如何從陌生到熟悉，在有意無意間掌握自我形象塑造的主控權。

第五章〈評劇家群體研究〉，本章焦點在評劇家這新興群體上。評劇家是在評劇風潮下所出現的新身分。他們藉由寫作劇評，成為劇界與觀眾的連結管道，有些逐步與伶人、劇界建立了緊密的關係，開始參與劇界各項事務，成為半個劇壇中人，對於此時劇壇文化影響深遠。本章分析評劇家的類型、探究他們的戲界參與狀況，以及與伶人合作又衝突的微妙關係。

第六章〈捧伶集團：「伶黨」〉，「伶黨」可說是在清末民國時期捧角文化土壤中所開出的一朵奇花。與我們現在理解的伶人智囊團不同，清末民初時人們眼中的伶黨常被視為惡性捧角的成果，在報刊、劇場引起諸多亂象，既是當時不成熟的政黨政治的戲仿，也是當時惡劣的政治風氣的反映。但梅蘭芳開拓性地引入這些來自各領域的文化人協助自己演藝生涯，將伶黨轉型真正轉型為具有智囊團性質的「伶幕」，並引起其他伶人的效法，伶幕的輔佐價值才逐漸為人所重視。在本章裡針對伶黨的由來、類型、以及轉型等面向都有所闡述分析，並深入挖掘伶黨中文、伶彼此相爭相依的複雜關係。

第七章為結論，總結整本論文，並對未來延伸之議題略作陳述。

第二章　「品優」文化的變遷

　　自古以來青樓便是男性流連忘返之所，而在文人墨客、商賈官宦這些在文化或經濟上位處社會較高層次的群體的參與下，青樓不再單純只是提供性的滿足，而是成為一種精緻典雅的文化娛樂，甚至被譽為中國文化的後花園。〔註1〕在各朝代中開展出不同的樣貌。直到清代，則因頒訂禁妓以及禁止女子演戲政策。開始起了變化。禁妓、禁女子演戲的政策雖然未能真正地全國風行草偃，但在天子腳下的北京城仍舊是較為徹底執行的。於是乎北京妓業自此一蹶不振，舞臺上的旦行也由男子獨佔。但就現實層面來看，社會仍需要這樣一個娛樂交際的空間。於是在晚明以來的男風催化下，自乾隆年間起，在北京在舞臺上扮演女子的旦腳，逐漸取代名妓，成為風月場上的班頭，優伶的私寓也成為北京上流社會盤桓的消費空間，形成與青樓同也不同的「品優文化」。〔註2〕雖然營業主角不同，但私寓與青樓關係其實非常密切，這從兩者使用術語、經營模式等方面都可以看出繼承的關係。〔註3〕從

〔註1〕 王鴻泰，〈青樓：中國文化的後花園〉，收錄於《當代》第19卷第137期（1999年1月）。

〔註2〕 「品優」是筆者在碩士論文中所提出的概念：「凡是對優伶進行審美活動，並為此所衍申出來的一切行為活動，都可以算是「品優」活動。因此看戲、召伶侑酒、逛私寓……等，其實都是清代中後期品優活動的一環。」王照璵：《清代中後期北京品優文化研究》，頁4～5。

〔註3〕 如赴伶或娼住處消費皆稱打茶圍（會），優伶住所都叫堂子、召伶、妓侑酒都稱叫條子。么書儀認為相公堂子的營業是徽班進京所引進，筆者則認為在徽班進京之前，北京已經有類似相公堂子的營業，只是徽班後來居上，引進江南青樓文化，促使相公堂子成為典雅成熟的娛樂產業。見么書儀，《晚清戲曲

此時出版的各類花譜筆記的內容來看，其書寫方式大體來說並沒有逾越過去
青樓文化的範疇。最多只是因為優、妓營業重心差異，致使落筆有別。而營
業模式除了因性別而略有不同外，其情感交易、空間消費的本質也與妓業並
沒有太大的不同。北京的私寓在光緒二十六年（1900）的八國聯軍遭受到嚴
重的打擊後，隨著光緒三十二年（1906）科舉終止，以及禁妓規章的鬆綁等
因素影響下，在南來美妓的競爭中，相公堂子逐漸沒落。〔註4〕宣統三年
（1911）的蔣芷儕的《都門識小錄》的記載可為註腳：

> 八大胡同名稱最久，當時皆相公下處，豪客輒於此取樂，庚子拳亂
> 後，南妓麇集，相公失權，於是八大胡同又為妓女所享有。
> 偶與友飲于韓家潭某郎處，友言都門花事，狼藉不堪，惟此等處尚
> 可消遣。〔註5〕

雖然私寓趨於衰敗，但此時距私寓禁絕仍有十年左右時光。但光緒二十六年
以後留下的花譜筆記不多，少數一兩本也都極簡單，難以窺探此時私寓景
況。不過這文獻的匱乏卻在《順天時報》的報導中得以補充。〔註6〕《順天時
報》創刊於衰落期後，其中也頗有缺刊，但還是很好地彌補了《清代燕都梨
園史料正續編》等完成於衰落期前的各式書籍之不足。

首先需要說明《順天時報》刊載的私寓報導並非由報社記者撰寫，而是
《花界外稿》、《白話》專欄的讀者投稿，絕大部分文字都集中在《花界外稿》
中。投稿者的身分背景現在已難以確知。但從這些稿件中可知他們嫻熟文
墨，而且大多彼此認識。《順天時報》記者則猜測他們是旅京四川人。〔註7〕
從些文字中的蛛絲馬跡，或可推測他們原本是從赴京的科考的文人，但隨著

　　的變革》（北京：人民文學出版社，2006年），頁91、95。王照璵，《清代中
　　後期北京品優文化研究》，頁147～153。

〔註4〕王照璵，《清代中後期北京品優文化研究》，頁97～105。

〔註5〕蔣芷儕，《都門識小錄》，收錄於《悔逸齋筆乘》（北京：北京古籍出版社，1999
　　年），頁17。

〔註6〕《順天時報》（1901～1930），是日商在中國順天府（即今北京地區）所發行
　　的第一份中文報紙。但由於部份資料的佚失，目前所能看到最早的資料為
　　1905年8月22日以後的資料。《順天時報》創辦人為中島真雄（1859～1943）。
　　雖然因為是日人創辦的報紙，在中日交惡時，不時遭到中國人抵制，但《順
　　天時報》仍與《大公報》成為華北地區的兩大報紙龍頭，也是對梨園動態比
　　較關注的大報。

〔註7〕《順天時報》，1907年10月30日，五版。不過從筆名來看有一名相當活躍
　　的投稿者粵豪應該是廣東人。

科舉畫下休止符，而淹留或定居北京。〔註8〕而且不管是《花界外稿》還是《白話》都不是《順天時報》固定的專欄，從連載方式來看，初期版面時常變動，後來才比較穩固地與方向完全不同的《奏摺錄要》一起刊登在第五版。根據連載狀況來看，這兩個專欄其實是被拿來填補版面用的休閒文字，因此常常因稿擠而停刊。專欄名稱為《花界外稿》，內容也是妓女、相公報導並陳。可知編者眼中的私寓與妓院並沒有太大的分別，仍延續傳統的觀念。

在《順天時報》投稿中，對相公如何「失權」有相當鮮活的描述。其中最具體的資料就是對當時營業的私寓進行的全面普查。光緒三十三年（1907），頗為活躍的品優客睡佛在《順天時報》上刊登了〈菊部花名一覽表〉，將當時還在營業的私寓與優伶作一調查，統計為七處（胡同），二十一家，四十七人。〔註9〕同年底則刊出了賈仲陶調查本的〈舊菊部調查表〉，統計三十年有十處六十一家私寓營業，雖沒有具體說明是何時的調查，但在調查表後有：「其昔之菊部中人，大都重於歌藝，其主人與子弟的姓氏及著名之戲曲，猶可得而詳焉。請分別記述之」之語。〔註10〕而後斷斷續續連載了一個多月的由粵豪、偉公同述的〈三十年前菊部史〉。而〈三十年前菊部史〉的內容，其實是改寫自屬名邗江小遊仙客於同治十二年出版的《菊部群英》，此書總共收錄了一百六十九名從事陪筵侍酒的私寓優伶，是〈菊部花名一覽表〉將近四倍。即便不上述至三十年前，在光緒二十四年刊行的《新刊鞠臺集秀錄》裡，都還收錄了一百零二名優伶，更凸顯出此時私寓衰敗的景況。致使《順天時報》投稿者也不得不發出：「以昔例今，今何衰，昔何盛歟！」的感嘆。〔註11〕

雖然此時私寓日漸衰落，但由於近現代的報紙介入，從這些報導中反而展現出傳統花譜筆記中所罕見的面向。《順天時報》從光緒三十二年十二月三十日（1906年2月12日）年底到光緒三十四年二月二十日（1908年3月22日）這段時間裡刊載了相當可觀與私寓營業相關的文字報導。〔註12〕兩相

〔註8〕在癡儂，〈再覆怡情書〉（二）中，作者引用了科舉解題的例子。可推測癡儂是曾從事舉業的文人。《順天時報》，1907年8月4日，五版。粵豪為丁未菊榜撰寫的序與敘贊，文字典雅駢麗，絕對是嫻熟文字的舉業之人。
〔註9〕睡佛，〈菊部花名一覽表〉，《順天時報》，1907年5月21日，五版。
〔註10〕賈仲陶調查本，〈舊菊部調查表〉，《順天時報》，1907年11月14日，五版。
〔註11〕賈仲陶調查本，〈舊菊部調查表〉，《順天時報》，光緒三十三年十月初九日（1907年11月14日），五版。
〔註12〕光緒三十四年二月二十日（1908年3月22日）連載完成豐同治年間的品優書籍《明僮合錄》以後，《順天時報》便幾乎不見關於私寓相關報導。關於戲

對照更是呈現出不同層次品優風貌。因此本文擬以《順天時報》為主，參照
《清代燕都梨園史料正續編》等梨園刊物，映照出「品優」文化最後的一抹
殘陽，並探究這兩種文本在伶人形象書寫上的差異。

第一節　報刊對品優書寫與士優關係的影響

閱讀《順天時報》所載私寓報導會發現反映出來的文伶關係，以及書寫
的策略、文字筆觸與傳統筆記式品優書籍相比有很大的不同。之所以有如此
變化，發表管道的改變應是主要原因。

報刊在傳播的即時性、公開性以及流傳速度上與傳統出版不可同日而
語，如傳統書籍多先以傳鈔的方式流傳而後才有機會出版，從撰寫到出版，短
則數月，多則甚至達數十年。而報刊則能今日寫，明日刊，立即反應時事動
態，這種時效性是傳統書籍所難以望其項背的。且傳統花譜筆記多是一人創
作，偶有些集體創作的例子，部分著作也有「系列出版」的現象，這使得編撰
者可以吸收旁人意見並增添修改補充著作內容，讓這些花譜筆記為彈性書寫文
本，營造出作者與讀者交流的可能性。〔註13〕這固然使得花譜筆記並非作者一
言堂，但這些觀念、立場都較為接近，而涵納進來的讀者聲音，在經過轉化
後，與敘述者的差異並不明顯，對話性還相當有限。整體來看還是展現作者自
我的觀念與美學。但報刊報導不同，隨著中國報業逐漸成熟，報紙成為一種公
共輿論空間，討論話題很快地從公共議題擴散到如娛樂休閒等其他領域。雖然
主編對於報紙報導方向具有一定程度的選擇權力，但仍舊有許多立場不同的聲
音在此對話交流，甚至報刊主事者為了銷售量，還會刻意營造衝突。〔註14〕

曲的報導轉為記錄看戲紀錄、劇目、劇場介紹、流派分析、戲界改良、演員
演出消息等。原因為何？目前沒有證據，筆者以為可能與更換編輯有關，但
關注焦點的轉換與整個時代潮流也有密切的關係。

〔註13〕王鐿容，《傳播、聲譽、性別——以袁枚隨園詩話為中心的文化研究》（南投：
國立暨南國際大學，2003年），頁103～106。

〔註14〕如謝素聲回憶民初劉少少任《中國公報》主筆時，便借賈璧雲來京演出之機，
先為朱幼芬、賈璧雲舉辦選舉，引起梅蘭芳支持者的不平，再順勢舉辦朱幼
芬與梅蘭芳的選舉，於是造成朱、賈、梅三派「各逞筆鋒於報端，鵝鵝列陣
如火如荼，有如崑陽雷雨屋瓦皆飛，令觀者目眩神迷……歷時累月攻擊不
休。」謝素聲，〈梨園綴錄〉，《戲劇月刊》第2卷第6期，收錄於《中國早期
戲劇畫刊》，冊7，頁474～475。雖是民初之事，但或可佐證，報刊如何營造
衝突，以達到銷售的目的。

在這樣各式觀念激烈交錯碰撞的文字空間裡，書寫筆調自然隨之改變。

一、抒情／紀實

　　當代學者龔鵬程認為清代這些花譜筆記都是「抒情作品」〔註15〕，而非品評優伶藝術的歷史文獻。雖然說法略顯武斷，但的確提點出這批著作主要內涵。從可見資料來看，這些花譜筆記的作者多是舉子所作，這些赴京趕考的舉子們，往往在京一待就是數年甚至十數年，於是看戲逛堂子便成了他們閒暇時主要的娛樂交際活動。〔註16〕這些未得第的文人，尤其是那些滯留京中多年者，在內心中總會有時光虛擲以及對未來人生的惶恐感。這些私寓優伶除了滿足他們客居岑寂的情感需求外，他們短暫的舞臺生命以及求人賞識品題的生命情境更是能讓這些失意文人有所共鳴。因此這批文人在書寫伶人時往往會投射強烈的自我情感。正如龔鵬程所說：「於是憐花便是自憐，品花並非是隔岸觀的客觀審美品評，而是牽動著自己的存在實感的生命體認，把自己和伶人放在同樣的存在處境與生命位置上，起一種同體之悲。」〔註17〕加上文人向來愛好賣弄文采，於是大量的詩歌詠唱與駢詞儷句等穿插其間。抒情的筆調加上瑰麗的修辭，使得這些花譜筆記往往瀰漫著浪漫的情懷。

　　但在《順天時報》就不同了，在報刊文字紀實特質的影響下，《順天時報》中大多是由淺顯文言與白話所寫成的優伶消息或評論，抒情性質大幅降低，取而代之的是紀錄寫實的筆調。如同樣是敘召伶侑酒，蕊珠舊史的《長安看花記》和《順天時報》中鄭小閒的〈砂鍋居款客記〉所展現的風貌完全兩樣：

> 同人小集如松館，為余洗塵。韻秋，芙蓉女兒，明秀無匹。姍姍來遲，媚不可言。坐對名花，遂至沈醉。絳蠟高燒，海棠睡未醒。予與周福門、韓季卿、馮竹生，荔生、余靜川、朱子良諸君子，重房複室中環守之，至夜分乃相將送之歸。〔註18〕

> ……在下今天，卻有一件極憨蠢的宴會，內容卻有一段極風流的佳

〔註15〕龔鵬程：〈品花記事──清代文人對優伶態度〉，收錄於《中國文人階層史論》，頁336～337。

〔註16〕王照璵，《清代中後期北京品優文化研究》，頁140～146。

〔註17〕關於文人品伶文字抒情特質的討論，可見龔鵬程：〈品花記事──清代文人對優伶態度〉，收錄於《中國文人階層史論》，頁336～345。

〔註18〕蕊珠舊史，《長安看花記》，收錄於張次溪編纂，《清代燕都梨園史料正續編》，頁314。

話……在下上月廿三晚上，和鄉友情傻，再會芳園小酌。飲酒不
暢，便馳箋召藥華寶雲、怡云小寶來侑酒。……在下帶醉和二伶評
判京城各飯莊的優劣，二伶答道：肉居，西城砂鍋居白肉最好。在
下便約二伶，定期同去一嘗……〔註19〕

……先到砂鍋居等候，喝了一杯茶，略停一停，寶雲、奎香先後來
到。那時天色已晚，便叫伙計快快的擺上，並令呈報最佳的肴饌。
伙計睜著兩圓眼，無從對答，停了半晌說道：二兩一席，本居所有
的菜都包圓了。在下大笑道：就是，快快的辦來。

伙計應聲去了，一次進一次出，忙的了不得，比辦宴席還加十倍的
忙勞。等了多時，全席擺齊，仔細一看沒有別的材料，全體是白肉，
所說的叫作肉八樣，同人們都捧著肚子咯咯的笑不休。

在下周嘗一遍，味淡不鮮，不甚合式，內中但有一兩樣，還可以吃
吃。此桌都是看的菜，不是吃的菜，草草杯盤，敷衍了事。吃完，
見已掌燈，便催二伶趕快出城，二伶謝走。

在下和蘭癖、菊隱二君同寄宿城內，燈下談論特別聚會的歡樂情
形，可稱獨得驪珠，曠世難逢。唯有一缺點，座中無小寶，便覺不
能盡醉，幸有蔡香同來，補小寶的缺憾。也是無意的遇合。這樣看
來，世界上的事往往有意反不能成，無意卻成的……〔註20〕

《長安看花記》並沒有實寫宴會的過程，而是著力於文伶相處的情韻，敘述
簡潔而富詩意。而《順天時報》的〈砂鍋居款客記〉好似瑣碎的流水帳般，將
整個款客的過程，由緣起、訂約、看戲、等待、設宴到宴罷閒談，一五一十地
寫來，尤其在砂鍋居擺宴的細節著墨頗多。雖自言「極風流的佳話」，反而對
文、伶歡宴內容一筆帶過，最後只是要表達「世界上的事往往有意反不能成，
無意卻成的」、「事情能成不能成，不在乎預不預約」的浮泛感想。不過〈砂鍋
居款客記〉的文字技法雖遠不能與《長安看花記》相比，但卻明確的表達出
《順天時報》的紀實特質，與之前的花譜筆記產生相當大的差異。

二、恃報迫人

雖說花譜筆記是文人的「抒情之作」，但這類書籍同時又具有品味指標之

〔註19〕鄭小閒，〈砂鍋居款客記〉，《順天時報》，1907 年 3 月 17 日，四版。
〔註20〕鄭小閒，〈砂鍋居款客記〉（續），《順天時報》，1907 年 3 月 19 日，四版。

意涵。因此隨著這些花譜筆記日益繁盛，所造成的宣傳力量越發不可忽視，越來越多優伶以己身能身列其中為榮。而此時這些作者也開始意識到自身筆墨對伶人聲名的影響力，他們甚至自詡「梨園主宰」、「菊部平章」。〔註21〕么書儀便認為嘉慶、道光以來花譜筆記的興盛重構了優伶與文人的關係。〔註22〕由於優伶重視文人的品評與書寫，故他們可能也是這些花譜筆記的讀者。有些作者已意識到這點，因此在花譜筆記中我們偶爾可以看到作者直接對優伶發言，企圖以這些文字發揮形塑優伶的力量。〔註23〕不過在筆記花譜中對優伶的批評還是非常的含蓄溫厚，不見疾言厲色。

到了《順天時報》時，情況則有所改變。如上所述，現代報紙所具有即時性與傳播力都是傳統書籍所不及的，報紙提供的不僅只是個發表輿論的空間而已，它還具有引導輿論、潮流的效果。因此連文化水準不高的優伶對報刊也日益觀注，如前人〈述鳳凰近事〉、〈幼芬進化〉所記載：

> 倩雲鳳凰，近來頗知閱報之益，嘗謂欲廣見聞非閱報讀者不可。故不憚煩勞，有片刻暇時，亦必求人講解一切。輒苦識字過少，又極力研求習字一門，邇來甚有進境，誠可為鳳凰前途喜也。
>
> 雲和三主人幼芬，現購各種報紙，張貼韓家潭各處，以便行人觀看，誠菊部中所罕見者。〔註24〕

都是以閱報來稱讚這些伶人上進之心。甚至閱報成為伶人侑酒的特色。如樵隱在《品題羅小寶》投稿中介紹了羅小寶喜讀報紙，寓所常備各種報紙，每逢應客隨身攜帶以便問人。並記述其友人設局國春堂，小寶取出報紙求講解。最後評論道：

> ……座客甚喜，無不與之□談。他更聽之不倦，樂而忘歸，此真伶人中之特色者。第恐目不識丁，故作斯文的君子，若是召小寶來侑酒，務必要留點神，謹防被他問著了哪。〔註25〕

以羅小寶閱報之事凸顯其與眾不同之處。他們閱報的同時當然也會關注自身新聞，從怡月生〈芝香愛群〉以及布衣客〈寶雲知勉〉便可證明伶人對報刊輿

〔註21〕四不頭陀，〈序〉《曇波》，收錄於張次溪編纂，《清代燕都梨園史料正續編》，頁386。

〔註22〕么書儀，《晚清戲曲的變革》，頁335～338。

〔註23〕王照璵，《清代中後期北京品優文化研究》，頁248～246。

〔註24〕前人，〈述鳳凰近事〉、〈幼芬進化〉，《順天時報》，1907年10月13日，五版。

〔註25〕樵隱，〈品題羅小寶〉，《順天時報》，1906年11月8日，七版。

論的重視。〔註26〕伶人如是，那舞文弄墨文人自不用說。上述怡月生便自承天天看《順天時報》。但由於報刊紀實文風的影響，加上娛樂性的催化，此時這些掌握書寫權力的文人，並不那麼熱衷替優伶吹噓聲名，更多走向挖掘伶界八卦內幕，並以筆墨為矩鑊刀斧，針對伶人的行誼臧否針砭，致使這些文字往往帶有很強大的攻擊性。癡儂〈再覆怡情書〉便曾批評怡情是「恃報迫人」。〔註27〕癡儂本意是指怡情在報刊上與他打筆戰，但「恃報逼人」更適合說明文人以報紙為武器凌逼伶人的現象。其實「恃報逼人」者何止怡情一人，許多投稿文人多少都有此意識。因此《順天時報》的投稿中對伶人的批評態度與之前的花譜筆記截然不同，茲舉嗤父〈蕙芳大膽〉為例：

> 雲瑞蕙芳，性驕傲，遊客已數斥其非矣。不意彼近日不惟不知改過自新，輒曉曉然妄詈客人長短，大言炎炎，無所顧忌，屢屢開罪客人，亦頗自鳴得計也者。僕初不明其旨，暗密探之，使知其以二熟客為護身符，所有恃而不恐也。夫相工（按：此時在《順天時報》報導都做相工，故引文時不做改動，但於論述時則作相公）生業之隆替，全仗應酬之圓熟與否。大千世界，豈乏慈悲之人，勿以為外此二人即無導度慈航者也。況鄧君去鄂，雙某亦言旋在即，將盡失所謂熟客者。咄彼蕙芳，失所憑依，又將奈何？此等舉動，真可謂大膽。特授筆誅之，已懲其餘。
>
> 布衣客評曰：蕙芳蕙芳，倘不急改前愆而仍任意妄為，必肆筆痛書十大罪惡，為之宣布。
>
> 癡儂評曰：金錢可以愚小人而不可以掩公論，蕙芳恃有多金之客，遂自以為我無所懼，亦知有援筆以待者呼？人言可畏，蕙芳警之。〔註28〕

〔註26〕怡月生，〈芝香愛群〉：「芝香剛進門來，素問余近日曾看《順天時報》否，余因斯問正奇，必有原故，遂答之曰：『報是每日在看，但不知所問為何？』芝香曰：『我所問者無他，即前日睡佛寄稿件言某喇嘛有與小瑣出師的消息一事也。』余曰：『某喇嘛與小瑣出師於你毫無關係，你問他幹什麼？莫非你羨慕小瑣有此好消息嗎？』芝香聞余此言，即正色曰：『我問此事，並非羨慕小瑣，特為小瑣受此不白之冤、無辜之謗有所不值也。』」怡月生，〈芝香愛群〉，《順天時報》，1907 年 5 月 1 日，五版。布衣客，〈寶雲知勉〉：「距父招飲於倩雲……瞬間諸伶至，有談及《順天時報》〈外稿〉欄，貶寶雲不及妙香等語……」《順天時報》，1907 年 7 月 31 日，五版。

〔註27〕癡儂，〈再覆怡情書〉（一），《順天時報》，1907 年 8 月 3 日，五版。

〔註28〕嗤父，〈蕙芳大膽〉，《順天時報》，1907 年 10 月 22 日，五版。

可見文人們已有意識的將筆墨當作對付伶人的武器，這類文字在《順天時報》中可說是俯拾即是，多不勝數，如距父的〈小瑣自棄〉〔註29〕、曉癡的〈菊部四主人〉〔註30〕、海北僑子〈梧桐不受培植〉〔註31〕等等，連形象較好的羅小寶，也有迴然真者〈小寶卑污之紀實〉對其嚴厲批評。〔註32〕這些文字主要集中在伶人的品格、個性、交遊以及應酬的批評，只有少數才觸及伶人劇藝良窳。

這些投稿對伶人未必沒殺傷力，如布衣客〈小瑣無禮〉便說小瑣因「姘識喇嘛，盜竊銀壺各節，累見報章，久為遊客所不齒。」〔註33〕面對這些尖刻批評或八卦，伶人有時會婉轉地希望他的客人能透過報刊為其澄清。如在西江遊客〈相工打茶會奇談〉〔註34〕記述的佩秋逛窯子，文中指斥姚佩秋忝不知恥的逛窯子。兩個星期後的睡佛〈佩秋訴冤〉一文便轉述佩秋的解釋，在文末附上這樣的文字：

> 相工打茶圍，未免不知自量。狂妄之罪，在所難辭。但紉香到松風，實非出自本心，由於某客的強迫，也有不得已的苦衷。跟小朵暝銀蘭，大有不同。既非出於本意，還可原量（按：應為「諒」）請貴報登出以雪佩秋冤，以警佩秋的將來。〔註35〕

還有上述小瑣「姘識喇嘛」事，最早是見於睡佛〈小瑣出師消息〉〔註36〕，文中極盡諷刺之能事。十天後培花主人〈小瑣知恥〉〔註37〕便讓小瑣梨花帶雨地的說明此事緣由。上述怡月生〈芝香愛群〉，其主旨雖是稱讚芝香愛護同行，但同時也藉芝香之口解釋此事。多寶道人〈小鳳凰劣跡之鐵證〉中也記載：「乃吾友（仇韓）承鳳凰之意旨，博鳳皇之歡心，謂鄙人言過其實，次次不休，為之訴冤。」〔註38〕但有時伶人一時沉不住氣，便會與這些文人發生衝突。如岳公〈小瑣不知自愛〉、〈小瑣真真不知自愛〉記述的文、伶衝突：

〔註29〕距父，〈小瑣自棄〉，《順天時報》，1907 年 5 月 21～24 日，五版。

〔註30〕曉癡，〈菊部四主人〉，《順天時報》，1907 年 6 月 11、13、22、26 日，五版。

〔註31〕海北僑子，〈梧桐不受培植〉，《順天時報》，1907 年 6 月 9、28 日，五版。

〔註32〕迴然真者，〈小寶卑污之紀實〉，《順天時報》，1907 年 9 月 6～8 日，五版。

〔註33〕布衣客，〈小瑣無禮〉（一），《順天時報》，1907 年 8 月 3 日，五版。

〔註34〕西江遊客，〈相工打茶會奇談〉，《順天時報》，1907 年 3 月 23 日，四版。

〔註35〕睡佛，〈佩秋訴冤〉，《順天時報》，1907 年 4 月 5 日，五版。

〔註36〕睡佛，〈小瑣出師消息〉，1907 年 4 月 19 日，五版。

〔註37〕培花主人，〈小瑣知恥〉，《順天時報》，1907 年 4 月 30 日，五版。

〔註38〕多寶道人，〈小鳳凰劣跡之鐵證〉（一），1907 年 10 月 16 日，五版。

　　吾為小瑣計，正應束身自愛，以期日進文明，方不負小朵教導之苦
　　心……乃該伶不知自省，反肆囂張。聞以余友醒狂偶於某報略加貶
　　詞，而該伶遂遷怒於余友怡情，竟任意妄為，肆口謾罵，以成野蠻
　　之實據。〔註39〕

　　……某日余友怡情飲於德春，小瑣長跪於余友之前，詰其野蠻實
　　據，並痛罵某報之人，無故遷怒於人，豈非野蠻。〔註40〕

這些報導主角都是陸小瑣，但其反應完全不同，這可能與當下的情緒有關。
〔註41〕此時文人以筆墨為刀斧，固然能對伶人口誅筆伐，甚至將私怨化為公
論，甚至可以影響到他們營業，同時也使得《順天時報》所呈現的文、伶的關
係顯得分外緊繃。

　　上文論及報刊特性對傳統文、伶關係的改變，但改變的何止文、伶。這
些文人彼此之間的關係也開始變化。如前述，書寫花譜筆記本身就具有建立
品味的意涵，因此在這些書籍中常可以看到作者強調品味獨特的文字。在這
個圈子裡賞識的優伶正代表自我品味，但每個人好尚不同，難免就會競爭
紛擾。但在花譜筆記中所反應的品味之爭，還相當的和緩。即便有所爭論，
但在「個人品味」的前提下，往往都還能彼此尊重，相互解嘲。〔註42〕但到
了《順天時報》狀況就大不相同了，當投稿者以筆為刀地批評優伶時，優伶
的賞識者或支持者，自然也會用同樣方法辯解或回擊，報刊的輿論空間成了
這些投稿者的筆墨戰場，在報紙即時性的催化下，兩造的關係往往越來越
緊繃，原本含蓄的品味競爭被搬上了檯面。

　　這類文字在《順天時報》時時可見，而且時常數人牽連其中，形成兩派

〔註39〕岳公，〈小瑣不知自愛〉，《順天時報》，1907 年 7 月 24 日，五版。

〔註40〕岳公，〈小瑣真真不知自愛〉，《順天時報》，1907 年 8 月 18 日，五版。

〔註41〕從《順天時報》關於陸小瑣的報導來看，小瑣的個性的確比較衝動火爆，應
　　　酬交際手段也不那麼高明。如布衣客便記載了小瑣開不得玩笑而揮拳毆打同
　　　行的事蹟。見布衣客，〈小瑣無禮〉（一），《順天時報》，1907 年 8 月 3 日，
　　　五版。加上澄清「姘識喇嘛」的效果並不好，這事件對其營生也產生了不好
　　　的影響。岳公也說「德春堂小瑣，當年曾享大名，只以賦性野蠻，言語粗俗，
　　　又因姘識喇嘛，故遊客均望望然去之，而小瑣之生涯日落矣。」前仇舊恨一
　　　併爆發，至有遷怒的行為。見岳公，〈小瑣不知自愛〉，《順天時報》，1907 年
　　　7 月 24 日，五版。

〔註42〕如濤華潭主的〈解嘲說〉便是一例，收錄藝蘭生編，《宣南雜俎》，收錄於張次
　　　溪編纂，《清代燕都梨園史料正續編》，頁 521～522。關於清代花譜筆記反應的
　　　品味競爭可參考王照璵，《清代中後期北京品優文化研究》，頁 224～237。

傾軋。其中最具代表性的就是羅小寶與小十三旦之爭，事件歷時近兩個月，
目前可看到二十多篇相關的投稿。〔註43〕整個事件背景是由於羅小寶受邀赴
津演出，原本他隸屬的天樂園吉祥部賣座受到影響，為了彌補空缺，於是聘
請小十三旦搭班演出，一時頗受好評。待等到小寶回京不久，又因故一時未
能演出，於是便流言四起。首先是海北僑子打出第一槍，發表了〈名旦角妒
極生畏〉的文章，敘述羅小寶由津回京後，因人氣被小十三旦奪去大半，既
妒且畏於是決意脫離吉祥部。六天後癡儂便連續發表〈為小寶被誣致海北僑
子書〉為小寶辯駁，隨後曉癡、烏拉山人、南嶺老人、怡情、碩夫等人紛紛
加入戰局各抒己見。〔註44〕其中癡儂是支持羅小寶的主將，而支持小十三旦
的主將則是海北僑子與怡情。其他自詡中立者也多有偏向，如曉癡、南嶺老
人、碩夫較肯定小寶；烏拉山人則偏向小十三旦。眾人辯論的範疇更是五花
八門，從演員的色藝優劣、氣質良窳，到兩人上座情況、羅小寶到底真病
假病，有無減價求售等梨園八卦，更不時直斥對方為私心，強調自己才是公
論，整個辯論火藥味相當濃厚。〔註45〕如癡儂的〈覆怡情書〉更質疑怡情的
品味：

> 吾子徒以瞬息之目力，二三人之私忿，而挾私以逞，信口雌黃，其
> 亦失之小十三旦粗魯之同病乎。以吾子之妄為毀譽，不辨優劣，不
> 顧曲直。耳之於聲，有同好焉，子之耳，其真與人異。目之於色，
> 有同美焉，子之目，其真與人殊。〔註46〕

尖酸的話語比起花譜筆記中優雅的討論解嘲，實已不同日而語。原本筆記花
譜中含蓄的品味競爭以及與文人與優伶、文人與文人間隱含的緊繃張力，在
報刊轉化下，毫不修飾地噴薄而出。在《順天時報》專欄中這些論辯與攻訐
文字，可說是連篇累牘，火花四溢，點綴著《順天時報》的娛樂版面。這種書
寫風格的轉變，也使得傳統花譜筆記裡的浪漫情懷的在現代報刊中凋零殆
盡，而一股荒唐庸俗的風塵趣味揮之不去。

〔註43〕從這些投稿內文來看，應不只這個數目。或許由於《順天時報》缺刊之故，
而且有些文章是發表在其他報刊上，因此筆者不得見。

〔註44〕其中怡情的文章發表在《風雅報》上，但癡儂則是在《順天時報》發文回應。
見癡儂，〈敬覆烏拉山人〉，《順天時報》，1907 年 7 月 6 日，五版。

〔註45〕但有趣的是兩方主將癡儂與海北僑子並非毫不相干，從他們敘述中可知道他
們其實有共同的朋友睡佛，彼此未必不相識。

〔註46〕癡儂，〈覆怡情書〉（三），《順天時報》，1907 年 7 月 23 日，五版。

第二節　優伶形象的改變

上節敘述優伶品評書寫進入報刊後，在文風與文伶關係上所起的影響。尤其是文伶關係的改變，致使文人筆尖兒所刻劃伶人形象與花譜筆記截然不同。

一、鍾靈真色／卑污怪物

如上所述，傳統花譜筆記充滿了浪漫情懷，上承晚明以來的男風好尚，男伶透過扮演，出入於巾幗鬚眉之境，遊走於牝牡驪黃之間，形成一種曖昧性，如真似幻而又陰陽兼具，形成一種迷離恍惚的吸引力。因此這些文人以為「花王畢竟是男兒。」〔註47〕只有男伶才足以稱為人間真色，形成一種真色論述。〔註48〕如：

> 而選笑徵歌，必推菊部。其間不無粉飾，亦判媸妍。所謂天然美好者，歲要得一二人焉。豈西山多白櫻桃花，秀氣所鍾，故生尤物耶。良由人間真色，固在此不在彼也。〔註49〕

> 余謂此中人才殊復難得，豈秀氣獨鍾於男子，而風懷偏託之美人哉？〔註50〕

> 草木向陽者華茂，背陰者衰弱。梅花南枝先，北枝後，還有鳳凰、鴛鴦、孔雀、野雉、家雞，有文采的禽鳥都是雄的，可見造化之氣，先鍾於男，而後鍾於女。女子固美，究不免些粉脂塗澤，豈及男子之不御鉛華，自然光彩。〔註51〕

但在《順天時報》，或許由於此時文、伶關係趨於緊張，也可能因為私寓優伶素質的退化，或西方流傳進中國排拒孌童思想的開始發生作用。這些投稿者都是相公堂子的常客，但在他們筆下卻看不到絲毫對男伶曖昧夢幻之美的歌頌。反過來幾乎都是貶斥低賤之詞「怪物」、「卑污」是他們最常用來形容這

〔註47〕「花王畢竟是男兒」一句見眾香主人，《眾香國》，收錄於張次溪編纂，《清代燕都梨園史料正續編》，頁1109。

〔註48〕龔鵬程曾以「兼兒女英雄」為題闡發文人陰陽同體的審美趣味。龔鵬程，〈品花記事——清代文人對優伶態度〉，收錄於《中國文人階層史論》，頁301～312。

〔註49〕蜀西樵也：《燕臺花事錄》，〈序〉，收錄於張次溪編纂，《清代燕都梨園史料正續編》，頁545。

〔註50〕王韜，《瑤臺小錄》，收錄於張次溪編纂，《清代燕都梨園史料正續編》，頁666。

〔註51〕陳森，《品花寶鑑》（臺北：三民書局，1998年），第一回，頁21。

些優伶的詞彙：

> 咳！全球怪物，沒有再比相工這一流怪的了。一樣的五官四肢，卻
> 不願意雄飛，甘為雌伏。至如鳳凰的品性卑劣，更是下賤敗類。特
> 此報告，逞一勸百，伶界中人當以鳳凰為戒，以佩蘭為法。〔註52〕
>
> 同一五洲內奇特之怪物，人類中卑賤之奴隸。〔註53〕
>
> 優界卑污，日甚一日，彰彰在人耳目，固非僕一人之私言。〔註54〕
>
> 竊謂近今伶界流而愈下，非卑污齷齪，即自高位置，目空一切，二
> 者皆不可響邇。〔註55〕

乍看之下很難想像這些人皆是逛堂子的愛好者。不過從他們的文字中，可以
知道這些苛評並非無中生有，正因這些投稿者深入伶界，方能見到各類荒誕
不經、光怪陸離景象，才會提出嚴厲批判。

自古娼優雖然經常並稱，但在北京傳統觀念裡，伶人的地位比妓女更為
低下，甚至有京師之伶不敢謁妓的說法。不過在時變世遷的清末，上海名妓
姘戲子早已司空見慣，即使是保守的北京，在庚子事變後伶妓之間的壁壘也
逐漸崩壞。〔註56〕這在《順天時報》中頗有反映，對這些投稿文人而言，伶
人與妓女勾搭，仍是超出其階級本分的下賤之事。如西江遊客〈相工打茶會奇
談〉便針對相公小朵兒、姚佩秋與妓女來往的事件提出批判，不過文中還認
為是妓女自墮身價：「現今評論這件事，不怪小朵、佩秋，卻怪銀蘭等人，為
什麼要給小朵、佩秋認識？」〔註57〕而距父〈鵲噪花香〉一文則直言道：

> 近來京城相工，多半不守本分，都是自己仗著小白臉，違反規則，
> 由著性兒亂嫖。如小朵和銀蘭，佩秋和韻秋，是伶界所共知的，最
> 為伶界的汙點。〔註58〕

進一步將矛頭指向伶人，稍後更記述小鳳凰詢問妓女芳名，並品評妓女高下

〔註52〕睡佛，〈小瑣出師消息〉，《順天時報》，1907年4月19日，五版。

〔註53〕曉癡，〈菊部四主人〉，《順天時報》，1907年6月13日，五版。

〔註54〕嗤父，〈續記伶界之現象〉（一），《順天時報》，1907年8月28日，五版。

〔註55〕偶遊生，〈為小瑣辯污〉，《順天時報》，1907年8月6日，五版。

〔註56〕徐珂，《清稗類抄》：「京師之伶不敢謁妓，卒然遇之，必屈一膝以致敬，稱之
為姑姑……光緒庚子以後，伶漸縱恣，與妓會見，則不然，其後且有相狎者
矣。」徐珂，《清稗類抄》，頁5155。

〔註57〕西江遊客，〈相工打茶會奇談〉，《順天時報》，1907年3月23日，五版。

〔註58〕距父，〈鵲噪花香〉，《順天時報》，1907年4月19日，五版。

優劣。讓距父當場譏諷他：「你也愛此中人嗎？打算也要做不法行為嗎？」
如果說伶人嫖妓對這些評論者而言還只是不守本分的踰矩行為。那麼在公
開的宴席上相互狎媟，則是他們無法忍受的淫邪舉動。對此癡儂曾多次為文
抨擊：

> 招花菊以侑酒，所以為客人消遣計，而非所以為彼輩聚會褻昵之區
> 也。乃近日有一種奇怪醜狹難堪之狀態，不見於花界，而見於素稱
> 清雅之菊部。則二三鄙俗之伶僮，偶一相遇，遂彼此嘵嘵猥抱，接
> 吻摩擦，最可笑可惡之卑污行為也。……已如倚門賣笑之下妓，猥
> 褻之狀態，久成習慣，肆行無忌，不可以道里計也。伊輩此等舉動，
> 老於花事者，故皆見之，即偶一涉足者亦莫不見之，無待儂之贅
> 述。……少傾，鳳凰、佩亭聯袂而至，幼芬一見譁然，相與謔浪摩
> 擦片刻始去。〔註59〕

> 於是佩亭、鳳凰互相偎抱，各以扇障面，張口接舌，絮絮不休，旁
> 若無人也者，歷三十分鐘而猶未已。小寶睨視良久，笑之以鼻。遂
> 取桌上雙箸，敲之，做催戰鼓勢。顧謂二人曰：快，快，快！彼等
> 佯為不知，益不能自止，此際二人之魂靈想早飛去半天矣。〔註60〕

這種在公開場合狎邪之舉，在文人眼中實為不入流，因此在傳統花譜中甚少
敘及，但同時期的一些筆記、日記等文獻對此仍是有所反映。〔註61〕但從這
些記述者的反應來看，這行為並不普遍，還不至於「即偶一涉足者亦莫不見
之」。而且不管如何淫邪舉止，過去優伶至少還是為消費者服務，而到了《順
天時報》的投稿中，則變成了伶人自顧自地謔浪狎暱，將消費者丟在一旁。
從召伶侑酒侍觴的傳統來看，也未免不成體統。也難怪癡儂發出：「然則所謂
侑酒者，取其酬應談唱耶？亦必招之始作種種活劇，與其同輩相款洽，而後
旁觀者可以藉此侑酒耶？」的感嘆。〔註62〕可知此時視私寓伶人為「卑污」
並非無因，原本在文人筆下揉陰陽雄雌之美於一身的人間真色，在《順天時

〔註59〕癡儂：〈記伶界惡習之現象〉，《順天時報》，1907 年 8 月 22 日，五版。
〔註60〕癡儂：〈記伶界惡習之現象〉（二），《順天時報》，1907 年 8 月 23 日，五版。
〔註61〕如鳴晦廬主人回憶在一次赴宴中，親眼見到某品優客與雛伶接吻撫臀。鳴晦
　　　　廬主人，《聞歌述憶》，收錄於張次溪編纂，《清代燕都梨園史料正續編》，頁
　　　　1122。品優老手李慈銘也曾親眼見一京官與伶人在宴席上相互自慰的畫面。
　　　　同治三年十一月二十四日《越縵堂日記》，轉引自張在舟，《曖昧的歷程——
　　　　中國古代同性戀史》（鄭州：中洲古籍出版社，2001 年），頁 551～552。
〔註62〕癡儂，〈再志伶界惡習〉，《順天時報》，1907 年 10 月 11 日，五版。

報》中卻淪為飽含慾望的怪物。

當許多人抨擊伶人的同時，也有不少人為文為他們辯護，但有趣的是即便是幫私寓優伶辯護，其論點往往是承認相公卑污、怪物的前提下加以展開。他們大多認為這是相公本色，所有私寓優伶皆是如此，不應以高標準要求特定優伶，這種說法尤以夜闌分手客為代表：

> 相工近年資格愈下，不能竟以琴言、蕙芳之格繩之，況田湘帆有言：寧取有相工習氣者，不取酸文假醋外充斯文。夫狐媚惑人，蛾眉善妒，本來面目，足占勝場。若竟以清峻品題之，轉失相工真像。〔註63〕

其論點是從小說《品花寶鑑》主人翁之一田春航而來，但從小說脈絡來看，未免是田春航自我解嘲的遁詞，最後他仍是鍾情於無絲毫相公習氣的蘇蕙芳。〔註64〕不過這樣的觀念在投稿中常常被拿來做辯護之用，如仇韓替小鳳凰辯論時便說道：

> 行止卑污。相公操賤業以為生活，既不全人格，尚何欲其品性之端？若以以身事人為卑污，以貢媚獻諛為卑污，則又不獨鳳凰一人然也，君何不諒若輩苦衷之甚，至於此極。〔註65〕

他們不期待現今伶界還有出淤泥不染的白蓮，只要能有「庸中之佼佼」即可。〔註66〕或許我們可以這麼理解，這些投稿者不再強求這些私寓優伶如何的超群，相公行業應有「惡」已為這些品優客正視。

二、情的失落

文人透過傳統花譜筆記所建構的是一個唯「情」是尚的理想世界，在這樣的觀念下，這些花譜筆記裡常特別標舉出某些伶篤情、重情，不以利益為

〔註63〕 夜闌分手客，〈辨小寶卑污說〉，《順天時報》，1907年9月27日，五版。

〔註64〕 田春航的說法是：「這有什麼錯不錯，原是一時寄興；況且各人賞識不同。大凡賞識兩字，須要自己做出眼力來，不必隨聲附和。此輩中倒不必要他充斯文，一充斯文轉恐失之造作，倒不妨有相公習氣，方是天真爛漫。」陳森，《品花寶鑑》第十二回，頁190。

〔註65〕 仇韓，〈代鳳凰訴冤〉，《順天時報》，1907年9月15日，五版。

〔註66〕 儂癡，〈再覆怡情書〉：「夫同為世界之怪物，甘作雌伏之奴隸，尚何品格之足云。不過譬之奔走之敗卒，同一畏死而逃生，然或五十步或百步，雖同奔同怯，而究竟有遠近大小之不同。吾嘗謂相工無品，以其人格卑下也。及今觀之，鐵中不無錚錚，庸中亦有佼佼。」儂癡，〈再覆怡情書〉，《順天時報》，1907年8月8日，五版。

依歸，如「范主人芷湘……乙亥重晤，尚詢公子客死況，殆亦若輩中之有情者。」〔註67〕、「潘五福字筠卿……筠卿意致冷落，乍見或疑其不情。泊相與接洽，乃知幽懷獨抱，深於情者也。」〔註68〕「梅五，字福官，姓張……與人交，篤於情，不以勢利論厚薄。」〔註69〕「天壽，姓趙氏……性恬靜如處女，對客寡言笑而深於情。」〔註70〕而敘述文、伶情緣的小說《品花寶鑑》更是一開頭便高舉「情」字大旗，根據「情」字，將文士、伶人分作十類。〔註71〕著力描寫主角梅子玉、杜琴言、田春航、蘇蕙芳彼此間真摯純淨的情感。但作為風月場所的私寓豈可能如此出淤泥不染，面對必然的藏汙納穢。花譜筆記作者群與《品花寶鑑》採取了類似的手法，他們都採取了我輩／俗流、情／欲二元對立的書寫策略，將親文人遠俗流的伶人歸為上品，而與富賈、捐官之輩沆瀣一氣的優伶則置之下品，透過分品別類方式，既陳述了私寓營業中醜惡頹廢的一面，又無傷自己從事的風流雅道。〔註72〕當然這是充滿矯飾的書寫方式，這些文人也未必深信，因此在文字敘述的細節裡，還是時時透露出文人的不安。〔註73〕

不論現實狀況為何，這些花譜筆記畢竟提出了「情」字作為伶人審美的第一要務。正如前文所述，清末相公行的風氣敗壞，在《順天時報》投稿中，已經幾乎看不到「有情」伶人，所謂「有情」者，率多膚淺。孫鳳凰只不過是在臥雲居士臨行之時略有依戀之情，便稱為「有情靈鳥」〔註74〕。即便提及「情」，也多是強調文人對優伶之情。如睡佛〈小寶赴津〉〔註75〕、〈小

〔註67〕蜀西樵也，《燕臺花事錄》，收錄於張次溪編纂，《清代燕都梨園史料正續編》，頁549。

〔註68〕眾香主人，《眾香國》，收錄於張次溪編纂，《清代燕都梨園史料》，頁1026。

〔註69〕蠶橋逸客、兜率宮侍者、寄齋寄生，《燕臺花史》，收錄於張次溪編纂，《清代燕都梨園史料正續編》，頁1068。

〔註70〕蠶橋逸客、兜率宮侍者、寄齋寄生，《燕臺花史》，收錄於張次溪編纂，《清代燕都梨園史料正續編》，頁1065。

〔註71〕陳森，《品花寶鑑》第一回，頁1。

〔註72〕王韜編，《瑤臺小錄》，收錄於張次溪編纂，《清代燕都梨園史料正續編》，頁666。

〔註73〕關於文人我輩／俗流、情／欲二元對立的書寫策略，可參看王照璵，《清代中後期北京品優文化研究》，頁200～206；至於文人對伶人「情」的不安則見同書，頁214～216。

〔註74〕臥雲居士，〈小鳳凰有情靈鳥〉，《順天時報》，1907年4月7日，五版。

〔註75〕睡佛，〈小寶赴津〉，《順天時報》，1907年4月26日，五版。

寶赴津〉〔註76〕、〈情癡小寶眉目傳情〉〔註77〕便極力述說情癡對小寶的用情之妙。

　　整體來看《順天時報》投稿者對伶人的評論是貶遠大於褒的，而少數的稱讚褒揚，很多都集中在知禮守規上，品評重心則從「情」轉而為「禮」。如：

> 菊部四主人，其品格之最賢者，佩蘭一人而已，對客有禮，出言必敬，酬應圓滿，氣象和婉。佩蘭佩蘭，吾無間然矣。〔註78〕

> 鄙人與二主人交最久，每論及酬應之難，不貽諛媚之譏即受尊大之誚，言之若有余慨者。故深自斂抑，敏慎從事。雖日與鄙人三四見，禮貌之恭，對應之謙，始終如一，幾無微疵之可指。〔註79〕

> 烏有先生喜色相告曰：「予耳梧桐之名久矣，尚未知其音韻之高至於此極也。」予曰：「子知其一，未知其二也。伶界人之職務，以應酬顧客為要。梧桐之應客，不卑不亢，不即不離，藹然可親，動合於禮，可謂妙絕伶界者矣。謂予不信，請往試之。」遂與之大醉倩雲，不知東方之既白。〔註80〕

連初出臺的梅蘭芳也是因為「每當酒筵應召，目不亂視，口不亂談，循循然有規矩。」〔註81〕而受到他們的關注。而這些文人在報刊的批評斥罵也大都與伶人無禮有關。由「情」到「禮」的轉移，正凸顯此時優伶佐酒侍觴等交際手腕的退化，對此投稿者多有批評：

> 相工侑酒，向有禮節，客雖愛之，禮不可廢。近來相工之應條而來者，抗顏而作，高談闊論，甚主當客人之面，而罵其所獎許之人，又或與同輩互相戲謔，竟有揮拳鬥毆者。不敬之甚，無禮之甚，殊令文明雅士難以為情。〔註82〕

> 相工是侑相酒觴的樂工，見了老爺們，應當怎樣的小心伺候，至於客人的朋友更應當十二萬分的小心，應酬圓到、言語謙和，是相工

〔註76〕睡佛，〈小寶回京〉，《順天時報》，1907 年 5 月 7 日，五版。

〔註77〕睡佛，〈情癡小寶眉目傳情〉，《順天時報》，1907 年 5 月 31 日～6 月 1 日，五版。

〔註78〕咄公，〈劣幼芬毀謗賢佩蘭〉，《順天時報》，1907 年 8 月 8 日，五版。

〔註79〕穎父，〈佩亭可嘉〉（二），《順天時報》，1907 年 10 月 10 日，五版。

〔註80〕未別生，〈梧桐之向榮〉，《順天時報》，1908 年 3 月 4 日，五版。

〔註81〕布衣客，〈蘭芳可佳〉，《順天時報》，1907 年 7 月 23 日，五版。

〔註82〕咄公，〈佩蘭知禮〉，《順天時報》，1907 年 8 月 13 日，五版。

的本分。況且佩仙不是無名小卒，一切侑酒的規則，那一件是應當
作為的，那一件是不應當作為的都得處處留神。就是客人格外優待
他，或是客人的朋友格外優待他，不把他當作相工，認他為琴友，
他也不可失他本行的規矩。……現今相工，一天退化一天，有一班
不明禮節的真不成相工了。以前相工見了客人，必定要請安問好，
為的是有了禮節，自然沒有非禮的舉動。到後漸漸養成驕縱性，所
以一天不如一天，懲一警百，當相工的應把佩仙為戒。〔註83〕

應對進退的禮節本來是侑酒陪筵的基本功，但此時反而多是「與客人故作嬌
嗔之嬉笑」「與同儕肆為無謂之浪謔」，然後「栩栩然自以為應酬之善」〔註84〕
在某些文人心中，這種謔浪狎邪無禮行為破壞了士優之間的「雅道」風範。
〔註85〕呰公更標舉出以有禮無禮作為褒貶優伶的標準：

伶人如有知禮若佩蘭者，吾即以褒佩蘭者褒之；如有不敬若幼芬
者，吾即以貶幼芬者貶之。或貶或褒，亦由自取之耳。……總之不
問其他，所聞所傳者，皆可付之不議。只觀其侑酒時之舉動如何，
是否敬禮，而為褒貶，此直筆也。〔註86〕

伶人交際應酬手腕的退化或許與光緒二十六年後，私寓營業大受打擊，許多
擅長酬應的優伶紛紛退出，致使人才斷層凋零有關。加上時移世變風氣改變
所致。東池生〈菊殘猶有傲霜枝〉一文言道：

京師菊部，習前朝末葉之流風餘韻，率能擅詼諧，解事體。故國朝
乾嘉先輩，詩酒而外往往相與往還。庚子以後，非復昔比，亢者則
自忘其分；卑者則且不復以人自待。此中消息，若隱隱於一時士習
民風，交相輝映者。〔註87〕

認為伶界敗壞與當下的士習民風有關，隱然指出不只伶人退化，連相公堂子
的客人同樣大不如以往。因此也有論者認為消費者的水準低落，才是此時品
優文化墮落的根源：

〔註83〕介公，〈佩仙鄙劣〉，《順天時報》，1907 年 2 月 12 日，四版。
〔註84〕炯然真者，〈小寶卑污記實〉，《順天時報》，1907 年 9 月 7 日，五版。
〔註85〕癡儂便認優伶的謔浪狎邪之舉為「是則淫樂之儔，登徒嗆父所稱道，而非
騷人雅士之所宜出此也。」見癡儂，〈再志伶界惡習〉，《順天時報》，1907 年
10 月 11 日，五版。
〔註86〕呰公，〈佩蘭知禮〉，《順天時報》，1907 年 8 月 13 日，五版。
〔註87〕東池生，〈菊殘猶有傲霜枝〉，《順天時報》，1908 年 3 月 5 日，五版。

> 睡佛曰：今日之相工較昔日杜琴言、蘇蕙芳輩，同有天淵之別。而
> 遊玩其間者，亦半皆登徒子倫文之流，只要囊中有白鏹四兩，番餅
> 兩枚，皆可盡一日之歡。若與古時之梅子玉、田春航相比，又何啻
> 天壤之殊乎！賞菊雅人，每責某某相工之性情乖僻，某某相工之行
> 止卑污，而不知實此輩有以釀成之。稍有良知者，即不得不傲，深
> 染習氣者，即不得不卑，此一定不易之理也。〔註88〕

清末普遍品格低下的伶人與消費者，其內涵已經無法維持過去那理想化的
「梨園情天」，於是只好回歸服務業的本質，提出以「禮」為重。可以發現此
時《順天時報》的投稿文字，戳破了傳統文人所建構的「唯情是尚」矯飾面
紗，直接地揭示出品優文化中以金錢換取情感的交易本質。

自笑生曾分析所謂的「熱客」一詞，並感慨「熱客」內涵今昔之變，頗能
說明在清末相公行業裡「情」失落的狀況：

> 熱客之說，不知何自昉也。以金而言，則有僅一笑而價值千金者；
> 以情而言，則薄倖郎亦常得美人歡。皆不得謂之熱客也。
>
> 蓋熱者，由愛力相聚而生，兩人間相維相扶，相敬相友，意致依依，
> 纏綿悱惻，纏綿悱惻，有不可自止之勢。則愛力生焉，於是藉情而
> 發揮之，又以黃金作導線，則愛力自濃，熱度自高。客字之上，遂
> 加一熱字矣。
>
> 夫人事變遷，天道反常，至於今日則純重黃金主義。豈真金類傳熱
> 度之速耶？誠以浪子輩一擲千金，不知情之為何物，更不知所謂愛
> 力，有以使之然也。循至爾詐我虞，欺偽相尚，將盡乖其所謂愛力
> 之本旨。嗚呼！是亦不可以已乎？是以多金之徒、紈綺之輩，不問
> 其甘心或強迫與否，常易重視於若輩，亦得與熱客之列也。在北京
> 人曰熱客，在蜀人則曰熱老斗。〔註89〕

「熱客」即為「老斗」之意，即是與伶人有特殊交情的客人。〔註90〕原本所
謂熱客，是以情為基礎，金錢作為觸媒，方可稱之為熱客。但清末金錢至上
的社會，情的基礎卻消失殆盡，只要一擲千金便可稱為熱客，以至於伶人與

〔註88〕睡佛，〈涸跡花叢醉漢無禮〉（二），《順天時報》，1907 年 6 月 20 日，五版。
〔註89〕自笑生，〈小鳳凰、蕙芳、小瑣熱客匯記〉（一），《順天時報》，1907 年 10 月
19 日，五版。
〔註90〕得碩亭，《草珠一串》，〈市井〉小註：「小旦呼悅己者曰『老斗』」，收錄路工
編，《清代北京竹枝詞》（北京：古籍出版社，1982 年），頁 55。

客人之間只剩下「爾詐我虞，欺偽相尚」的純金錢關係：

> 無情之譏。花菊叢中，純係黃金世界。阮囊充足，情自重也。一旦
> 床頭金盡，愛情立削。故有情與否，衡視乎客人之肥脊。君何昧昧
> 若此，以無謂之譏訕，引以為據，不亦甚乎。〔註91〕

雖說清末文人早已認清在相公堂子裡情與錢是夾纏不清的，但他們對似乎對
「情」仍無法忘懷，這或許從光緒三十三年舉辦的丁未年特別菊榜可嗅到一
絲氣息。

　　文人雅士為名伶舉辦菊榜評選由來已久，尤其身為首都的北京城，每三
年一次的會試匯聚了各地舉子，於是好事者便將評選名伶、名妓的花榜、菊
榜與選拔人才的國家科舉一同舉行。正由於這層關係，論者每以光緒三十年
科舉廢除後，菊榜也就歸於岑寂。〔註92〕但事實上並不然，《順天時報》上的
丁未特別菊榜是科舉停止後第一次的菊榜選舉。而且其舉辦流程與章程記載
相當完整，也提供我們一個完整的菊榜案例可供參考。

　　根據消息發布者菊部大偵探的說法，舉辦丁未特別菊榜是受到先前在重
陽節於《順天時報》所公開的名妓南北花榜與授職表的刺激。〔註93〕但如果
未停辦科舉，本年也是會試之年，因此伶、妓的菊榜、花榜選擇在此年舉
辦，自有其傳統脈絡。不過跟傳統菊榜相比，丁未菊榜並沒有全然延續傳統
風貌，形式與內涵都與前代菊榜出現明顯差異。

　　首先是榜單形式，傳統菊榜、花榜皆是模擬會試榜單形式，即使是稍早
舉辦的丁未年南北花榜也未能免俗的採用科舉榜單形式。〔註94〕但丁未菊榜
則是將伶人分成色、藝、才、情四科，每科選出十到十三人，不過每科入選優
伶率多相同，僅排序有異，因此實際入選的伶人不過十三人，遠不如評選名
妓的丁未花榜。不過考量到此時從事相公行業的較知名者僅四十七人，這數
字也不令人意外。其次，過去菊榜、花榜評選往往皆由少數人主導評定而後
公布。到了丁未花榜時則是由主事者偉公找了六十四名老於花事者擔任議

〔註91〕仇韓，〈代鳳凰訴冤〉，《順天時報》，1907年9月15日，五版。
〔註92〕關於清代菊榜的淵源發展，可參看王照璵，《清代中後期北京品優文化研究》，
　　　　頁67～78。
〔註93〕菊部大偵探，〈丁未菊榜定期宣布之先聲〉，《順天時報》，1907年10月31日，
　　　　五版。
〔註94〕丁未花榜根據妓女出身，分成南北兩榜，每榜三甲，各自臚列了31位名妓。
　　　　又制定了授職表，賦予入選名妓各類官職。花國大偵探，〈丁未花榜與授職表
　　　　定期宣布之先聲〉，《順天時報》，1907年10月9日，五版。

員，以記名投票的方式選出。〔註95〕而丁未菊榜
則是在每天的《順天時報》附上一張選舉票，只
要購買報紙便可以投票，這形式成為後來民國名
伶選舉的先驅（圖2-1）。

圖2-1：《順天時報》
所附丁未菊榜選舉票

丁未年的花榜、菊榜都採用投票的方式來選
拔名伶，正呼應著光緒三十二年後展開的立憲運
動，當時籌備國會選舉的時代背景。不過丁未花
榜只將《順天時報》作為宣傳發布空間，而丁未
菊榜的策略則是進一步以《順天時報》做為媒介，
召喚讀者參與，讀者不只是被動的接受者，更是
主動的票選者，打破了評選群體的封閉性，更具
有公信力。〔註96〕而隨報附贈投票單的安排，更
是高明的行銷手法。雖然主事者說為了防止灌
水，採取記名投票，並強調會調查有無其人。
〔註97〕但實際上做到什麼程度是很令人懷疑的。
而分四科選舉，又不限只能投一人，這些品優客
多買幾份報紙支持相熟的伶人也在情理之中。花榜主事者與報紙業者其實是
互得其利的雙贏局面，這在當時算是相當先進的一種行銷策略，到了民國年
間，捧角風氣興起，名伶選舉成為常態之後，報館甚至有利可圖。民國八年
出版的小說《梅蘭芳》便對報館如何利用豪客的捧角心理，舉辦菊選以獲得
金錢利益的過程寫得入木三分。〔註98〕

雖然丁未菊榜的傳播和行銷手法走在當時北京劇壇尖端，但內容反而相
當的傳統。不同於丁未花榜只臚列入選妓女與製作名妓授職表。丁未菊榜在
公布前一天，大費周章地由粵豪撰寫篇駢四儷六的〈丁未菊榜序〉。榜開後

〔註95〕偉公審定，〈丁未花榜大宣布〉，《順天時報》，1907年10月15日，五版。

〔註96〕便有人質疑丁未花榜的結果。見偉公披露，〈組織花部特別受職一覽表〉，《順
天時報》，1907年10月29日，五版。

〔註97〕「密約：票上選舉者之署名，如書寫真實姓名者，請在票旁注明住址，一以
便訪談，一以便調查有無其人。如若不符，即將該票取消。但同人等應注重
秘密權，絕不宣布。所以如此規定者，深恐以一人而假托數人，此弊不可不
豫防，諸君諒之。」菊部大偵探，〈丁未菊榜定期宣布之先聲〉，《順天時報》，
1907年10月31日，五版。

〔註98〕穆儒丐著、陳均編，《梅蘭芳》，頁136～144。

粵豪也為每科第一名的伶人題下敘贊。這些文字風格典麗，頗具傳統花譜遺風，這在《順天時報》的投稿文字中相當罕見。而要求選舉人寫下八字評語，也合乎傳統菊榜的傳統。色、藝、才、情四科的分類，更是全面關照到伶人臺上臺下的表現，符合《品花寶鑑》中梅子玉所說：「大凡品花，必須於既上妝之後，觀其體態；又必於已卸妝之後，視其姿容；且必平素熟悉其意趣，熟聞其語言，方能識其性情之真。」〔註99〕四科之中，「色」、「藝」或可說是伶人基本品評標準。而「才」指得是伶人酬應功夫與文化素養；「情」則是指伶人富於愛情，不專注金錢。〔註100〕當我們理解了清末這些文人對此時相公行風氣敗壞的態度時，此時菊榜提出「才科」、「情科」，便不可等閒視之。尤其是「情科」的標舉，更是表現出重新召喚「情」回歸的期待。當然隨著私寓的衰敗與禁絕，這種期待也只能付諸東流了。

第三節　品優到捧角的轉型

一、私寓消亡

　　清末日益衰敗的私寓營業，在戲曲改良論的流行，以及伶人自主意識的攀升下，終於走向末路。晚清各種報刊早有各種排斥私寓優伶與禁優伶侑酒之倡議。同樣有私寓營業，且開埠較早的天津首先傳出禁止的消息，上海《消閒報》轉述了兩則新聞〈後庭花成廣陵散續記〉〔註101〕、〈屁精絕種〉〔註102〕，大致可以推知在光緒二十七年（1901）左右，因外國官員介入，由都署出告示，天津的私寓營業先被禁止。而在發源地的北京，整體輿論對於私寓營業也越來越敵視。如光緒三十年（1904）《笑林報》上刊登〈論北京宜禁優伶侑酒〉一文，直言「以優伶之身分，效倡伎之行為，侑觴荐枕，喪恥忘廉，則為全球萬國之所未聞。」文中考證優伶歷史，以及北人狎優的由來。認為以私寓品優為風雅之道實為強詞奪理：

　　　　雖然男女相悅者，人情之常，故狎妓飲酒之舉，先賢猶所不免。若

〔註99〕陳森，《品花寶鑑》第十回，頁159。
〔註100〕菊部大偵探，〈菊榜選舉分四大緊急報告〉，1907年11月3日，五版。
〔註101〕〈後庭花成廣陵散續記〉，《消閒報》，1901年6月25日，第410號。《京劇歷史文獻匯編·續編》，冊4，頁38。
〔註102〕〈屁精絕種〉，《消閒報》，1901年8月11日，第431號，收錄《京劇歷史文獻匯編·續編》，冊4，頁41。

夫以男悅男，競相效慕，薦彌子於幬中，餘桃遺臭，臥董賢於帳裡，短袖承恩，此實禽獸之所為，而野蠻之醜行也。市井惡少，偶然犯此，國法猶屬禁之，況在皇都輦轂之下，冠帶縉紳之倫，而亦樂此不疲，互相徵逐，亦復成何世界乎。尤可異者，都中女閭之樂，亦兼此北地胭脂、南都石黛之勝，而且人多於鯽，盡可尋歡。而乃捨魚取熊，偏蔑視所謂窯子，而就所謂堂子者，酣歌恆舞，夜以繼日，猶且自托清流，群相誇尚，以為吾輩第雅托國風之好耳，不若登徒子一流之日與淫娃、蕩嫗為伍也。嗚呼，淫娃、蕩嫗初與狡童、媚子何所分別，豈狎狡童、媚子者，較為高尚，而眤淫娃、蕩嫗者尤為污賤呼。試為之相提並論，知其言之不值一哂而已。〔註103〕

反擊北京重相公、輕妓女的風俗，認為侑酒侍寢這類營生就應全面交付妓業。北京的幾份報紙《京話日報》、《正宗愛國報》、《官話京都日報》都把伶人之所以被視為賤業，歸咎於私寓營業之故。〔註104〕此說當然有所偏差，穆辰公《伶史》提及私寓優伶受到科班的輕視，應該是這時期風氣輿論所造成。〔註105〕因為至少到光緒初年為止，私寓優與科班優伶雖然出身有別，在梨園界的分際其實並不那麼分明。出身私寓的伶人同樣可以掌班與擔任精忠廟廟首，受到梨園尊重。〔註106〕不管如何，這些報刊輿論主張要劃清科班伶人與私寓伶人之界限，只要赴條子侑酒，便不算是梨園行。並藉著北京梨園成立正樂學堂之時，排除私坊（私寓）出身的學員入學權利，直至他們放棄營業方能入學，更甚者希望禁止私寓優伶登臺唱戲。而部分伶人也呼應了這樣的輿論。《正宗愛國報》在宣統元年（1909）刊登了一則告示〈請看梨園

〔註103〕 〈論北京宜禁優伶侑酒〉，《笑林報》，1904 年 12 月 16 日，收錄於《京劇歷史文獻匯編・續編》，冊 4，頁 113。

〔註104〕 〈正樂學堂的宗旨〉，《京話日報》第 421 號第 1～2 版，《京劇歷史文獻匯編》，冊 6，頁 120～121。炎炎，〈改良不易〉，《官話京都日報》第 719 期，《京劇歷史文獻匯編・續編》，冊 4，頁 385～386。〈梨園行擬融合長圓桌面兒〉，《正宗愛國報》第 1083 號第 1 版，《京劇歷史文獻匯編》，冊 6，頁 159～160。

〔註105〕 「梨園舊習以科班為貴，猶之仕途重科甲也。蘭芳以私寓子弟，頗為同學所輕，動遭侮辱，而亦無可如何。」穆辰公，《伶史》，收錄於《民國京崑史料叢書》第 1 輯，頁 48。

〔註106〕 出身私寓的伶人如梅巧玲、時小福曾掌四喜班；徐小香、時小福皆曾擔任過精忠廟廟首。

公議知單辦法〉：

> 敬啟者，諸位班主先生得知：茲逢國家立憲在邇，凡我國民應享一
> 般平等之權力，獨我梨園一業，原以供差內廷，為俗樂之一部。
> 即泰西各國大率皆然，無論何等社會，音樂跳舞並不為恥，獨我國
> 俗談，列於娼優隸卒，究其源者，私寓混而為一，我朝無例查考，
> 至貽外人口實。追憶梨園、私寓前數十年本非同業，近有發起人路
> 玉珊、趙仙舫、俞振亭、王瑤卿、楊朵仙等，提倡融合，畫一辦
> 法，擬將梨園應酬分為兩途，應酬者不得登臺演戲。如此界線分
> 清，而梨園一藝自能附入正當營業，不致再有外界謬指之詞。自此
> 以後，專派稽查二名，如入查出私寓應酬復又登臺演唱，並在堂會
> 場（按：應為唱）戲，立將引進之人革除梨園公同罰辦該班不准再
> 承。自宣統二年正月初一日起永遠不准私寓唱戲，如蒙諸君認可，
> 當面畫押。
>
> 精忠廟廟首：田際雲、譚鑫培、俞潤仙、余玉琴　謹啟
>
> 所有各班認可簽押列後
>
> 喜連成班承班：葉鑒貞　　　　　領班：張國瑞
>
> 慶勝和班承班：劉萬隆　　　　　領班：胡海平
>
> 慶壽和班承班：周寶臣　　　　　領班：李廣福、黃啟瑞
>
> 春慶班承班：余玉琴　　　　　　領班：遲少峰
>
> 玉成班承班：李玉桂　　　　　　領班：武香岩
>
> 吉祥班承班：張玉蘭　　　　　　領班：胡寶珠
>
> 喜春奎班承班：毛春成　　　　　領班：張士珍
>
> 雙慶班承班：李鳳占、喬佩芳　　領班：王玉甫
>
> 四喜班承班：張淇林　　　　　　領班：王長林
>
> 鳴盛和班承班：郭際亭　　　　　領班：錢寶奎
>
> 洪勝和班承班：張連城
>
> 以上當日均皆畫押認可〔註107〕

這篇文告的論點可說是當時輿論的集大成，雖然沒有要求徹底禁絕私寓，但
聯合了戲班將私寓優伶排除在劇場之外。值得注意的是在簽署的伶人中，不

〔註107〕　〈請看梨園公議知單辦法〉，《正宗愛國報》第 1129 號，《京劇歷史文獻匯
　　　　　編‧續編》，冊 4，頁 385～386。

乏如王瑤卿、楊朵仙這些原本出身於私寓的伶人。〔註108〕民國肇建，私寓便在田際雲以及部分伶人的推動下，在民國元年明令禁止，為百餘年的歷史畫下了休止符。〔註109〕以私寓為紐帶的文、伶關係並未因此而中斷，而是在新的環境下進入新局。此時「捧角」一詞開始頻繁地出現在與戲曲相關的文字中，此時伶人的狂熱支持者，則常被稱為「捧角家」。

二、捧角文化中的私寓陰影——以辻聽花為例

民國「捧角」繼「品優」而起，在穆辰公的社會小說《梅蘭芳》中有非常詳細的描述：

> 再說禁止像姑，不過是一種形式上的改革，內容的積弊，是不易除的。況且多年的老習慣，一時那裡除得盡。再說誰也不能與快樂、金錢有仇，當然變著法兒，恢復他的樂趣，開開他的財源但又不便照舊營業，只可師法暗娼半掩門的方法，依然招待主顧……大凡人類都有一種共通的弱點，便是貴難輕易四個字，當初像姑公開營業的時代，無論誰自要肯花錢都能辦得到，那時看像姑，也不過是一種普通營業，沒什麼稀奇……如今既被禁止，反覺此樂難得，那些沒經驗過的人，鑽頭覓縫，打算要見識見識……可惜半掩門與公開不同，沒有熟人介紹，不能入門的，於是朋比相引暗中活動，漸漸造成一種風氣。警廳雖然屢得報告，無如這些人，都是極有勢力的，不便得罪，只得裝聾作啞。再說已禁的像姑，也是自由人，託言交際，官府也無可如何。
>
> 只顧這一放任，把伶界的風俗可攪亂了，當初伶官本分兩途，像姑雖然唱戲，卻專門以應酬為生意，所以他們的名字，都跟女孩兒一樣，不是花兒，便是朵兒。科班戲子，往年極避香豔名號，常書本名，或直書乳名。票友出身的則書號或書某處，以示區別。近日此風已泯。雖純粹戲子，或票友出身者，亦多以香豔名字金書牌匾，使人至不能辨清濁。這種風氣，大抵由於人心不古，世道日頹，挈像姑當老前輩，甘心師法，毫不知恥。……普通戲子，只顧存了這

〔註108〕陳墨香曾在其自傳體小說中敘述了關於王瑤卿、楊朵仙反對私寓而與其他私寓優伶發生衝突的事，可以參考。見陳墨香，《活人大戲》，頁132～133。
〔註109〕張次溪，《燕歸來簃隨筆》，收錄於《清代燕都梨園史料正續編》，頁1243。

個念頭，當然以邪招邪，沒有不開市的買賣，但分有點姿色的，多半有人照顧他，童伶之中為尤甚。所以今日北京的戲子，早已分不出好歹，一例兒免不了應酬。……雖然北京戲子，何以竟弄成這等現象？可就不能咎於始作俑者那些闊老、名士、政客了。皆因這些人腦子哩，總忘不了逛像姑那種樂趣，及見警廳頒令禁止，卻把當日明逛的舉動一變而為捧戲子的行為，表面上雖然是捧場，內容還是以接洽應酬為宗旨，把當日叫條子的儀式改了請客，與戲子既不傷體面，自家亦免卻多少嫌疑，普通人見他們幹得有趣，三五成群，都找個戲子來捧。高等的不易辦，只按著自家身分，尋那相當的人材，做個消遣目的，甚至學校士子，亦都染上這種風氣，講堂功課可以不理，戲不能不聽，戲子家裡不能不去。探本溯源，實少數人提倡於先，多數人風從於後，他們還以為是英雄本色、名士風流，而不知社會風俗，為之衰落而不可挽。〔註110〕

在穆辰公的眼中，民初捧角直接等同於私寓營業的沿襲與變形，強調清代北京「品優」傳統與民國年間「捧角」風潮一脈相承的關係。將民國時期的捧角活動視為私寓的延續非是完全是穆辰公的個人見解，從《順天時報》的報導來看，民國初年北京梨園的確仍時時可見私寓遺風：

前清官僚多有後庭賞花之癖，民國成立，大總統特頒令禁止以維風化，從此韓家潭像姑業頓然沉寂矣，惟此種風俗相沿既久，遽難斷根蒂，仍於暗中流行。傾聞有前清大吏李某、蔡某素嗜男風，近甚傾倒都下大名鼎鼎之某童伶，投擲多金，每晚招至寓所，設筵打牌，夜闌人散之時，化石橋邊猶不絕某伶之蹤跡，有維持風化之責者，曷加偵查以正此惡風俗也。〔註111〕

堂子乎？像姑乎？

近來有一派捧角家設筵於相識之童伶宅中招待賓客以資娛樂，此等風氣漸有流行之朕兆。殊知某某童伶私宅此種讌會時常有之，頗極熱鬧。

蓋此等捧角家心懷卑劣抱有異圖，視伶宅儼同昔日之堂子（像姑下處）目童伶則為當年之像姑，藉此以為掩蔽毒計之廓壁。嗚呼！劇

〔註110〕 穆儒丐著，陳均編，《梅蘭芳》，頁23～24。
〔註111〕 〈兩遺老嗜男風〉，《順天時報》，1914年11月24日，七版。

界之腐敗，藝員之墮落亦可謂達於極點矣。〔註112〕

此時除了仍有童伶持續從事侑酒侍觴的活動外，北京劇界新興的女伶，也開始參與這類交際應酬，吸引了更多醉翁之意不在酒的新觀眾加入。其風潮之盛，引起了社會輿論以及官方的重視：

> 正樂育化會原為整頓梨園規則，改良戲劇而設。不意近來竟有童、坤伶隨客冶遊，以及陪客侑酒情事，以致外間多目該會放棄管轄之權，及至警察聽聞之其事，出示干涉後，該會乃於日前僅用一紙呈文遞請吳總監查禁，故經警廳以該會有負責承云。〔註113〕

> 正樂育化會因警廳頒有禁止童坤伶在劇場內陪同座客談笑之令，故經該會又遞稟警廳請禁止座客設筵招引童伶酬應之事，於日昨（按：應為昨日）該會已傳之各劇社遵照，茲將該會傳單錄下：

> 為傳知事，本會前以座客設筵學生酬應，致滋物議，曾經稟請禁絕，以維名譽。等。因於元年一月十一號奉

> 京師警察廳批據稟已悉，業經本廳出示嚴禁並通飭各區署聞時查禁，以維風化。此批為此傳知，貴社查照可也。〔註114〕

從相關的報導來看，此時正樂育化會已經失去管束男女優伶的力量，一直到輿論批評後，才稟請官方介入。〔註115〕但正如穆辰公所說，伶人應酬與陪觴侍酒的分際如何區分？因此即便官方不斷明令禁止，報刊輿論疾言管制，始終難以真正禁絕。〔註116〕不過也如穆辰公所說，這畢竟是「半掩門與公開不同，沒有熟人介紹，不能入門的。」因此原先從事私寓營生的優伶便成了最好的穿針引線者。辻聽花在〈可憎哉內行人中之劇賊〉一文中說明甚細：

> 像姑出身之狡獪

> 近來劇界內行人誘惑坤角童伶供一般劇賊之玩弄者頗不乏人……而其所謂內行人多係像姑出身，蓋箇中之趣味與利益，彼曾經驗極為明白……茲考其緣故彼等一部內行人於京中劇界尚有幾分勢力，且與堂會戲亦有密切之關係，彼等坤角、童伶大半無識無知，不諳

〔註112〕聽花，〈伶宅招客可之可懼〉，《順天時報》，1918 年 7 月 12 日，五版。
〔註113〕〈育化會馬後課〉，《順天時報》，1916 年 1 月 14 日，七版。
〔註114〕〈約束伶人酬應〉，《順天時報》，1916 年 1 月 17 日，三版。
〔註115〕〈育化會要振作〉，《順天時報》，1916 年 1 月 16 日，七版。
〔註116〕聽花，〈陪客侑酒之禁令〉，《順天時報》，1918 年 12 月 22 日，五版。

> 世故輕信同行人之言，且為種種細故所拘束，遂為一派劇賊之餌
> 食，可憐可惜。比內行中奸詐之徒，利用自己地位串通劇賊，復以
> 種種手段誘惑優伶以買劇賊之歡欣，並謀獲得堂會及其他之利
> 益……〔註117〕

正因難以規範，於是凡是與童伶女伶來往密切的人，往往便會成為報刊輿論
攻擊的對象。尤其是那些明顯帶有特殊目的，在公共場合不懂得收斂的捧角
家，往往會被稱為菊蠹、劇賊：

> 大菊蠹之歷史，吾客粵時知之甚詳，以一統袴弟子起家縣令苟且鑽
> 營涉任要職。鼎革時，囊括民膏數百萬遠颺。吾方謂其投老山谷面
> 圍圍最富家翁，不敢露形於光天化日之下，豈意其喪廉忘恥，澗跡
> 京華，尚作春明之夢，貪心不死，吾竊悲之。
>
> 前閱報載，知大菊蠹喪心病狂，挾其貪囊，日以漁獵伶倌為事，於
> 富連成、正樂社不得志，遂改而注意廣德樓之劉菊仙。野心勃勃大
> 有不利於孺子之心，吾正欲秉筆誅之，一驅菊界之惡毒，而菊社諸
> 君，已先我而申其撻伐，遂止。昨見大菊蠹因不容於廣德又變其方
> 針，注意三慶之秦腔青衣某伶（姑隱其名，閱者自能知之）勾結狐
> 狗叢聚一樓，猛力進行，大有不填淫壑不止之勢。吾昨顧曲於該
> 園，至某伶出場時即聞怪聲如鬼，恍忽窮山老鶴之鳴，以其不同於
> 一般人之彩聲。甚詫異，詢之傍人，知為黨叫，深怪巡警不捉將官
> 裏，科以刑罰，豈維持秩序之巡警，當此風化攸關，亦為勢所屈
> 耶……望我同志諸君為維持菊界風化起見，奮其金鈴護持之婆心，
> 筆□墨蟬，大加攻擊，務使此蠹銷聲匿影，不敢再留□基於歌舞之
> 場，則菊界幸甚，社會幸甚。〔註118〕

在《順天時報》中時可見對伶人交遊的監督報導。〔註119〕這些報導對伶人以
及那些張揚的捧角家起了一定的嚇阻作用。〔註120〕而在諸多批評人士中，辻

〔註117〕聽花，〈可憎哉內行人中之劇賊〉，《順天時報》，1919年2月20日，五版。
〔註118〕箋鏗，〈誅大菊蠹〉，《順天時報》，1916年1月14日，五版。
〔註119〕如屬名鶴的〈菊訊一束〉中報導某鬚生家近日門庭若市，未知地方之責者亦
　　　　有所聞否。《順天時報》，1917年2月24日，五版。屬名訪的〈都門菊訊〉
　　　　則報導姜二少赴童伶家抽鴉片，更引起一系列的追蹤報導，《順天時報》，1919
　　　　年2月8日，七版。
〔註120〕如聽花報導前清王府子弟帶富連成童伶趙連升遊蕩，讓趙連生不敢再與其來

聽花可說是最為積極的一位，多次在其專欄中追蹤痛斥此類事件。認為召伶
侑酒、看戲、訪私宅，或是到演出現場到前臺搭訕、後臺干擾是汙衊伶人人
格，「不脣以昔日像姑之道而待今日之藝員」。認為這些名士、文人、政客、闊
佬是「人其面而獸其心者。」〔註121〕

但有趣的是在民國四年（1915）袁世凱積極準備稱帝之時，辻聽花曾發
表一篇〈劇界有志總代表請願書〉提出四點建議，其中竟有「恢復私寓應酬」
一項，此時他的說法是：

> 前清久許私寓兼防士人惑溺女色，民國元年四月京師巡警總廳偶發
> 佈告禁止此制，子弟星散奔走四方，多數堂子俄失餬口之計。況私
> 寓為習慣之制度，頗饒趣味，外國亦間有之，果取締得宜自見有利
> 無害，且與戲劇有至密之關係，一恢復舊制，許子弟酬應。〔註122〕

或許是由於此時辻聽花尚未了解私寓營業內容，受到劇界傳統派友人與伶人
影響，因而發表此文。直到辻聽花因收新崛起的童伶尚小雲為義子，捲進捧
角風波〔註123〕，為此多次為文為自己與尚小雲的關係辯護。〔註124〕自此對
於伶人與觀眾交際來往的態度趨於嚴屬，甚至是一桿子打翻一船人。在與尚
小雲的謠言傳出不久，辻聽花便發表了一篇〈討菊蠹文〉極力批判對童伶、
坤伶別有企圖的捧角家，認為警方要嚴格取締。〔註125〕然後在同年不斷發表

往。聽花，〈王府之劇賊〉，《順天時報》，1917年10月20日，五版。聽花，
〈趙連升悔悟誌喜〉，《順天時報》，1917年10月24日，五版。《順天時報》
對軍界姜二少行為的追蹤報導，也使得姜二少暫時偃旗息鼓消失劇界，而童
伶亦聲稱不再理他。聽花，〈春風春水錄（上）〉，《順天時報》，1919年3月
5日，五版。但事實上這些輿論對於真正有權有勢之豪客效用有限。如上述
的姜二少，在10天後便因為訪童伶被拒，而派兵脅持伶人。聽花，〈姜賊宜
懲〉，《順天時報》，1919年3月15日，五版。

〔註121〕聽花，〈勿玩弄藝員〉，《順天時報》，1918年4月21日，五版。
〔註122〕聽花代稿，《劇界有志總代表請願書》（上），《順天時報》，1915年12月15
日，五版。
〔註123〕聽花，〈關於聽花之謠言〉，《順天時報》，1916年4月11日，五版。
〔註124〕如聽花，〈於對於父子問題之態度〉，《順天時報》，1916年4月23、25、26
日，五版；〈再關聽花之謠言〉，《順天時報》，1916年5月11、12、13、14、
16、17、18、19日，五版；聽花，〈答覆紅衣月老君〉，《順天時報》，1916年
5月23、24日，五版；聽花，〈答覆呂痕圃君〉，《順天時報》，1916年5月
26日，五版。聽花，〈答覆國華報社〉，《順天時報》，1916年5月27日，五
版。聽花，〈余關於童伶之宣言〉，《順天時報》，1917年1月14日，五版。
聽花，〈辨妄闢謬〉，《順天時報》，1917年1月18日，五版。
〔註125〕聽花，〈討菊蠹文〉，《順天時報》，1916年4月16日，五版。

多篇類似的文章，認為召坤、童伶侑酒的惡習是整個劇界大環境造成，師傅、觀眾以及一部份評劇家皆難辭其咎，使得坤伶如娼妓，童伶似像姑，而缺乏藝員的自覺。〔註126〕態度相當的激烈，似希望藉此自清。除此之外，辻聽花也曾發表〈翠花問題〉〔註127〕，為知名票友退庵居士澄清與過去某紅像姑以及童伶小翠花的曖昧傳聞。〔註128〕結果最後公親變事主與人大打筆仗。〔註129〕一直以來對辻聽花與童伶關係的質疑從來沒停過，由於這些批評常常帶有排日情緒，因此他在〈藝術無國境──謹質中國評劇識者〉中，強調藝術無國境，自己因為研究中國戲劇而與伶人相識交際，乃至於「訂兄弟義，或結父子緣」。批評他人攻擊都是出於狹隘的嫉妒之心，甚至是借題發揮，居心叵測。〔註130〕自身因與童伶來往而被批評，但聽花對於類似事件砲火卻異常猛烈。如羅癭公幫程艷秋出師一事。辻聽花曾對此事做一系列的追蹤報導，並大肆批評。〔註131〕其中〈某童伶之近狀愈險〉：

> 昨據確實報告，某童伶青衣自特別出師後以所謂名士為中心，與一派匪徒過從極為密切應酬忙碌蓓莅（按：應做倍徒）囊日。迄於最近，若輩對於該伶裝飾女服隨便玩弄，其生活情形與像姑、妓女毫不相異，此實出於情理之外。嗚呼！若輩之行動與禽獸又何擇焉。〔註132〕

讀之令人乍舌，且直到民國九年（1920），聽花仍認為程艷秋之所以嗓音暗

〔註126〕聽花，〈劇界當頭棒〉，《順天時報》，1916年10月18、19、20日，五版。聽花，〈風飄雨搖〉，《順天時報》，1916年11月17日，五版。

〔註127〕聽花，〈翠花問題〉，《順天時報》，1917年3月28日，五版。

〔註128〕退庵居士與小翠花都為此傳聞發啟事澄清。見〈退庵居士啟事〉，《順天時報》，1917年3月23日，五版。〈小翠花啟事〉，《順天時報》，1917年3月25日，五版。

〔註129〕聽花，〈告李嘯天〉，《順天時報》，1917年3月31日，五版；聽花，〈再告嘯天〉，《順天時報》，1917年4月4日，五版。聽花，〈三告嘯天〉，《順天時報》，1917年4月12日，五版。聽花，〈告冰心君〉，《順天時報》，1917年4月15日，五版。聽花，〈四告嘯天〉，《順天時報》，1917年4月19日，五版。

〔註130〕聽花，〈藝術無國境──謹質中國評劇識者〉，《順天時報》，1917年4月26日，五版。

〔註131〕聽花，〈艷秋已矣〉，《順天時報》，1918年5月1日，五版。聽花，〈舉目皆賊〉，《順天時報》，1918年5月4日，五版。聽花，〈程艷秋出師後之狀況〉，《順天時報》，1918年5月8日，五版。聽花，〈喜憂二則〉，《順天時報》，1918年5月8日，五版。

〔註132〕這裡童伶青衣便是指程艷秋。聽花，〈某童伶之近狀愈險〉，《順天時報》，1918年7月14日，五版。

啞，羅癭公難辭其咎。〔註133〕這未必是辻聽花的一己之見。如民國十八年羅癭公逝世後，雲若在《北洋畫報》投稿的小文：

> 羅癭公生時，文章風采，傾動一時，而提挈程艷秋，尤為世所欽羨。昨聞其同鄉某君談，謂當年有人及捧程韻事，戲作諧詩一律，甚雋妙可誦，茲筆錄於下：
>
> 「先生有所不知情，天下美人第一程。（當年有勸癭公以狎優恐傷盛德者，癭公正色答以，先生有所不知，程郎天下第一美人云云）。山岳動搖編艷史，陰陽顛倒戰秋聲（是二句可意會不可言傳，若山岳二字則專名詞也）。新奇馬桶徵題咏（癭公曾贈以金漆馬桶一具，且徵名流題咏）特別跟包失姓名（公時隨艷秋出入故得『特別跟包』之雅篆）。胡同景伯顏如玉（公所寓警士，年少而美，公以計得之），孰非孰是費量評。〔註134〕

雖然以此為風流韻事，但仍不脫狎優色彩。〔註135〕可見得羅、程二人的情誼，當時不少人是以私寓遺風視之。當然這些報導不免道聽塗說，可信度需要大打折扣，但在當時著實引起不小的爭議。辻聽花對伶人交際的嚴格監察，也獲得部分人士的支持，如夢周〈讀聽花討劇賊感言〉稱他是「羨君一手生花管，化作金鈴十萬飛。」〔註136〕北京知名報人春覺生也曾來函呼應聽花的行為。〔註137〕但聽花屢屢登報批評他人是菊蠹、劇賊時，自己卻依舊與童伶密切來往，召伶赴筵、往後臺與伶閒話、赴伶宅吃酒，乃至於同遊看戲，卻不以為怪。〔註138〕這種他非己是的態度常為人所詬病。聽花曾在〈告晴湖山人〉一文中引述晴湖山人對他的批評：

> 《順天時報》聽花屢屢於其報紙罵人為菊蠹、劇賊，誘惑童伶，包藏野心。試問聽花對尚小雲、吳鐵庵、沈富貴、趙連升、石韞玉、吳少霞諸子，非誘惑手段耶？不包藏野心耶？〔註139〕

〔註133〕聽花，〈漫語〉，《順天時報》，1920 年 5 月 16 日，十版。

〔註134〕雲若，〈歌壇艷聞〉，《北洋畫報》，1929 年 1 月 8 日，三版。

〔註135〕在一星期後，誅心解說此詩之背景，提及山岳黨即狎優者之謂。誅心，〈歌壇艷聞補釋〉，《北洋畫報》，1929 年 1 月 15 日。

〔註136〕夢周，〈讀聽花討劇賊感言〉，《順天時報》，1917 年 7 月 28 日，五版。

〔註137〕聽花，〈春覺生來札〉，《順天時報》，1917 年 7 月 31 日，五版。

〔註138〕如 1919 年新年期間聽花與童伶密集來往，同出遊赴場串，赴伶宅吃春酒、一同赴新世界遊覽看戲。見聽花，〈新歲五日菊事小記〉，《順天時報》，1919 年 2 月 6、7、8、9 日，七版。

〔註139〕聽花，〈告晴湖山人〉，《順天時報》，1918 年 8 月 6 日，五版。

張謬子也曾為文諷刺聽花「只許人拜彼為義父，而不許人拜人為師。」〔註140〕
聽花在回應的文章中反覆強調自己光明正大並無私心，而是「擬借文字之力
剝其假面而殺其野心，以達保護優伶之微旨」〔註141〕，認為自己對童伶有保
護提攜獎掖之責，卻被視為因嫉妒猜疑而橫加嘲罵。〔註142〕為了反擊當時
劇界的對自己的嘲罵，辻聽花提出了伶人為「社會公眾之共有物」的說法加
以反擊，直言他們是「宜為社會公眾之共有物，而不為一人或團體之專有
物」。〔註143〕反覆重申「優伶一職與社會公眾尤有密切之關係。」伶人的舞
臺生命的關鍵與在於是否受大眾歡迎聲譽。因此當「所謂捧角、所謂風雅之
遊，所謂誘掖後進」讓男伶忙於應酬，以至於「嗓音喑啞，容顏憔悴，女伶則
是誹聞纏身、廢業嫁人。」〔註144〕當建立在私人交際活動的捧場行為，實際
上戕害了伶人理應奉獻給公眾的舞臺生命時，自該大加撻伐。而自己與伶人
們的來往，則是為其揄揚聲譽，並負起監督藝術、行為之責。這種視伶人「社
會公眾之共有物」的角度看似推崇愛護伶人，但實際上並沒有把伶人當作獨
立自主的個體。正因聽花眼中伶人多是無智識之輩。〔註145〕他才要擔負起監
督的責任。

　　在相公堂子餘風猶存的民初，私寓陰影仍無時無刻不籠罩在伶人的酬應
活動之中，反映了從傳統品優過度到近代捧角時所產生的衝突矛盾。從《順
天時報》觀察，私寓陰影大概在民國十年以後才逐漸消退，代表此時社會才
能以不帶偏見地看待伶人交際應酬這件事。

　　不過以伶人護花者自許的辻聽花在民國十四年（1925）發表了〈名伶幕
中之寄生蟲〉、〈名伶寄生蟲之種種目的〉等文章〔註146〕，認為那些圍繞在名
伶周邊的人士之中仍有人懷有非分之想，但從「寄生蟲」一詞也可看出，即
使他們真對伶人懷有不軌之心，也與傳統私寓的老斗與相公的關係不同，已

〔註140〕聽花，〈聽花對於謬子最後之聲明〉，《順天時報》，1918 年 6 月 27 日，五版。
〔註141〕聽花，〈捧角界之黨派觀〉，《順天時報》，1918 年 1 月 17 日，五版。
〔註142〕聽花，〈余對童伶之責任〉，《順天時報》，1918 年 7 月 4 日，五版。
〔註143〕聽花，〈斥黨社〉，《順天時報》，1917 年 7 月 22 日，五版。
〔註144〕聽花，〈都中劇賊之橫行可憎〉，《順天時報》，1920 年 6 月 3 日，十版。
〔註145〕聽花，〈可憎哉內行人中之劇賊〉，《順天時報》，1919 年 2 月 20 日，五版。
　　　　聽花，〈優伶勿為一派人士所攏絡〉，《順天時報》，1920 年 1 月 21 日，五版。
　　　　聽花，〈張謬子之快文字〉，《順天時報》，1917 年 8 月 3 日，五版。
〔註146〕聽花，〈名伶幕中之寄生蟲〉，《順天時報》，1926 年 4 月 11、14 日，五版。
　　　　聽花，〈名伶寄生蟲之種種目的〉，《順天時報》，1926 年 4 月 23 日，五版。

經轉化成依附追隨者的角色。〔註147〕關於這部分，筆者將於後面章節再詳細討論。

三、由「品」優到「捧」角

葉凱蒂分析「品優」轉向「捧角」的變化過程中，報刊所起的關鍵作用：

> 從形式上來看，捧角文化突破過去僅限於文人政客圈子的界限，以清末民初的報紙為園地，使這文化進入到公共文化領域中，導致捧旦的公開化、公共化。〔註148〕

雖然傳統品優活動早有一定的公開性、公共性，品優花譜作為一種流行讀物，有些更被選入北京的都市指南之中，但傳播對象主要仍是文人圈子。私寓營業畢竟屬於特殊的娛樂營業，無論是伶人還是消費者都有所限制。晚清以來伶人地位逐步提升，加上傳統出版難以望其項背的新興報業的傳播，大大增加伶人的知名度與可見度，隨著公開化、公共化，接踵而來的就是伶人的明星化：

> 所謂明星化，是指演員社會身份的公共化，知名演員自身成為輿論的焦點和話題，從而形成社會大眾的一種娛樂資源的狀況。演員的明星化，表現在演員在社會中的影響力和知名度大幅上升，成為社會大眾追捧的對象。〔註149〕

社會身分的公共化，與前文辻聽花所說「社會公眾之共有物」相通。明星化的伶人吸引更廣泛的群體將目光投射到他們身上。

從事「品優」活動的伶人以私寓優伶為主，消費者則多以官員、文人、商人三個群體為主。〔註150〕若再進一步細究，則是以內務府官員與大員的紈袴子弟、應考的舉子以及捐官的商人為大宗。〔註151〕而根據上述穆辰公的說法，禁絕私寓的政策反而打破了原先由私寓獨佔的壁壘。而此時伶人無論是為了實際利益，亦或是為了經營自己演藝生涯，交際應酬日益普及。在種種因素的影響下，參與「捧角」活動的伶人或觀眾的層面都比清代「品優」更為

〔註147〕根據聽花說法，這幾篇文章曾經引起廣泛響應。聽花，〈名伶寄生蟲之種種目的〉，《順天時報》，1926 年 4 月 23 日，五版。

〔註148〕葉凱蒂，〈從護花人到知音——清末民初北京文人的文化活動與旦角的明星化〉，收錄於陳平原、王德威主編，《北京：都市想像與文化記憶》，頁 122。

〔註149〕徐煜，〈明星崇拜心理中的非審美成分——以晚清以來捧角現象為樣本〉，《戲劇史料》，頁 113。

〔註150〕么書儀，《晚清戲曲的變革》，頁 170。

〔註151〕王照璵，《清代中後期北京品優文化研究》，頁 140～146。

複雜。辻聽花將此時捧角群體分作:「名士派、學生派、紈袴派、政界派、記者派、遺老派、商賈派、軍人派、堂客派、模糊派。」〔註152〕分類略顯瑣碎,但也反映了此時捧角群體的多元化,此時捧角群體背景非常複雜。既有狹著驚人的資本的軍政商賈人士,也有筆墨生涯的寒酸文人、學生,更有新興的女性戲迷。不同的身分、目的,捧角方法也各異。不過整體來看,民國捧角比起清代品優更具有世俗化色彩。辻聽花曾為文分析「捧」,他認為無論對於觀眾還是伶人來說,捧都不僅只是單純客套用語而已,而是有特別要求的意味。〔註153〕可惜聽花並沒有進一步具體說明,但可知他心中捧角並非單純的觀演的關係,而是一種更深層次的觀眾與演員互動形式,若參照張遠對民國捧角時所下的定義:

> 某些觀眾以種種方式,與演員之間建立超出一般演員與觀眾之間演出與欣賞的關係。捧角者常藉由各種方式,舉凡贈寫詩文、寫劇評讚美、封王選后等來與演員建立關係並取得彼此所需。〔註154〕

張遠強調捧角者所提供的文化資本,但從辻聽花羅列捧角家結交伶人的手法:「招待共餐、觀劇叫好、作文揄揚、贈與金錢、代購行頭、購送衣服、送與什器、挾勢謀便」。〔註155〕便可知實際金錢資本也是不可或缺的一環。筆者以為所謂捧角就是捧角者付出有形無形的利益,爭取與伶人建立私人關係。筆者以為「捧」比起「品」更有一種利益交換的意涵,在清代遊逛私寓是包裝在傳統「情文化」的架構下的商業消費,強調的是文、伶之間私下交際的優雅情韻,私寓為消費者帶來各式情感上的滿足,淡化了情感交易的本質。〔註156〕文人「品優」意在展現自己審美趣味,在伶人身上投射自我情感,為伶人吹噓聲譽只是附帶效果,這也是為何與伶人關係密切的品優者也被雅稱為「賞鑑家」的緣故。〔註157〕但從前文可知到了清末傳統文人所建構的文化

〔註152〕聽花,〈捧角界之黨派觀〉,《順天時報》,1918年1月17日,五版。
〔註153〕「一般觀劇家開口輒曰我捧某伶,而一般優伶亦謂人曰:請捧一捧。嗚呼!捧之一字詳為解剖之意味極多,觀劇家所謂捧者,攏絡優伶之口頭禪也,其結果所及危險極矣。至優伶所謂捧絕非一應酬語,所謂求歡於人,而別有作用也」聽花,〈春風春水錄(上)〉,《順天時報》,1919年3月5日,五版。
〔註154〕張遠,《近代平津滬的城市京劇女演員1900~1937》,頁107。
〔註155〕聽花,〈捧角者之慣技並勸告優伶〉,《順天時報》,1918年1月27日,五版。
〔註156〕王照璵,《清代中後期北京「品優」文化》,頁163~192。
〔註157〕如陳森,《品花寶鑒》第五回,頁83。〈小紅自負〉,《順天時報》,1907年3月19日。

包裝已經逐漸被剝除，到了民國時期，「捧角」雖然不像「品優」有一定的價碼和規範，卻有更濃厚的利益交換色彩。由「品」到「捧」，伶人從任人品賞的客體，變成眾星拱月的追捧對象，相當程度反映了民國時期伶人與消費者關係的改變。〔註158〕捧角文化中的伶人，不再是特定群體交際籌應時的配角，而是公共娛樂場域上被追捧的主角，所有的捧角者都不吝於投注資源來與伶人建立私人關係，但最引人注目的手法就是那些在公眾空間營造伶人聲勢的「捧角」行為。

當時人們如何「捧角」？徐凌霄在《古城返照記》借主角陸賈之口有詳細的描述，有從後臺老闆角度出發的臺後捧、臺上捧〔註159〕，以及從觀眾角度為之，最多彩多姿的「臺前捧」：

> 至於臺前的捧，就是看戲的一方，也有幾等幾樣，說到文捧是找名流作詩，找貴人題區，郎郎友友，酸酸溜溜，吹吹唱唱，標榜一氣，咱們中國向來是名流萬能，文人可以包辦一切的藝術的，只要文字上一品題就算聲價十倍。只要看《長安看花記》、《丁年玉筍志》、《燕蘭小譜》、《明僮小傳》那些著作，就可以看出酸丁在京華劇界裡確有相當的勢力，這就叫做文捧。武捧是在戲園裡預先約集大隊同志，包廂佔座，一定多少廂、幾排座，多多益善。及至臨場又有積極、消極兩種捧法，積極是拍掌叫好，消極是一至被捧的角兒下場完戲，就趕緊起，一齊退席出園，叫好一般看戲的認識角兒魔力之大，叫後臺裡曉得這角兒叫座之多，這種捧法，要人多勢眾，豁亮的嗓門，蘇齊的腳步，有指揮如意的隊長，有步伐整齊行動敏捷的選手，所以叫武捧。至於藝術的捧，是代請名師指點歌舞；經濟的捧，是幫忙資本改良設備等等。〔註160〕

這些捧角法中的「藝術捧」與「經濟捧」，都需要相當的經濟基礎。而後臺老

〔註158〕葉凱蒂認為：「傳統的『護花人』的身分暗示自信與權威，而知音卻暗示一種平等。」見氏著，〈從護花人到知音——清末民初北京文人的文化活動與旦角的明星化〉，收錄於陳平原、王德威主編，《北京：都市想像與文化記憶》，頁124。

〔註159〕「臺後捧」是經由幕後運作來提高演員身價，如將要捧的演員的演出戲碼盡量排後，或是把戲報上要捧的演員名字盡量放大。而「臺上捧」則指演出時運用音樂鑼鼓、燈光、服裝、飲食、容妝甚至預伏人手喝采等方法，來增加演員威勢的捧法。徐凌霄著、徐澤昱整理，《古城返照記》下冊，頁672。

〔註160〕徐凌霄著、徐澤昱整理，《古城返照記》下冊，頁673。

闊的「臺後捧」、「臺上捧」也會受到有權勢財力的捧角家的影響。面對那些
挾著豐厚資本的捧角家，一般捧角家只能以公共空間作為他們最主要的戰
場，在報刊稱之為「文捧」，在劇場的稱之為「武捧」。無論「文捧」還是「武
捧」其實都可以在清代的品優活動中見到濫觴。在徐凌霄眼中，文捧其實就
是清代品優文化中花譜的遺緒。至於「武捧」的劇園叫好，更是北京既有的
劇場風俗，早在乾隆年間便有紀錄。〔註161〕京劇起源於民間，雖在發展過程
中吸收了不少崑劇藝術作為養料，在表演上更加精緻化，但其民間性格仍是
相當明顯。這也是京劇能雅俗共賞的最大立足點，比起崑劇，京劇的觀眾階
層可說是更加的廣泛。上自皇族官宦，下至販夫走卒，都有不少戲迷。如果
說文人們在看戲之餘還能在打茶園的娛樂中，將賞戲品優的情懷形諸文字，
化成一篇篇的華美篇章。那麼一般百姓看戲的感想與回饋後往往訴諸於最直
接的外在行動──「喝彩」以及「輿論」：

> 皮黃盛於京師，故京師之調為尤至，販夫豎子，短衣束髮，每入園
> 聆劇，一腔一板，均能判別其是非，善則喝彩以報之，不善則揚聲
> 以辱之，滿座千人，不約而同。或偶有顯者登樓，阿其所好，座客
> 群焉指目，必致譁然。故優人在京，不以貴官巨商之延譽為榮，反
> 以短衣座客之輿論為辱，極意矜慎，求不越矩，苟不顛躓於此，斯
> 謂之能。故京師為伶人之市朝，亦梨園之評議會也。〔註162〕

無論「喝彩以報之」還是「揚聲以辱之」都是一種非常直接而不經修飾的回
饋，再經由輿論的傳播，建構出對伶人的評論，可說是沒有文字的劇評。這
些市井小民與伶人們沒有私交，純以場上表演為依歸，帶給場上伶人們十足
的壓力。不過對私寓伶人的顧客來說叫好則隱然有種情感交流的意味：

> 簾子繾掀未出臺，齊聲唱采震如雷。樓頭飛上迷離眼，訂下今宵晚
> 飯來。〔註163〕

〔註161〕《燕蘭小譜》詩註中便有：「北人觀劇，凡愜意處高聲叫好，此非我輩所能。」
　　　　安樂山樵，《燕蘭小譜》，收錄於張次溪編纂，《清代燕都梨園史料》，頁18。
　　　　稍晚的《消寒新詠》詩註：「憶某日在同樂軒，正當遊心彼息慮靜聽百壽度
　　　　曲，時忽隔牆鴉噪喧騰，猶如山崩屋倒。詢之，乃知雙和部在彼處演劇，此
　　　　蓋喝采之聲。噫！亦何喧嘩至此耶！」鐵橋山人、問津漁者、石坪居士，《消
　　　　寒新詠》，頁82。
〔註162〕徐珂編，《清稗類鈔》，冊11，頁5016～5017。
〔註163〕佚名，《都門竹枝詞》，〈觀劇〉，路工編，《清代北京竹枝詞》，頁44。

既為優伶營造聲勢，又可與品賞的伶人眉眼傳情。〔註164〕這現象原本只存在於私寓優伶與老斗之間的默契，但在民國年間反而更加地普及浮濫。原本一般市民大眾表達喜好的行動已經變成為營造聲勢或者是攻擊伶人的伎倆，致使評論意味蕩然無存。辻聽花對此描述是：

> 中國劇場從前久有叫好、倒好之習慣，視為一種客觀評劇褒貶之標準，頗為斯界所尊重。故優人登場，觀客極為注意，苟非聲色技藝演至絕妙好處，令人感嘆不已，則叫好之聲不聞躍起，雖起亦決不頻繁。反是而倒好之聲非藝劣違法萬不能已則闃乎無聞。況中國素無專門戲劇之新聞，評劇優劣無由發表，故觀客一發叫好或倒好之聲頗有一種意味且具至大權威，優人聞以為榮或以為辱。叫好與戲劇有密切關係可以知矣。

> 民國開幕，京師劇場風氣一變，叫好之聲次第流行，拍手喝采逐漸喧豗，誠為梨園未曾有之新現象。殊如昨春以來，坤伶雲集，女劇盛行，其粉墨登場也，叫好之潮流愈形狂盛滔滔，汨汨奔漲，不止有時出現一種奇觀，令人增悶作三日嘔，於是乎警廳取締怪聲叫好之嚴令出矣。〔註165〕

怪聲叫好的亂象在《順天時報》報導中可說是隨時可見〔註166〕，連官方都必須貼出告示明令禁止怪聲叫好〔註167〕，當然這種禁令效果非常有限。作為京劇發源地北京都如此了，上海胡亂叫好之現象當然更加嚴重。馮叔鸞便曾專門為文分析叫好喝采對於演員聲譽以及利益的直接關係，認為胡亂叫好將使演員膽大妄為，造成劇藝的墮落。〔註168〕也有些捧角者並不了解叫好的方式，以至於行止失措反不為伶人所喜。劉豁公便曾紀錄了一個有趣的故事：

> 蘇人王某捧角（京俗呼捧優者曰捧角）之一也，一夕在第一臺觀蘇彩霞演《斷橋》，大呼：「好嗎」至數百聲之多，蘇伶頻以目睨之，

〔註164〕鐵橋山人、問津漁者、石坪居士，《消寒新詠》，頁32。

〔註165〕聽花，〈盛哉叫好之聲〉，《順天時報》，1915年5月22日，五版。

〔註166〕〈中和園大武劇〉，《順天時報》，1916年8月23日，五版。〈怪好極宜取締（一）〉，《順天時報》，1917年4月25日，五版。

〔註167〕〈禁止怪聲叫好〉，《順天時報》，1915年5月25日，七版。《順天時報》，1915年10月10日，五版。〈怪好極宜取締（一）〉，《順天時報》，1917年4月25日，五版。

〔註168〕馬二先生，〈說喝采〉，《菊部叢刊》，頁94～95。

王某誤會其意，以為美人垂青於己也，大喜，尋一識蘇伶者偕往彩
霞家，冀酬其喝采之勞。詎彩霞待之殊不以禮，王不能耐，即抗聲
曰：「我在劇場中即力捧汝，汝之酬我者固如是乎？」彩霞嬌嗔曰：
「汝捧我耶？演劇曰半點鐘，汝呼倒好亦半點鐘，汝之捧我亦太
甚。」（京俗喝采但一好字，若好字之下更著一字，如啊哦之屬，即
為倒好，王呼好嗎，故蘇伶怨王）王頓足曰：「誰叫你倒好，叫他殺
千刀。」闔座為之捧腹。此事京師傳遍，人遂呼王曰：「凌遲捧角，
亦謔而虐矣」。〔註169〕

因此還有人投稿講解喊倒好的時機。〔註170〕武捧行為幾乎都有組織在運作，
才能夠整齊劃一，達到效果。這種集體叫好、起堂等行為雖然能為伶人營造
聲勢，卻也干擾演出，破壞劇場秩序，對於其他伶人更有挑釁意味，致使所
捧之角兒開罪其他伶人及其支持者。在捧角家們彼此競爭之下更是助長了劇
園裡的衝突紛爭：

捧劉玉環某君於白素忱演唱時故意搗亂，嗣經崇拜該伶之份子還以
通聲始斂其跡。昨不料其舊病復發而白派之人復報之如前。某君又
捲旗息鼓。噫，若某君者可以以休矣。〔註171〕

坤園營業鼎盛　各分黨派
……各有黨派之分，即如近日中和園客座份子異常複雜，有劉教
徒、杜教徒。其他沈飄香、尚俊卿等，莫不有黨以擁護之。甚至陳
小嫻亦有一黨，故每當各角登臺時，各黨徒叫好聲紛然雜起，醞釀
中已成暗潮，一朝導火綫燃，劇場茶壺、茶碗不免亂飛。黨派以外
之觀劇人及彈壓警士等均應注意也。〔註172〕

正因為劇園亂象不止，也有人呼籲以拍手取代叫好以避免衝突。〔註173〕當然

〔註169〕劉豁公，〈豁公之歌場趣話〉，收錄於楊塵因，《春雨梨花館叢刊一集》，頁2。
〔註170〕云云羅列出五點應該喊倒好時機：1. 名伶演劇將戲詞唱錯或脫板冒場、2.
板鼓用得不當、3. 武劇起打紊亂、4. 花旦戲演得過於淫褻、5. 常演之戲對
口科白不能吻合。並在提出六點不應該喊倒好的時機：1. 武劇落傢伙、2. 嗓
音頓啞、3. 戲中無關係配角之唱錯、4. 科班雛伶等、5. 新排之戲唱白與穿
插、6. 自己不滿意之角色。云云，〈喊倒好〉，《順天時報》，1915年7月8
日，五版。
〔註171〕《順天時報》，1916年11月2日，五版。
〔註172〕〈戲園將有衝突〉，《順天時報》，1916年9月30日，七版。
〔註173〕〈戲園添要茶碗〉，《順天時報》，1916年8月22日，七版。

這種呼籲效果有限，叫好一直都是中國劇場主要特色之一〔註174〕也因為「武捧」容易引起紛爭，為伶人帶來麻煩，因此民國二十五年（1936）舊人在回憶十年的捧角家時便說到：

> 但是被捧的角兒，總覺得武捧不如文捧，因為武捧是火氣勃勃的，
> 很容易鬧出事來，文捧是一紙傳遍天下，不但不會鬧事，而且可以
> 名揚四海，因此被捧的角兒，大家都歡喜文捧，對於文捧的捧角家，
> 也格外垂青，因有這層的關係，文捧的捧角家，似乎較武捧的捧角
> 家，容易得到便宜。〔註175〕

事實上文捧雖不像武捧會引起當面的衝突，但引起的紛爭可不遜於武捧。前文曾提及羅小寶與小十三旦之爭為例，說明在報刊輿論空間中，日益加劇的筆墨衝突。陳墨香在其自傳體小說《活人大戲》便以此一事件作為捧角風潮的象徵：

> ……至於捧腳的風氣，不始自今日，二十年前，早就有了。小吉祥
> 在天樂園時，一個羅小寶，一個小十三旦，都是梆子旦腳。羅小
> 寶是青衣，專唱《三疑計》、《葵花峪》一路戲，小十三旦是花旦，
> 專唱《西湖陰配》、《新安驛》、《拾玉鐲》一路的戲，本不相干，一
> 班捧腳家，都要強分優劣，在報屁股上面開了筆戰。捧小寶的，便
> 攻擊小十三旦，捧小十三旦的，便攻擊小寶，各為其腳，鬧個不
> 休。〔註176〕

在陳墨香的眼裡，兩人分屬不同行當，比較優劣實無任何意義。但這種純訴諸個人情緒喜好的不理性行為，正是捧角文化的一大特色。民國時期這種現象更是變本加厲，無論任何細故都可以燃起戰火，便有人批評此時劇評：

> ……近來評劇一欄大啟筆鋒，罪言直言相互辯駁，甲誚乙為無識，
> 彼目此為狂吠，函件往復，幾成仇敵，以五光十色之新聞紙，不
> 當為諸君戰爭地。評人者以自己之意思為個人之主張，其是否合

〔註174〕 不過大量的負面報導應是對觀眾產生了影響。如老猿便投稿為鼓掌與叫好辯護。老猿，〈鼓掌與叫好之作用〉，《順天時報》，1926年4月26日，五版。而從民國十九年的《北洋畫報》，〈叫好與鼓掌〉一文來看，鼓掌也逐漸在劇場中流行。樂天，〈叫好與鼓掌〉，《北洋畫報》，1930年12月6日，三版。
〔註175〕 舊人，〈十年前的捧角家（五）〉，見《戲劇週報》第1卷第6期，收錄於《中國早期戲劇畫刊》，冊25，頁513。
〔註176〕 陳墨香，《活人大戲》，頁257。

於社會公共之心理，不必問也。表同情者何足喜，起反對者何足怒。〔註177〕

因此民國報刊中時可見各派人馬為自己支持的伶人大打筆仗。雖然不少人對此不以為然，認為這類爭執不過敷衍報料，沒有什麼價值。〔註178〕但正如現今藝人需要炒作，即使只是敷衍報料，對於伶人以及報刊的能見度還是有不小的助益。因此某些捧角家、評劇家甚至報刊主事者，都會為了某些目的，刻意挑起各派人馬的爭執。〔註179〕民國捧角無論「文捧」、「武捧」都比傳統品優更具有「排他性」與「集體性」的特質。在伶人身邊因此逐漸圍聚起一批戲迷團體，成為伶黨成長的沃土，捧角方法也更加全面深入，開始對名伶的藝術產生深遠的影響。

小結

一切事物都脫離不了盛衰榮枯的運轉法則，庚子事變以後，盤據北京劇壇與風月場所達百餘年的私寓營業逐漸走向沒落終結，但其衍伸的品優文化卻沒有因此馬上消失，而是在新的時代逐漸改頭換面。

以《順天時報》為例，清末報刊關於私寓營業的相關文字，已經反映出品優文化進入報刊公共空間後的質變，一改傳統花譜浪漫抒情的筆調，以紀實的書寫風格揭示出私寓文化的不同面向。進入民國，由於大環境的改變，雖然私寓陰影仍盤旋不去，但此時伶人逐漸從提供聲色之娛以及應酬服務的腳色，轉變為各階層追捧的娛樂明星。更為多元的參與者，也使得清代品優的典雅文化包裝，逐漸被更為大眾世俗的捧角文化取代。民國二十五年（1936）一位評劇家在談及北京捧角風氣時說道：

竊以伶之成名，原於藝術者半，原於譽捧者半，名流騷士文人墨客，茶餘每喜藉管論伶藝之優劣，屬意者輒為文譽之，此捧角之濫觴也。洎乎今日，此舊劇薈萃之故都俗伶每以受捧為榮，常謀捧角家以遂己慾，紈絝子弟，略識之無，意每以捧角自命，文不驚眾，難博伶人之歡心，復不惜多方運動，若請飯也，購行頭也等是均為

〔註177〕夢仙，〈忠告評劇諸君〉，《順天時報》，1914 年 6 月 26 日，五版。
〔註178〕楚北布衣，〈與評劇家商榷〉，《順天時報》，1915 年 10 月 27 日，五版。
〔註179〕夢仙，〈金玉蘭無加入戰爭之必要〉，《順天時報》，1915 年 10 月 24 日，五版。

　　若輩之手段，又因一人之力有限，時結群集黨，且捧甲者或抑乙。
　　如近來有私愛富連成之科班者，損抑戲（曲）學校，偏許戲曲學校
　　者之貶視富連成，幾不相容，園中往往掌聲如雷，怪叫不已，陷真
　　正顧客於不安，降至時下捧角一名，竟為若輩毀盡矣。〔註180〕

此時被捧的對象已經從個別伶人延伸到演出團體，仍是揚己抑彼，這種排他
心態正是民國劇界「黨爭」不休的根源。加上公共空間中捧角的亂象，以及
私寓所帶來的陰影，這都使得捧角一詞往往帶有負面意涵。但卻也不得不承
認，捧角文化對於民國名伶的重要性，而伶人與捧角者的複雜緊密的關係更
成為民國劇壇的一大特色。

〔註180〕瓜葛，〈故都的捧角風氣〉，《戲劇週報》第 1 卷第 2 期，收錄於《中國早期
　　　　戲劇畫刊》，冊 25，頁 389。

第三章 評劇書寫研究

　　「劇評」雖然是直至清末才出現的新興文類，在民國年間蔚為大觀，乃至於被稱之為「時尚文學」。〔註1〕但關於戲曲評論的文字其實早見於各類文人著述之中。自南戲、北劇問世後，中國戲曲脫離小戲往大戲型態邁進，整體藝術樣貌大致成形，成為中國主要的娛樂活動之後。緊接而來的戲曲相關研究討論的文字也便應運而生。這些文字大多散見於各式筆記，但也不乏專書。如與演員相關者，有《青樓集》、《嘯鸞小品》、《亘史》等。與劇本相關者，有記述編劇的《錄鬼簿》；品評戲曲文學有祁彪佳《遠山堂曲品》、《遠山堂劇品》以及金聖嘆批點《西廂記》為代表的各類戲曲評點；戲曲掌故的考述者有焦循《劇說》、《花部農譚》等。但受限於當時傳播環境，這些文獻大多是對過往回顧，並無法與當時劇壇緊密結合，因此對於梨園界的影響力仍相當有限，主要展現的是文人對戲曲的研究與審美觀。

　　直至清代中葉，由於北京私寓營業興盛，各式梨園花譜紛紛面世，本來只是在京士人的抒情遣懷之作，卻有書商注意到此一商機，從傳鈔到出版，梨園花譜成為私寓消費者的消閒讀物與消費指南。〔註2〕這些書籍所記載多是活躍於當時私寓與舞臺的名伶。品優文人開始與伶人有較密切的互動，這類書籍對梨園產生一定的影響力。雖然有狎邪冶遊色彩，可說是特殊梨園文化下的產物，但其中對演員舞臺藝術的概括記述與評論方式，對於後來的劇

〔註1〕蒼玉，〈劇評寫作應注意文筆〉，《半月劇刊》第15期，收錄於《中國早期戲劇畫刊》，冊26，頁295。

〔註2〕王照璵，《清代中後期北京「品優」文化研究》，頁40～45。

評寫作仍有不小的影響。

到了清末民初，西方文化傳入中國，新式報刊的出現，傳媒力量快速成長，搭上日益繁盛的戲劇產業。戲曲評論文字在報刊中找到新的發表空間，其形式與內容，也開始產生質變，隨著報業日益發達，短短數十年間劇評成為民國時期戲曲評論的主力。

劇評作為一種以報刊為主要發表空間的新興文體，繼承了傳統筆記消閒風格，又內化了新聞「有聞必錄」的特質，更使得劇評的內容無所不包，其形式與內容幾乎都難以明確規範。關於劇評的內涵規範在當時便引起相當熱烈的討論，但除了公平、公正之類的原則性共識外，也沒有更明確的結果。因此近代學者在為劇評作定義時，常採取了寬泛的界義，如姚贇娊定義劇評：「當時所謂之劇評，從字面上意義來說，包括評劇、評伶、評藝等，凡是與戲劇藝術相關的人事物皆在所評範圍之內。」〔註3〕筆者在此基礎上，以為凡一切對於戲劇研究、評論的文字皆屬本論文中所謂的「劇評」。

第一節　報刊劇評

一、劇評空間的建立

日人辻聽花談及劇評來歷時所說：

> 所謂劇評者，中國從前殆無其事。（但出小冊子評論優伶者古來往往有之）清季以降，報章風行於世，於是戲評時設一欄。民國以來，報館林立，劇評漸繁，迄乎今日。〔註4〕

辻聽花認為中國原本並沒有劇評，直至晚清報章風行後才出現，確實點出劇評與報刊之間有著非常緊密的共生關係。因此在討論近代劇評之前，必須先來了解晚清民國時期報刊的發展。

雖然中國自古早有邸報、京報的傳統，但現代報刊則百分百為舶來品，正如戈公振所說：「我國現代報紙之產生，均出自外人之手。」〔註5〕早在鴉片戰爭前的 1815 年，在馬來西亞麻六甲便有中文報紙《察世俗每月統記傳》問世。接下來又有幾份中文報紙在南洋、廣州、澳門等與外國來往較為密切

〔註 3〕姚贇娊，《馮叔鸞「戲學」研究》，頁 214。
〔註 4〕聽花，《中國戲曲》，頁 281。
〔註 5〕戈公振，《中國報學史》（臺北：學生書局，出版年不詳），頁 67。

的地區發行。〔註6〕但由於傳教意識強烈、中西文化的扞格，發行區域侷限等
原因，閱讀群眾自然不多，影響也相當有限。〔註7〕但通商條約的簽訂後，推
動報刊事業迅速在中國落地生根。雖然一開始辦報者多是外國人，但是為了
商業利益、宗教傳佈亦或是政治目的，希望拉近與中國人的距離，於是許多
「學了中國人口氣，辦給中國人看的中文報紙」紛紛問世。〔註8〕報刊開始中
國化的歷程，創辦於 1872 年的《申報》、1893 年的《新聞報》、1901 年的《順
天時報》等，都可說是其中的佼佼者。這些外國人辦理的中文報紙後來不乏
轉賣華人者，而同時中國人自辦的報紙的風氣也漸次流行，如雨後春筍般紛
紛成立。漂洋過海的報刊種子開始在中國這塊土地上開出獨特的花朵，對近
代中國政治、科學、外交、教育、文化等產生全方位的影響。

　　新式報刊在中國發展得多麼迅速呢？根據《中國近代報刊名錄》的輯
錄，在 1911 以前，全中國便至少出版中文報刊 1753 種。〔註9〕到了民國時
期，數量更是難以估計。而全中國報業發展最迅速的地方自然是新開埠的上
海，上述中文報刊 1753 種，便有 460 種在上海發行。〔註10〕即便是保守的帝
都北京也擋不住新時代的浪潮，在庚子事變之後便陸續有報刊的發行，到了
民國初年，更發展到百餘家的規模。〔註11〕

　　新式報刊所帶來的不僅只是一種新的閱讀品而已，而是全方面地改變了
當時人們的書寫、閱讀、接受的習慣。陳平原便曾言及新式報刊的發達對晚
清文人著述的衝擊：

> 從明清版刻到近代報章，這一轉折，不僅僅是技術問題，還牽涉到
> 傳播形式、寫作技能、接受者的心態、寫作者的趣味等，實在是關
> 係重大。文人著述，不再是「藏之名山，傳之後世」，也不再追求
> 「十年磨一劍」，而是「朝甫脫稿，夕即排印，十日之內，遍天下
> 矣」。這種文學生產及傳播方式的巨大改變，讓當時中國的讀書

〔註6〕方漢奇，《中國近代報刊史》（太原：山西教育出版社，1981 年），頁 11～13。
〔註7〕程麗紅，《清代報人研究》（北京：社會科學文獻出版社，2008 年），頁 107。
〔註8〕方漢奇，《中國近代報刊史》，頁 38。
〔註9〕史和、姚福申、葉翠娣，《近代中國報刊名錄》，〈凡例〉（福州：福建人民出
　　　 版社，1991 年），頁 1。
〔註10〕史和、姚福申、葉翠娣，《近代中國報刊名錄》，〈中國近代中文報刊出版地點
　　　　分列表兼索引〉，頁 425～433。
〔註11〕管翼賢，〈北京報刊小史〉，收錄於楊光輝、熊尚厚、呂良海、李仲民主編，
　　　　《中國近代報刊發展概況》（北京：新華出版社，1986 年），頁 399～402。

人，既興奮，也惶惑。〔註12〕

其中「朝甫脫稿，夕即排印，十日之內，遍天下矣」雖然略有誇張，但著實凸顯出傳統出版所沒有的即時性與傳播性的優勢，當民眾逐漸養成了閱讀報刊的習慣，其引領輿論的力量也就越來越不可小覷。

報紙以評說時事報導新聞為務，內容多元龐雜，作為當時市民重要娛樂的戲曲自然也是報紙上的常客。戲園園主也意識到報刊的宣傳力量，開始在報紙上刊登廣告。〔註13〕不過初期與戲曲相關的文字大多可以歸為社會新聞，尤其那些伶人的桃色、暴力事件特別引人注目，常為記者津津樂道，其中最著名的自然是那轟動全國被列為晚清四大奇案之一的楊月樓案，此案透過報刊對於中國傳統司法、階級、婚姻、宗族觀念多有所衝擊，引起廣泛的討論。〔註14〕此案更成為伶人一躍成為現代意義上的明星以及形成明星文化提供了先決條件。〔註15〕逐漸地梨園動態、詠伶觀劇詩歌、看戲記等戲曲相關文字也開始出現在報紙之上。報刊與戲曲的關係越來越密切，不過整體來看，在有清一代，報刊上戲曲相關文字比例仍是有限，即便是休閒小報，花界的相關文字仍是多於戲界。大多數的報紙仍沒有給予戲曲文字穩定的發表空間。如《順天時報》早期關於戲曲的文字，常常跟方向完全不同《奏摺錄要》一起刊登。

最早常設專欄來評論戲劇，是注重娛樂文化的各式小報，根據陳伯熙的回憶，最早設置劇評專欄是光緒三十三年（1907）上海《時報》的「劇談」，正式開啟了評劇專欄之風氣。〔註16〕徐凌霄也認為劇評首見於清末的地方小報，後來才擴散到大報。〔註17〕此時期戲曲文字大多作為填補版面之用。宣

〔註12〕 陳平原主講，梅家玲編訂，《晚清文學教室：從北大到臺大》（臺北市：麥田出版，2005 年），頁 26。

〔註13〕 如創刊於 1872 年的《申報》在同年 6 月 18 日即有戲曲廣告刊載。

〔註14〕 對於此案的討論可見盧寧，《早期申報與晚清政府——近代轉型視野中報紙與官吏關係的考察》（上海：上海科學技術文獻出版社，2012 年），頁 42～77。李長莉，〈從「楊月樓案」看晚清社會倫理觀念的變動〉，《近代史研究》，2001 年第 1 期，頁 82～118。

〔註15〕 葉凱蒂，〈何處是文化業的中心：從地方藝人到全國明星的晉升看清末北京與上海文化經營模式間的競爭〉，收錄《清史譯叢》，冊 9，頁 336。

〔註16〕 陳伯熙，《上海軼事大觀》（上海：上海書店出版社，2000 年），頁 270。

〔註17〕 徐凌霄，〈權威者與國劇前途〉，《劇學月刊》第 4 卷第 3 期，收錄於《中國早期戲劇畫刊》，冊 24，頁 205。

統二年（1910）鄭正秋〔註18〕在《民立報》、《國華報》、《民權畫報》主筆〈麗麗所戲言〉、〈麗麗所伶評〉、〈菊部春秋〉等劇評專欄，成為最早以本名評劇，並因此聞名的評劇家，開啟了劇評的極盛時代。〔註19〕

　　進入民國，報紙挪出更多版面給劇評文字，如《申報》於1911年開設文藝副刊自由談。《順天時報》也約在民國三、四年間逐漸有了穩固的藝文版面以刊載劇評文字。辻聽花在〈演劇與報紙〉一文報導北京各報如何挪出大量版面刊載戲曲相關文字：

> 近來京師各報與演劇漸增親密之程度，材料豐富，燦然奪目，尋為
> 一種可悅可賀之現象，因而之演劇與社會頗有密切之關係矣。
> 試披每日所刊大小各報通幅瀏覽，其大半割愛至大紙面，除揭載戲
> 評曲談外，或附列各園戲單，或新撰優伶小說，或增入詩歌文章或
> 殿以劇界消息。筆筆生花，句句放彩，人不覺有徜徉百花叢中之思。
> 其結果除間有一部惡習污弊外。廣向江湖介紹名伶聲價，使優人自
> 知其技藝長短各相奮勵，益精斯道，且令各戲主任次第省慮改良營
> 業方法，同時發揚風雅，調和人心，其功效亦絕非鮮淺。〔註20〕

內容可說是非常多元豐富，到了1930年代各式單行的戲曲期刊可說是汗牛充棟，張笑俠對當時各報劇刊發達的狀況有非常詳細的陳述：

> 尤其近一二年來，研究舊劇的人們更多了，不信請打開各日報看看，
> 可以說十家報紙，八家有劇刊。現在北平的報紙上，差不多全都以
> 有戲劇為榮耀的，據我知道的，有下列四種：《新晨報》每逢星期三
> 星期六發刊，名為《戲劇半週》。《言報》每逢星期一出版，定名為
> 《戲劇週刊》，此劇刊是傅惜華主編，特約撰述，有劉澹雲、陳墨香、
> 齊如山、舒小可、傅芸子等等。《成報》每逢星期六出版，定名《戲

〔註18〕鄭正秋（1888～1935）知名評劇家、新劇家、電影藝術家。名芳澤，號伯常。商人家庭出身，後棄商從文，投身報界。以藥風為筆名，撰寫劇評，被譽為開上海劇評之濫觴。曾在民呼民口于民立民言民權中華日報發表劇評。民國二年起投身新劇界、電影界，為中國新劇、電影的開拓者。中國戲曲志編輯委員會編，《中國戲曲志》（北京：文化藝術出版社，1990年），頁873。

〔註19〕傅謹，〈大眾傳媒與新興的戲曲批評──中國戲曲文獻的體與用研究之四〉，《戲曲文獻研究》，2013年，頁15。趙海霞，《1872～1919年近代報刊劇評研究》，頁39。也有人認為上海之有劇評從鄭正秋開始。劍雲，〈鄭正秋傳〉，《菊部叢刊》，頁37。

〔註20〕聽花，〈演劇與報紙〉，《順天時報》，1915年12月19日，五版。

劇週刊》，主編者未詳，此外如《全民報導》、《世界日報》、《北平白話實事報》、《小小日報》、《實報》等，雖然沒有劇刊，但是在他們報屁股上，卻天天有談論戲劇的文章。這些報紙全是談舊劇的多，談新劇的可就稱的起是鳳毛麟角了。這是就北平一方面報紙而言，在看天津《泰晤士報》、《商報》、《新天津報》，還有上海大東書局的本刊，這是研究舊劇的機關，由此可見近來舊劇之盛了。〔註21〕

甚至有「報中無此□幾不能發達其銷數」〔註22〕、「一般戲迷買報不看報，專看劇評」〔註23〕的說法。根據趙海霞不完全統計，從 1840 年到 1919 年，近六十年的報紙刊物中，共有 123 種有刊載劇評。〔註24〕這還只是劇評剛開始發展的階段，在極盛的民國時期，更是無報無劇評，其數量規模實是難以估算。劇評從一開始依附報刊而生，逐漸成為報刊的主要賣點，以戲曲為主題的各式報紙期刊更是如雨後春筍般蓬勃發展。

二、傳統／現代激盪下的劇評發展

劇評一如清末民初的中國，在傳統與現代潮流的激盪中逐漸成熟，交織著現代與傳統兩種截然不同的特質，筆者以為近代劇評的成形深受以下三個層面的因素影響。

（一）新聞評論的影響

報刊作為近代劇評主要的發表空間，報刊的特性自然也反映在劇評撰寫上。近代劇評可說是新聞評論的附加產物。撰寫新聞時，作者難免會將自身見解感想融入文字之中，這使得報導同時帶有評論性質。戲曲新聞自也不例外，如被視為第一篇報刊劇評便是篇夾敘夾議的新聞報導〔註25〕：

洋涇浜戲園林立，其最著名者為丹桂茶園、金桂軒，皆京班也。金

〔註21〕張笑俠，〈蒹葭簃戲話〉，《戲劇月刊》第 2 卷第 7 期，收錄於《中國早期戲劇畫刊》，冊 7，頁 162～163。

〔註22〕鍾尯，〈討挑撥是非擾亂評劇界之蟊賊〉，《順天時報》，1914 年 9 月 13 日，五版。

〔註23〕〈菊部記餘・負劍騰雲盧劇話〉，《繁華雜誌》第 3 期，轉引自徐劍雄，《京劇與上海都市社會》（上海：上海三聯書店，2012 年），頁 189。

〔註24〕趙海霞，《1872～1919 年近代報刊劇評研究》，頁 10。

〔註25〕傅謹認為此篇報導開啟了戲曲報導的評論之風。傅謹，〈大眾傳媒與新興的戲曲批評——中國戲曲文獻的體與用研究之四〉，《戲曲文獻研究》，2013 年，頁 14。趙海霞，《1872～1919 年近代報刊劇評研究》，頁 33。

桂僅以楊月樓哄動時目，遂使車蓋盈門，簪裾滿座，幾欲駕丹桂而上之。而丹桂之扮演，則能角勝，領異標新，務在與金桂相抗，蓋勢成晉楚，竟有狎主齊盟光景焉。近丹桂又新到都中名優，為老生、為武旦者數人，連日登場，容藝雙絕。則歌喉之妙，則如貫珠，如裂石，抑揚頓挫，淋漓盡致，蓋自犖犖之外，固無能與之並駕齊驅者也。廿七日演《奪太倉》、《忠節烈》等劇，摹寫豪雄忠烈之概，真覺神采奕奕，金鼓聲中刀光飛舞，跳擲之技神化無倫。而尤以《法門寺》客串之唱口為最妙，蓋旦角之扮宋氏，女老生之扮郿鄔縣者，皆極能用真實本領，竭力獻技，用相角鬥。至扮劉司禮之腳色，則又儀觀俊偉，類非常人，冠帶場中真覺維妙維肖也。夫近時讀曲者本少其人，誰則能為顧誤之周郎哉？而惟此弦索亂彈二簧雜沓，則群樂往觀，以為習於視聽也云爾。至神情何以逼肖，音節何以洽合，則固耳目所共賞也，登場者其亦真善於揣摩乎！〔註26〕

這篇報導以活靈活現的文字呈現了當時上海戲園激烈競爭的景觀，並對前幾天的演出做了簡單點評。高度的時效性與議論性，隱然有新聞評論性質，建構了近代劇評特有風格。因此當代學者趙海霞對劇評下了這樣的定義：

> 「劇評」是一種新的戲劇理論批評樣式，它產生於報刊，借鑑新聞評論的方式進行戲劇批評，觀點鮮明、形式靈活，所評往往能緊跟當下演出形勢，具有新聞性與時效性。〔註27〕

學者古曙光則將這類劇評稱之為「同步劇評」，亦即強調劇評與演出的緊密結合。〔註28〕這種快速的回饋機制，強化了劇評對於戲曲界監督效果。〔註29〕劇評的同步性也促使評伶論劇的文字逐漸脫離概略印象式的批評，而可以聚焦到演員每一場演出，這對往後對伶人藝術進行細緻分析提供了非常好的基礎。

（二）傳統品優論劇的影響

雖然前面引文曾提及聽花所說「所謂劇評者，中國從前殆無其事」，這種說法切斷了報刊劇評與傳統戲曲批評的關係。但聽花又補述：「但出小冊子評論優伶者古來往往有之」也代表他也意識到兩者的相近之處。劉守鶴更直言

〔註26〕〈戲園瑣談〉，《申報》，1872 年 6 月 4 日。
〔註27〕趙海霞，《1872〜1919 年近代報刊劇評研究》，頁 11。
〔註28〕古曙光，《梨園文獻與優伶演劇——京劇崑曲文獻史料考論》，頁 330。
〔註29〕古曙光，《梨園文獻與優伶演劇——京劇崑曲文獻史料考論》，頁 339〜340。

報屁股上的評戲文字就是《燕蘭小譜》、《京塵雜錄》的後輩，點出兩者一脈相承的關係。〔註30〕事實上梨園花譜是最早一批在報紙期刊上發表的戲曲相關文字，糜月樓主的《增補菊部群英》在同治十一年（1873）時，便以《燕市群芳小集》之名於《申報》副刊《瀛寰瑣記》完整刊登，甚至比其刊刻出版時間還早。〔註31〕

近代劇評專欄常以曲話、戲話、劇談甚至是詩話為名。〔註32〕筆記雜記為主的書寫方式也明顯地延續自傳統詩話、曲話，更遑論那些沿用自梨園花譜的菊榜、菊選的文字以及各式各樣詠劇詩歌。如筆名滬上寓公在《申報》投稿的〈梨園聲價〉、〈梨園贊語〉以及新安崔宗魯少棠氏在《新聞報》投稿的《梨園百花詞並敘》〔註33〕其形式與風格與梨園花譜幾無二致。同治十二年都門惜花子的〈觀劇閑評〉雖非花譜花榜形式，在評論上海丹桂、金桂諸伶，稱王桂芳、李棣香為「旖旎風光，珠喉婉轉」；稱杜蝶雲、馮三喜「瀟灑出塵、風流跌宕」，而惜花子推安靜芝為梨園翹楚的理由為：「蓋看花者于上妝時看其體態，猶當于卸妝時查其性情。若靜芝則靜氣迎人，秀色可餐，終日對之，令人望倦，斯真鐵中之錚錚，傭中之佼佼者也。」〔註34〕無論是用詞遣字還是審美觀念都泛著濃濃的品優意趣。即便民國建立，私寓禁絕，傳統的品優風氣逐漸消散，古典文言也逐漸被通俗白話所取代，但各種伶人小傳、梨園軼事、詠伶詩詞、判定名伶品第的菊榜、菊選等，仍是近代劇評常見的內容，深受傳統品優文化的影響。

（三）西方觀念的影響

中國傳統觀念視戲曲為小道，品伶論劇目的不外乎作為閒暇談資、寄託情感或是展現品味。初期報刊劇評也繼承了這樣的特質。如《申報》〈新戲述

〔註30〕劉守鶴，〈譚鑫培專記〉，《劇學月刊》，收錄於《中國早期戲劇畫刊》，冊18，頁667。

〔註31〕《增補菊部群英》完成於同治九年（1871），但目前所見版本，是與其續篇《群英續集》一同刊刻，而《群英續集》完成於同治十二年（1874），因此出版必然為後來之事。古曙光，《梨園文獻與優伶演劇──京劇崑曲文獻史料考論》，頁152。

〔註32〕汪俠公的專欄在《順天時報》稱之為〈隱俠劇談〉，在《立言畫刊》稱〈俠公劇談〉。劉豁公的專欄則稱為〈哀梨室戲談〉。

〔註33〕滬上寓公，〈梨園聲價〉、〈梨園贊語〉，《申報》，1877年5月19日、8月30日。新安崔宗魯少棠氏，《梨園百花詞並敘》，《新聞報》，1894年1月14日。

〔註34〕都門惜花子，〈觀劇閑評〉，《申報》，1873年2月3日。

奇〉便只是單純記述看戲的過程。〔註35〕少數筆調比較嚴肅的文字,也多是藉由看戲之機,抒發自己對於人情、世事的看法。如光緒二十二年《申報》〈觀劇客譚〉便是欣賞《人頭當夜壺》一劇後,引發對當時國際局勢的擔憂。〔註36〕此時劇評大多不脫筆墨遊戲的範疇,或者以此為契機抒發作者對於人情或世道的關懷。

　　因此傳統文人的評戲品優文字大多以旁觀者的角度出發,雖然他們也注意到戲曲影響人心的能力,對此大多採取防備的心態,常常呼籲官方與劇園禁演淫戲,以防敗壞人心,並沒有以此改變戲曲乃至於國家社會的想法。〔註37〕

　　光緒末年,梁啟超、陳獨秀等學貫中西的知識分子,從西方視角反觀中國小說戲曲,紛紛在報刊發表文章,強調戲曲的社會功能,引領起晚清的戲曲改良的風潮。對當時的梨園界產生不小的影響,如夏月潤、汪笑儂、田際雲等演員編演各式改良新戲。流風所及,不少文人也在報刊上呼應戲曲改良。這些知識分子雖然對戲曲理解不深,其改良主張也多與戲曲藝術本質不合。〔註38〕但展現出與傳統文人截然不同的企圖心,他們希望以文字影響劇界,以達到他們的政治目的。雖然他們關注的重點並不在戲曲本體,但比起之前的劇評,的確更具有批評的意識,以及影響戲劇發展的企圖。在他們的鼓吹下,逐漸改變人們視戲曲為小道的觀念。撰寫劇評自然也就不再只是遊戲筆墨,而是有益於國家社會的行為,這種觀念逐漸人們所認可,因此報紙上刊載劇評反而成為報紙、讀者進步的象徵:

　　　　吾人今於新聞紙中發見戲劇之評論,此新聞紙進步之一顯征,而國
　　　　民之一生氣也。〔註39〕

直到民國二三十年代,即便立場偏於保守的評劇家在討論劇評價值時,仍不免提及劇評有益於國家社會,可見這觀念深入人心之程度。〔註40〕

　　綜上可知,近代劇評地位的提升,直接受惠於西方觀念,民國時期論及

〔註35〕〈新戲述奇〉,《申報》,1889 年 3 月 30 日。

〔註36〕〈觀劇客譚〉,《申報》,1896 年 9 月 27 日。

〔註37〕〈戲評〉,《申報》,1888 年 11 月 20 日;〈禁止演唱淫戲說〉,《申報》,1898 年 11 月 18 日。

〔註38〕王安祈,〈京劇理論發展史初探〉,收錄於《為京劇表演體系發聲》,頁 113。

〔註39〕素,〈說劇〉,《帝國日報》,1910 年 10 月 15 日,二版,收錄於傅謹、谷曙光、吳新苗編,《京劇歷史文獻彙編清代卷》,冊 6,頁 217。

〔註40〕愚,〈時代變遷伶工與評劇家益不易為〉,《十日戲劇》,收錄於《中國早期戲劇畫刊》,冊 28,頁 84。

劇評興起時對此多有提及：

> 中國戲劇，昔日士大夫多鄙不屑道，晚清以來國人醉心歐化，事事
> 皆模仿西人，又以西人以戲劇為社會教育之一，於是中國改良戲曲
> 之說漸次勃興。上海之《時報》首先刊載劇談一門，此為上海各報
> 紙評論戲劇之濫觴。〔註41〕

> 國人嗜劇日多，久之有所得，以其意見發為評論，揭之報紙，評劇
> 家之以立。十年來遂成風氣。國中大小報紙幾無不列評劇一欄，一
> 方面灌輸戲劇知識，於閱者一方，一方面監督伶人藝術。西國行之
> 已久，吾華文士起而效之。法良義美原甚可嘉。〔註42〕

筆者以為近代劇評在新興媒體報刊的傳播以及新舊文化的交錯影響下，內涵上結合了**傳統梨園花譜的抒情性、新興傳媒的新聞娛樂性**以及**近代通俗教育的啟蒙性**等複雜特質。體例上則集合了傳統的筆記、詩歌以及近代新聞、評論於一身，因此在形式與內容都極為複雜。正如吳宛怡分析 1905～1912 年《順天時報》的劇評時所說：

> ……批評家們對於所謂的「劇評」的概念並沒有確切地成型，到底
> 「劇評」一詞代表著什麼意義？應該有什麼樣的內容？要評什麼？
> 這些人閱讀著清代中後期的梨園筆記，模仿其寫作風格，或是於報
> 紙上品評演員色藝優劣、個人逸事，或是嘗試論及劇壇瑣事、發表
> 觀劇感想、敘述戲文內容、評論劇場得失的當下，似乎仍尚未全然
> 意識到這些問題，也尚未準備好對此做提出爭論。〔註43〕

可以說報刊上所有與戲劇相關文字幾乎都可以被視為「劇評」，雖然吳宛怡認為辻聽花「跳脫既有的「戲評」之龐雜又模糊概念，在自身撰寫戲劇評論過程中嘗試對「劇評」一詞下更明確的定義，並指出其應有的形式與內容。」〔註44〕其實辻聽花只提出一些如公平公正之類的原則性概念，並沒有進一步對劇評的內容以及形式作更明確的定義。劇評作為一種新舊交雜的新興文體，其內涵與範疇都一直處於渾沌不清的狀態。古曙光認為清末劇評仍處於草創階段，未有「批評的自覺」，因此內容往往失之輕率，認為劇評的系

〔註41〕陳伯熙，《上海軼事大觀》，頁270。
〔註42〕劍雲，〈三難論〉，《菊部叢刊》，頁15。
〔註43〕吳宛怡，〈近代劇評的發生——《順天時報》與辻聽花〉，頁86。
〔註44〕吳宛怡，〈近代劇評的發生——《順天時報》與辻聽花〉，頁92。

統建設，要等到民國時期。〔註45〕事實上，民國時期劇評雖然有長足的發展，但其遊戲性與隨意性一直都存在，致使劇評品質一直良莠不齊，這也使得對劇評質疑的聲音從未停歇。

三、評劇型態

劇評主要發表在以下幾種刊物 1 報紙、2 期刊、3 專集。這些刊物出版特性有異，一定程度上也影響到評劇文字特質。

（一）報紙

近代劇評最早起源於報紙，上述 1872 年《申報》〈戲園瑣談〉可作為近代劇評之始。而報紙價格在三者中最為低廉，因此受眾最廣，不只限於戲迷群體。由於發行頻率高，因此報載劇評時效性、報導性最為明顯，可以梨園動態緊密貼合，與讀者的互動性最高。因此清末以來各式菊選，也多以報紙作為最主要的運作空間。

但報載劇評即時性、互動性的優勢，往往也成為挑起爭端的因子，立場不同的評劇者往往在報上大打筆仗。自清末以來時時可見的黨爭、評劇之爭率多以報紙為主戰場。而密集的發行頻率，也使得主編者難以有效地規劃經營內容，因此報載劇評內容往往內容零散，不易有主題性，容易淪為劇界流水帳。

報紙版面有限，評劇文字還要與其他藝文娛樂文字互爭版面，因此報載劇評短則數十字，多則僅數百字，甚至只是作為補白之用，即所謂的「報屁股」。除了篇幅的限制外，編者還需要考量一般讀者的知識水準，而且報載劇評時常出現遊戲性文字，這都使得報載劇評深度難以開展。少數篇幅較長的文章，也只得分批連載，閱讀時不免會有斷裂之感，甚至因故而未能完整刊登。如《順天時報》在民國三年（1914）四月八日到六月十八日兩個多月裡，曾不定時連載清末民初知名音樂家曾志忞的〈歌劇改良百話〉。〔註46〕內容觸及了如何借鑑西方科學方法，改良傳統戲曲的音樂與科班管理制度等議題，內容相當可觀，但最後僅發表四十一話便嘎然而止。〔註47〕不得不令人感到惋惜。

〔註45〕古曙光，《梨園文獻與優伶演劇──京劇崑曲文獻史料考論》，頁 341～342。

〔註46〕曾志忞（1879～1929），字澤民，號澤霖。民國初年知名的音樂教育家，推廣以西方的樂理改造中樂。

〔註47〕志忞，〈歌劇改良百話〉，《順天時報》，1914 年 4 月 8、9、11、12、15、17、19、22、26 日；5 月 1、3、7、10、14、17、20 日；6 月 4、6、10、12、16、18 日，五版。

（二）期刊

前文已述及在 1873 年《申報》副刊《寰瀛瑣記》便已有戲曲相關文字的刊登。但要到 1904 年才有第一份專業戲劇刊物《二十世紀大舞臺》的問世，象徵近代劇評足以脫離報紙附屬，具有獨立的價值，雖然只出版兩期便被查禁，仍可說是劇史上的一大創舉。〔註 48〕一般來說期刊發行的頻率介乎在一週到一季之間，但以旬刊、半月刊、月刊為主流。期刊與劇壇的互動緊密程度不如報紙，但如《戲劇月刊》、《十日戲劇》、《半月戲劇》等娛樂性質較高的期刊，依然與劇壇互動相當密切，如《戲劇月刊》在梅蘭芳、尚小雲、程艷秋、新豔秋、王少樓等名伶赴上海演出時，發行他們的專號，一方面為伶人作宣傳，另一方面也藉由名伶來增加刊物銷量。

期刊主編群可以完全主導刊物內容方向，乃至於發行各式專號，絕大多數以名伶為主題，但也有少部分以戲劇主題的專號。如《劇學月刊》便曾有崑曲、音樂、話劇等專號發行。〔註 49〕連娛樂性質較為鮮明的《半月劇刊》也有崑劇專號的刊行。〔註 50〕

戲曲期刊鎖定的消費者是戲迷或者是對戲曲有興趣的讀者，因此大多有一批穩固的撰述群提供稿件，撰述群的知名度往往成為期刊賣點之一，如《十日戲劇》主編鄭過宜便在創刊號中特別羅列出《十日戲劇》所有特約撰述群。〔註 51〕因此期刊劇評素質普遍優於報載劇評。期刊劇評多有主題性，內容也較為專業深刻。尤其在 1920 年代末期到 1930 年代，如《劇學月刊》、《國劇畫報》、《戲劇叢刊》這類寫作態度較為嚴謹的刊物的出現，劇評的水準大幅提高。

（三）專集

所謂專集即是單行本，看似與報刊沒有直接關係。但事實上專集內容常

〔註 48〕張澤綱，〈二十世紀大舞臺創刊始末〉，收錄於《中國戲曲志》，上海卷編輯部編，《上海戲曲史料薈萃》第三集（上海：上海藝術研究所，1987 年），頁 78～81。

〔註 49〕音樂專號為《劇學月刊》第 1 卷第 7 期，收錄於《中國早期戲劇畫刊》，冊 18；崑曲專號為《劇學月刊》第 2 卷第 1 期，收錄於《中國早期戲劇畫刊》，冊 19；話劇專號為《劇學月刊》第 2 卷第 7、8 期合刊，收錄於《中國早期戲劇畫刊》，冊 20。

〔註 50〕《半月戲劇》「崑曲專號」在《半月戲劇》第 5 卷第 1 期，收錄於《中國早期戲劇畫刊》，冊 35。

〔註 51〕過宜，〈編輯小言〉，《十日戲劇》創刊號，收錄於《中國早期戲劇畫刊》，冊 27，頁 6。

是整理自報刊上的詩文集結出版，實可視為從報刊衍生出版品。清末民初繁盛的演出，發達的報業，促使劇評飛快的成長，也培養出一批愛好劇評的讀者。他們不僅閱讀劇評，甚至還收集整理成冊收藏，如《順天時報》便記載了這樣一個資深讀者：

> 老菊年垂八十，幼嗜戲曲，混跡梨園殆五十年……余又酷喜劇評，
> 購報紙多種將劇評裁下粘訂成冊，暇時披閱，藉作解悶資料，因特
> 除精室以貯之，兒孫輩不得入，蓋視之不啻第二生命也。年來評劇
> 之風大熾，評劇家日見其眾，欲求針針見血，語語中竅者，固以愚
> 樵（即票友喬藎臣）為第一，顧誤生、優優、警民諸子亦多有見到
> 之語，《戲劇新聞》有自號夢詞者，其言論亦多可採信。〔註52〕

這代表劇評專集有一定的商業價值。早在宣統二、三年間（1911～1912）便有《海上梨園雜誌》、《海上梨園新歷史》這類編纂報章雜誌上劇評成書出版。〔註53〕不過民國以後更常見的則是以單一伶人為主的專集。

伶人專集也可稱之為特刊，松浦恒雄認為特刊是梨園花譜在民國時期的變形。〔註54〕從原先一至數位文人將多數伶人分品別類的譜錄型式，變成眾多文人吟詠評論單一伶人的專集，反映了民國以來伶人明星化以及捧角的風尚。目前可見最早以單一伶人為主的出版品應該是《楊翠喜》，出版於1907年。〔註55〕此書是匯整清末知名的楊翠喜案的相關文獻而成。〔註56〕內容包括上喻、奏摺、供詞、以及當時報上相關文字。雖然也有詩詞、楊翠喜小傳，但實為一本新聞評論集，與伶人專集性質不同。因此目前第一本伶人專集，應是以賈璧雲為主角的《璧雲集》。

民國初年，在北方已頗有名氣的花旦賈璧雲南下上海，為了營造聲勢，賈璧雲的支持者在民國二年（1913）六月《小說月報》上刊載《璧雲集》，這

〔註52〕 老菊，〈老菊劇談〉，《順天時報》，1914年11月13日，五版。

〔註53〕 慕優生編，《海上梨園雜誌》，收錄於《京劇歷史文獻匯編》，冊2，頁509～659；莒水狂生編，《海上梨園新歷史》，收錄於《京劇歷史文獻匯編》，冊2，頁661～699。

〔註54〕 松浦恒雄，〈特刊在中國現代戲劇中的作用——以民國初年的特刊為中心〉，《學術研究》，2010年第3期，頁143。

〔註55〕 西泠山人編，《楊翠喜》，收錄於《京劇歷史文獻匯編》，冊2，頁393～409。

〔註56〕 光緒三十二年天津巡警總辦段芝貴買下女伶楊翠喜獻給農工商部尚書載振，得以獲得黑龍江巡撫之職。光緒三十三年案情爆發，成為當時最大的政界醜聞。

本專輯篇幅並不大，僅收有數張賈璧雲照片、賈璧雲小傳以及北京、上海知名文人、報人如樊增祥、易順鼎、羅癭公、包天笑等人的詩詞，內容相當簡單，以文人間唱和吟詠賈璧雲的詩詞為主體。但這本專輯卻引起了上海名旦馮春航支持者柳亞子等人的危機意識，在短短的幾天內編輯《春航集》與其爭鋒。不同於《璧雲集》以詩詞文為主體，《春航集》分為攝影、文壇、詩苑、詞林、劇評、劇史、雜纂、附錄、補遺，內容遠比《璧雲集》豐富許多。尤其是大量劇評的選入，使得《春航集》不只是文伶之間的抒情之作，更是建立伶人藝術聲譽有力工具。

　　《璧雲集》、《春航集》以後，伶人專集有如雨後春筍般紛紛問世，在報刊上時常可見伶人專集刊行的訊息，數量實在難以估計。這些專集大多作為「酒後茶餘，消除鬱悶之良劑」〔註57〕的娛樂讀物，除非頭等名伶，一般伶人專輯印量應該不多，也不易留存下來。比較知名的如郭逋仙主編《梅蘭芳》（1913）、蘭皋編《梅陸集》（1914）、徐吁公主編《雲紅集》（1914）、梅社編《梅蘭芳》（1918）、劉豁公編《梅郎集》（1920）、金仲蓀編《霜杰集》（1926）、沙游天主編《留香集》（1927）、《梅蘭芳專集》〔註58〕等。自《春航集》以後，伶人專集有相對固定的形式與內容，松浦恒雄將其總結為以下五點：

　　　　1. 都刊登演員的照片；2. 都寫有演員的傳記；3. 編者、執筆者形
　　　　成了一個文人群體；4. 記述有關演員和執筆者的戲外交流；5. 重視
　　　　執筆者用舊詩詞表現等。〔註59〕

這些專集文字大多整理自報刊評劇文字。但也有公開徵稿的例子，如杜雲紅的專集《雲紅集》，而在徵求稿件的過程就是一種宣傳行銷方式，當時杜雲紅的支持者所組成的杜教，以《順天時報》為地盤幫杜雲紅拉抬聲勢。民國三年六月二十一日起，在報上公開徵稿。〔註60〕雖然徵稿時間僅一個多星期，但《雲紅集》直至兩個多月後八月二十日才正式出版。在這期間《順天時報》不時刊載出版預告以及杜雲紅小傳、相關詩詞文章等，不斷提升讀者對此專

〔註57〕聽花，〈《雲紅集》出矣〉，《順天時報》，1914年8月21日，五版。
〔註58〕《梅蘭芳專集》有藍皮本（1926）、紅皮本（1927）、棕皮本（1930）以及英
　　　　文版四個版本，內容雖大體相同，但也略有差異，刊登照片也不太一樣。詳
　　　　情可見古曙光，《梨園文獻與優伶演劇──京劇崑曲文獻史料考論》，頁191～
　　　　195。
〔註59〕松浦恒雄，〈特刊在中國現代戲劇中的作用──以民國初年的特刊為中心〉，
　　　　《學術研究》，2010年第3期，頁147。
〔註60〕湘波室文鈔，〈集徵求詩文辭啟〉，《順天時報》，1914年6月21日，五版。

集的期待感，大大提升了杜雲紅曝光度。〔註61〕不過這種炒作行為也引起批判，從病夫〈告謬子〉一文中可知張謬子不認同杜教，以及他們為女伶發行專集的行為。〔註62〕

由於《璧雲集》、《春航集》的問世，與民國以來伶界黨爭有著密切的關係，因此在某些評劇家眼中編纂名伶專集被視為伶人競爭聲勢的重要方法：

> 近聞有人擬特選集當代文人對於梅蘭芳之詩文評論編為一書，名曰《梅蘭芳》，不久出版，以傳一時之韻事，留千古之佳話，想梅黨君子當以先覩為快，喜得萬里之長城也。
>
> 請問朱黨君子對之果有如何計畫，想《梅蘭芳》之出版必應加一新勢力於梅黨之上，惟朱黨者亦何不速編《朱幼芬》一書以籌一矢，以資黨勢之擴張，亦猶上海《璧雲集》之後有《春航集》之出現乎。〔註63〕

即便後來名伶專集並沒有如《春航集》般那麼明顯的針對性。但那些與伶人關係密切的文人所主導的專集，決不僅只是製作給支持者閱讀的休閒讀物，或者宣傳伶人聲譽而已。他們往往希望透過專集為伶人塑造形象、提高劇界地位。如金仲蓀為程硯秋編集的《霜杰集》便是很好的例子。

《霜杰集》不同於一般專集多為鉛字印刷，採取了宋版書的形式，使得全書顯得典雅精緻。全書分為詠玉、鏘鳳、拾錦、貫珠四篇，篇名也充滿古雅趣味。其詠玉、鏘鳳為名流詩人題贈之詩詞文、貫珠為程硯秋新編本戲之說明書。拾錦則為收集報刊上與程硯秋相關之文字，其中便有大量的劇評節選，這些劇評經過精心挑選，不單只是頌揚程硯秋而已，甚至還刻意挑選了一些批評程硯秋的劇評，以表現出公正無私的編選態度。但無論是正面抑或是負面，字裡行間都隱含著建立程硯秋旦行藝術史上地位的意圖，如遯公的劇評說道：

> ……旦角一人才輩起，其力量均足以創造而又能不相因襲獨成一家，吾於此得三人焉，一曰王瑤卿、一曰梅蘭芳、一曰程艷秋，程不能不謂劇界之三傑也……洎乎艷秋崛起，承王梅之後而集其大

〔註61〕雖然沒有明確證據，但從稿件投遞到《順天時報》處，可推知《雲紅集》的出版與《順天時報》關係密切。因此從七月一日到七月十六天起連續刊載了十六天《雲紅集》出版預告。八月二十六日起更長期刊載《雲紅集》廣告。

〔註62〕病夫，〈告謬子〉，《順天時報》，1914 年 7 月 14 日，五版。

〔註63〕聽花，〈壁上偶評（二十九）〉，《順天時報》，1914 年 1 月 15 日，五版。

成……今日都下已盛傳有程腔之目，綜三人所排之戲及其身段表情
腔調等均逐漸而趨於繁複，殆進化之公例使然歟。以三人之地位論，
王開其端，梅臻其盛，程集其成，以三人之時代論，王為過去，梅
為現在，程為未來，未來者尤不可限量。然而莫為之前雖美勿彰，
莫為之後雖盛勿傳，此亦劇史中所不可不知之事實也。〔註64〕

書中收錄子成、肖儳、蘇少卿、徐凌霄、風人的劇評都有類似的見解，認為
程硯秋上承王瑤卿、梅蘭芳（有些還包括陳德霖）的基礎，是新時代旦行集
大成者。負面評論如蘇少卿仔細分析了程硯秋的新腔，並將其比做譚鑫培的
亡國之音，建議程氏放棄往這風格發展。〔註65〕萍生也呼應蘇少卿的說法並
感慨道：

嗚呼！譚調興而清社屋，今硯秋所處之世何世乎？國之亂也，亦云
極矣。……少卿所謂亂國之音，或不幸而言中，雖然鬚生之譚，青
衣之程，則由是而不朽矣。〔註66〕

但這種論點卻把程硯秋與譚鑫培相提並論，無形中也拔高了程硯秋的地位，
仍暗含著提升程硯秋藝術定位的意圖。

除了伶人專集外，民國時期仍有劇評專集的出版，如周劍雲主編的《菊
部叢刊》（1918）可說是這類專集的代表，這本劇評集收錄了當時南北知名
評劇家的各式劇評。編選態度上遠比清末《海上梨園雜誌》、《海上梨園新歷
史》等書嚴謹許多，保留了許多民初戲曲觀念的論說以及當時劇壇狀況的珍
貴史料。

評劇家也會將自己發表過的劇評、詩詞、文章等整理成專集。知名評劇
家的劇評更是戲曲愛好者期盼的刊物。信凌君便曾投稿《北洋畫報》惋惜
徐凌霄未能將自己的劇評整理成書。〔註67〕目前筆者所見有馮叔鸞的《嘯虹
軒劇談》（1913）、楊塵因《春雨梨花館叢刊》（1917）、韓補庵《補庵談戲》
（1924）、張肖儳《菊部叢譚》（1926）張聊公《聽歌想影錄》（1941）等。不
過這些劇評集編選態度不同、體例也不統一，內容差異較大。如馮叔鸞的《嘯
虹軒劇談》分上下兩卷，上卷理論性、論辯性文字較多，下卷則以舞臺演出

〔註64〕金仲蓀編，《霜杰集‧拾錦篇》，冊2，頁1～2。
〔註65〕金仲蓀編，《霜杰集‧拾錦篇》，冊2，頁14～15。
〔註66〕金仲蓀編，《霜杰集‧拾錦篇》，冊2，頁15。
〔註67〕信凌君，〈寫在唯一國劇研究者的後邊〉，《北洋畫報》，1930年10月4日。

的評論為主；楊塵因《春雨梨花館叢刊》與張聊止《聽歌想影錄》的主體都是作者本身的觀劇後的劇評總集；張肖傖的《菊部叢譚》則是伶人小傳、梨園掌故與部分觀劇評論為主。

與報紙和期刊相比，專集內容最缺乏時效性，有些甚至帶有回憶錄性質。如 1941 年出版的《聽歌想影錄》內容則是整理作者民國初年所撰寫劇評。不過也有因應劇壇動態而編輯。如梅蘭芳赴日演出後不久，日本便收集相關評論出版了《品梅記》。〔註68〕以及因應譚鑫培過世，而迅速編輯出版的《伶界大王事略》。〔註69〕專集鎖定的客群最為小眾，不是名伶的支持者，就是對戲曲有濃厚興趣的觀眾。專輯劇評內容大多經過編選，因此目的性明確，也相對較有水準。

第二節　劇評的發展與特色

一、劇評發展階段

報紙與期刊是劇評發表的主要空間，但報紙受限於出版方式以及大眾化取向之故，發展空間較為有限。期刊劇評則有較充足的篇幅以及明確閱讀群體，與報載劇評相比，期刊劇評的發展空間更加的寬廣。

關於劇評發展歷程，趙海霞將報刊劇評發展過程分成：1. 發軔期（1872～1901）、2. 發展期（1902～1911）、3. 蓬勃期（1912～1919）三階段。〔註70〕雖然是報紙期刊合論，但其主要依據文獻仍是報紙，因此所呈現偏向是報載劇評發展過程。而耿祥偉則純以期刊為依據，並結合當時戲劇發展，將期刊發展分成 1. 戲劇發展的轉型與戲劇期刊的發軔（1840～1913）、2. 戲劇觀念的反復與戲劇期刊的發展（1914～1928）、3. 戲劇功用的膨脹與戲劇期刊的繁榮（1929～1949）三個階段。〔註71〕筆者在他們的論述基礎上綜合報紙與期刊兩種劇評載體，將劇評發展分為以下幾個階段

（一）醞釀期（1872～1907）

這階段從 1872 年《申報》出現第一則劇評為始，直至 1907 上海《時報》

〔註68〕聽花，〈日本《品梅記》之出版〉，《順天時報》，1919 年 11 月 14 日，五版。
〔註69〕吳秋帆編，《伶界大王事略》，1917 年版，收錄於《民國京崑史料叢刊》第八輯。
〔註70〕趙海霞，《1872～1919 年近代報刊劇評研究》，頁 33～37。
〔註71〕耿祥偉，《晚清民國戲劇期刊研究》，頁 9～25。

出現穩定的評劇專欄為止。這段時間報紙、期刊剛開始發展，已經偶爾能見到關於評劇品伶的相關文字。前述同治十一年（1872）在《申報》以及其副刊《寰瀛瑣記》都刊登有評論戲劇的文字。之後各報及期刊都不時可以看到關於評劇品伶的文字。某些娛樂小報甚至公開徵求劇評，如《世界繁華報》投函用紙：

> 凡商藝投標、觀劇品評、看花荐格、曲榜荐函，均載入此格內，裁下封寄本館，次日登報。此紙只能寫一事，並寫不錄，此紙隔日不用。
>
> ……諸君觀劇，無論京班、髦兒戲，其扮演之優劣、編排之得失，不妨載入此格，寄交本館登報，以資考證，名曰觀劇品評。〔註72〕

便將劇評列為投稿主題之一。但從「此紙隔日不用」亦可知這種徵稿是一種行銷手法，滿足人們在報刊發表意見的欲望。《世界繁華報》戲劇相關文字雖然不少，但多是演出訊息，評論文字並不多見。整體來看，這段期間，無論是報刊編輯者還是投稿者都尚未有意識地寫作或刊布劇評。既沒有固定的劇評版面，頻率也不穩定。

不過 1902 年梁啟超發表〈論新小說與群治之關係〉後，所引起了一系列討論，開啟晚清戲曲改良論的風潮。這些文章強烈的政治取向，與其說是劇評，更近似於社論。但正如前文所說，這些討論對於提升伶人、戲劇乃至於劇評的地位都有正面的幫助。1904 年第一部戲劇專門期刊《二十世紀大舞臺》的問世，也是在這風潮下催生出來的成果，雖然僅發行二期，但《二十世紀大舞臺》將既有的劇評樣式，整合分類為各式專欄，奠定了戲劇專刊欄目樣式的基礎〔註73〕，預示了未來報刊穩固評劇空間的出現。

1907 年上海《時報》開闢「劇談」專欄，由徐半梅執筆〔註74〕，不久北京也緊隨其後，如《北京新報》在 1908 年也有「戲評」欄目的出現。〔註75〕之後報紙紛紛設立評劇專欄，雖然這些專欄不脫補白性質，不過有了穩固的評劇版面，才能促使劇評日益成熟，邁入下一個階段。

〔註72〕〈本館投函用紙〉，《世界繁華報》，1901 年 5 月 9 日，收錄於《京劇歷史文獻匯編》續編，冊 4，頁 143。
〔註73〕趙海霞，《1872～1919 年近代報刊劇評研究》，頁 49。
〔註74〕陳伯熙，《上海軼事大觀》，頁 270。
〔註75〕趙海霞，《1872～1919 年近代報刊劇評研究》，頁 53。

（二）發展期（1907～1928）

發展期從 1907 年劇評專欄的出現，到 1928 年《戲劇月刊》出版前為止。在這段期間裡，劇評的數量急速增長。尤其民國以後，各報紛紛設置固定的劇評專欄，更出現專業的劇報，其中較知名的就有上海的《圖畫劇報》、北京的《戲劇新聞》。這代表需要大量且穩固的稿件來源。而隨著名伶輩出，劇評日益受到讀者歡迎，一般投稿已經不能滿足讀者的需求，於是喜好看戲乃至於上臺玩票演出的報人便成了最好的寫手，他們對於戲曲表演、伶人事蹟、梨園動態都有一定理解，提供了職業評劇家出現的條件，有學者便提出鄭正秋是第一位職業評劇家。〔註 76〕而報紙的即時性，更可以讓評劇者針對伶人每一場演出進行品評。此時不乏嫻熟戲曲表演的票友投身撰寫劇評，他們的劇評對於演員表演有著極度精緻細膩的分析。如楊塵因在《春雨梨花館叢刊》第一輯中收錄了自己在〈譚叫天南來十日記〉中兩則譚鑫培《空城計》、《洪羊洞》的劇評，對於臺上所有演員的唱念作打，幾乎做到逐字逐句的比較討論，單評論《空城計》一劇，就足足用了四千餘字篇幅，可說是此類型劇評的代表。〔註 77〕

與此同時，女伶的興起，則引起一陣評劇捧角狂潮，這在北京尤甚。此時品優之風未遠，捧角之潮再臨，吸引了極大量非單純喜好戲曲的觀眾投身撰寫劇評，這時報刊上湧入大量歌詠品評童伶、女伶的評劇文字，引起激烈的伶黨之爭，而鮮明的狎邪色彩更引起當時評劇界關於評劇、評伶、評花的熱烈討論，關於此點筆者將在後面章節詳加論述。知名報人管翼賢對這時期龍蛇混雜的北京評劇界有如下的敘述：

> 北京評戲始於喬藎臣氏，筆名愚樵……嘗與諸名伶往來，善演紅淨，於皮黃有深切之研究。偶在公餘之際，批評戲劇之得失，投稿於《群強報》。文中所指者，皆中肯要，於是大受伶界及好聽戲者之歡迎，繼之而起者有莊蔭棠、徐劍膽、莊徐，皆系票友，故所評皆得體。民國五六年間，《順天時報》之辻武雄，筆名聽花，每日為文大捧梅蘭芳、尚小雲、小翠花等。是時坤伶張小仙、劉喜奎、鮮靈芝，稱為三大教主。羅癭公、陸瘦郎、劉少少諸氏，各捧一教主。於是各報之戲評家，爭逞詞鋒。所謂犬咬堯王各為其主，識者謂此

〔註 76〕簡貴燈，〈發現鄭正秋 1910～1912 鄭正秋的劇評實踐及其意義〉，《上海戲劇學院學報》，2015 年第 3 期，頁 43。

〔註 77〕楊塵因，〈譚叫天南來十日記〉，《春雨梨花館叢刊》第一輯，頁 4～13。

　　非評戲，藉此獵豔耳。於是報界中人出而調解，梁巨川、恒詩峰、

　　文實權、勝發祥諸人，登報調停，此風始息。〔註78〕

這時期既存在以喬藎臣為代表一批票界評劇家所寫出足以令票友、伶人心悅誠服的專業劇評，同時也有與戲劇全然無關純粹鼓吹揄揚伶人的捧角文字。這種劇評兩極化的發展趨勢，其實反應了此時期戲曲娛樂繁榮昌盛，各式取向的劇評才能滿足不同的觀眾的需求。

　　戲曲期刊方面，比起前一階段，自然興盛許多。根據耿祥偉〈晚清民國戲曲期刊目錄彙編〉〔註79〕、蘇移《京劇發展史略》〔註80〕的統計，排除純粹以新劇或電影為主題的期刊以及各式劇本曲譜彙刊，筆者整理為：

表 3-1：發展期（1907～1927）戲曲期刊一覽表

刊物名稱	主編者	型　態	刊行時間	期　數
《梨園雜誌》	上海震饋社	月刊	1910	僅見 1、2 期
《歌場新月》	王笠民	月刊	1913～1915	3 期
《俳優雜誌》	馮叔鸞	半月刊	1914	僅見 1 期
《繁華雜誌》	孫玉聲	月刊	1914～1915	6 期
《戲劇叢報》	夏秋風	月刊	1915	僅見 1 期
《文星雜誌》	倪羲抱	月刊	1915～1916	9 期
《春柳》	李濤痕	月刊	1918～1919	10 期，今存 8 期
《梨園雜誌》	廣州梨園雜誌社	周刊	1918	8 期
《梨影》	遠廬	不詳	1921	不詳
《戲雜誌》	姚民哀	月刊	1922～1923	9 期
《戲劇周刊》	尤半狂	周刊	1923	9 期
《劇海》	莫公遠	不詳	1923	不詳
《戲劇雜誌》	周瘦廬	月刊	1923	2 期
《梨花雜誌》	鄭醒民	月刊	1924	1 期
《戲劇周刊》	鄭醒民〔註81〕	周刊	1924	49 期

〔註78〕管翼賢，〈北京報紙小史〉，收錄楊光輝等編，《中國近代報刊發展研究》，頁 430。
〔註79〕耿祥偉，《晚清民國戲劇期刊研究》，頁 169～173。
〔註80〕蘇移，《京劇發展史略》（北京：燕山出版社，2013 年），頁 274～277。
〔註81〕《梨花雜誌》、《戲劇周刊》都是鄭醒民主編，《梨花雜誌》是由上海大東書局發行。而《戲劇周刊》為北京《京報》副刊。見耿祥偉，《晚清民國戲劇期刊研究》，頁 172、蘇移，《京劇發展史略》，頁 277。

從上表可知期刊雖然出版不少，但刊行時間普遍不長，除了作為《京報》副刊的《戲劇周刊》發行了四十九期外，幾乎都在十期以內，多數期刊更只發行一、兩期。戲曲期刊之所以難以長期生存，與民國初年的大環境應該脫不了關係，此時戰爭頻仍，純靠戲迷支持的專業刊物生存不易。如北京第一份戲報《戲劇新聞》第一次停刊，便與張勳復辟所造成的動亂有關。〔註82〕接下來數個月裡復刊又停刊，甚至擬增加花界文字以招攬讀者。〔註83〕到隔年終究無法支持下去。而上海的《圖畫劇報》到民國六年（1917）也因入不敷出而停刊。就連局勢相對穩定的上海，都無法支持專業戲曲報紙生存。一直要到民國十五年（1926）以戲曲為主《羅賓漢報》出現，才有長期刊行的戲曲小報，《羅賓漢報》更因此被視為戲曲小報之祖。〔註84〕那麼價格更加高昂，客群相對小眾的戲曲期刊，自然更不容易生存。因此這時期劇評最主要的發表空間，仍是大報的藝文版面以及各式的文娛小報。

也在這個時期，新式知識分子開始密切地審視傳統戲曲，以藝術文學期刊為空間，用不同的態度角度，對傳統戲曲展開一系列的討論。這對劇評的轉型有著深厚的影響。

發生於民國七年（1918）《新青年》雜誌所引起的新舊劇論戰，是近代戲劇史極為重要的事件。關於此事件之意義、效應，早有許多學者討論，簡而言之，就是一批新知識分子全面否定傳統戲曲的價值，力圖以易卜生派寫實話劇取代傳統戲曲。〔註85〕有論者認為這場論辯，舊劇落於下風，新青年派的知識份子取得了話語權。〔註86〕但筆者以為與其說新青年派在論述上獲得勝利，更不如說主導《新青年》的新知識分子根本沒有給予傳統戲曲足夠辯護的空間。向張厚載（聊子）邀稿，並不是提供為舊劇辯論的機會，而是作為攻擊舊劇靶子。當嫺熟新舊劇的評劇家馮叔鸞（馬二先生），為聲援張厚載在

〔註82〕聽花，〈戲劇新聞停版感言〉，《順天時報》，1917年7月20日，五版。
〔註83〕聽花，〈春覺生之來札〉，《順天時報》，1917年9月11日，五版。
〔註84〕祝均宙、馬莉編撰，〈近現代戲曲報紙與副刊總目提要（1897～1949）〉，《上海戲曲史料薈萃》第五集，頁161～162。
〔註85〕李孝悌，〈民初的戲劇改良論〉，《中央研究院近代史研究集刊》第22期下，1993年，頁281～307。王安祈，〈京劇理論發展史初探〉，收錄氏著《為京劇表演體系發聲》，頁99～176。宋寶珍，〈《新青年》與新舊劇論爭〉，《雲南藝術學院學報》，2016年4月，頁8。
〔註86〕宋寶珍，〈《新青年》與新舊劇論爭〉，《雲南藝術學院學報》，2016年4月，頁8。

〈評戲雜談〉一文中提出部分西方戲劇例子來辯駁新青年派主張時。〔註87〕
錢玄同卻只一句：「我以為這種文章，不但不必答覆，並其原文亦不必看」
就打發過去，接下來就是一連串的毀罵，稱評劇家為「腦筋組織不甚複雜的
人」。〔註88〕而胡適也斷章取義地將馮叔鸞強調中國戲劇發展自主性之論述
簡化為：「馬二先生說：中國人何必看外國戲。馬二先生說：中國戲何必給外
國人看。」兩句調侃的文字〔註89〕，言詞間充滿新知識分子的傲慢。而轉載
歐陽予倩〈我的戲劇觀〉時，傅斯年在引為同道之時，也有意無意地忽略了
歐陽予倩與自身論點的根本歧異。〔註90〕

　　雖然此次新舊劇之爭在《新青年》辯駁得相當火熱，但並沒有蔓延成當
時常見動輒數月的筆戰，也沒有立即在傳統劇界、評劇界產生影響。除了張
厚載、馮叔鸞外，傳統評劇家對此顯得相當的冷淡。比起1920年文明戲演員
汪優游在《晶報》以戲子為名發表〈告評劇家〉所引起的大肆撻伐，可說是小
巫見大巫。〔註91〕《新青年》所引發的新舊劇之爭，在其他報刊間接地發酵，
論者對新舊劇各自的內涵與優缺點進行分析比較，態度多較為緩和，並沒有
如《新青年》那般針鋒相對。〔註92〕如當時已經成為梅黨重要成員齊如山，
在《春柳》發表〈新舊劇難易之比較〉一文，雖然不是直接針對《新青年》所
引起的新舊劇之爭，但也算是一種間接的回饋。齊如山在文中認為中國現存
三種新劇包括：偷舊劇場子以滑稽為目的、仿電影近似變戲法、仿西洋卻跟
演說差不多，認為都不足為訓。真正的新戲的只有西洋現代戲劇，並針對編
劇、演出、布景三點分析，指出新舊劇各有難易與特點，但結論則是新戲因
「感化人的力量比舊戲大」略勝一籌。此時齊如山的說法與後來自己舊劇絕
不能用布景的論述有很大的差異。它以《汾河灣》為例，認為柳迎春的傳統
扮相過於華麗漂亮，但因為傳統戲臺沒有布景，演員不漂亮就不受歡迎，觀
眾積習已成，無法更動。他提出若可以按新戲方法設置寒窯布景，那麼柳迎
春就可以採取寒苦扮相，認為如此觀眾會有另一番觀感，方合《汾河灣》的

〔註87〕馬二先生，〈評戲雜說〉，《菊部叢刊‧品菊餘話》，頁111～114。
〔註88〕錢玄同，〈今之所謂評劇家〉，收錄於《新青年》第5卷第2號，頁187～188。
〔註89〕適，〈什麼話〉，收錄《新青年》第5卷第4號，頁435。
〔註90〕李孝悌，〈民初的戲劇改良論〉，《中央研究院近代史研究集刊》第22期下，
　　　　1993年，頁292～293。
〔註91〕此次爭論可參考李國平，〈「文學革命」中的一場戲劇論爭──1920年《晶報》
　　　　的「評劇」事件述論〉，《中國現代文學研究叢刊》，頁32～39。
〔註92〕耿祥偉，《晚清民國戲劇期刊研究》，頁114～126。

深意。〔註93〕

　　第二波新舊劇討論則是由余上沅等人發起的國劇運動，民國十五年（1926）六月，《晨報》副刊設置「劇刊」專欄，主要是以美國受到專業戲劇訓練的歸國學人主導，如余上沅、趙太侔、熊佛西等人，他們受愛爾蘭文藝復興運動影響，回國後致力於「國劇運動」，主張：「中國人的戲劇，基本上應由中國人用中國材料演給中國人看的戲，這樣的戲劇我們姑且稱之為『國劇』。」〔註94〕除此之外，他們也重新審視此時依舊興旺的傳統戲曲。不同於《新青年》對於傳統戲曲的全面否定，「國劇運動」的戲劇家們雖然也批判傳統戲曲在劇本上的不足，但真正學習戲劇出身的他們，反而從西洋戲劇的視角，肯定傳統戲曲的形式象徵之美，如身段、臉譜等，並對其內涵做了初步的討論。目前被當成戲曲表演重要特色「程式化」、「寫意化」都可在他們討論中見到端倪。〔註95〕

　　「國劇運動」的戲劇家主要對話對象其實是那些受《新青年》影響，完全以易卜生寫實話劇為依歸知識份子，企圖扭轉只重戲劇改造社會，忽視戲劇藝術的偏見。〔註96〕可惜的是整個「國劇運動」只持續了三個月，主事者便因經濟因素等因素而各自星散求職而停止。〔註97〕國劇運動似乎跟傳統戲曲界沒有展開直接的對話與交流的機會。不過徐志摩和余上沅在〈劇刊終期〉曾提及了想請王國維、丁西林以及在傳統劇界聲望尊崇的票友紅豆館主溥侗在劇刊上發表文章，從「但我們只是太妄想了」一語看來，很可能遭到拒絕。〔註98〕但亦可見他們也有想與傳統劇界對話的想法。

　　乍看之下，傳統劇界、評劇界似乎淡漠地忽視這次國劇運動所帶來的討論，但事實上「國劇運動」所探討的觀念一定程度地被傳統劇界選擇性地吸收，最明顯的就是「國劇」一詞的使用。

　　余上沅原本擔心有人誤解國劇運動的意涵，曾說道：

〔註93〕齊如山，〈新舊劇難易之比較〉，《春柳》第 2 期，1919 年 1 月，轉引自耿祥偉，《晚清民國戲劇期刊研究》，頁 117～118。

〔註94〕余上沅，〈序〉，《國劇運動》（上海：新月書店，1927 年），頁 1。

〔註95〕趙太侔，〈國劇〉，《國劇運動》，頁 14～18。余上沅，〈舊戲評價〉，《國劇運動》，頁 195～201。

〔註96〕胡星亮，〈國劇運動再評價〉，《南京社會科學》第 8 期（總 39 期），1990 年 5 月，頁 18。

〔註97〕志摩、上沅，〈劇刊終期〉，《國劇運動》，頁 247。

〔註98〕志摩、上沅，〈劇刊終期〉，《國劇運動》，頁 246～247。

> 彷彿提倡國貨，就非得抵制外貨，國劇也許可以惹出極滑稽的誤
> 解。好事之徒或者旁徵曲引，上自院本雜劇傳奇，下至崑曲、皮黃、
> 秦腔，說他是中國的國粹，我們應該如何去保存，如何去整理，舉
> 凡犯有舶來品之嫌疑的，一概予以擯斥，不如此不足以言國劇。這
> 樣主張未免是知其一不知其二。院本在金代，雜劇在元代，傳奇在
> 明清，或者可以說它是國劇；崑曲皮黃秦腔我們勉強一點，在某一
> 時期，也或者可以說它是國劇。可是近年以來：中外的交通是多麼
> 便利，生活的變遷是多麼劇烈，要在戲劇藝術上表現，我們哪能不
> 另走一條新路！藝術雖不是為人生的，人生卻正是為藝術的。有了
> 現代這樣的人生，運會一到，自然要蹦出一朵從來沒有開放過的藝
> 術鮮花。〔註99〕

國劇運動的戲劇家心中的「國劇」當然不等於中國傳統戲曲，他們最終甚至
是希望創造出一個新形態的演出形式。但他們此時的概念仍非常寬泛甚至有
些模糊，他們對戲曲藝術形式的認可，把戲曲藝術囊括到「國劇」之中。因
此傳統戲曲界很快挪用並轉換了他們所提出的「國劇」概念，到了 1930 年
代以後國劇一詞已經普遍被當作中國各式戲曲的代稱，甚至有以京劇為主的
傾向。〔註100〕

又如在《新青年》時期，張厚載在為傳統戲曲辯護時所提出戲曲的假象
性、與規律性。〔註101〕被國劇運動的戲劇家在此基礎上進一步梳理深化。成
為日後評劇家在為傳統戲曲辯論時最主要的理論依據。除此之外，國劇運動
戲劇家還提出以保存整理的方式研究傳統戲曲：

> 舊劇何嘗不可以保存，何嘗不應該整理，凡是古物都該保存都該整
> 理，都該跟鐘鼎籍冊一律看待。可是在方法上面便不是三言兩語可
> 以概括的了，這要有人竭平生之力去下死功夫的。〔註102〕

在《國劇運動》一書中也收有有兩篇關於戲曲史研究文章，可說是他們實踐

〔註99〕余上沅，〈序〉，《國劇運動》，頁 1～2。
〔註100〕王安祈便指出 1932 年成立的北平國劇協會所定義的國劇：「至於國劇內涵，
　　　發刊詞（戲劇叢刊）雖強調『無論崑漢黃秦』，但無論從學會到發起人身分，
　　　學會所辦活動或是《戲劇叢刊》的內容看來，顯然是以京劇為主體。」王安
　　　祈，《為京劇表演體系發聲》，頁 119～120。
〔註101〕張厚載，〈我的中國舊戲觀〉，收錄於《新青年》第 5 卷第 4 號，頁 343～346。
〔註102〕余上沅，〈序〉，《國劇運動》，頁 4。

的成果。〔註103〕雖然目前沒有明確證據可以證明 1930 年代以後評劇家開始整理建構「戲曲知識」體系的趨勢是否有直接關係，但這種態度對於日後劇評發展應有著正面的意義。

新青年派與國劇運動派的知識分子對於戲曲的態度雖然不一，但對傳統劇界與評劇界卻產生了類似的影響。他們相當程度上刺激或引導部分伶人、評劇家對傳統戲曲進行反思，也開啟劇評進入成熟階段的契機。

（三）成熟期（1928～1937 以後）

這時期報載劇評依然在如《申報》、《大公報》、《晶報》等大報、小報的遊藝版面佔有穩定的空間。如知名的《北洋畫報》（1926～1937）從民國十七年（1928）第 166 期開始，到民國二十六年（1937）終刊為止，除中間一小段時間外，每期都有固定有戲劇專刊版面。

民國十五年上海《羅賓漢報》（1926～1949）的發行，開啟了專門戲曲小報蓬勃發展時期，由於發行時間極長，影響力較大，因此被目為戲曲小報之祖。在《羅賓漢》後比較知名的戲曲小報還有漢口的《戲世界》。〔註104〕而民國十七年（1928）《梨園公報》（1928～1931）發行，聘請孫玉聲為主編，此報是上海伶界聯合會機關刊物。其宗旨為：「一曰研究藝術，二曰宣傳事實，三曰糾正妄謬。」〔註105〕後兩點為伶界發聲立場甚為鮮明，在研究藝術方面，也刊登了不少伶人小傳、名伶秘本與評劇文字。此時還有讀者群更為小眾的票房報的出現，雖然以票界動態消息為主，也有劇評的刊登。〔註106〕1930～1940 年代更可說是戲曲小報的巔峰時期，根據統計至少有三到四十種之多。〔註107〕這些戲曲小報雖然有些發行於 1928 年以前，但主要刊行時間仍在此

〔註103〕恆詩峰，〈明清以來戲劇的變遷說略〉，《國劇運動》，頁 234～244。顧頡剛，〈九十年前的北京戲劇〉，《國劇運動》，頁 222～233。

〔註104〕《戲世界》的創刊時間和主編者有兩種不同說法。祝均宙說是 1931 年由趙嘯嵐主編。蘇移則說是 1933 年龔嘯嵐主編。由於名字與刊行相當一致，因此無法判定誰說為確。從蘇移說法共發行了 768 期的說法，至少刊行兩年以上。祝均宙、馬莉編撰，〈近現代戲曲報紙與副刊總目提要（1897～1949）〉，《上海戲曲史料薈萃》第五集，頁 163。蘇移，《京劇發展史略》，頁 279。

〔註105〕漱石生，〈發刊詞〉，《梨園公報》，收錄於《《申報》京劇資料選編附梨園公報資料選》，頁 625。

〔註106〕祝均宙、馬莉編撰，〈近現代戲曲報紙與副刊總目提要（1897～1949）〉，《上海戲曲史料薈萃》第五集，頁 162。

〔註107〕祝均宙、馬莉編撰，〈近現代戲曲報紙與副刊總目提要（1897～1949）〉，《上海戲曲史料薈萃》第五集，頁 162～163。

時期,因此筆者仍放到成熟期討論,或可以視為成熟期來臨的先聲。

筆者所定義的成熟期的是以民國十七年(1928)《戲劇月刊》創刊作為分界點。首先,此時期戲曲期刊發展進入全盛時期,甚至不乏可以刊行數年之久。筆者根據耿祥偉〈晚清民國戲曲期刊目錄彙編〉的統計〔註108〕,將此時發行時間超過一年以上的戲曲期刊整理為:

表 3-2:成熟期(1928～1937 以後)期刊一覽表

刊物名稱	主編者	型　態	刊行時間	期　　數
《戲劇月刊》	劉豁公	月刊	1928～1932	3 卷 36 期
《劇學月刊》	徐凌霄	月刊	1932～1936	5 卷 54 期
《戲劇旬刊》	張古愚	10 日刊	1935～1937	36 期
《戲曲週報》	王雪塵	週刊	1936～1940	3 卷 20 期以上
《十日戲劇》	張古愚	10 日刊	1937～1941	3 卷 80 期
《半月戲劇》	鄭子褒	半月刊 月刊	1937～1948	期間斷斷續續,共出 49 期

(僅列出刊行超過一年者)

這應與民國十七年(1928)南北統一後,整體政治局勢相對穩定有關,雖然隨著日本侵略腳步,時局又開始混亂,尤其抗戰爆發更使得戲曲(劇)期刊全面進入衰退期。〔註109〕但其中《十日戲劇》、《戲曲週報》、《半月戲劇》都在抗戰爆發後持續發行了一段時間,其中《半月戲劇》雖然斷斷續續停刊又復刊,還支持到抗戰勝利。上述戲曲期刊中,除了《劇學月刊》背後有官方資源資助,其他都是標準民間的商業娛樂刊物,這代表此時戲曲期刊已有足夠的讀者群,並可以吸引商家在期刊上發布廣告,足以支撐這些期刊的發行。

新知識分子審視傳統戲曲的價值,或採取批判否定,或認可其形式,批判其內容。這些爭議,除了張厚載、馮叔鸞等人外,傳統劇界、評劇界並不積極回應。演員持續搬演傳統老戲,即便編演新戲,不是機關布景海派戲,就是古裝劇。連被傅斯年認為有西方問題劇意味,可以做為銜接新舊劇交替的過渡劇如《一縷麻》之類的時裝劇,梅蘭芳也逐漸不再上演。〔註110〕但事實

〔註108〕耿祥偉,《晚清民國戲劇期刊研究》,頁 173～180。
〔註109〕耿祥偉,《晚清民國戲劇期刊研究》,頁 22～23。
〔註110〕傅斯年,〈戲曲改良各面觀〉,《新青年》第 5 卷第 4 號,頁 331～332。

上這些爭論有如冰川下的流水一般，緩慢卻確實地傳統戲曲界中逐漸發酵，如上述「國劇」一詞的轉化與使用。而「國劇運動」戲劇家希望「有人竭平生之力去下死功夫的」去整理保存傳統戲曲，最有能力做此事的自然是最了解傳統戲曲的伶人與評劇家群體。這時期出現了一批學術化的戲曲期刊，如《劇學月刊》、《戲劇叢刊》、《國劇畫報》，它們共同特色都是以名伶為核心，聚集了一批包括評劇家在內的文化人，在報刊上尤其是期刊上，撰寫大量具有「戲曲知識」建構傾向的劇評。

　　所謂「戲曲知識」是筆者借鑑了李湉茵博士論文《京劇知識形成、商業宣傳與演員中心現象──由 1917 至 1938 京劇報紙期刊探討京劇之發展》的觀點，其定義「京劇知識」為：

> ⋯⋯對今日所稱京劇各項專門知識的介紹與探討，包括「歷史發展、戲班組織、劇場規律、劇本編寫、表演藝術」等方面，但以原則性的知識介紹為主，不牽涉演員個人表演特色之討論。〔註111〕

在其論點的基礎上將「京劇知識」擴充為「戲曲知識」，比較能全面概括這時期較具有專業知識含量的劇評。從這階段開始，部分劇評撰寫開始有學術傾向。無論是鼓勵保存研究傳統戲曲的國劇運動派戲劇家，還是否定傳統戲曲主張以西方話劇取代傳統戲曲的新青年派知識分子，其觀念乃至於論證研究方法，都被這類評劇家所吸收借鑑。〔註112〕這在《戲劇叢刊》、《國劇畫報》、《劇學月刊》這些學術氣息濃厚的刊物最為明顯。關於此時這些評劇家如何發揮自身豐沛的觀劇經驗、梨園人脈優勢，結合學者的研究方法，來進行「戲曲知識」體系的建構，筆者將在後面章節討論評劇家群體時再加詳述。

　　除了帶有回顧整理既有資產性質的「戲曲知識」建構外，此時期劇評也

〔註111〕 李湉茵，《京劇知識形成、商業宣傳與演員中心現象──由 1917 至 1938 京劇報紙期刊探討京劇之發展》，頁 56。

〔註112〕 李湉茵便認為：「後來齊如山等人整理京劇各種知識系統，多半正因為看到胡適從元雜劇引用具體例證意圖證明當時舊劇的退步、無價值，而受啟發，既然中國戲曲史脈絡系統裡，有不少胡適等認為可以證明舊劇該淘汰的現象，則必定也有許多證明舊劇存在價值的例證，因此齊如山同時的京劇評家，在 1928 年之後，開始努力撰著包括中國京劇史、京劇綜合概論、京劇基礎知識等專書，也就是 1928 年以後對中國戲劇知識系統的挖角，雖然與《新青年》時期新劇派論戰目的相反，但其研究方式卻相當具有關聯性。李湉茵，《京劇知識形成、商業宣傳與演員中心現象──由 1917 至 1938 京劇報紙期刊探討京劇之發展》，頁 33。

展現出與西洋戲劇觀念更深層互動的影響，這在《劇學月刊》上表現得最為明顯。「國劇運動」戲劇家所期待溝通中西戲劇文化，結合寫實、寫意，產生新劇種的想法，被《劇學月刊》的撰述群乃至於程硯秋本人一定程度地接受。只是他們更偏向以傳統戲曲為本體，參酌西方劇場技術、觀念來改良傳統戲曲。根據劍嘯〈從《春閨夢》的上演推測新歌劇的前途〉一文的紀載，程硯秋在旅歐回國後曾經邀請他們幾個從事話劇工作的人，協助他在《春閨夢》一劇中能夠結合外國的舞臺技術。雖然因為成本、技術、時間上的考量沒能有具體成果，但也可看出程硯秋的企圖心。〔註113〕從這點來看，以程硯秋為核心的這批評劇家、知識分子編撰的《劇學月刊》實可視為「國劇運動」的延續。如吳瑞燕〈國劇之將來〉〔註114〕劉守鶴〈戲劇〉系列〔註115〕、杜璟〈新國劇問題〉系列〔註116〕、王泊生〈戲劇藝術〉〔註117〕等文章，都展現了與「國劇運動」戲劇家們類似趨向的戲劇觀。

　　《劇學月刊》的劇評不僅只是肯定戲曲的形式藝術價值，更進一步企圖透過重新解讀詮釋，挖掘出傳統老戲的新價值。如吳瑞燕在分析骨子老戲《打金磚》時，針對傳統戲曲常見嚴重歪曲史實的情節，也從寫意的角度出發分析：

> 我們的民族，是想像力極富的民族，他儘有他想像的意境，他不看重客觀的事物，戲劇也充分表現著這種精神。他的劇本就內容方面說，自由撰述的一種故事不必談，即取材自於史料的，出入也極大，他也是站在作者主觀意象的發揮上，對於史料只是些微的憑據。例如《打金磚》一劇，故事方面是取漢光武殺功臣，但事實上漢光武並不曾殺過功臣。這不過是作者攝取了歷代帝王殺功臣的悲劇，融會貫澈以後的一種印象之再現。就如同中國畫家，飽覽名山勝蹟，

〔註113〕劍嘯，〈從《春閨夢》的上演推測新歌劇的前途〉，《劇學月刊》第3卷第11期，《中國早期戲劇畫刊》，冊23，頁531～534。

〔註114〕吳瑞燕，〈國劇之將來〉，《劇學月刊》第1卷第5期，《中國早期戲劇畫刊》，冊17，頁477～483。

〔註115〕守鶴，〈戲劇〉（一～五），分別收錄於《劇學月刊》，《中國早期戲劇畫刊》，冊18，頁281～293、385～390、507～511、613～615、冊19，頁35～38。

〔註116〕杜璟，〈新國劇問題〉，《劇學月刊》第1卷第10期，《中國早期戲劇畫刊》，冊18，頁539～543。〈中國戲劇之價值──新國劇問題之二〉，《劇學月刊》第1卷第12期，《中國早期戲劇畫刊》，冊19，頁21～34。

〔註117〕王泊生，〈戲劇藝術〉，《劇學月刊》第2卷第2期，《中國早期戲劇畫刊》，冊19，頁287～290。

> 然後寫出的重山疊障（按：應為嶂）的雄鬱，或平遠疏淡的曠達一
> 樣，已是不能印證自然的景物了。所以一幕《打金磚》，也只能把他
> 作一幅帝王圖看。〔註118〕

將寫意戲劇觀從程式表演延伸到劇本解讀，給予其新的意義。王泊生在〈中國戲劇〉一文更中提出：「因為演法的不同，而影響到看法的不同，這就是對戲劇的認識的一個最重要條件。」因而知識階層必須負起研究指導伶人的責任。然後以《武家坡》為例，認為此戲可以從歌頌婦女貞操不合時宜的劇作，轉變成客觀地陳述男性的罪惡的好戲。〔註119〕馬肇延在〈談玉堂春〉一文中從西方戲作劇角度，詳細分析《玉堂春》銓明、發展、轉機、解決、結局的結構方式，以及劇中人物心理、對白設計、演員表演、流派、特色等，最後更總結出此戲：打倒階級的思想、廢止娼妓制度、揭露官場內幕三大價值。〔註120〕而其〈舊劇的導演術及其導演權威之建設論〉則是在向程硯秋、陳墨香等傳統戲曲專家請教後所整理傳統排戲方法，並以西方導演的角度陳述其利弊得失。〔註121〕

其他娛樂商業性質的戲曲期刊，在戲曲知識建構或是中西交流的成果上自然遠不如上述那些學術型戲曲期刊，不過亦有受到影響，戲曲知識建構類的劇評還算常見，多數戲曲期刊都有相關文字，只是精粗有別，如《戲劇月刊》上不時刊載齊如山、翁偶虹、張次溪等人較具戲曲知識內涵的劇評。而有較深層次中西交流的劇評除了《劇學月刊》外就較為少見。不過連立場保守的《戲劇旬刊》也有如宗笑我〈中國戲劇裡幾齣悲劇〉一文，引述馬彥祥《希臘的戲劇》所介紹的亞里斯多德悲劇觀來分析傳統戲曲。〔註122〕《半月戲劇》中施病鳩〈談《汾河灣》〉也以西洋劇作角度分析《汾河灣》。〔註123〕

〔註118〕 吳瑞燕，〈國劇之將來〉，《劇學月刊》第 1 卷第 5 期，《中國早期戲劇畫刊》，冊 17，頁 479～480。

〔註119〕 泊生，〈中國戲劇〉，《劇學月刊》第 2 卷第 2 期，《中國早期戲劇畫刊》，冊 20，頁 129～133。

〔註120〕 馬肇延，〈談玉堂春〉，《劇學月刊》第 3 卷第 8 期，《中國早期戲劇畫刊》，冊 23，頁 47～59。

〔註121〕 馬肇延，〈舊劇的導演術及其導演權威之建設論〉，《劇學月刊》第 5 卷第 1 期，《中國早期戲劇畫刊》，冊 25，頁 61～66。

〔註122〕 宗笑我，〈中國戲劇裡幾齣悲劇〉，《戲劇旬刊》第 23 期，頁 13。

〔註123〕 施病鳩，〈談《汾河灣》〉，《半月戲劇》第 2 卷第 2 期，《中國早期戲劇畫刊》，冊 33，頁 394～395。

依然可看出這種趨勢。

　　為劇評發展分期並不是一件容易的事，就如同筆者前文所提及的劇評良莠不齊的現象在評劇界中從未消失。即便所謂的成熟期，也從不缺少評伶如評花，論戲以捧角的劇評。筆者只是透過階段性的處理，初步梳理出不同時期評劇者對於劇評內涵不同的追求。

二、近代劇評的發展與特色

（一）劇評的複合性質

　　前文曾提及近代劇評源於新聞評論，卻延續了梨園花譜的傳統，內容上又受西方戲劇觀念影響。在清末民初華洋混雜的多元環境下，劇評的形式內容顯得異常的複雜，要將其明確分類並非易事。

　　趙海霞從文體角度將劇評分成：1. 話體式，即延續傳統詩話、詞話、曲話的評論方式。2. 劇評式，則是藉件新聞評論的方式進行戲劇批評的文體。3. 隨筆式，則是隨興落筆以敘中帶議，記中夾評的方式去傳達戲劇批評意見的文體。4. 評傳式，則是指以傳記方法去傳達批評意見的文體。5. 詩體式，為以詩歌方式吟詠、評論戲劇傳達批評觀點的文體。6. 論說式，是指採取一定理論視角，以論辯、論證的方式和較長篇幅來論述戲劇的文體。〔註 124〕並追本溯源地分析各式文體與近代劇評的關係。這樣分類雖然一定程度囊括了此時劇評的形式，但話體本身就是種極度自由的文體，以之記述、論說、抒情皆可，也多採納詩歌於其中，因此幾乎所有劇評文體都可涵納其中。趙海霞在文中也承認隨筆式、劇評式兩者有其相似之處，容易混淆。兩者差異只在劇評以「評」為主，觀點較強，而隨筆以「記」為主，在述中夾評。〔註 125〕而論說式劇評，由於趙海霞論文斷限到民國八年（1919），因此所舉出論說式劇評多屬戲曲改良類的帶有政論色彩的文章，未及戲曲知識建構時代，也未免有些侷限。

　　若說從文體來分類劇評稍嫌不夠精準。而從內容出發分類，早在民國八年（1919）《順天時報》雪印軒主在〈菊社菊話二〉便將當時劇評分成四類：

　　　　評劇之盛蓋莫今日，若余嘗為之分析，要不外四類，一曰論理，推
　　　　論戲劇之原理或研究戲劇之現在將來已往者也。二曰考據，戲劇之
　　　　由來、梨園之典則，以及戲中事實之所出、詞句之正誤等皆屬之。

〔註 124〕趙海霞，《1872～1919 年近代報刊劇評研究》，頁 56～71。
〔註 125〕趙海霞，《1872～1919 年近代報刊劇評研究》，頁 62、64。

以上二種，屬於藝術方面者。三曰評藝，即專評作戲者之唱白、武
工、身段、作派等是也。四曰捧腳，專褒貶優伶也。以上二種屬於
優伶方面者，評劇之體裁雖繁，要不能外此四類矣。〔註126〕

到了民國十九年（1930）張次溪在《戲劇月刊》〈梨窩瑣記〉一文中寫道：

余嘗分評戲文字為四類……一曰論理，此種文字頗有價值，凡關於
戲之已（按應作以）往現在將來之研究，或評論各種戲劇之優劣或
理想等皆屬之。二曰考據，關於學理者，如各種戲曲之聲調、板眼、
譜表等是；關於事實者，如戲本之由來，或其所根據及所採之事迹
材料等是。三曰藝術，關於美術者，與賞心悅目上之排場、穿插、
聲韻節奏等是；關於實用者，如戲劇之有關社會及曲本之良否等是。
四曰優伶，關於評伶者，如評騭優伶之優劣或為之作傳或為之指點
等是，關於捧角者，則不專注優伶之優劣，而極力揄揚者是，評劇
文字中以此最為無謂。至於觀劇記等則其中或四類兼有，或有其一
二，要亦不能出此範圍之外也。〔註127〕

很明顯後文自前文發展而來，但這不是抄襲。因為雪印軒主〈菊社菊話三〉
中關於伶人攝影的文字也與張次溪另一篇〈梨窩瑣記〉的部分文字幾乎完全
一樣，因此雪印軒主應即為張次溪之筆名。〔註128〕

　　《順天時報》時期張次溪的分類較為單純，將劇評分成 1. 論理、2. 考
據、3. 評藝、4. 捧腳四類。論理與考據都偏戲劇的研究或申論，屬於藝術。
評藝、捧角等與伶人相關的文字，則屬優伶。到了《戲劇月刊》時期則分為
1. 論理，偏向於戲劇理論研究。2. 考據，即是文獻研究，細分為學理、事實
兩項，前者重視聲腔，後者則討論劇本。3. 藝術，則為演出評論，細分為美
術、實用二類。前者為整體舞臺呈現的評析，包括劇本結構、表演安排、聲腔
設計等。後者則為劇本的優劣以及社會價值的分析。4. 優伶，所有關於演員
的文字都屬之，又分為評伶、捧角兩類，前者包括評藝的文字與伶人小傳，

〔註126〕雪印軒主，〈菊社菊話二〉，《順天時報》，1919 年 4 月 11 日，五版。
〔註127〕張次溪，〈梨窩瑣記二〉，《戲劇月刊》第 2 卷第 10 期，《中國早期戲劇畫刊》，
　　　　冊 8，頁 34。雪印軒主，〈菊社菊話二〉，《順天時報》，1919 年 4 月 11 日，
　　　　五版。
〔註128〕雪印軒主，〈菊社菊話三〉，《順天時報》，1919 年 4 月 15 日，五版。張次溪，
　　　　〈梨窩瑣記〉（一），《戲劇月刊》第 2 卷第 9 期，《中國早期戲劇畫刊》，冊
　　　　7，頁 395。

後者則純粹為伶人吹捧揄揚的捧角文字。

　　雖然同樣分成四類,《戲劇月刊》的說法顯然更加細膩,在考據部份,將聲調、板眼、譜表等表演文獻的研究列入,把藝術單獨列出,並將評藝、捧角合併為優伶一類。更提出了觀劇記,強調這類劇評所帶有的綜合性特質。可以發現民國十九年的張次溪在分類上更加重視舞臺藝術的比重,一定程度也反映了民國以來劇評演化軌跡。

　　事實上無論是從形式還是內容來分類劇評都不是易事,因為其書寫方式與傳統筆記一脈相承。筆記是一種非常隨興自由的文體,傳統詩話、隨筆乃至於各式譜錄,其實都可歸類於此。中國許多戲曲著作也多以筆記體撰寫。如焦循的《劇說》、《花部農譚》。劇評雖源於新聞報導,但隨著越來越多文人投入劇評寫作,很自然就習用這類文體風格。尤其是評劇專欄,筆記這種沒有嚴格限制的文體,最適合反映當時瞬息萬變的劇壇動態。此時評劇家的劇評專欄幾乎多以劇話、劇談、隨筆名之。同一篇劇評中,可能既同時記述伶人往事,又談劇目演變,順便報導分析近來劇界變化,很難說哪何者為這篇劇評重心。如舜九之〈撇笛餘談〉千餘字的篇幅,就有以下幾個重點:他對崑曲與吹腔的理解、對尚小雲新戲《五龍祚》的分析評論、近來聽歐陽予倩關於京劇、崑曲之演講內容、對改革老劇園的改革意見、對近來本戲的流行及劇界趨勢的想法、臚列他所知應節戲、關於青衣花旦之分別,還概括了當時名旦的表演特色。〔註129〕而這樣難以分類的劇評,又佔當時報刊劇評相當大的比例。因此筆者擬不對劇評形式作具體分類,而是提出此時劇評值得討論的幾點現象。

(二)由梨園花譜到伶人藝術史

　　早在戲曲成型前,各式史籍雜著中便不乏伶人事蹟,歐陽修在修撰《新五代史》時特立伶官傳,立下史學為伶人立傳的先例。在中國戲曲成型後,有《青樓集》、潘之恆的《嘯鸞小品》、《亙史》,等數不盡的筆記雜著,記載下各時期戲曲伶人事蹟的吉光片羽。清代中後期私寓的興盛,梨園花譜所帶來書寫伶人的熱潮,更是前所未有。晚清以後,在西方印刷術傳入後,更是「報紙群起,書籍突增。關於伶工的記載,也就隨著有萬籟爭鳴之致。」〔註130〕

〔註129〕舜九,〈撇笛餘談〉,《戲劇月刊》第1卷第12期,《中國早期戲劇畫刊》,冊4,頁419～427。

〔註130〕劉守鶴,〈伶工專記導言〉,《劇學月刊》創刊號,《中國早期戲劇畫刊》,冊17,頁95。

關於歷來的伶人傳記發展，劉守鶴在〈伶工專記導言〉有初步的梳理，將民國以來伶人傳記的體例分為 1. 沿襲雜記或附記的舊規，而成為「報屁股派」，2. 應用專記的成法，而成為穆辰公的《伶史》一派。3. 承襲《燕蘭小譜》的體例，拿伶工作對象，在那裏淺斟低酌，遙吟俯唱。〔註131〕不過報屁股派與所謂沿襲《燕蘭小譜》派，除了書寫心態和文字風格外，實不易分別。後來劉守鶴在〈譚鑫培專記〉也認為報屁股上的評劇文字就是《燕蘭小譜》、《京塵雜錄》的後輩，兩者一脈相承。〔註132〕

清代梨園花譜最主要的形式就是以伶人小傳構成的譜錄，由於這些小傳譜錄多附有贈詩，伶人小傳更近似詩序的特質。〔註133〕小傳內容非常簡短，大多陳述作者對其整體印象、擅演劇目等，以及文伶相處過程。早期報刊上的伶人小傳多帶有明顯梨園花譜風格，甚至就是梨園花譜，如前文所說麋月樓主的《增補菊部群英》便以《燕市群芳小集》之名刊登在《申報》副刊《瀛寰瑣記》。而邗江小游仙客的《菊部群英》、以及餘不釣徒、殿春生的《明僮合錄》都曾以連載形式刊登於《順天時報》。〔註134〕光緒八年（1882）《申報》味馨室主人〈贈伶人周鳳林〉詩前小序便與梨園花譜中的伶人小傳無甚差別。〔註135〕光緒十年（1885）〈俠優〉則是記述京伶一翦花與文人的風流韻以及救助文人與之同甘共苦的義舉。〔註136〕都延續著文伶情韻的浪漫風格。上海如此，品優之風最盛的北京當然更是明顯。《順天時報》便曾刊登痴仙、悔公、影郎纏史、簡叟情俠、廉公潛容的〈品花小序〉，品評當時北京十二名私寓伶人，今以第一名姜妙香為例：

> 第一名
>
> 妙香，姜姓，字慧波，年十七，容顏秀麗，顧影無儔。嬌婉能言，善中人意。工飛白，妙丹青，頗有古人筆法。兼解音律，京都後起

〔註131〕劉守鶴，〈伶工專記導言〉，《劇學月刊》創刊號，《中國早期戲劇畫刊》，冊 17，頁 95。

〔註132〕劉守鶴，〈譚鑫培專記〉，《劇學月刊》第 1 卷第 10 期，《中國早期戲劇畫刊》，冊 18，頁 667。

〔註133〕王照璵，《清代中後期北京「品優」文化研究》，頁 47。

〔註134〕邗江小游仙客的《菊部群英》被改名為〈三十年前菊部史〉。在《順天時報》從 1907 年 11 月 15 日起一直刊載到 1908 年 1 月 4 日。1908 年 2 月 25 日起則開始刊載《明僮小錄》、《續錄》到 3 月 22 日。

〔註135〕味馨室主人，〈贈伶人周鳳林〉，《申報》，1882 年 4 月 10 日。

〔註136〕〈俠優〉，《申報》，1885 年 1 月 5 日。

青衣推獨步焉。性喜讀新書報紙，暇時恆不去手，每發一言，輒出人意表，殆古人所謂秀外而慧中者也。詩曰：

黃絹頻傳幼婦詞，丹青彩筆冠當時。花叢蜂蝶休相妒，自是春風第一枝。〔註137〕

風格可說是完全延續傳統梨園花譜，但在小序中提及：「夫列為鞠部則近於僭，別為科甲則臨於腐。」認為將私寓伶人列入鞠部為僭越，應該多少受清末鄙視私寓優伶的觀念的影響。

不過北京、上海有各自地域文化背景，上海雖然一定程度上受到北京品優之風的影響，但也逐漸有自己的特色。如光緒二十七年（1901）署名戀花僊遊客的投稿者，將當時上海最老牌的天仙部二十九名演員整理為譜錄型的〈天仙部名伶考〉，記述其簡單事跡，並羅列其擅演劇目。〔註138〕同月22日刊登了〈續辛丑科梨園慶榜〉雖是菊榜形式，除評語外，也有簡單身世及擅演劇目。由於報紙缺漏，從二甲十七名開始刊載，從文後說明可知此榜共取三甲四十八名，加上前榜五十二人，湊成百伶之數，並有出版百伶集的想法。〔註139〕這兩篇劇評在形式上雖然模仿梨園花譜或菊榜形式。但收錄皆為當時上海舞臺上活躍的優伶，評語也更趨向於舞臺表演的評論，品優色彩沒有上述《申報》那兩篇那麼濃厚。整體來看，清末上海報刊上的伶人傳記，受新聞紀實的影響，逐漸淡化北京梨園花譜濃厚的抒情特質，文字更聚焦在伶人身上，而非作者個人的賞鑑意趣。如孫玉聲「三十年伶界拿手戲專欄」〈小想九霄之《海潮珠》〉便是一例：

梆子花旦小想九霄，貌艷於花，音嬌似鳥，初出臺年甫十四，隸天福部。演《海潮珠》、《梵皇宮》、《遺皇宮》、《遺翠花》、《新安驛》、《少華山》、《雙鎖山》等劇，喝彩聲累累如貫珠，其色技幾與田際雲埒，故以小想九霄名。惜性好賭博，初幸其師管束甚嚴，不敢放縱；出師後千金一擲，任性妄為。一日，在杭狂賭通宵，竟負至九百餘元之巨，不可收拾。後由同班唱武二花之陳世忠，代掮各負，惟云需認彼為父。以後所得包銀，由彼經手撥償始可，小九霄一一

〔註137〕痴仙、悔公、影郎纏史、簡叟情俠、廉公潛容，〈品花小序（上）〉，《順天時報》，1907年1月15日，五版。

〔註138〕戀花僊遊客，〈天仙部名伶考〉，《同文消閒報》，1901年4月7日。

〔註139〕〈續辛丑科梨園慶榜〉，《同文消閒報》，1901年4月22日。

惟命，當場簽立字據，願為陳子。前歲陳在蘇病故，小九霄不知所
終。吁！賭之害人烈矣哉。〔註140〕

短短兩百餘字便勾勒出一個小時了了，大未必佳的伶人形象，尤其後半部分
更頗有新聞報導的風格。在宣統二三年間出版的整理自報刊的劇評集《海上
梨園雜誌》、《海上梨園新歷史》都收有許多類似的伶人小傳。〔註141〕

　　民國以後，伶人傳記更是進入高峰期，有些篇幅更擴張到數千字。但也
如同前文提及劇評發展趨於兩極化現象，伶人傳記也有類似的趨勢。由熟悉
戲曲表演的評劇家所撰寫的伶人傳記，對於伶人表演的描述就不再是黃鶯出
谷、響遏行云之類的泛泛之語，而是能具體說出表演良窳、特色等，如脈脈
的〈譚鑫培傳〉一文中便一一指出譚腔的脫化自何人何調，分析譚鑫培何以
成功的原因，可說是一篇初期京劇流派研究資料。〔註142〕

　　但在民初女伶大盛以及旦行崛起的背景下，大量為了宣傳捧角而作的伶
人傳記才是主流。以《順天時報》為例，在民國元、二年間，戲曲相關文字仍
不多見，最早比較穩定發表的專欄，就是知名評劇家隱俠主筆「梨園春秋」
中的女伶小傳。字數不多，只是簡單記述生平與擅演劇目等，目的應是為北
京剛解禁的女伶作介紹宣傳。但民國三年以後，追捧女伶的狂潮漸起，所刊
登女伶傳記所述女伶生平，直可當作小說來讀，甚至形成一種套式。略可分
為：1. 出身良家、2. 家道中落、3. 下海業伶、4. 習藝出眾、5. 迅速成名、
6. 出淤泥不染。甚至有些傳記中，還渲染傳奇色彩。如大荒〈李桂芬別傳〉、
天囚〈金桂芬小傳〉都敘述其出生時，父母有異夢：

　　（李）桂芬生時母夢月中有一仙人，以錦帳束桂樹枝，花葉扶疏異
香滿室，障上隱隱有可字，他不可省，因名之曰可兒。〔註143〕

　　（金）桂芬孕時，父夢一宮裝女子，高髻婆娑，向之展拜。訝之，
女笑曰：妾古之韓娥，顧不識耶，醒而生桂芬。〔註144〕

男伶雖不至於此，但也有小說化的傾向，如〈賈璧雲傳〉描述賈璧雲：

〔註140〕漱，〈小想九霄之《海潮珠》〉，《圖畫日報》第384號，頁6，《京劇歷史文獻
　　　　匯編》，冊9，頁501。
〔註141〕慕優生編，《海上梨園雜誌》，《京劇歷史文獻匯編》，冊2，頁503～560；苕
　　　　水狂生，《海上梨園新歷史》，《京劇歷史文獻匯編》，冊2，頁561～700。
〔註142〕脈脈，〈譚鑫培傳〉，《菊部叢刊‧伶工小傳》，頁25。
〔註143〕大荒，〈李桂芬別傳〉，《順天時報》，1917年8月18日，五版。
〔註144〕天囚，〈金桂芬小傳〉，《順天時報》，1919年5月20日，五版。

某王當國，勢赫甚。王子某治酒，屢招郎不至，則怫然怒。楊小樓慮郎忤王子，滋不利，乃搶拉之來。王子甚歡，命今夕毋登場，郎辭焉。則言吾能齎爾千金，寧不足餘耶？郎言：「吾業伶，安有數千人候登場，吾置不顧，反從爾冶遊者？」王子咄之。郎抗聲曰：「余鬻技四方，奚必京師？毋寧不能去此耶！」王子怒呼巡士繫之，小樓倉皇為請罪，久乃釋，而郎不顧去。其事傳諸京師，今猶有能道者。〔註145〕

〈賈璧雲傳〉為了刻劃其卓爾不群，非同凡伶的氣派。借當時已成大名之崔靈芝、譚鑫培、楊小樓來為其烘托，但事實上，以當時環境來看，即便真有類似事件發生，也不會如此劍拔弩張。

清代梨園花譜有很強的抒情性質，雖然也有宣傳伶人聲譽的效用，但更多是展現文人審美情趣。但自清末起，小傳雖仍不免延續傳統花譜文字風格，如〈賈璧雲傳〉文字間就仍有花譜審美意趣。但已是特別為赴上海演出的徐璧雲宣傳而作，文字敘事性更強，宣傳廣告的意味實凌駕展現文人品味之上。民國後伶人傳記成為宣傳文字已是常態，如《順天時報》曾報導時慧寶赴漢口演出時，便散布名伶小傳作為宣傳之用。〔註146〕

從上可知，從清代梨園花譜到清末民初的伶人小傳，更加聚焦在伶人本身，也從抒情更傾向於敘事，但同時也開始有小說化的現象，各種伶人佚事口耳相傳，孳衍繁生乃至張冠李戴、積非成是，文人筆錄或為宣傳或為談資，甚至加以渲染，自然也不會去考證其真實性。

早在民國三年，辻聽花便提出要趁如譚鑫培、孫菊仙等老伶尚健在時有計畫地訪談他們，以建立近代戲曲史。〔註147〕一定程度上強調了伶人傳記徵實的必要性，他也身體力行根據知名票友退庵居士提供的資料〔註148〕，在

〔註145〕 〈賈璧雲傳〉，《璧雲集》，收錄於《京劇歷史文獻匯編》，冊2，頁709。
〔註146〕 隱，〈都門菊訊〉，《順天時報》，1919年11月6日，五版。
〔註147〕 聽花，〈壁上偶評〉，《順天時報》，1914年1月16日，五版。
〔註148〕 文瑞圖（1858～1923），京劇票友，姓田，名文麟，號瑞圖，晚年別號退庵居士，工老生。京旗內務府出身，歷任主事員外郎中，後補三院卿、護軍參領（銜管理頤和園造辦處及生平署事務）。青少年時即喜好皮簧，因事革職後，多與伶人交往，擅唱老生，藝宗張二奎派。清光緒八年（1882）三月，四喜班面臨危局，應該班主持、執事等人之請，鼎力協助，先邀孫菊仙，增邀譚鑫培、吳燕芳、余玉琴等同演於四喜班，終使其擺脫頹局，重振雄風。他急公好義，富於同情心，對貧苦、危難藝人，盡力接濟、扶助，是譚富英、杜富隆、杜富興入富連成作科學藝的主要支持者，對培養戲曲人才做出了很大的努力。其益於梨園之功，可與齊如山、陳墨香、羅癭公媲美。瑞圖藏書

《順天時報》上發表了〈福壽兼全‧譚鑫培小史〉[註 149]、〈梅蘭芳家傳略史〉[註 150]等文。後來更由退庵居士自己執筆發表了〈陳嘯雲家史〉[註 151]、〈時慧寶家史〉[註 152]、〈富連成社長葉氏之歷史〉[註 153]〈已故名伶王九齡之略史〉[註 154]、〈陳氏德霖家傳〉[註 155]、〈孫供奉之事略〉。[註 156]其中〈陳氏德霖家傳〉、〈孫供奉之事略〉還註明經過孫菊仙、陳德霖校正。但這些傳記內容固然真實可靠，但大多只是羅列伶人的親屬、弟子、師承，以及婚姻關係等資料。經過伶人校正的兩篇傳記，內容雖較豐富，但缺乏重點，如〈陳氏德霖家傳〉除了上述那些基本資料外，把近半篇幅放在光緒五年八月十八、十九日，三慶班所應的王夔石文恪公相國宅堂會上，一一臚列了當時所有戲目及演員，與當時參與的數名官員，記錄官員對陳德霖的讚賞與評價，以及陳德霖入內廷供奉、退庵居士相識的時間。最後泛論：「該伶年近花甲，嗓音始終洪亮，猶如壯年，洵劇界之傑才也。」

　　另一篇〈孫供奉之事略〉內容較佳，除了基本資料外，依時間順序羅列孫菊仙行跡，類似年譜，茲舉光緒十五年為例：

> 十五年己丑，菊仙以眾太監素與其有隙，適劉宮保改官臺灣巡撫，
> 欲前往投効，藉避紛擾。不料眾太監報復前嫌，於是僉謂內廷戲曲
> 腐敗日甚，現四喜班有名孫處者頗通文理，善排新戲。倘傳之進昇
> 平署當差，則內廷戲必有起色。而清孝欽皇后亦有所聞，是年奉旨
> 傳進昇平署，充當教習，頗蒙兩宮嘉賞。[註 157]

由於是孫菊仙親口所述，文中還參雜了孫菊仙的人生感懷，可讀性較高。這兩篇伶人專記，已經相當接近現今的伶人訪談錄了，但可惜作者缺乏觀點與方法，使得傳記僅是資料的堆砌，關於演員表演也多簡單帶過，甚為遺憾。

　　　　甚豐，梨園史料尤豐，經常慷慨地將珍貴資料奉獻出來。《中國戲曲志》，北
　　　　京卷，下冊，頁 1153。

[註 149]　聽花，〈福壽兼全‧譚鑫培小史〉，《順天時報》，1916 年 12 月 13 日，五版。

[註 150]　聽花，〈梅蘭芳家傳略史〉，《順天時報》，1916 年 12 月 29 日，五版。

[註 151]　退庵，〈陳嘯雲家史〉，《順天時報》，1917 年 9 月 26 日，五版。

[註 152]　退庵，〈時慧寶家史〉，《順天時報》，1917 年 8 月 10 日，五版。

[註 153]　退庵，〈富連成社長葉氏之歷史〉，《順天時報》，1917 年 9 月 9 日，五版。

[註 154]　退庵，〈已故名伶王九齡之略史〉，《順天時報》，1917 年 10 月 5 日，五版。

[註 155]　退庵，〈陳氏德霖家傳〉，《順天時報》，1918 年 7 月 25、26 日，五版。

[註 156]　退庵，〈孫供奉之事略〉，《順天時報》，1918 年 8 月 30、31 日；9 月 1、3 日，
　　　　五版。

[註 157]　退庵，〈孫供奉之事略〉，《順天時報》，1918 年 9 月 1 日，五版。

　　民國時期第一本以史學態度所撰寫的伶人傳記，應是民國六年（1917）
穆辰公的《伶史》為先聲。《伶史》模仿《史記》體例，將伶人分為〈本紀〉、
〈世家〉、〈列傳〉三類，但《伶史》目前僅見一冊，共收有〈本紀〉、〈世家〉
三十二名近代伶人傳記。但實際上各傳多收入其後代子孫、弟子事蹟，故遠
不只此數。書中沒有明確說明〈本紀〉、〈世家〉分類標準，只強調與藝術無
關，而是就聲望資格品行身世略示區別。〔註 158〕從內容來看，〈本紀〉似收
各行當魁首人物，因此把老旦行當的龔雲甫列入本紀最末。而〈世家〉收累
代梨園世家之伶人，故列入梅巧玲、楊月樓、楊小朵等人，傳中也多述伶人
後代事蹟。但汪桂芬、田際雲乃至於許蔭棠這些不是世代梨園出身的伶人，
卻也列入〈世家〉。或許正如其〈凡例〉所承認的：「本書倉促付梓，篇名之次
序多欠斟酌。」〔註 159〕

　　穆辰公作《伶史》的態度在〈凡例〉中說得很清楚：

> 本書以傳記體敘述近代名伶事蹟言行，尤擇其有關政治風俗而特
> 著之，至各伶藝術之優劣，可以戲評概之者，則不濫為贅述，以符
> 史例。
>
> 此書雖名伶史，純自社會著眼，而於近代梨園之變遷，選色徵歌之
> 風氣尤為特表出，以存一代之真相，其不能於各伶本傳記之者，則
> 別為表志以特著之。
>
> 近代名伶大都供奉前清內廷，不無遺話軼聞之可紀，惟外間傳說鮮
> 能徵實，出於臆造者，猶不遑枚舉，本書則其信而可徵者著之，其
> 荒唐無稽之談則概付闕如，用昭信史。
>
> 名伶事跡多湮滅，無非取材耆老之口，不可其無事可傳者，則略之
> 絕不為之穿鑿附會。〔註 160〕

強調傳記內容的真實可信以及與政治風俗的關係。更刻意區別傳記與劇評的
差異，與一直以來「傳中有評，評傳結合」的伶人傳記有所區別。〔註 161〕

　　在穆辰公之後致力於伶史編撰的，當數張次溪，張氏在《戲劇月刊》上
陸續刊載大量他所整理伶人小傳、梨園史料。他曾將其所編寫之伶人傳記給

〔註 158〕穆辰公，〈凡例〉，《伶史》，《民國京崑史料叢書》第一輯，頁 19。
〔註 159〕穆辰公，〈凡例〉，《伶史》，《民國京崑史料叢書》第一輯，頁 20。
〔註 160〕穆辰公，〈凡例〉，《伶史》，《民國京崑史料叢書》第一輯，頁 19。
〔註 161〕趙海霞，《1872～1919 年近代報刊劇評研究》，頁 64。

其老師吳闓生（1878～1949）審閱：

> 近以拙作諸伶官小傳就正於吾師桐城吳北江先生〔闓生〕，先生為摯
> 甫太夫子少君。以古文名天下，余初以為拙作所可珍者，乃得諸老
> 伶工所口述，及考自近人筆記，以為資料或可為梨園信史，及得吳
> 先生書，殊不謂然。其書云……吾弟表章藝術具見盛懷，惟此等記
> 載，只可入之筆記雜錄，若以為文章則殊難雅潔。並非輕視伶界。
> 文字自有體裁，譬如優伶登場不扮演角色而朗誦四書五經，此劇尚
> 可聽乎。若必欲佳文，當如太史公之敘優孟、優旃及高漸離擊筑，
> 何等激昂生動，否柳州之敘事郭師亦自可觀。不能如此，將所有戲
> 曲伶官羅列滿紙，一一從頭數之固難成為文矣。〔註162〕

吳闓生認為若非伶人事跡如優孟、優旃及高漸離一般有獨特性，否則伶人事
蹟更適合放到筆記雜錄中。或許受其師啟發，張次溪在《戲劇月刊》發表的
伶人資料，既有專記型的伶人傳記，如〈程長庚傳〉、〈時小福傳〉等，也有筆
記雜錄式〈伶苑〉、〈珠江餘沫〉等專欄，記錄相關伶人佚事、品伶詩作、梨園
掌故等。張次溪所寫伶人傳記，往往有明確的主題意識，如〈劉趕三傳〉便從
劉趕三好抓哏諷刺舞臺風格，敘述其身入梨園動機是：

> 嘗讀史慕優孟之為人，閔時念亂不甘泯沒，思逃於伶，藉以追蹤優
> 孟。嘗曰：「文無以表見於時，何苦埋頭書案，以白吾頭。大丈夫於
> 世不能建立功業，寧死耳，既而思之，死奚足濟。吾服叔敖衣冠，
> 效優孟為眾生說法，庶可勵末俗於萬一，亦一快事也。既業伶一本
> 其所抱之宗旨，隱文譎理，以譏諷當世，而終以是殺其身，可哀也
> 已。」趕三初習鬚生，長嘆曰：「是安足有為。」乃棄而學丑，喜曰：
> 「是我夙志也。」而趕三竟以是名天下矣。〔註163〕

未免有為了突出人物形象，而造成傳記失實之嫌。整體來看，張次溪所寫之
伶人傳記多有刻意塑造「異伶」的趨向。雖然張次溪以梨園信史自許，但《中
國京劇史》稱他「雖於史實考訂不無可議」並非無因。〔註164〕

　　無論是穆辰公還是張次溪，雖然他們都有創作梨園信史的企圖心，但他

〔註162〕張次溪，〈伶苑〉，《戲劇月刊》第 2 卷第 6 期，《中國早期戲劇畫刊》，冊 6，
　　　　頁 445。
〔註163〕張次溪，〈劉趕三傳〉，《戲劇月刊》，《中國早期戲劇畫刊》，冊 4，頁 245。
〔註164〕北京市藝術研究所、上海藝術研究所組織編，《中國京劇史》，頁 1448。

們記述伶人行止時，大多聚焦在國家、社會的關係，對於伶人生命最核心的表演藝術卻著墨不多。劉守鶴歸納歷來書寫伶人的態度，分為以歐陽修《新五代史·伶官傳》為代表的道學先生的態度；以早期梨園花譜《燕蘭小譜》為代表，表面上站在道學先生立場要「挽淫靡於雅正」，實際上則站在風流先生的立場；還有咸豐同治年後，以《法嬰秘笈》、《菊部群英》的作者以及民國後樊樊山、易順鼎、周大荒等文人為代表的風流名士立場。劉守鶴並不否認這些傳記的價值，但認為這是不夠的，他認為這些立場都沒有從藝術的角度出發：

> 伶工事蹟為何值得記載？就是因為他們是戲曲藝術的闡揚或繼承者。沒有戲曲藝術，就沒有伶工，可見戲曲藝術是伶工的生命；記載伶工事跡，而不站在記載戲曲藝術的立場，根本已剝奪伶工的生命了，那是不合理的啊！〔註165〕

民初雖不乏對伶人藝術評論的劇評，伶人傳記也往往「傳中夾評」，但多零散不成體系。最接近從表演藝術角度切入書寫伶人傳記的應屬民國十五年（1926）出版的日人波多野乾一撰寫，鹿原學人譯的《京劇二百年之歷史》，此書不像穆辰公或張次溪沿襲傳統史書體例，而是根據表演體系，依行當將伶人分類。收羅自程長庚以來五百餘名京劇、秦腔伶人〔註166〕，雖然伶人傳記繁簡差異很大，但可說是當時最為完整的伶人傳記。由於鹿原學人並非單純翻譯而已，還補充了大量的資料，以及添加自己的意見。〔註167〕雖然譯者沒有非常明確區分何者為原作，何者為增補。〔註168〕但鹿原學人序中說明之

〔註165〕劉守鶴，〈伶工專記導言〉，《劇學月刊》創刊號，《中國早期戲劇畫刊》，冊17，頁99～100。

〔註166〕關於何以收錄秦腔伶人的理由。根據鹿原學人之〈凡例〉所述，是由於原書書名為《支那劇及其名優》不專指皮黃。且當時皮黃秦腔多相見於一堂，並一劇也而唱皮黃一唱秦腔（如《翠屏山》），故連類及之。見波多野乾一、鹿原學人譯，《京劇二百年之歷史》，頁19。不過所述花旦行中收錄了魏長生、王湘雲兩個乾嘉時代的伶人，可能為鹿原學人所增補。見波多野乾一、鹿原學人譯，《京劇二百年之歷史》，頁290。

〔註167〕關於鹿原學人譯義與波多野乾一本義不同之處，可參看波多野真矢，〈民國初期在北京的「日本京劇通」〉，收錄於袁國興主編，《清末民初新潮演劇研究》（廣東：廣東人民出版社，2011年），頁426～428。

〔註168〕根據〈凡例〉所說，要判斷是否為增補者的根據有以下六點：1. 凡加有「按」字者為譯者所加。2. 因參考引證凡有所增加者均附以書名人名以明出處。3. 民國十四年以後的資料。4. 名伶軼事佳話。5. 與原書評論相左者。6. 坤伶

所以會選擇翻譯此書是因「其門類、體例、系統、層次井然，編纂得法。」而且「攻究其劇學，詳悉其伶官掌故、源流、派別、人物以專門著述，流行國內如本書者蓋未嘗一見。」但也認為「以外人談外國事疏漏之譏自不能免。」〔註169〕在〈凡例〉中更強調「此書以原本為根據於各門各伶中斟酌損益，慘淡經營，較原書詳且備則所感自信。」〔註170〕至少可知《京劇二百年之歷史》以行當分類是由波多野乾一所建立。而且在介紹各行名伶前，還有對這行當的表演風格、流派傳承作初步的梳理與介紹，而鹿原學人所增補的文字中除了伶人佚事、掌故外，還節錄了大量關於表演的劇評。這使得《京劇二百年之歷史》隱然有以伶人藝術為核心的寫作趨勢，雖然作者和譯者未必有那麼明確的自覺。茲舉書中程長庚傳記的大綱為例：

　　京劇創盛時代諸名伶之極峰

　　家世

　　出世作《戰長沙》

　　冠劍雄豪如關羽再生

　　實力風靡一時

　　三慶班班長

　　大老板

　　程與徐小香

　　腦後音

　　得意劇

　　逸話

　　持身之嚴

　　程與孫菊仙及楊月樓

　　其子與孫

　　穆辰公之贊〔註171〕

可見舞臺表演的紀述佔有相當高的比例，關於腦後音部分也有非常詳細的說明：

　　　　部分多為譯者增補。但依然無法非常明確判斷。波多野乾一、鹿原學人譯，
　　　　《京劇二百年之歷史》，頁 17～19。
〔註169〕波多野乾一、鹿原學人譯，《京劇二百年之歷史》，頁 13、15。
〔註170〕波多野乾一、鹿原學人譯，《京劇二百年之歷史》，頁 17～19。
〔註171〕波多野乾一、鹿原學人譯，《京劇二百年之歷史》，頁 21～20。

彼之音稱為膛音。其中亦近於所謂腦後音者。在膛音中，有雲遮月
與腦後音之兩種。所謂腦後音者，當其唱之初，稍稍激出，而徐復
於平調。大小高低，各能如意，變化無窮者也。蓋行腔使氣，用純
粹之安徽音，如長江大河，一瀉千里，凌厲無前。質直而少曲彎。
不若近世伶人，濫用花腔，以圖取巧者可比，此為由丹田而出之真
聲，故其感動人也，非常之大。〔註172〕

這段對於腦後音的分析，的確說出了程長庚時代老生唱腔平實質樸，以氣魄
動人的風格，論點可說相當專業。不知是否為波多野氏所寫，還是鹿原學人
所增補。《京劇二百年之歷史》這種藝術取向的寫作態度明顯對後來《劇學月
刊》〈伶工專記〉的寫作產生影響。

　　根據劉守鶴的說法〈伶工專記〉專欄是希望透過考察文獻與口述資料，並
以專記的方法，建立藝術為本位的演員信史，他提出以下幾點撰寫原則：

　　（一）個人戲曲藝術之隆衰

　　　　　甲、發展經過

　　　　　乙、衰敗原因

　　（二）個人戲曲藝術之承先啟後

　　　　　甲、師承及其集成於多方

　　　　　乙、傳授及其影響於一般者

　　（三）個人特有之戲曲藝術

　　　　　甲、創作

　　　　　乙、拿手

　　　　　丙、反串

　　（四）個人戲曲藝術之其他關涉方面

　　　　　甲、劇團統馭

　　　　　乙、劇院經理

　　　　　丙、人格述評

　　　　　丁、家世記略〔註173〕

可說是相當完整的伶人藝術史撰寫綱領，與上述《京劇二百年之歷史》程長

〔註172〕波多野乾一、鹿原學人譯，《京劇二百年之歷史》，頁47。

〔註173〕劉守鶴，〈伶工專記導言〉，《劇學月刊》創刊號，《中國早期戲劇畫刊》，冊
　　　　17，頁96～101。

庚傳大綱也隱然相合。可惜的是不知為何〈伶工專記〉僅寫了〈程長庚專記〉、〈徐小香專記〉、〈胡喜祿專記〉、〈時小福專記〉、〈譚鑫培專記〉五篇，便嘎然而止，沒有持續寫作下去。而且雖然都是劉守鶴所作，水準卻相當不一，如〈胡喜祿專記〉就顯得較為單薄，或許由胡喜祿較早離開舞臺，資料有限所致，但寫作態度甚至略顯不嚴謹。〔註174〕後來由於〈程長庚專記〉、〈徐小香專記〉引用了大量《京劇兩百年之歷史》作為佐證，以及部分主觀臆測的文字。受到屬名一息的讀者來函糾正批評，並補充了他所知之資料。劉守鶴回覆時承認撰寫〈伶工專記〉時所面臨的史實考據的困難、材料選擇的徬徨，但也為自己引用日人著作辯護，並強調專記也採用了曹心泉、王瑤青、陳墨香的口述資料。〔註175〕或許因為如此後來〈時小福專記〉、〈譚鑫培專記〉都不再說明引用文獻，而是直接陳述伶人事蹟，但仍可看出不乏改寫自《京劇兩百年之歷史》的痕跡。

　　〈伶工專記〉的確有意識地以表演藝術為核心來書寫伶人傳記，也有建立伶人表演系譜觀念。但劉守鶴對於京劇雖不全是門外漢，但也應對京劇表演藝術、掌故、史料等掌握有些不足，在分析表演或是判斷史料真偽，仍不免人云亦云，如在〈譚鑫培專記〉中雖然多次批駁當時戲迷對譚鑫培無理性的崇拜，但同時也津津樂道那桐向其屈膝請安的不實傳聞，甚至還加以渲染細節，宛如小說一般。〔註176〕再加上梅、程黨爭之故，致使在伶人系譜的建立上有所偏差。〔註177〕這都是〈伶工專記〉明顯的缺失，但其明確建立伶人

〔註174〕「喜祿死了！我們的胡老闆早已死了！然而，瑤青雖也歇了，玉霜卻正在如日方中的時候。喜祿死了嗎？他的精神仍然和我們接近著，而且越更發揚光大了，精神不死……魂兮歸來……離騷……些些……離騷……五花洞……屈大夫……胡老闆……糭子……端陽……鳴呼哀哉！——聯想到此煞住，文章到此收場，關門兮熄電燈，上床板兮閉眼睛，今年的端午又過去了。」劉守鶴，〈胡喜祿專記〉，《劇學月刊》第1卷第6期，《中國早期戲劇畫刊》，冊18，頁80。

〔註175〕一息、守鶴，〈通信二　關於伶工專記〉，《劇學月刊》第1卷第8期，收錄《中國早期戲劇畫刊》，冊18，頁373～378。

〔註176〕關於那桐屈膝向譚鑫培請安的事跡演變，可參考谷曙光，《梨園文獻與優伶演劇——京劇崑曲文獻史料考論》，頁171～177。

〔註177〕谷曙光便批評〈伶工專記〉中數篇文章都有為程硯秋爭地位、樹威信的企圖，建立胡喜祿→王瑤青→程硯秋的青衣道統，卻刻意排除梅蘭芳，讓明眼人覺得有意氣之爭的味道。見谷曙光，《梨園文獻與優伶演劇——京劇崑曲文獻史料考論》，頁351。

藝術史的想法，在那個時代仍是相當先進的想法。

（三）由新聞評論到紙上伶幕

　　近代劇評源起源於新聞報導，在當時新聞「有聞必錄」的特質，致使與戲劇相關內容都無所不包，這也是劇評內容極為駁雜主要原因。從最早的兩篇劇評《申報》〈戲園瑣談〉、〈戲館瑣談〉就都不只關注伶人或演出上：

> 洋涇浜戲園林立，其最著名者為丹桂茶園、金桂軒，皆京班也。金桂僅以楊月樓哄動時目，遂使車蓋盈門，簪裾滿座，幾欲駕丹桂而上之。而丹桂之扮演，則能角勝，領異標新，務在與金桂相抗，蓋勢成晉楚，竟有狎主齊盟光景焉。近丹桂又新到都中名優，為老生、為武旦者數人，連日登場，容藝雙絕。則歌喉之妙，則如貫珠，如裂石，抑揚頓挫，淋漓盡致，蓋自輦轂之外，固無能與之並駕齊驅者也。〔註178〕

> 金桂、丹桂本齊名，乃近日觀之，則有微分優絀者，知音之人自能辨之也。金桂以跌打跳為專長，故彩衣繡裳未必鮮豔奪目，生旦唱口未必宛轉盡致……丹桂園今又新到京都名優四人，爭奇角勝，層出不窮。〔註179〕

除了報導當時上海戲園熱鬧鼎盛的狀況以及簡單評論兩園伶人藝術外，更隱含分析比較兩園優劣之意。這種分析劇壇動態的劇評必須以報刊為媒介才有可能出現。由於報刊的時效性，近代劇評發展初期便有「借紙媒干預演劇」的現象，並對伶人產生一定的監督效果。〔註180〕如此一來透過報刊所能影響的對象，便不只伶人，在光緒二十七年（1901）《世界繁華報》讀者投書：

> 花旦小桂鳳，在京雅負盛名，昨見其唱《百萬齋》，做工、唱工能任自然，一豪（按：為毫）不苟，上海從未有此好花旦，惜知音者鮮耳。且配角無一可將就者，以致戲亦減色。寄語園主人，尚其於排戲時格外加意也可。京城戲園，每班皆有著名生旦淨丑一二人，以是每日必有可聽之戲兩三齣。今上海丹桂有桂鳳、桂仙有素雲，天仙有劉永春，春仙有孫處，各得一人，無異唱獨角戲，且無名丑，

〔註178〕〈戲園瑣談〉，《申報》，1872年6月4日。
〔註179〕〈戲館瑣談〉，《申報》，1872年6月7日。
〔註180〕谷曙光，《梨園文獻與優伶演劇——京劇崑曲文獻史料考論》，頁331~342。

終覺缺憾。至於會串，又無非《四泗洲城》也，《八翠屏山》也，不
知選配，豪（按：為毫）無道理，殊可笑也。從前上海本無名角，
故亦不想看好戲，現在名角來者甚多，而仍不能看好戲，曷勝悶悶。
主人夙具周郎之癖，雅耽鍾子之音，爰敢瀆陳，伏祈，提（按：為
唱）倡，此請，撰安。〔註181〕

這篇給戲園老板的意見回饋中已有當時劇壇初步分析與建議。這類評論在清
代仍不算常見，到了民國時期，由於報刊上評劇版面的擴大，以及各園激烈
競爭之下，分析劇壇動態風氣的劇評便日益常見。

　　在戲曲仍是流行文化之時，伶人間打對臺是頗為常見之事。但原本單純
的營業競爭，在報紙的操作下，往往會演變成為兩方陣營觀眾的相互叫陣。
並在報刊上為各自支持的伶人營造聲勢，成為當時的菊壇盛事。以民國四年
（1915）8月中旬起劉喜奎、鮮靈芝兩個當紅女伶分別在三慶園與廣德樓開始
打對臺事件為例，此次打對臺延續兩月有餘，被稱為「鮮劉大戰」。當時京
中評劇家無不摩拳擦掌、吶喊助威。但過程頗為曲折，先是劉喜奎因為各種
原因輟演又復演，劇場從三慶、慶樂而又轉往文明。《順天時報》還為此次
打對臺，從9月26日開始徵集劉鮮戰爭的預言投票〈徵集劉鮮戰之預言〉。
〔註182〕預測誰先輟演的投票，然後逐期發表票數。在報紙刻意的操作下，激
發多位評劇家發表相關文字。如辻聽花便以《順天時報》主筆的姿態為此事
發表多篇劇評。〔註183〕其他如赤赤〈我之劉鮮交綏觀〉〔註184〕、楚北布衣
〈論鮮戰不能決勝〉〔註185〕、樾公〈劉鮮戰之預言〉〔註186〕、逸虎〈劉鮮戰

〔註181〕喜聽戲人，〈來書照錄〉，《世界繁華報》，1901年12月11日，收錄於《京
　　　　劇歷史文獻匯編・續編》，冊4，頁161。
〔註182〕〈徵集劉鮮戰之預言〉，《順天時報》，1915年9月26日，五版。這徵集一
　　　　直延續到10月26日，總共有405人投票。
〔註183〕辻聽花發表在《順天時報》的相關文字有〈劉鮮大戰爭之開幕〉，1915年8
　　　　月21日，五版。〈劉鮮戰觀〉，1915年8月24、25、26日，五版。〈劉鮮戰
　　　　之近狀〉，1915年8月28日，五版。〈劉鮮兩伶之戲目〉，1915年9月3日，
　　　　五版。〈劉鮮再戰觀〉，1915年，9月23、24日。〈劉鮮戰之發展〉，9月26
　　　　日。〈研究劇戰之資料〉，10月1日。〈劉鮮戰預言批露感言〉，10月2日。
　　　　〈劉鮮戰場再變更〉，10月6日。〈劉鮮戰綫移動〉，10月7日。〈劉鮮戰場
　　　　之復舊〉，10月11日。〈劉鮮瑣談〉，10月15、17日等十餘篇。
〔註184〕赤赤，〈我之劉鮮交綏觀〉，《順天時報》，1915年10月1日，五版。
〔註185〕楚北布衣，〈論鮮戰不能決勝〉，《順天時報》，1915年10月1日，五版。
〔註186〕樾公，〈劉鮮戰之預言〉，《順天時報》，1915年10月2日，五版。

之大預測〉〔註187〕、素影〈理想中之劉鮮交綏〉〔註188〕、偉〈預言劉敗之原因〉〔註189〕、隱俠〈劉鮮戰之預測〉〔註190〕、〈鮮劉戰之結果〉〔註191〕、滯沅〈鮮劉戰之現況及將來之結果〉〔註192〕等近二十篇評論。

　　評劇家們踴躍投稿並非異事，值得注意的是，這些劇評除了演出評論、比較劉、鮮色藝之外，以及為支持伶人吹噓逾楊外。很多文章還涉及分析兩方陣容搭配、戲園票價、劇場設施、演出劇目、演員包銀、演出成本、演員與戲園關係以及各自的觀眾群等，這些在過去劇評中很少出現的觀察點。如赤赤〈我之劉鮮交綏觀〉一文從兩方票價、角色安排、前後臺關係三個角度來分析劉鮮之爭。認為劉喜奎方票價較高、整體搭配不如鮮靈芝方齊整，甚至以武生趙紫雲充當小生、而劉喜奎僅是搭班，對演出安排沒有自主權，而鮮靈芝自成一班，尤其夫主管前臺，因此要增加布景、降低票價、改良座位都可如意。認為此次戰爭劉喜奎必須要降低票價以及另邀搭配角色，才有可能反敗為勝。樾公〈劉鮮戰之預言〉也有類似的看法，他認為就雙方色藝而論，劉喜奎在天資神韻上非鮮靈芝所能企及，但勝敗關鍵在於劉喜奎是搭班，因此班社營業盛衰對她無關痛癢，因此在包銀上不會讓步，致使演出成本高漲，票價難以降低。而鮮靈芝是班社主人，即使所得較少也願意效勞，因此最終將是劉喜奎方難以支持下去，認為只是慶和社（劉喜奎搭班之班社）錯失良機，而非劉喜奎輸給鮮靈芝。

　　雖然支持對象不同，這些評劇者大都注意到勝敗關鍵並不完全在兩個女伶的色藝，而在於兩方陣營經營型態的差異。而這種分析都是建立在梨園資訊透過報刊廣為人知後才有可能出現的劇評內容，也反映了這些評劇者與劇界關係日益緊密的現象。

　　某些深入梨園的評劇家，經由劇評給予演員、班社、戲園各式各樣的建議，不完全以觀眾的立場，而是化身為梨園參謀替伶人、戲班出謀劃策。以《順天時報》為例，筆名隱俠的汪俠公，便時常給予劇界各式建議。他嫻熟

〔註187〕逸虎，〈劉鮮戰之大預測〉，《順天時報》，1915 年 10 月 2、3 日，五版。
〔註188〕素影，〈理想中之劉鮮交綏〉，《順天時報》，1915 年 10 月 9 日，五版。
〔註189〕偉，〈預言劉敗之原因〉，《順天時報》，1915 年 10 月 12 日，五版。
〔註190〕隱俠，〈劉鮮戰之預測〉，《順天時報》，1915 年 10 月 14 日，五版。
〔註191〕隱俠，〈鮮劉戰之結果〉，《順天時報》，1915 年 10 月 16 日，五版。
〔註192〕滯沅，〈鮮劉戰之現況及將來之結果〉，《順天時報》，1915 年 10 月 15、16 日，五版。

劇界內幕，除了報導劇界動態外，還會分析局勢並提出解決問題的方法。

如民初小有名氣的女伶白素忱，先以票友身分出演，而後決定下海為伶。當時有第一舞臺、天樂、廣德等戲園爭取她搭班。隱俠曾在〈對白素忱搭班之意見〉一文從演員陣容、營業狀況，幫白素忱分析搭各園的優劣利弊，認為第一舞臺青衣陣容堅強，新人難以出頭。天樂的青衣不足獨當一面，白素忱前往與王玉如搭檔，頗有發展空間；廣德則秦徽陣容齊整，獨在旦行乏人，認為白素忱前往可與張喜芬搭配，聲名必然鵲起。〔註193〕隱俠也常常對伶人的培育、學習、演出以及班社的劇目安排，提出自己的意見，如〈余希望趙連升演武丑戲〉〔註194〕、〈馬連良應演《焚棉山》《忠孝全》兩劇之理由〉〔註195〕、〈茹富蕙宜再學崑丑戲〉〔註196〕、〈希望富連成社連演之劇〉〔註197〕等文。而從後來的報導來看，伶人與班社一定程度接受了他的意見。〔註198〕

有些則是對於整個劇界狀況的分析，如民初北京女伶的驟然興起，進而造成的男伶衰敗現象。《順天時報》對此相當關注，其中隱俠便發表過許多相關劇評，如在民國四年（1915）〈是誰之過歟〉一文詳論女伶崛起，男伶衰敗之因，其中有相當獨特的見解：

> 坤戲暢興之初，余主張為男女合演（早見本報），因男女同臺，非但坤伶不能獨享權利，即男伶一班配角零碎絕不致因攙雜坤腳斷絕生計，此眼光遠大皆能測到者，不獨余有此一孔之見也。

〔註193〕隱俠，〈對白素忱搭班之意見〉，《順天時報》，1916 年 9 月 15 日，五版。

〔註194〕隱俠，〈余希望趙連升演武丑戲〉，《順天時報》，1917 年 8 月 1 日，五版。

〔註195〕隱俠，〈馬連良應演《焚棉山》《忠孝全》兩劇之理由〉，《順天時報》，1919 年 6 月 26、27 日，五版。

〔註196〕隱俠，〈茹富會宜再學崑丑戲〉，《順天時報》，1920 年 1 月 18 日，五版。案：應為茹富蕙。

〔註197〕隱俠，〈希望富連成社連演之劇〉，《順天時報》，1919 年 6 月 6 日，五版。

〔註198〕如建議趙連升演武丑戲後，兩天後便報導富連成社安排趙連生學習《三岔口》、《連環套·盜鈎》諸開口跳戲。隱，〈菊訊一束〉，《順天時報》，1917 年 8 月 3 日，五版。抑或是建議譚富英學習《轅門斬子》、《寧武關》、〈彈詞〉被富連成所接納。隱俠，〈感言四〉，《順天時報》，1920 年 2 月 4 日，十版。聽花曾報導「吾友隱俠提起之《劍峰山》、《冀州城》等劇，富連成均已前後演過，深受歡迎，今又將《鐵冠圖》著手排演，不日開幕，沈富貴所飾之吳三桂將來必惹起觀眾注目。」見聽花，〈柳絮紛紛錄〉，《順天時報》，1918 年 5 月 12 日，五版。

> 乃男伶有權有勢者不此之務，極力運動男女分演，以示抵制之計。
> 未幾坤班成立，而配角零碎亦相配有人。迄今武劇武行、刀馬旦且
> 開口跳等無一不備，加以社會趨向，男伶大有失敗之勢，茲欲求男
> 女合演，恐不可得焉。
> 但男伶有名人物不搭班，坐擁厚貲者頗不乏人，至一般配角零碎失
> 於生計者，在在皆是。長此不變日益消極，更不知落到何等地步，
> 未知諸老板有何良策，以善其後。〔註199〕

男女分演一開始是男伶排擠女伶，反而致使男伶配演、武行、班底失去演出
機會的結果。這無疑是熟知劇壇內幕的人，才能做出這樣的局勢分析。在一
年多後，隱俠再度作〈余之男女合演觀〉長文連載數天。在〈是誰之過歟〉
的基礎上，提出政府應該開放男女合演，讓各班社能夠自己選擇組合搭配，
認為無論男伶女伶都能互蒙其利，並針對男女合演的質疑一一舉例回應反
駁。〔註200〕接下來〈男女合演及男女同座之辦法種種〉具體提出方案、實
行、管理方法，甚至認為開放男女同演反而可以減緩女伶的需求，降低女伶
數量的攀升。〔註201〕除了主張開放男女合演以挽男伶頹勢外，隱俠在〈對於
翊文社之希望〉一文中，還對當時新改組的男班翊文社提出經營上的建議，
他認為當時男班不如女班的原因在於男伶不夠團結，在分析翊文社的陣容與
狀況後，具體提出了上中下三策的經營建議。〔註202〕在〈戲園入商會之提
議〉則對於戲園雖入正樂育化會，卻只是徒有虛名，無法被保護。認為經營
戲園實為商業性質，與伶人、班社不能一概而論，而且所面臨之問題如軍警
蹭戲、無理加捐等都非育化會所能處理。因此主張戲園應加入京師總商會，
按其它商家行業辦理。〔註203〕

　　評劇家游移在戲界與觀眾之間的身分，成為戲界與社會、觀眾的橋樑，
以劇評提供相關資訊給劇界參考。不少評劇家皆有此自覺，除了上述的隱俠

〔註199〕隱俠，〈是誰之過歟〉，《順天時報》，1915 年 5 月 2 日，五版。

〔註200〕隱俠，〈余之男女合演觀〉，《順天時報》，1916 年 7 月 8、12、13、15 日，五
　　　　版。

〔註201〕隱俠，〈男女合演及男女同座之辦法種種〉，《順天時報》，1917 年 8 月 22、
　　　　25 日，五版。

〔註202〕隱俠，〈對於翊文社之希望〉，《順天時報》，1915 年 5 月 5、6、8、9 日，五
　　　　版。

〔註203〕隱俠，〈戲園入商會之提議〉，《順天時報》，1916 年 8 月 29 日，五版。

外，另一位活躍的評劇家訥菴在〈戲的統計學〉中統計群益社民國五年十一月時在慶華園演出所有劇目，並分析各演員之優劣，認為每六七日劇目就會重演，提出應多新排戲的建議。〔註204〕《順天時報》曾於民國五年（1916）二月十五日起，舉行〈我最希望之演劇〉的投票活動：

> 啟者：頃值戎馬倥傯之秋，人心惝然拂悅，斯時也。苟欲暢襟懷消塊壘，捨歌舞其孰賴。本欄今為曾助社會之娛樂，獎勵優伶之技藝，擬徵集各界人士素所希望某伶之某劇，藉此以觀一般顧曲家之趨向。彙齊揭載報端，俾供眾覽庶亦消閒破悶之資耳，海內大雅勿吝金玉是幸。
>
> 通函之程式
>
> 男女童各伶凡以北京劇園為根據者不論現演唱與否均可任意舉之且於三者之中擇一舉之亦可，但各伶只以二人為限。
>
> 函內只書明某伶、伶名、戲目即可（每伶之劇目僅限一齣）
>
> 劇類不論皮簧秦腔
>
> 通函期限以二月二十九日為止。〔註205〕

預計於三月五日發表結果，可惜目前筆者所見之《順天時報》缺失此天內容。無法知道票選結果。雖然啟示中表示這次活動僅是「俾供眾覽庶亦消閒破悶之資耳」，但更近似是一次觀眾意見譜查。無論是戲園、班社、伶人、讀者都可以從中了解「一般顧曲家之趨向」。從投票過程看不出操作炒作的痕跡，所反應的結果，應該更加可信。對於有心的劇界中人來說，無論是安排、學習戲目還是班社戲園招聘伶人都更有具體參考的依據。

小結

　　本章從空間拓展、發展階段，以及書寫特質三點分析近代劇評發展。由於近代傳媒的介入以及西方觀念的引進，使得戲曲評論文字進入現代轉型，無論在內容以及體裁以及傳播形式都開始質變。評伶論劇從文人的傳統消閒韻事，被賦予了指導伶人、引領劇界乃至於改變國家社會的期待。而這種期待卻又與新興傳媒所造成的伶人明星化以及傳統品優美學相互糾纏拉扯。多

〔註204〕訥菴，〈戲的統計學〉，《順天時報》，1917 年 1 月 19、20、21、26 日，五版。
〔註205〕〈我最希望之演劇〉，《順天時報》，1916 年 2 月 15～29 日，五版。

方面的影響，注定了近代劇評無論在內容或形式上都有極度駁雜的特質。

　　除了新知識分子希望以劇評達到改良戲曲進而啟蒙民眾的目的。傳統評劇家也以劇評針砭演員藝術良窳，分析局勢，提供資訊，為戲曲界提出各式各樣的建議，宛如梨園參謀一般。他們的評論範疇也由人、戲而到整個戲曲環境。而隨著劇學觀念的成熟，劇評更開始具有建立戲曲知識的性質，即便如伶人小傳，從傳統色藝風致品評人物美學，逐漸轉向為宣傳伶人聲譽，進而有目的性地書寫伶人專史。

　　筆者以為劇評雖然一直難以擺脫良莠不齊的批評，但其多元發展，對於清末民初以來的戲曲發展影響仍是正面多過負面。

第四章　名伶圖像研究

前一章探討了劇評這新興文類自清末以來的繼承、發展與轉型。與此同時，隨著西方先進的攝影、印刷技術引進中國，克服了圖像難以如文字般快速複製傳遞的障礙，圖像文化在晚清時期呈現出飛越的成長，成為此時出版品不可或缺的一部分。而伶人被觀看、品賞本就是常態，他們的表演可說有相當程度建立在視覺的基礎上。戲曲產業的公眾性、商業性以及視覺性，恰與此趨勢一拍即合，使得伶人成為晚清民國時期各式圖像中的常客，伶人圖像更是當時炙手可熱的商品，圖像與劇評共同組成當時戲曲各式出版品的核心內容。

早在中國戲劇仍處於初級形態時，便已經可以在各式壁畫、石刻、陶俑中看到當時的伶人形象。而在宋元時期戲曲邁向成熟之際，風俗畫、壁畫、水陸畫、雕磚中的伶人形象更為細膩鮮活。雖然這些圖畫大多是概念上的伶人形象，已有少部分標舉出伶人名字的圖像，如山西洪洞縣廣勝寺明應王殿內元代雜劇壁畫，上方高懸的布條寫著「大行散樂忠都秀在此作場」，反映出此時娛樂場域對伶人聲譽的關注。更早的北宋雜劇藝人丁都賽、薛子小、楊揔惜、凹斂兒四人的肖像雕磚的發現，更代表名伶圖像已經有一定的商業價值。〔註1〕

〔註1〕楊揔惜在《東京夢華錄》中作楊總惜。由於這類肖像雕磚多是開模燒製，是可以大量生產的商品。而目前僅存的兩塊丁都賽的雕磚，雖有細微差異，但依據同一個原型殆無致疑。以知名藝人的形象來製作可以大量複製的雜劇雕磚，可見名伶聲譽所附帶的商業價值。關於這四塊雕磚的來歷與研究，可參看廖奔，〈北宋雜劇藝人肖像雕磚的發現〉、康保成，〈新發現的四方北宋銘文雜劇磚雕考〉，分別收錄於《中原文物》，2015年第4期，頁94～98、100。

　　明清以降，雖然出版業更加發達，印刷技術的精進也讓戲曲劇本中的人物、情境化為圖像呈現在讀者眼前。明末清初璀璨的青樓文化，更催生出以名妓圖像為賣點的《吳姬圖像》、《金陵百媚》的畫冊誕生。〔註2〕相形之下，伶人就顯得寂寥許多，這或許是由於伶人尚不是此時文人主要慾望投射對象之故。不過仍有《九青圖詠》、《迦陵填詞圖》兩幅在清代文學史上頗具份量的名伶圖像。伶人扮演的特質，使得他們的圖像向觀眾展演了兩種截然不同的世界，比一般圖像更具觀賞性與吸引力，折射出更加多元的面貌。因此筆者將以舞臺演出為界，從日常、演出兩個角度分析清代至民國的名伶圖像。探究此時人們如何透過圖像來觀看、乃至於塑造伶人，至於攝影由於生產方式與圖畫不同，因此筆者將單獨討論之。

第一節　圖畫中的伶人日常形象

　　伶人雖然以舞臺上光鮮亮麗形象為人所注目，但出乎意外的伶人圖像其實有相當高的比例是呈現伶人舞臺下的樣貌。若屏除宋元那些無法廣泛流傳的壁畫、墓葬雕磚。目前最早具名可流通的伶人圖像——《九青圖》、《迦陵填詞圖》，便是描摹舞臺下的伶人身影。〔註3〕如果仔細比對歷代伶人圖像會發現，即便到了清末民初，相機鏡頭底下的伶人形象與明清時期「行樂圖」仍有幾分相似。因此筆者以為在討論之前必須先對明清時期「行樂圖」有一定的了解。

　　肖像自古以來便在中國繪畫史穩佔有一席之地，到了明清時期，官宦文

〔註2〕　這些圖象其實不是真實的名妓寫真，而是文人心中的青樓典型。毛文芳，《物·性別·觀看——明末清初文化書寫新探》（臺北：臺灣學生書局，2001年），頁403。

〔註3〕　《九青圖》，又名《雲郎出浴圖》，由畫家陳鵠繪製康熙三年（1664），流傳有序，目前原本收藏於旅順博物館。根據資料《九青圖》有乾隆二十九年汪本（抄本，無圖）、乾隆60年的葉本（摹本，羅聘摹圖）、揚州刻本，在光緒年間匯入沈太侔《拜鴛樓四種》。至於目前最常見的《清代燕都梨園史料正續編》或許即為《拜鴛樓四種》版，也可能為圖上題記所說在北京廠肆購得藏本所翻刻，目前尚不能確定。見毛文芳，《圖成行樂：明清文人畫像題詠析論》（臺北：臺灣學生書局，2008年），頁439～441。《迦陵填詞圖》由釋大汕繪製於康熙十七年（1678）。《迦陵填詞圖》未見真跡，目前尚存乾隆拓本（1775年後）與道光印本，後來道光印本曾於民國16年（1927）由上海中華出版社印行出版。關於這兩幅圖像的來龍去脈，可參見毛文芳，《圖成行樂：明清文人畫像題詠析論》，頁353～361、435～440。

士階級也興起一股為自己寫照的風氣。不同於一般人物像偏於端正嚴肅的風格，這類型畫像流露出一種悠閒自適的風格，因此也被稱為「行樂圖」，請人為行樂圖題詠更是當時頗為流行的交際應酬手法。〔註4〕毛文芳總結這類肖像的特色為：

> 明清畫像，展現了兩類傾向：一為悅目的休閒氣度，一為身分隔離的扮裝。在畫面的物象結構上，前者刻意營造詩情畫意的氣氛，諸如閒立、倚坐、賞景、執卷、品茗、抱琴等表徵休閒風雅的舉止，結合山水、庭樹、盆花、椅榻、几案之書卷、香爐、奕棋、茗甌……等文士餘閒居遊的圖像語碼，共同煥發出風雅休閒的意象。
>
> 至於身份隔離的裝扮，通常畫家為像主塑造漁釣、農樵的隱者形象，結合斗笠、蓑衣、綸竿、煙波、芒鞋、竹杖、柴擔、耒鋤……等傳統漁釣農樵象徵符碼，與發避世隱居的意象。〔註5〕

可知行樂圖不僅只是重現像主容顏，更反映了人們以圖像塑造自我的慾望。但當伶人脫離了舞臺上的虛構人生，日常的圖像所呈現的是伶人真實形象？抑或仍是他人建構的樣貌？

一、投射文人慾望的《九青圖》、《迦陵填詞圖》

這兩幅伶人圖像的問世，見證著陳其年、徐紫雲二人一段纏綿死生公案。無論在清詞史、戲曲史但《九青圖》、《填詞圖》中的徐紫雲其實都不是純然的生活樣貌，帶有相當明顯的扮演特質，但與上述的「隔離裝扮」大異其趣。

《九青圖》中的徐紫雲「著水碧衫，支頤坐石上。右置洞簫一，逿髮鬖鬖然，臉際輕紅，似新浴，似薄醉。星眸慵睞，神情駘蕩，若有所思，洵尤物也。」〔註6〕那支頤托腮，出浴慵懶的形象，乍看之下與女性實無不同，但半敞的衣衫，卻也表達出了畫中人實為男子的事實。（圖4-1、圖4-2）圖畫營造出伶人男身女形的身體形象，營造出一種曖昧游移的豔情色彩。為何陳其年要將原本應是私密的出浴場面，透過此圖展演於世。〔註7〕考慮到《九青圖》

〔註4〕毛文芳，《圖成行樂：明清文人畫像題詠析論》，頁4～6。

〔註5〕毛文芳，《圖成行樂：明清文人畫像題詠析論》，頁77。

〔註6〕冒鶴亭，《雲郎小史》，《清代燕都梨園史料正續編》，頁998。

〔註7〕毛文芳分析康熙時期行樂圖類型中便有激發豔情想像一類。見氏著，《圖成行樂：明清文人畫像題詠析論》，頁36～37。而《雲郎出浴圖》、《迦陵填詞圖》主題的設定應都經過陳維崧的認可，反映了陳氏期望的觀看角度。

繪製於徐紫雲合卺之年，也是陳其年將北行與徐紫雲分別之時，維崧心中失落不言可喻。此畫的繪製除了作為紀念以及本尊的替代品外，陳其年廣邀文人題詠的行為，隱然有彰顯出自己對徐紫雲身體所有權的意涵。〔註8〕

圖 4-1：〈紫雲出浴圖〉〔註9〕（陳鵠繪製，紙本設色，原件收藏於旅順博物館）

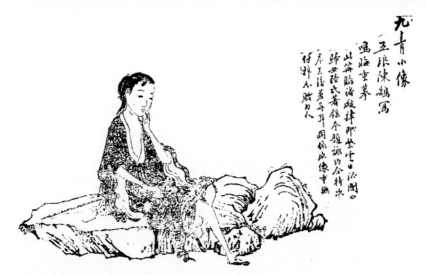

圖 4-2：〈九青小像〉〔註10〕（疑為刻本，再由鳴晦重摹翻印）

〔註8〕 如廣陵宗元鼎筆下「世上憐才惟汝輩，畫圖猶自想陳郎」「因君愛客思千古，錦瑟能令侍義山」便表達出紫雲身心都屬於陳其年之意。收錄張次溪編，《九青圖詠》，《清代燕都梨園史料正續編》，頁985。

〔註9〕 房學惠，〈簡析紫雲出浴圖〉，收錄於《東南文化》，2006年第1期，頁91～95。

〔註10〕 張次溪編，《九青圖詠》，收錄於《清代燕都梨園史料正續編》，頁983。

　　到了繪製《填詞圖》的康熙十七年，此時紫雲已亡故三年。但《填詞圖》畫面依舊在陳其年一旁安排了徐紫雲為伴，圖中的紫雲儼然女裝麗人，無論衣飾、髮型都已看不到絲毫的男性特徵。圖中紫雲垂首弄簫，坐於右首的陳其年持筆撫鬚，回首觀看（圖4-3）。這畫面讓伶人被觀看品賞的處境表露無遺，而透過人物視線的安排，讓位居畫面兩端的人物產生了緊密關係，伶人好似成為作家的靈感泉源。《填詞圖》構築了文人心中紅袖添香的理想情境，更召喚著陳維崧那已逝去的美好的記憶，《九青圖》和《填詞圖》分別從不同角度折射出文人對伶人的複雜慾望。

圖 4-3：《迦陵填詞圖》〔註11〕

　　令人驚訝的是這種將徐紫雲女性化的力量並沒有停止在圖像完成的那一刻，而是隨著圖像不斷被複製描摹而持續下去。將流傳最廣的張次溪輯錄《九青圖詠》所附的〈九青小像〉和原件比對。會發現雖然整體構圖相同，但人物與背景都有不小的差異。尤其是〈九青小像〉中徐紫雲四肢被畫得更為纖弱細小，在原件中正常大小的腳掌在〈九青小像〉幾乎被畫成了類似女性三寸金蓮，而在中國傳統文化中，展露小腳往往有著性誘惑的意涵，更為此圖增添許多情慾想像。

　　這兩幅圖使得徐紫雲獲得了超越時空的聲譽，但不在商業娛樂脈絡中的私人家優身分，對他來說除了能增加獲得的賞賜的機會外，其實並不具有商業價值。而且這些題詠中雖亦言及徐紫雲之輕歌曼舞，時至民國張次溪也以

有溝通戲曲之功而收錄《清代燕都梨園史料續編》中。但無論是當時還是後世，徐紫雲真正吸引文人的從來不是他的色藝，與陳其年的親密關係才是這段死生纏綿公案充滿魅力的主因。不少題詠者根本未曾見過徐紫雲〔註12〕，此圖題詠實為文人交際應酬下的衍伸產品而已。伶人色藝並非書寫重點，即便某些題詠看似表達對徐紫雲色藝的仰慕，把自己形塑成陳其年情敵形象，也只是為了與陳其年、冒辟疆建立情感關係。〔註13〕

上面提到行樂圖的像主透過扮裝畫像與自己的現實身分隔離，以此表達個人的嚮往與志趣，並展現生命面向的多元性。〔註14〕但對徐紫雲來說，無論是作為主角的《九青圖》還是配角的《填詞圖》，他都沒有決定如何呈現自己的權利。在圖中的他即便不處於紅氍毹上，甚至已經身亡。都依舊得扮演著陳其年想要他擔任的角色。而兩幅畫中的簫更是時時提醒觀眾其伶人的身分，都再再彰顯了文人對伶人形象的宰制權力。

二、私寓文化中的伶人圖像

道光年間，由於北京興盛的私寓營業，使得文伶來往更加密切。此時文人為自己賞識的伶人繪製小像、徵求題詠的現象非常普遍。〔註15〕更有善繪者以製作收藏伶人圖冊聞名：

> 韓四季卿言：「有常州人，楊姓，善寫真。凡諸伶之色藝擅名者，必為寫照。裝為巨冊，凡百六十餘人矣。其中以蕊仙為首。近日名下，十得八九。杜詩所謂：『必逢佳士亦寫真』，可謂世之有心人。」余聞之喜躍不寐，將假得臨摹，忽遽未能也。惜其中獨無韻香小像，可云第一缺憾事。顧西漁家有韻香橫看子，名流題詠已滿，然神情殊不肖。姍姍來遲，是耶？非耶？宋人詩「意態由來畫不成」，「當時枉殺毛延壽」，正此之謂矣。〔註16〕

〔註12〕如題詠中的松陵吳兆寬：「展卷春風初識面，迢迢奈隔楚雲多」京口談長益：「未聽歌而唱小辭，畫中人影果如斯」張次溪編，《九青圖詠》，收錄於《清代燕都梨園史料正續編》下冊，頁984。

〔註13〕見袁書菲，〈如食橄欖——十七世紀中國對男伶的文學消受〉，收錄於陳平原、王德威、商偉，《晚明與晚清：歷史傳承與文化創新》（武漢：湖北教育出版社，2002年），頁292～297。

〔註14〕毛文芳，《圖成行樂：明清文人畫像題詠析論》，頁47～48。

〔註15〕王照璵，〈清代中後期北京「品優」文化研究〉，頁56～59。

〔註16〕蕊珠舊史，《夢華瑣簿》，收錄於《清代燕都梨園史料正續編》，頁364。

雖然這些圖像、題詠沒有留存下來，但從一些紀錄中來看，構圖內容與《九青圖》、《填詞圖》似乎差異不大：

> 陸天祿……倩雲槎居士為寫小影於白團扇上，一手持柑一手揮扇，笑容可掬。僉謂得其頑態云。〔註17〕

> 雲槎居士善寫照，馳名京師者有年。甲辰夏，以雲樵囑為韞香寫照。既為菱洲圖，芷仙于紈扇做女子裝，又為寫本來面目，從拂桐山人請也。……嗣是有長跽以求者，有具酒食以求者，又有寫照後而同人爭備酒酌為潤筆者，更有諄囑再三而終未得索求者。佩秋、梅生、鶯仙、蕊仙遂各得寫照以去，至今惟語山猶喃怨東君不已也。〔註18〕

「紈扇做女子裝」同樣呈現出伶人雌雄莫辨的曖昧趣味，「從拂桐山人請也」也擺脫不了文人凝視的目光。但從陸天祿小影被公認「僉謂得其頑態」，可知畫者所呈現的是這位伶人眾所認同的形象，不獨是一己之管見。而那些欲以畫像討好伶人的作品，也必然也會考慮到收畫者的觀感。〔註19〕

　　雖然這些肖像的創作背景與《九青圖詠》類似，也同樣呈現出文人形塑伶人的慾望。但私寓的文伶關係與陳、徐二人不同，意義自然也不同。私寓伶人已不是文人的私有物，而是娛樂場域中的公眾人物，使得這些圖繪、題詠串聯起的不僅是品優文人的交際網絡，也產生類似廣告的效用，成為招睞顧客的管道：

> 雲槎既為佩秋寫照，頗稱神似。其寫芷仙女裝紈扇，亦有副本置余處。乙巳秋，綠綺外史入都，睹扇而悅之。因訪其人，甚傾心焉。
> 〔註20〕

這幅小照意外成為芷仙的宣傳品。這些畫像因為伶人本身色藝成為文、伶爭相收藏的收藏品，繪者也因此成為圈內追捧的對象。雖然這些伶人圖像都是手繪，只能以臨摹方法複製，無法大量生產。但從文、伶爭相收藏的盛況來看，著實隱藏著可觀的商業價值。因此到了晚清時期隨著西方攝影、石印技

〔註17〕種芝山館主人，《花天塵夢錄》，收錄於《京劇歷史文獻匯編》，冊1，頁567。
〔註18〕種芝山館主人，《花天塵夢錄》，收錄於《京劇歷史文獻匯編》，冊1，頁593。
〔註19〕如《聽春新詠》記載：「姓李，字菊如……芳草詞人與醉菊居士爭欲繪圖奉之，雖一時癡情，實千秋佳話。」留春閣小史，《聽春新詠》，收錄於《清代燕都梨園史料正續編》，頁163。
〔註20〕種芝山館主人，《花天塵夢錄》，收錄於《京劇歷史文獻匯編》，冊1，頁594。

術的傳入與普及。生產複製伶人圖像的成本與時間大幅降低，驅使著伶人圖像的商品化，兩本伶人圖錄：《圖繪情天外史》與《新情天外史》也在此時面世。

（一）《圖繪情天外史》、《新情天外史》

　　光緒二十一年（1895）出版的《圖繪情天外史》（後文稱《圖繪》），作者為情天外史，繪者不詳。是目前所知第一本文字與圖像結合的品伶書籍，正續冊分別收天仙部與他部伶人共二十名伶人。《情天外史》本是為了替天仙部伶人逾揚色藝所寫。在其〈凡例〉中言道：

> 是書於三月初八日託始，十六日告成。各省公車，爭索觀覽，藉以
> 流傳海內。茲更添敘小傳，補繪圖形，以公同好，或亦消遣世慮者
> 之所不棄也。〔註21〕

僅花了九天成書，可說是相當速成的一本品優著作，其內容也相當簡略，僅記敘伶人簡歷與擅演劇目，並下數句評語以及鑲嵌伶人名字的品題詩一首。書成後相當受到歡迎，而後有再增添小傳與補繪圖形出版的計畫。在同年年底《申報》的廣告是這麼解說此書的出版過程：

> 某封翁《情天外史》專擇近年京都雛伶凡色藝性情出眾者，各著一
> 傳，加以品評，如《品花寶鑒》一書，各得身份，自然之致，較《燕
> 臺小品》更有過之。按：封翁博覽群書，為詞章家名手，乃遊戲三
> 昧，撰成此編，開卷後覺摘粉搓酥，如與花下秦宮爭語，故書成之
> 後，都下傳抄，爭先快睹。封翁厭其煩，秘不予人，評花庵主人覓
> 得原稿本，特倩名手，精抄殿楷，又增繪各圖，付之石印，此書遂
> 覺毫髮無憾，有品花癖者，盡可消遣睡魔。每部實洋三角，托上海
> 棋盤街寶善分局、點石齋、文宜書局各書房出售。〔註22〕

則表明此書先以傳鈔流行，茲後由書商評花庵主人覓得原稿，增繪各圖再石印出版。目前《情天外史》最常見的版本為原收於雙肇樓叢書的《清代燕都梨園史料正續編》中。此版並未附有伶人肖像，但也非源自傳抄本。因為書中妙品第七後有「此品臨刻補遺」字樣〔註23〕，可推知張次溪所收仍是刻

〔註21〕情天外史，〈凡例〉，《情天外史》，收錄於張次溪編纂，《清代燕都梨園史料》，頁 684。

〔註22〕《申報》，1895 年 12 月 6 日。

〔註23〕情天外史，《情天外史》，收錄於張次溪編纂，《清代燕都梨園史料》，頁 693。

本。因於美品第八有「以下並此三品，書出後核考移置」之語〔註24〕，亦可見此版本還曾經修訂再版。而另一版本則是同樣是光緒二十一年（1895）天津石印版《繪圖情天外史》，此版附有伶人圖像，應該便是《申報》所廣告的版本。〔註25〕《繪圖》內文與雙肇樓叢書版內容一致，僅在伶人小傳旁增加伶人圖像。字體清晰俊秀，圖繪亦相當細緻寫實，可說是相當精美的出版品。無論《情天外史》是作者一開始便有圖文對照的安排，還是後來由書商自行增補，在短短數個月間，不僅數次刊刻，還能增補圖繪，遠銷上海，反映了這類書籍受歡迎的程度，以及新技術對出版產業的影響。

　　《新情天外史》（後文稱新情天》）由天恨生撰文，朱斗南繪圖，由正新書局於宣統三年（1911）在上海出版。雖然《情天外史》內容在清代各式品優書籍中不算突出，但其新穎的圖文結合形式，又曾遠銷外地，在當時戲曲觀眾間產生了一定影響力。《新情天》便以它為模仿對象。其序言便稱：「因前有《情天外史》一書，頗為世界所清賞，爰仿其式，複製新帙，而選當代名伶，分品編入。」〔註26〕形式皆是將伶人分品別類，並附加小傳以及鑲嵌伶人名字的贊語，相對專為天仙部「表彰幽隱」的《情天外史》，《新情天外史》收錄標準寬泛許多，無論年紀、劇種，凡是在上海演出之名伶皆在收錄之列，反映了當時上海梨園界開放熱絡的演出風氣。共收有伶人三十二人，二十九幅伶人圖繪。〔註27〕其中不乏譚鑫培、孫菊仙、蓋叫天等戲曲史上赫赫有名的演員。

（二）古典情韻的營造

　　這兩本品優書籍呈現的都是日常的伶人形像，但品評文字則大多集中在演員的舞臺藝術的介紹評論。不過《新情天》小傳偶爾會有伶人急公好義，參與社會活動的紀錄。〔註28〕這種文字、圖像的反差，形成一種敘述上的互補關係，文字陳述伶人舞臺藝術特色，圖像則滿足了讀者對觀看伶人真實面貌的渴望。

〔註24〕情天外史，《情天外史》，收錄於張次溪編纂，《清代燕都梨園史料》，頁693。
〔註25〕恨生撰文，朱斗南繪圖：《新情天外史》，收錄於《京劇歷史文獻匯編》，冊9，頁56～117。
〔註26〕恨生撰文，朱斗南繪圖，《新情天外史》，收錄於《京劇歷史文獻匯編》，冊9，頁59。
〔註27〕由於夏氏兄弟四人合傳，因此只有一幅圖繪，畫面上也只有一人。
〔註28〕如夏家兄弟小傳提及夏月恆、夏月華創梨園公所，立蓁莕學堂；小連生小傳說他熱心公益，提倡募捐。恨生撰文，朱斗南繪圖，《新情天外史》，收錄於《京劇歷史文獻匯編》，冊9，頁61、67。

　　《繪圖》所繪製之伶人小像是穿著長袍馬褂之十三四歲少年。完全符合〈凡例〉中所說「天姿天籟，過時難保，是以十六歲以上，不入論列」的標準。〔註29〕圖中伶童多以全身正面示人，或坐、或站、或臥，手執如意、摺扇、拂塵等物，服飾精緻，姿態閒逸，置身於園林宅第，宛如北京的富家公子。頗呼應道光二十五年楊靜亭《都門雜詠》中的〈公子〉所說：「翩翩公子甚斯文，也向樓頭慣解醺。左右玉人肩並倚，不知誰是小郎君。」〔註30〕呈現出北京高級私寓優伶在服飾的講究與奢華。由於《繪圖》人物非常寫實，構圖又近似於當時人像照的風格，筆者懷疑小像實按相片描繪而成。果不其然在《國劇畫報》發現一張唐采芝的照片。對比《繪圖》唐采芝小像，無論姿態或表情皆完全一致，明顯摹自此照片，印證了筆者的懷疑（圖4-4、圖4-5）。所不同者，除了服飾略有加工外，還去掉了唐采芝身旁的西洋椅子，將畫面背景從照相館挪移到傳統水墨風格繪製的山石、宅邸、園林之中。晚清時期依照片重新繪圖的現象並不罕見。〔註31〕主要是由於當時銅版印刷照片價格高昂，改成圖畫更容易石印出版，而採用水墨畫法繪製背景，也是此時畫報中常見的手法。但《繪圖》選擇了古典園林宅院做為背景，這或許是要呈現私寓作為一種空間消費的特質。〔註32〕但在畫面中安排了魚竿、花鋤、鶴鳥、古琴等物件，明顯延續了行樂圖的傳統情趣，以此增添伶人雅致閒逸的生活形象。這與清末上海名妓圖像裡中西合璧的繁華現代感大異其趣。〔註33〕

　　《新情天》雖然出版較晚，但整體圖繪的品質與寫實度遠不如《繪圖》，構圖更是明顯抄襲《繪圖》。根據筆者比對，《新情天》二十九幅圖畫中的背景人物，有十九幅與《繪圖》極為雷同。〔註34〕（圖4-5、圖4-6）所不同者

〔註29〕情天外史，《圖繪情天外史》，收錄於《京劇歷史文獻匯編》，冊9，頁6。

〔註30〕楊靜亭，《都門雜詠》，收錄於路工編，《清代北京竹枝詞》，頁83。

〔註31〕沈太侔記載：「梅叟罷官京居，嘗與廓軒師，旬齋諸人攝影舊園，名葤園雅集圖，曾囑覓畫師，仿李龍眠白描羅漢畫法，就照像之真跡，背摹一圖，然後徧徵題詠，允為藝林盛事。」見氏著，《東華瑣錄》（北京：北京古籍出版社，1995年），頁191。

〔註32〕王照璵，〈清代中後期北京「品優」文化研究〉，頁178～185。

〔註33〕關於上海名妓圖像空間呈現的討論可見葉凱蒂：《上海愛——名妓、知識分子和娛樂文化1850～1910年》，頁23～54。

〔註34〕根據筆者比對，《新情天外史》摹自《繪圖情天外史》的伶人圖像有：夏家兄弟摹自趙吟香、孫菊仙摹自張寶塋、汪笑儂摹自王瑤卿、小連生摹自侯菱香、呂月樵摹自張彩仙、七盞燈摹自梅任仙、三麻子摹自馬芷芬、蓋俊卿摹自王鳳卿、高福安摹自孫菊仙（非前三傑之孫菊仙）、林步青摹王蘭香、孟鴻群

僅在於將《繪圖》人物正面改為側四十五度示人，以及根據伶人年齡調整外貌。〔註 35〕蓋叫天、玻璃翠、崔靈芝、林顰卿、趙如全、李長勝、馮二等七幅圖像則是畫家沿用風格再自行發揮，因此背景構圖顯得較為簡單。李百歲、劉永春、何金壽三人為不附背景的半身像，頗類似於此時的半身照，容貌也較為清晰寫實，應是有所本之作（圖 4-7）。整體來看，圖中伶人姿態略顯僵硬，類似版畫，絕大多數伶人面貌的區別度甚低，圖像的肖真程度更是值得懷疑。如譚鑫培宣統三年時，年已六十四歲，但在小像中卻仍是翩翩少年。整體來看《新情天》的圖像實可視為《繪圖》品質不高的重摹本。

圖 4-4：《國劇畫報》
唐采芝君幼年舊照〔註 36〕

圖 4-5：《圖繪情天外史》
唐采芝畫像〔註 37〕

摹時慧寶、何家聲摹顧彩芬、小叫天摹唐采芝、劉鴻升摹裘桂仙、貴俊卿摹陳彤雲、夜來香摹王岫雲、馬飛珠摹楊小朵、應寶蓮摹楊韻芳、小子和摹秦馥林。

〔註 35〕　《新情天外史》孫菊仙圖像構圖雖模仿《繪圖情天外史》的張寶堃，但孫菊仙（1841～1930）在宣統三年（1911）時已七十歲，圖中修改為老人形象，沒有如譚鑫培一般仍繪製成少年模樣。

〔註 36〕　〈唐采芝君幼年舊照〉，《國劇畫報》，1932 年 8 月 5 日。

〔註 37〕　情天外史，《圖繪情天外史》，收錄於《京劇歷史文獻匯編》，冊 9，頁 27。

圖 4-6：《新情天外史》
小叫天畫像〔註 38〕

圖 4-7：《新情天外史》
劉永春畫像〔註 39〕

　　《繪圖》從序跋中的梨園情天論〔註 40〕，到「專為司坊揄揚色藝」的〈凡
例〉，乃至於充滿文人情趣的伶人圖像，都帶著濃厚的北京品優文化特色。非
常適合作為「必須於既上妝之後，觀其體態；又必於已卸妝之後，視其姿容」
按圖索驥的私寓指南。〔註 41〕相對於《繪圖》的傳統色彩，《新情天》的文字
其實帶有相當明顯的現代風情，如序中提及的戲曲改良論〔註 42〕，評論中關

〔註38〕 恨生撰文、朱斗南繪圖，《新情天外史》，收錄於《京劇歷史文獻匯編》，冊9，
　　　　頁 90。
〔註39〕 恨生撰文、朱斗南繪圖，《新情天外史》，收錄於《京劇歷史文獻匯編》，冊9，
　　　　頁 98。
〔註40〕 《繪圖情天外史‧自序》：「一縷情絲，大千色界。任天而動，與生俱來。情不自
　　　　禁，欲將彌熾。情能善用，理乃常存。不入情中，天機胡暢？不超情外，天趣胡
　　　　深？興匪兒之歌，操獲麟之筆；寫靈均之怨，續方朔之諧。《情天外史》所由作
　　　　也。」情天外史，《繪圖情天外史》，收錄於《京劇歷史文獻匯編》，冊9，頁4。
〔註41〕 陳森，《品花寶鑑》第十回，頁 159。
〔註42〕 「蓋自廿世紀歐化輸入而後，而伶界之中使日及文明之思想，于是由改良戲
　　　　劇為起點。色藝之中，汰淫而演情；于力藝之中，存巧而去險；于聲藝之聲，
　　　　曲傳其忠憤之氣邪。」〔清〕恨生撰文，朱斗南繪圖，《新情天外史》，收錄於
　　　　《京劇歷史文獻匯編》，冊9，頁58。

於伶人參與公眾事務，以及改良新劇、海派劇目的紀載，演員表演的分析等，
都跟《繪圖》傳統意象化的書寫風格有很大的差異。可惜由於圖像模仿抄襲
《繪圖》，也就沒有選擇地因襲了《繪圖》對於伶人觀看方式，未能呈現出此
時海上梨園所具有的現代特質。只有蓋叫天、林顰卿在圖中身著西式大衣，
才透顯出些許的上海風情（圖4-8）。

圖 4-8：《新情天外史》蓋叫天畫像〔註43〕

　　《繪圖》、《新情天》這兩本伶人圖錄，與上述《九青圖》、《填詞圖》乃至
於道光年間流傳在文伶之間的小照在本質上有著根本的不同。他們脫離文、伶
韻事的抒情脈絡，經由「複製」將伶人圖像納入商業機制，製作出廣泛流通的
商品。〔註44〕尤其是《繪圖》借用了西方的攝影、石印技術，不僅節省了大
量的出版時間，也提高了圖像的寫實性。雖然一定程度上也壓縮了作者形塑伶
人的空間，但《繪圖》依然透過重新繪圖加上鮮明的傳統符碼，既顧及了實
用效果，也迎合當時傳統文人的品味，將文人對伶人的凝視轉化一種文化包
裝，《新情天》大致也因襲了這種包裝，共同塑造出古典意趣的名伶形象。

〔註43〕恨生撰文、朱斗南繪圖，《新情天外史》，收錄於《京劇歷史文獻匯編》，冊9，
　　　　頁73。
〔註44〕在這裡複製包括人像攝影、重摹相片以及抄襲模仿。

第二節　舞臺傳真：伶人的舞臺形象

一、伶人戲裝造像

　　除了在宋元時期的壁畫、雕磚上曇花一現的伶人戲裝圖像外，目前可考最早的名伶戲裝圖應為道光年間懸於北京知名書畫鋪誠一齋門額的〈京腔十三絕圖〉，雖然此圖早已失傳，但其畫面仍可從道光年間出版的《都門記略・翰墨門》中的文字可略知一二：

> 人物匾額，時人賀世魁畫。所繪之人，皆名擅詞場。霍六、王三禿子、開泰、才官、沙四、趙五、虎張、恒大頭、盧老、李老公、陳丑子、王順、連喜，號十三絕。其服皆戲場裝束，紙上傳神，望之如有生氣，觀者絡繹不絕。〔註45〕

此畫所繪是乾嘉之際知名的京腔伶人，具體繪製時間則不詳，但從繪者的生平來推測應繪於嘉慶末年至道光初年之間。〔註46〕《都門記略・翰墨門》目的是為旅京文人介紹北京店鋪中值得欣賞的書畫作品。店家以宮廷畫家所手繪乾嘉時期名伶肖像畫，不管是對戲迷還是喜愛書畫的文人都有一定的吸引力，也達到招攬生意的目的。事隔多年，在光緒元年誠一齋再度請畫師繪製當時五位名伶作為號召：

> 惟方學圃畫鋪門前，舊懸一額，以作招徠者，上繪弋腔班中十三名腳，各著登場冠服，無不酷肖其人，為道光間內廷供奉賀世魁筆也。去臘，方鋪於舊額之下，新增一額，繪時下名腳五人：小生徐小香作周公瑾裝束，老生張喜兒著武鄉侯巾服，花旦范松林，正旦

〔註45〕楊靜亭編，張琴等增補，《都門紀略》（揚州：廣陵書社，2003年），頁41。

〔註46〕〈御前畫手賀世魁〉條：「大興人賀世魁，字煥文，道光四年，因尚書禧恩薦，恭繪御容《松涼夏健圖》稱旨，以六品銜供奉如意館。又恭繪皇太后聖容，拜蟒袍荷包等賜。有旨著賀世魁在午門樓上觀看繪圖，隨繪太保大學士、揚威將軍、威勇公長齡等五十二功臣像，御題藏之紫光閣。又奉敕繪《平定回疆戰圖》十幅，鏤以銅版，付工撮印，頒賜中外大臣。由是世魁之名，一傾動遐邇，以得其筆跡為奇幸。且下筆有神，每圖一人，面不過半時許。若如他名手對坐摹形，構思腐穎，又安能於殿陛森嚴之地，揚灑自如哉？供直凡十三年，以目疾引退。」陳康祺，《郎潛紀聞四筆》（北京：中華書局，1997年），卷六，頁89。根據上述紀載，作者賀世魁道光四年起擔任宮廷畫師，多次為皇室、大臣寫生，在供奉十三年後才因目疾引退。考量到賀世魁善於當面繪製人像，應親見過這些乾隆年間便已成名的伶人，故此圖繪製於嘉慶到道光初年可能性較大。

時小福，丑腳劉趕三，皆各作登場模樣。惟小香、松林尤為酷似，
　　真可謂傳神之筆。〔註47〕

可惜這兩幅伶人戲裝畫都庚子國變中毀於兵燹未能傳世。除了這兩幅文獻可
徵的伶人戲裝像外，根據齊如山回憶，在光緒三十年前後，誠一齋還曾再度
繪製了當時十三位名伶戲裝為〈十三絕圖〉。〔註48〕綜上可知誠一齋先後至少
繪製了三幅名伶戲裝圖做為招攬生意之用，體現了名伶肖像的廣告價值。這
種名人效應也在清末的戲齣年畫可見，以名伶形象作年畫內容，來增加商品
的吸引力。〔註49〕

　　至於這新的〈十三絕圖〉是不是京劇史上極為知名〈同光十三絕圖〉（圖
4-9）呢？根據齊氏記憶無論在型制和所選伶人都有所不同。〔註50〕這幅掛名
沈蓉圃的〈同光十三絕圖〉知名度極高，但來歷晦澀不明，學界多認為是偽
作。〔註51〕但參照沈蓉圃傳世的伶人戲裝像，〈同光十三絕圖〉雖為偽作，卻
可能是有所依據。根據宣統年間的《海上梨園雜誌》在提及誠一齋的京腔十
三絕圖時，又補充了齊家胡同某裱畫店，亦有梨園十三絕圖，雖然只列出程
長庚、楊月樓、盧臺子、梅巧齡、劉趕三、譚鑫培、徐小香、時小福八名伶
人，但又感嘆這些伶人僅譚鑫培仍在世，且當時以武生聞名，今卻以鬚生稱

〔註47〕〈圖繪伶倫〉，《申報》，1876 年 3 月 2 日。

〔註48〕〈齊如山未刊稿：同光十三絕圖〉現存於臺灣國家圖書館，收錄於陳淑美，
　　　　《舊京城　新曙光──論 1930 年代的齊如山與北平國劇學會及其期刊》，頁
　　　　228～235。

〔註49〕王樹村，〈戲齣年畫敘論〉，《戲齣年畫》（北京：北京大學出版社，2007 年），
　　　　頁 16、25。

〔註50〕陳淑美，《舊京城　新曙光──論 1930 年代的齊如山與北平國劇學會及其期
　　　　刊》，〈附錄齊如山未刊稿〉，頁 228～235。

〔註51〕根據朱富昌的〈十三絕圖譜序〉所言，此圖是報社社長朱富昌於民國三十一
　　　　年（1942）「得珍蹟於故家」。隔年便由《三六九畫報》縮小影印並附刊《同
　　　　光朝名伶十三絕傳略》發行。《同光朝名伶十三絕傳略》（北平：三六九畫報
　　　　社，1942 年），頁 2。除此之外還有馬連良發現翻印說，但《同光朝名伶十三
　　　　絕傳略》前有馬連良的序，卻絲毫沒提到此事，因此並不可信。見楊連啟，
　　　　〈關於同光十三絕畫像〉，頁 25～27。翁偶虹認為是此圖把沈蓉圃的單人冊
　　　　頁拼湊得來的。翁偶虹，〈泛談十三絕〉，頁 33。齊如山則認為是另一畫師摹
　　　　自沈蓉圃單人畫像，更就其所知，分別說明這十三名伶人戲裝源自那幅單冊
　　　　畫像。其中除了張勝奎、郝蘭田無可考，以及可能依據照片補繪的譚鑫培、
　　　　時小福、余紫雲戲裝外，其餘八人皆可找到對應的單人冊頁。齊如山未刊
　　　　稿，〈同光十三絕圖〉現存於臺灣國家圖書館，收錄於陳淑美，《舊京城　新
　　　　曙光──論 1930 年代的齊如山與北平國劇學會及其期刊》，頁 232～233。

霸歌壇。〔註 52〕因此可能此圖中仍是武生時期的譚鑫培，這幅畫內容與〈同光十三絕圖〉的確若合符節。

圖 4-9：〈同光十三絕圖〉〔註 53〕

不管如何，這些畫作設色妍麗，容貌栩栩如生，實為戲畫精品。這類戲裝圖像流傳不廣，大多收藏於戲迷、伶人之手，一直要到二十世紀二三十年代，照片銅版印刷普遍，才展現在一般讀者面前。〔註 54〕（圖 4-10 至圖 4-16）

圖 4-10：〈徐小香戲裝畫〉〔註 55〕

圖 4-11：〈程大老板長庚戲裝畫像〉〔註 56〕

圖 4-12：〈故伶界大王譚鑫培魚腸劍畫像〉〔註 57〕

〔註 52〕慕優生編，《海上梨園雜誌》，收錄於《京劇歷史文獻匯編》，冊 2，頁 632。

〔註 53〕中國藝術研究院戲曲研究所編，〈同光十三絕圖〉，《中國京劇藝術圖集》（北京：京華出版社，1996 年），頁 78。

〔註 54〕如《北洋畫報》分別於民國 18 年 11 月 23 日、19 年 5 月 11 日刊登徐小香《群英會》周瑜、程長庚群英會魯肅戲裝畫。《國劇畫報》則於民國 21 年 1月 15、22 日刊登沈蓉圃繪製的《群英會》與《虹霓關》畫像。以及 21 年 9月 16、23 日的旗裝專號中刊登梅巧玲《雁門關》、劉趕三、李寶琴《探親家》。《北洋畫報》那兩幅畫雖未註明繪者為誰，但外觀與〈同光十三絕圖〉中徐小香、程長庚完全一致，也證明〈同光十三絕圖〉實為仿畫。

〔註 55〕〈徐小香戲裝畫〉，《北洋畫報》，1930 年 11 月 23 日。

〔註 56〕〈程大老板長庚戲裝畫像〉，《北洋畫報》，1930 年 5 月 17 日。

〔註 57〕〈故伶界大王譚鑫培魚腸劍畫像〉，《北洋畫報》，1931 年 7 月 18 日。

圖 4-13：〈程長庚、徐小香、　　　　圖 4-14：〈梅巧玲君《雁門
　　盧勝奎之群英會〉〔註58〕　　　　關》蕭太后畫像〉〔註59〕

圖 4-15：〈劉趕三、李寶琴　　　　圖 4-16：〈梅巧玲、時小福、
　　〈探親〉之畫像〉〔註60〕　　　　陳楚卿之《虹霓關》〉〔註61〕

二、劇評畫：圖文搭配的舞臺重現

　　由於戲裝畫呈現的是伶人舞臺樣貌，也就隔絕了圖像與現實社會連結關
係，這使得戲裝畫重在傳神寫真，較難展現畫家的視角以及形塑伶人的力
量。但戲裝重現演出的特質，在清末民初興起的劇評相互發揚，形成一種圖
文對照的評論體裁。

〔註58〕　〈程長庚、徐小香、盧勝奎之《群英會》〉，《國劇畫報》，1932 年 1 月 15 日。
〔註59〕　〈梅巧玲君《雁門關》蕭太后畫像〉，《國劇畫報》，1932 年 9 月 16 日。
〔註60〕　〈劉趕三、李寶琴〈探親〉之畫像〉，《國劇畫報》，1932 年 9 月 23 日。
〔註61〕　〈梅巧玲、時小福、陳楚卿之《虹霓關》〉，《國劇畫報》，1932 年 1 月 22 日。

　　伶人畫主題的是演員們的舞臺形象，雖說行家票友素以聽戲為貴，但「看」戲仍是一般觀眾的欣賞主流。尤其是上海這新興的大都會，並沒有那麼深厚的欣賞底蘊。「視覺」一直都是上海京劇的特點。為了彌補文字在視覺呈現上的侷限，清末民初畫報的劇評專欄出現了不少以名伶舞臺實況為主題的繪畫。搭配上評劇文字，圖文對照，比單純劇評更加全面的呈現當時舞臺風貌，這種與劇評的結合的圖畫，也可以稱之為劇評畫。

　　目前劇評畫主要見於《圖畫日報》的「三十年伶界拿手戲」〔註62〕、《民權畫報》「菊部春秋」〔註63〕，以及稍晚的《圖畫劇報》〔註64〕。由於《圖畫劇報》的主筆者、畫師與《民權畫報》「菊部春秋」專欄一脈相承，可以一併討論。

　　「三十年伶界拿手戲」作者為筆名海上漱石生的孫玉聲，是清末民初非常活躍的知名報人；繪圖者則為中國連環畫早期畫家劉伯良。專欄內容是孫玉聲回憶近三十年來在上海所見過的名伶，而非介紹當時的劇壇明星，帶有懷舊氣息。因此畫家筆下伶人容貌純係想像，並不具有識別性。但除此之外，無論是演出身段、乃至於服裝、砌末、排場等大多尚稱寫實。〔註65〕但亦有少部分因為構圖之故，而有所調整，如〈王九齡之《定軍山》〉〔註66〕、〈龍長勝之《九更天》〉〔註67〕，都為了避免居於後方的配角為主角所擋，因此將

〔註62〕《圖畫日報》上海環球社發行，創刊於 1909 年 8 月 16 日，休刊於 1910 年 10 月 2 日。「三十，年伶界拿手戲」專欄則從 1910 年 4 月 10 日起在《圖畫日報》連載直至休刊為止。這專欄在短短半年內共發表了 186 張伶人畫，以及 201 名伶人。吳憶偉，《近代上海畫報戲劇畫之研究》（臺北：國立臺北藝術大學碩士論文，2006 年），頁 62。

〔註63〕《民權畫報》從 1912 年 6 月 20 日開始刊登，直到同年 10 月 20 日。四個多月的時間共發表了 118 張伶人畫，共 55 名伶人。吳憶偉，《近代上海畫報戲劇畫之研究》，頁 75。

〔註64〕《圖畫劇報》，戲曲專業報紙。民國元年（1912）11 月 9 日創刊於上海。初創時，由鄭正秋負責，分設遊戲畫、新聞畫、戲畫三大類。其中戲畫主筆沈伯誠。該報格式新穎圖文並茂，所以出版後風行一時。民國二年春夏之交，由詹禹門接編。以後因銷路下跌，被迫於民國六年停刊。中國戲曲志編輯部，《中國戲曲志》，頁 743。

〔註65〕但不知為何獨虎形、犬型、猴形皆繪為真實的生物形象，頗為失實。如〈張大四之《丁甲山》〉、〈金景福之《鬧朝撲犬》〉、〈楊文玉之伏石猴〉。諸圖分別收錄於《京劇歷史文獻匯編》，冊 9，頁 250、268、294。

〔註66〕〈王九齡之《定軍山》〉，收錄於《京劇歷史文獻匯編》，冊 9，頁 287。

〔註67〕〈龍長勝之《九更天》〉，收錄於《京劇歷史文獻匯編》，冊 9，頁 282。

人物安排於兩層桌上。每一幅圖均以某伶之某戲命名,如〈楊月樓之《八大
錘》〉。看似針對名伶演出的評論,但說明文字內容實為伶人小傳,重點在介
紹師承、來滬時間、搭班狀況、擅演劇目,不少則還旁及伶人的八卦軼聞。圖
像以全景的方式重現舞臺實況,除了重要主配角外,連龍套、上下手都完整
呈現,整體構圖與清代中後期流行的戲齣年畫頗為類似。

　　「菊部春秋」的專欄作者為鄭正秋,是早期知名的評劇家,後來更成為中
國電影重要的奠基者,在《民權報》與《民權畫報》上皆闢有評劇專欄。繪者
則屬名沈伯誠,即為中國漫畫名人沈泊塵(1889～1920)。不同於「三十年伶
界拿手戲」的回顧性質,「菊部春秋」即時性較強,體例也較為複雜,以觀劇記
類的劇評為主,對於當時上海演出,從劇情、演員的表演有相當細緻內行的分
析。但也有廣告、新聞以及與讀者討論的文字。圖像更加聚焦在演員之上,甚
至有好幾幅只有一人的圖畫,大多沒有畫出舞臺背景,圖中配以簡單文字說明
這個場面,相當接近於現今的舞臺劇照。〔註68〕這兩個專欄雖都屬新聞速寫畫
風,但沈伯誠筆下的人物更為寫實,動作也更為精確,尤其在《圖畫劇報》所
刊登的伶人圖像比起《民權畫報》更加細緻,伶人外貌辨識度相當的高。

　　雖然筆繪畫報在傳真寫實上,遠不如照相攝影。但在攝影技術未臻完美
之時,筆繪畫報仍有其優勢之處。關於這點《北洋畫報》的發行者馮武越便
深有體會:

> 筆繪畫報善能描寫新聞發生時之真景,有為攝影鏡頭所絕對不易攫
> 得者。近世攝影術雖精,攝影記者雖眾,而時事照片中終難得活潑
> 潑能驚人之寫真。〔註69〕

馮武越雖然說的是時事新聞照片,但也很適合用來解釋這些伶人畫的特色。
當時的攝影技術所無法擷取舞臺影像,卻透過畫家筆下重現於讀者眼前,使
得這些伶人舞臺畫有著當時照片所沒有的優勢。

(一)捕捉伶人姿態神氣

　　透過靜態圖畫呈現動態的舞臺演出,考驗著畫師的功力與觀看視角。
「亮相」是戲曲非常獨特且具魅力的演出不可或缺的一部分,僅那短短的停
頓,經由演員身體展現出獨特的雕塑美感,也往往會成為觀眾心中印象最深

〔註68〕沈泊塵的戲畫以戲曲舞臺人物形象在朋友間有照相鏡的外號。吳浩然編、沈
　　　　泊塵畫,《民國戲劇人物畫》(濟南:齊魯書社,2012年),頁10。
〔註69〕馮武越,〈畫報進步談〉,《北洋畫報》,1928年12月1日。

的一幅影像。對於畫家來說也是容易入畫的場面。無論是「三十年伶界拿手戲」，還是「菊部春秋」都時常選取了演員的亮相姿態入畫（圖4-17）。〔註70〕但在當時舞臺上流行的許多精彩武戲劇目，還可以看到畫家嘗試在圖中呈現武戲的動態感。如孫玉聲在〈黃月山之《伐子都》〉一文中稱讚黃月山此戲「其平生最得意之作，為〈伐子都〉金殿裝瘋一場……子都自桌中翻一懸空筋斗，直至臺心，令人拍案叫絕。」〔註71〕圖像便重現黃月山越過桌子翻跟斗的那一瞬間，重現演員展現絕活的當下（圖4-18）。可惜劉伯良筆下人物的肢體動作常嫌不夠精確，如〈蔡桂喜之《蝴蝶夢》〉一圖（圖4-19），孫氏特別強調蔡桂喜劈棺從桌上翻跌下之身段與眾不同：「此戲田氏于劈棺見莊子時，由桌上翻跌而下，他伶類同筋斗，唯蔡伶系僵屍跌（仰身反跌，手足不動，曰僵屍跌，最屬不易。）」〔註72〕但圖中的田氏不僅沒有呈現蔡伶仰身反跌的絕活，反而是俯身落地，姿勢也與現實身段相差頗多。甚至有些圖畫與文字敘述不合有之處。〔註73〕相形之下，沈伯誠的戲畫如〈畢永霞飾猴子跳棍特技〉（圖4-20）、〈畢永霞飾猴子從兩桌半接叉翻下之狀態〉〔註74〕〈惡虎村〉〔註75〕、〈界牌關〉〔註76〕等圖，同樣擷取演員凌空一瞬間作為主題，但動作寫實逼真，以未完成的動作，營造出單純亮相圖所沒有動態感。即便以現在先進的攝影技術，要拍出這樣照片也非易事。十足呈現出沈泊塵畫技以及對演員身段的精確掌握。而且不同於「三十年伶界拿手戲」的回顧性質，沈泊塵戲畫與即時性很強，繪製戲畫的過程中，甚至有參考演員意見的機會，如〈三氣周瑜蘆花蕩〉（圖4-21）的說明文字：

〔註70〕「三十年伶界拿手戲」〈杜蝶雲之《黃鶴樓》〉、〈賽貂蟬之《鳳儀亭》〉收錄於《京劇歷史文獻匯編》，冊9，頁310、434；「菊部春秋」〈楊小樓之《長板（坂）坡》〉、〈楊小樓《盜御馬》〉、〈毛韻珂飾雉尾生之神情〉，分別收錄於《京劇歷史文獻匯編》，冊9，頁688、692、780。

〔註71〕〈黃月山之《伐子都》〉，收錄於《京劇歷史文獻匯編》，冊9，頁196。

〔註72〕〈蔡桂喜之《蝴蝶夢》〉，收錄於《京劇歷史文獻匯編》，冊9，頁276～277。

〔註73〕孫氏稱讚任七在翠屏山中殺山一場展現的驚人腿功時，說道：「以棍植立臺上，將右足自棍間越過，雖足短棍高，而棍不欹側，尤其絕技。」但圖中石秀則是抬起左腳。〈任七之《翠屏山》〉，收錄於《京劇歷史文獻匯編》，冊9，頁204～205。

〔註74〕泊誠，〈畢永霞飾猴子從兩桌半接叉翻下之狀態〉，收錄於《京劇歷史文獻匯編》，冊9，頁696。

〔註75〕泊塵，〈惡虎村〉，吳浩然編、沈泊塵畫，《民國戲劇人物畫》，頁17。

〔註76〕吳浩然編、沈泊塵畫，《民國戲劇人物畫》，頁24。

此劇演周瑜者，即昨登〈出獵〉之咬臍郎，年九歲名和昌，其弟八
歲，名榮昌……前日面告我曰：當客串此劇，最有姿勢，將左手握
拳，僅留小指，以諷周瑜，乃咬牙切齒曰：你小小的功勞。一手斜
執長槍。如為我畫，要此一段的，其言極有趣味，從其所請，因加
工繪成……〔註77〕

或許就是這樣的交流互動，使得沈泊塵對於演員姿勢神態的掌握越來越得心
應手。因此沈泊塵對於如何繪製演員臉上之表情神氣非常有自覺：

前晚聞叫天為伶界聯合會倡義務戲，亟往觀之，神情究異庸輩。請
自今始，即將其是晚所唱《捉放曹》之長處逐漸繪出，俾便新劇家
留意表情者借鑑。〔註78〕

不僅常以某某演員某某戲之神氣作為自己圖畫說明文字，更有自己的圖可以
做為演出者表情上的參考的自信。

圖 4-17：〈毛韻珂飾雉尾生之神情〉〔註79〕

〔註77〕〈三氣周瑜蘆花盪〉，吳浩然編、沈泊塵畫，《民國戲劇人物畫》，頁44。
〔註78〕吳浩然編、沈泊塵畫，《民國戲劇人物畫》，頁64。
〔註79〕泊誠，〈毛韻珂飾雉尾生之神情〉，收錄於《京劇歷史文獻匯編》，冊9，頁780。

圖 4-18：
〈黃月山之《伐子都》〉〔註80〕

圖 4-19：
〈蔡桂喜之《蝴蝶夢》〉〔註81〕

圖 4-20：〈畢永霞飾
猴子跳棍特技〉〔註82〕

圖 4-21：
〈三氣周瑜蘆花盪〉〔註83〕

〔註80〕〈黃月山之《伐子都》〉，收錄於《京劇歷史文獻匯編》，冊9，頁196。

〔註81〕〈蔡桂喜之《蝴蝶夢》〉，收錄於《京劇歷史文獻匯編》，冊9，頁276。

〔註82〕伯誠，〈畢永霞飾猴子跳棍特技〉，收錄於《京劇歷史文獻匯編》，冊9，頁694。

〔註83〕泊塵，〈三氣周瑜蘆花盪〉，吳浩然編、沈泊塵畫，《民國戲劇人物畫》，頁44。

（二）以圖敘戲

　　劇評畫最主要的功用就是以圖配文，彌補文字的不足。選擇哪戲中那個畫面來代表這場戲，考驗著畫家的眼光與對舞臺演出的掌握。劉伯良除了「三十年伶界拿手戲」，也同時負責「世界新劇」的配圖，因此這兩個專欄的構圖與畫風相當的類似。「世界新劇」圖文並茂地向讀者敘說當時上海新舞臺的諸多新劇情節。加上呈現全景式的舞臺畫面，這使得劉伯良圖常帶有較強的戲劇感。如〈賽貂蟬之《鳳儀亭》〉，畫中的呂布掏翎直視，貂蟬袖掩回望，一旁王允負手偷覷，三人三種身姿表達出不同的情緒（圖4-22）。人物雖然不如沈泊塵來得逼真，巧妙的構圖將當時的戲劇情境描摹的淋漓盡致。

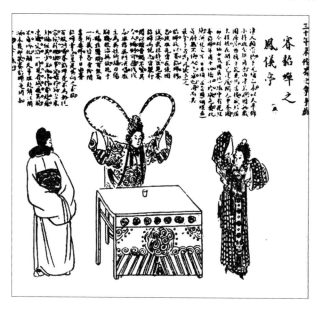

圖4-22：〈賽貂蟬之《鳳儀亭》〉〔註84〕

　　沈泊塵作品的風格則顯得多元化許多，既有純聚焦於伶人的神氣姿勢，如《逍遙津》便分曹操、獻帝與二皇子兩圖，其中曹操圖上便寫著「李連仲飾曹操奸相畢露」，特別突出了這種特質（圖4-23）。也有如劉伯良一般經由多個腳色，經營畫面張力。尤其後期畫技洗練，構圖也更加進步，如《桑園會》便非常精準的掌握了三個場上人物的姿態與神情，展現出十足的戲感（圖4-24）。若將兩幅不同時期的《金殿裝瘋》的戲畫相比，更可看出明顯差異（圖4-25、圖4-26）。雖然目前無法明確考知「三十年伶界拿手戲」、「菊

〔註84〕〈賽貂蟬之《鳳儀亭》〉，收錄於《京劇歷史文獻匯編》，冊9，頁434。

部春秋」專欄作者與畫師合作方式。但前者是回憶過往名伶，後者則是反映
當下劇壇動態，文字無疑占有專欄的主導權。圖畫大多配合文字繪製，故應
是以文先圖後的生產方式。但圖畫並不完全是文字的附庸。以「三十年伶界
拿手戲」為例，當孫氏評賞重點放在不易在畫面上鋪陳出張力的抒情場面
時，畫師也會做出調整。如〈賈洪林之《搜救（按：應做孤）救孤》〉，文中特
別稱道其祭公孫一場，稱之「為絕後空前，即叫天亦嘆為得未曾有」。〔註 85〕
但畫師卻選擇繪製前一場白虎大堂程嬰鞭打公孫的畫面。這應是由於法場祭
公孫一場表演純以抒情唱段為主，場面冷清，構圖難以呈現戲劇感。但白虎
堂上鞭打公孫一場，戲情緊繃，程嬰、公孫杵臼、屠岸賈姿態各自不同，更
有利於畫師經營畫面的張力（圖 4-27）。〈王松之《刀會》〉應該也是相同的
原因，畫師選擇繪製了關羽要脅魯肅的場面，而非孫氏嘆為絕唱的舟中橋段
（圖 4-28）。

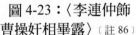

圖 4-23：〈李連仲飾
曹操奸相畢露〉〔註 86〕

圖 4-24：
《桑園會》〔註 87〕

〔註 85〕〈賈洪林之《搜孤救孤》〉，收錄於《京劇歷史文獻匯編》，冊 9，頁 362～363。
〔註 86〕伯誠，〈李連仲飾曹操奸相畢露〉，收錄於《京劇歷史文獻匯編》，冊 9，頁
698。
〔註 87〕伯誠，《桑園會》，見吳浩然編、沈泊塵畫，《民國戲劇人物畫》，頁 46。

圖 4-25：〈吳彩霞之
〈金殿裝瘋〉〉〔註88〕

圖 4-26：〈〈金殿裝瘋〉朱幼芬
裝瘋時做手勢之神氣〉〔註89〕

圖 4-27：
〈賈洪林之《搜孤救孤》〉〔註90〕

圖 4-28：
〈王松之《刀會》〉〔註91〕

　　這些劇評畫雖然大多以重現舞臺為目的，但已有少部分開始出現漫畫
色彩。如劉伯良在〈日日紅之《對銀杯》〉圖中，便出現類似連環圖的趣

〔註88〕伯誠，〈吳彩霞之金殿裝瘋〉，收錄於《京劇歷史文獻匯編》，冊9，頁766。
〔註89〕泊塵，〈金殿裝瘋朱幼芬裝瘋時做手勢之神氣〉，收錄於吳浩然編、沈泊塵畫，
　　　　《民國戲劇人物畫》，頁26。
〔註90〕〈賈洪林之《搜孤救孤》〉，收錄於《京劇歷史文獻匯編》，冊9，頁362。
〔註91〕〈王松之《刀會》〉，收錄於《京劇歷史文獻匯編》，冊9，頁220。

味。〔註92〕孫玉聲在小傳中稱讚日日紅:「而其最拿手者為《對銀杯》服毒一場,聲韻悲涼,幾令見者泣下。」〔註93〕在圖中則可見二娘手持銀杯,三娘倚臂而睡,但在左方卻出現了被小鬼鎖拿的二娘魂魄(圖4-29)。在一幅圖中出現兩個二娘,明顯與舞臺實況不同,而是帶有敘事意圖的手法。而沈泊塵在「菊部春秋」〈王玉峰奏琴二〉一圖中(圖4-30),將畫面集中在王玉峰彈撥三弦的手上,上繪八幅小戲畫圍繞著彈撥三弦的手上。以漫畫的手法呼應了鄭正秋文中所說「王玉峰聚生旦淨末丑諸著名腳色于一手,所差者,惟有聲無形耳。」〔註94〕這兩幅戲畫都開始跳脫「重現演出」,而是以圖像作為敘事、評論的媒介。

圖4-29:
〈日日紅之《對銀杯》〉〔註95〕

圖4-30:
〈王玉峰奏琴〉〔註96〕

〔註92〕《對銀杯》屬梆子戲劇目,劇演趙高娶妻劉氏,二娘張氏和三娘。二娘生子趙千,三娘生子趙萬。趙高奉命出征,大娘懷恨,差劉奎謀殺趙千、趙萬。劉奎不忍,放二子逃走。大娘又拷打二娘、三娘,並將二娘毒死。二子得中文武狀元,趙高亦平亂回家,問明家情,雷殛大娘,封三娘為誥命夫人。山西省戲劇研究所等合編,《中國梆子戲劇目大辭典》(太原:山西人民出版社,1991年),頁486。
〔註93〕〈日日紅之《對銀杯》〉,收錄於《京劇歷史文獻匯編》,冊9,頁394~395。
〔註94〕伯誠,〈王玉峰奏琴二〉,收錄於《京劇歷史文獻匯編》,冊9,頁822~823。
〔註95〕〈日日紅之《對銀杯》〉,收錄於《京劇歷史文獻匯編》,冊9,頁394。
〔註96〕伯誠,〈王玉峰奏琴二〉,收錄於《京劇歷史文獻匯編》,冊9,頁822。

　　清末民初的劇評畫跳脫了伶人畫像只能做為欣賞收藏的物件，與文字相互配合，不僅補充了文字難以展現視覺效果，讓讀者能夠透過圖文參照、回味演出實況外，更在畫家的巧思下展現出更強的敘事以及評論的企圖。劇評畫在清末民初的方興未艾的評劇界佔有一席之地，可惜隨著民國初期銅版印刷的普遍，照片印刷的成本大幅降低。伶人畫像很快地為更寫實的照片所取代，即便偶爾出現，也不過做為點綴之用，逐漸失去了其傳播評論的功能。

第三節　照片：伶人圖像多元發展

　　攝影技術在晚清時期傳入中國後，在短短數十年間便改變了傳統圖像的生產方式。尤其是人物肖像，人們不需要花上大筆的時間便可以留下極度逼真的人像，且更能快速複製傳播，圖像運用更加多元。這使得伶人照片可以成為大量生產的商品，加上圖像印刷技術的普遍，此時伶人圖像爆炸性的成長，充斥著民眾生活周遭，在新式傳媒無孔不入的傳播下，伶人在民國時期能成為娛樂界最主要的焦點，照片的影響不容小覷。

一、伶人攝影小史

　　雖然到晚清時期攝影剛傳進中國時，被某些人當成一種奪取魂靈的妖術。〔註97〕但攝影在中國普及其實算是相當迅速，短短二十餘年，香港、廣州、上海等通商口岸或租借區紛紛成立照相館，攝影產業也迅速的本土化。〔註98〕值得注意的是攝影如此快速的普及與伶、妓這兩個群體有著相當密切的關係。光緒十年（1884）的《申江名勝圖說》〈照相館名花留影〉中便說道：「自西人有照相之法，而鏡中取影益覺活潑如生，更不必拈粉調脂，細寫名花倩影也……凡柳巷嬌娃，梨園妙選，無不倩其印成小幅，貽贈所歡。」〔註99〕何德蘭（Issac Taylor Headland 1859～1942）在 1901 年的文章中也提到：

　　　　攝影在中國得到普及，很大程度上得益於伶人對拍照的垂青。他們
　　　　熱衷於拍攝各種戲裝照。青樓名妓也對此饒有興趣。這兩類人群對

〔註97〕泰瑞·貝內特，《中國攝影史中國攝影師 1844～1879》（北京：中國攝影出版社，2014 年），頁 18～20。
〔註98〕泰瑞·貝內特，《中國攝影史中國攝影師 1844～1879》，頁 32～35。
〔註99〕《申江名勝圖說》（光緒十年，管可壽齋木刻本），冊 2，頁 70。

攝影藝術有著潛移默化的影響，特別是在上海；其他地方也是如
此……〔註100〕

不過從《申江名勝圖說》〈照相館名花留影〉的語意來看，當時對拍照贈人這
件事仍頗不以為然，可見風氣未開。〔註101〕但攝影風潮沛不可擋，很快地吹
到保守的帝都。清末民初文人沈太侔在《東華瑣錄》中記載：

> 通海以來，西風東漸，光電之學以次昌明，攝影所傳，遂與畫工並
> 駕齊驅，而且勝之，以其為名儕歡會，藉寫離踪，粉黛爭妍，偶窺
> 色相，而文人詞客，名公鉅卿，簿書多暇，文酒餘閑，且以添春明
> 佳話，燕山鴻雪焉。曾見一像，為寶香士、寶似蘭、徐梅村、盛伯
> 希，男裝女裝，僧伽羽客，狀態不一。有梳如意髻，河山象服者，
> 有圓結做時裝，雙翹弓彎者，聞其中之僧道裝束者，初亦欲作女妝，
> 總未如法，因改為方外。此片紙至今尚存，有某君題詩於上，詩頗
> 刻劃。又一日，見廟市售袁爽秋相片，惜為不識者攫去，題像之字，
> 幾如細蠅，想必皆名流遺墨，惜未卒讀，何梅叟罷官京居，嘗與廓
> 軒師，匋齋諸人攝影舊園，名舊園雅集圖，曾囑覓畫師，仿李龍眠
> 白描羅漢畫法，就照像之真跡，背摹一圖，然後徧徵題詠，允為藝
> 林盛事，而梅叟旋歸道山，負此一諾，至今猶耿耿也。〔註102〕

此時拍攝照片已經是北京上層階級相當流行的休閒娛樂。此時攝影仍延續了
傳統行樂圖風格，透過扮裝來創造與平時不同的自我。〔註103〕甚至突破傳統
尺度，展現了性別越界的慾望。〔註104〕

誰是最早開始拍照的伶人，早已無法考察。尤其傳世照片不似畫像多有

〔註100〕轉引自泰瑞・貝內特，《中國攝影史中國攝影師1844～1879》，頁26。

〔註101〕「歐西有人嘗予曰彼國罪犯遇赦則照其面目以後以便可按圖索，若然則彼
中人果何所取義而群相效顰哉！嘻！」《申江名勝圖說》，冊2，頁70。

〔註102〕沈太侔，《東華瑣錄》，頁190～191。

〔註103〕如袁世凱1908年下野時便曾拍攝漁翁照發布於《東方雜誌》第8卷第4期。
吳群，《中國攝影發展歷程》（北京：新華出版社，1986年），頁132。

〔註104〕根據《點石齋畫報》的報導，晚清時期男子作女裝並不罕見，並且認為這與
戲曲娛樂興盛有關：「近來鬚眉中人，大半好內家裝束。袴腳也而邊鑲，鞋幫
也而花繡；衫也而雪紅，褂也而茶綠；指環臂釧，金玉其相；香蜜文煙，芬芳
竟體。充其量，恨不身入梨園，并此報報者而施以脂粉也，是亦俗尚使然也」
《點石齋畫報》〈遊戲生涯〉辰集。何蘭德在1901年發表的《攝影在中國》一
文中曾提及其中國友人攝製自己扮飾成西方女子的照片，並作為禮物贈人。
轉引自泰瑞・貝內特，《中國攝影史中國攝影師1844～1879》，頁330。

題記，很難得知拍攝時間，甚至有時連像主身分都難以考察。目前筆者所見最早的戲裝照大約於 1870 年代在上海、香港所攝（圖 4-31）〔註 105〕。但照片中人物姿態鬆垮，雖然身著戲裝，主角是不是伶人都令人懷疑。不過即便是風氣保守的北京，最慢在光緒初年就有伶人照相的紀錄。辻聽花在《順天時報》專欄中提及知名票友退庵居士文瑞圖曾贈他一張文氏與七名四喜班童伶的合照。〔註 106〕根據退庵居士的說法，那是光緒五年（1879）四喜班赴堂會演出時所照，雖然那次堂會梅巧玲也有演出，但並未入鏡，這幀照片辻聽花也未刊登，無法得見其樣貌。由於在光緒十七年（1892）豐泰照相館成立之前，北京並沒有專業的照相館，攝影只能依賴部分攝影愛好者，或是從外地聘請的攝影師，因此這張照片可說是非常難能可貴。〔註 107〕後來退庵居士陸續贈給聽花數幀照片，但拍攝時間已經到了光緒十八、十九年了。聽花曾在《順天時報》與《中國劇》上刊登〈劉趕三與李富才之《拾玉鐲》戲裝照〉（圖 4-32）〔註 108〕。根據說明，這張照片同樣是赴退庵居士家中堂會演出時所拍攝。

　　伶人攝影大概在光緒十八、十九年前後逐漸普遍，目前可見的早期伶人照片，如〈劉趕三騎驢照〉〔註 109〕、〈朱蓮芬、陳桂亭的〈琴挑〉劇照〉〔註 110〕、〈田際雲、朱素雲、路三寶的《黃鶴樓》劇照〉〔註 111〕、〈王瑤卿、

〔註 105〕可參見泰瑞‧貝內特，《中國攝影史中國攝影師 1844～1879》，頁 27、82、83、84。

〔註 106〕這七名童伶分別為：曹翠喜、朱靄雲、陳根棣、王怡仙、王桐雲、梅竹芬、李寶琴。見聽花，〈四十年前之寫真朱幼芬、梅蘭芳、王琴儂之父〉，《順天時報》，1918 年 12 月 17 日，五版。

〔註 107〕見馬運增等，《中國攝影史（1840～1937）》（北京：中國攝影出版社，1987 年），頁 51。泰瑞‧貝內特，《中國攝影史中國攝影師 1844～1879》，頁 53、58。

〔註 108〕照片拍攝於光緒十九年（1894）。聽花，〈劉趕三與李富才之《拾玉鐲》〉，《順天時報》，1919 年 1 月 17 日，五版。這張照片後成為徐慕雲，《梨園影事》中劉趕三畫像的依據。

〔註 109〕劉趕三亡故於光緒二十年（1894），從人物來看應該與上述《拾玉鐲》戲裝照差不多同時拍攝。

〔註 110〕由於朱蓮芬亡故於光緒十九年（1893）此照必攝於此年之前。朱蓮芬逝世年份考證可見李活茵，〈由私寓歌郎到職業崑伶的表演藝術轉型〉，收錄《戲曲研究通訊》第 9 期，頁 196。這張照片曾在民國十年（1921）舉辦的名伶遺物展覽會展出，當時陳桂亭的外孫賈大元特別要求翻拍收藏，可見當時相當罕見。見〈都門菊訊〉，《順天時報》，1921 年 10 月 30 日，五版。

〔註 111〕根據《中國攝影史》所說這張照片是光緒十九年（1894）由豐泰照相館拍攝。馬運增等，《中國攝影史（1840～1937）》，頁 52。

王鳳卿《四郎探母》劇照〉〔註112〕等照片，以及前面曾提及的唐采芝便裝小照也大約攝製於此時。而與唐采芝同齡，一併被選進《繪圖情天外史》中的王瑤卿也留下數張同時期拍攝的便裝照。這都可證明此時伶人攝影已經相當普遍。攝影產業剛進駐北京短短數年，伶人便成為北京攝影業重要的客群。

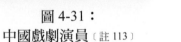

圖 4-31：
中國戲劇演員〔註113〕

圖 4-32：
〈劉趕三與李富才之《拾玉鐲》〉〔註114〕

如此看來，清末伶人似乎很快地接受了攝影，但事實上直到民國年間仍有不少演員排斥攝影，如號稱從不拍照的孫菊仙便是最好的例子。〔註115〕民國七年（1918）聽花便在《順天時報》刊出〈演員與寫真之關係〉一文，直言「今日劇界藝員不忌攝影者甚屬寥寥，其餘對於寫真一事怕之、忌之，出人意表。」〔註116〕並進一步分析當時劇界為何排斥攝影，整理其理由大致可分五點：

〔註112〕〈王瑤卿、王鳳卿《四郎探母》劇照〉，《國劇畫報》，1932 年 9 月 16 日。
〔註113〕照片資訊：「公太照相館（上海），中國戲劇演員，19 世紀 70 年代，名片小照，手工上色，作者收藏。」泰瑞・貝內特，《中國攝影史中國攝影師 1844～1879》，頁 27。
〔註114〕〈劉趕三與李富才之《拾玉鐲》〉，《順天時報》，1919 年 1 月 17 日，五版。
〔註115〕孫菊仙號稱不拍照、不灌唱片、不收徒。但事實上他仍留下了一些晚年便裝照。
〔註116〕聽花，〈演員與寫真之關係〉，《順天時報》，1918 年 12 月 18 日，五版。

一、認為攝影會奪去精神至使技藝退步

二、不希望自己影像被人任意流傳、玩視

三、拍照對於藝員、劇場沒有利益

四、劇園拍照破壞秩序

五、素來無拍照前例

一、三、五點反映了部分伶人保守、迷信的一面；第四點在當時鬆散喧囂的劇場也難以成立。反倒是第二點頗耐人尋味，在《中國劇》中聽花針對伶人忌諱照相一事補充道：「又己之小影，被人愛玩，勢暴露於塵埃之中，而於名譽有礙。」〔註117〕在這些保守伶人心中，相片流傳不僅不是為己宣傳，反而有害自己的名聲。伶人的職業特性本來就是被人觀視，但這些伶人卻對自身影像在他所不知之處被人任意欣賞而感到排斥。這種心態並非伶人獨有。慈禧太后曾精心拍下了一系列包括扮裝造型的照片分贈他人，並容許公開發售其照片。慈禧看似相當樂於自己的影像被觀看，卻同時又禁止自己相片被無限的複製。〔註118〕彭麗君分析慈禧的心態是：

> 攝影呈現為可使人們肯定自己主動性的一個新方法，但攝影的機械
> 複製性卻削弱了自己能夠操控的那個幻象。〔註119〕

因此慈禧希望以限制生產的方法，控制自己形象是在有限度的範圍內被觀看。這似乎也可以用來解釋某些伶人何以不喜拍攝照片任人觀看，乃至於排斥灌唱片的心理。對伶人而言，色藝是價值自身所在，過度輕易被複製傳播，將貶低了自身的價值。雖然慈禧、伶人的階級天差地遠，但同樣反映出攝影技術初入中國時，人們對於自身影像的控制權的不安。當然，這種疑懼較容易出現在老輩優伶身上，隨著攝影文化在中國的普及，連號稱從不攝影的孫菊仙也留下數幀晚年便裝照。年輕的伶人也在新興傳播環境下將自身影像複製效益極大化。但到1940年代，張古愚提及收集名伶照片時，仍提及舊劇藝人最不喜本人便影和劇照落入他人手中，亦可見這種心態並未絕跡。〔註120〕

〔註117〕聽花，《中國劇曲》，頁191。

〔註118〕彭麗君，《哈哈鏡：中國視覺現代性》（上海：上海書店出版社，2013年），頁90～93。

〔註119〕彭麗君，《哈哈鏡：中國視覺現代性》，頁98。

〔註120〕編者，〈保存國劇就是本刊的刊訊〉，《十日戲劇》，收錄於《中國早期戲劇畫刊》，冊30，頁454。

二、劇照拍攝的精緻化

　　剛開始接觸攝影的伶人如何在鏡頭前展現自己的舞臺形象，也是經歷過一連串的適應過程。將不同時期的劇照並置，明顯可以看出伶人熟悉攝影的過程。

　　目前可見光緒二十年以前拍攝的劇照，無論是演員姿態還是構圖往往顯得簡陋。雖然照片中的伶人受惠於自小的身形訓練，仍展現出戲曲身形之美。但拍攝時較少想要去突顯「戲味」，整體更接近戲裝擺拍。但到光緒三十年後拍攝的照片，部分照片就顯得講究許多。只要把兩個時期同是王瑤卿、王鳳卿拍攝的坐宮劇照相比就非常明顯。後者無論構圖乃至於人物表情上，遠比光緒二十年那張來得更有戲劇性（圖4-33、圖4-34）。雖說如此，由於當時照相館的拍攝空間，時常常可以看到演員們身著戲裝，背景卻是西式布景，甚至擺放著西洋家具這種令人啼笑皆非的劇照（圖 4-35）。對此民國二十一年（1932）楊愛周在〈從舞臺背景說到照相背景〉對此便有所批評，認為《國劇畫報》所刊布的余叔岩、楊小樓劇照「不合事理，把劇中人的神氣都減色不少。」認為劇照拍攝應該除去所有背景。〔註121〕除此之外，演員拍攝時常直視鏡頭也為人所詬病。同樣在民國二十一年（1932）的《劇學月刊》屬名道的〈關於圖片（二）〉一文，便對這種現象大加批評：

> 新劇場裡的觀眾，常常談到舊劇的雜亂無章，說不必到舊劇園裏去實地查驗，只要看著伶人票友所照的戲片就可以使人退避三舍了，有的穿著戲裝，倚著「沙發」，有的不顧戲情，卻把眼睛望著照相機的鏡頭。所以畫片雖多，只看見伶人，卻看不出一點戲味兒，於是「中國的戲，不成其為戲」的惡評，就因許多不合理戲片而加重了彈擊的力量。
>
> 實在這又何嘗是中國戲劇本身之過？中國的好劇，一樣有意義，一樣有結構。不過伶人一向是為「照相而照相」不是為戲劇而照相，照個相片，自己看著好看，留個影子，就完了。至於戲劇的圖片之攝製法，像新劇家的辦法，伶人們從來就沒有想到，卻並不是中國的戲劇本身上的辦不到。〔註122〕

〔註121〕楊愛周，〈從舞臺背景說到照相背景〉，《國劇畫報》，1932 年 11 月 4 日。
〔註122〕道，〈關於圖片（二）〉《劇學月刊》第 1 卷第 5 期，收錄於《中國早期戲劇畫刊》，冊 17，頁 472。

圖 4-33：〈王瑤卿、王鳳卿
光緒二十年左右拍攝之
〈坐宮〉劇照〉〔註 123〕

圖 4-34：〈王瑤卿、王鳳卿
光緒三十二年拍攝之
〈坐宮〉劇照〉〔註 124〕

圖 4-35：〈賈璧雲《醉歸》〉〔註 125〕

　　認為伶人拍劇照只顧著自己，而不是為了戲，因此不講究構圖神態。希
望伶人能夠吸收新劇拍攝方法來拍攝劇照。並在當期的《劇學月刊》上刊載
一幀〈程硯秋《朱痕記》磨坊之一景〉劇照做為範例。可惜影印本模糊難
辨，無法探知《劇學月刊》理想劇照之樣貌。筆者曾見到一張程硯秋《朱痕
記》磨坊劇照。照片雖然符合《朱痕記》磨坊的故事情境，但程硯秋依然直

〔註 123〕　〈王瑤卿、王鳳卿光緒二十年左右拍攝之〈坐宮〉劇照〉，《國劇畫報》，1932
　　　　　年 9 月 21 日。
〔註 124〕　〈王瑤卿、王鳳卿光緒三十二年拍攝之〈坐宮〉劇照〉，《國劇畫報》，1932
　　　　　年 9 月 21 日。
〔註 125〕　〈賈璧雲演《醉歸》劇〉，《霓裳艷影》，收錄於《民國京崑史料叢書》第 1 輯，
　　　　　頁 267。

視鏡頭，正是張體道所說的伶人照相大忌，不知是否即為此照（圖 4-36）。若考察當時話劇劇照，會發現這些劇照重點在戲劇情境的重現，而非凸顯個別演員（圖 4-37）。《劇學月刊》所希望打破的就是戲曲劇照聚焦演員的習慣，希望將視野拓展到整齣戲上。雖然立意良善，卻與傳統戲曲演員中心的特質相違背，因此這類劇照自然也難以風行。

圖 4-36：〈程硯秋
《朱痕記》磨坊劇照〉〔註 126〕

圖 4-37：
《北洋畫報》〈父歸〉劇照〔註 127〕

其實伶人並非不重視拍劇照，只是他們更關注在自身形象之上。對於行家來說，從照片所展現姿勢工架，甚至可以看出學藝的系譜。如《國劇畫報》曾刊出一幀「張淇淋與朱文英的《慶頂珠》末場劇照」，梅蘭芳便認為其工架保留其外祖父一派的武生風格。〔註 128〕伶人對此是有所自覺的，因此也對劇照呈現有著更高的要求。如民國十年（1921）6 月 3 日《順天時報》曾發布了一張余叔岩〈探母〉劇照，兩天後還特別在報上說明此照是由楊小樓所擺，與譚鑫培之〈探母〉無異，以此凸顯余叔岩與譚鑫培師承關係。〔註 129〕後來流派傳人拍攝劇照時也多會模仿流派宗師的造型。甚至連拍攝時裝照也都會刻意模仿，如丁秉鐩便提及言菊朋模仿譚鑫培時裝照做為餽贈品的事跡。〔註 130〕

在諸多名伶中，梅蘭芳對拍攝劇照可說是最為講究的一位，留下的劇照

〔註 126〕 〈程硯秋《朱痕記》磨坊劇照〉見梨園雜誌網站：http://www.sohu.com/a/ 227760353_488999，查閱日期 2018 年 4 月 14 日。

〔註 127〕 〈父歸〉劇照，《北洋畫報》，1931 年 2 月 7 日。

〔註 128〕 根據梅蘭芳的說法，這張照片應該是《青龍棍》。見梅蘭芳，〈漫談運用戲曲資料與培養下一代〉，收錄《梅蘭芳全集》，冊 3，頁 172～173。

〔註 129〕 〈菊訊一束〉，《順天時報》，1921 年 6 月 5 日，五版。

〔註 130〕 丁秉鐩，《孟小冬與言高譚馬》（臺北：大地出版社，1989 年），頁 81。

也最為可觀，晚年還根據自身經驗總結了照戲裝照片的六忌，可見其所用之心思。〔註131〕雖然梅蘭芳亦不乏一些呆板突兀的照片，但整體看仍是風格最為多元，對於伶人拍攝劇照的精緻化多有開拓之功。

　　在梅蘭芳留下的諸多劇照，最值得注意的是民國初年梅蘭芳為新編戲所拍攝的劇照。這些古裝新戲的劇照除了服飾、造型之外，連身段姿態也多與傳統劇照有很明顯的區別。彭麗君分析《千金一笑》（圖4-38）劇照時說道：「明顯為了投合照片的觀看多過於舞臺觀眾。」〔註132〕梅蘭芳早期有一張身披雲帶的《霸王別姬》劇照，連許姬傳都批評疊床架屋（圖4-39）。〔註133〕但卻也佐證梅蘭芳在拍某些照片時並不以重現舞臺形象為考量。這一點在梅蘭芳早期《天女散花》劇照中最為明顯，從照片中可以看出拍攝者企圖以雲帶迴旋纏繞的效果，營造出仙袂飄飄的氣韻，甚至後製出雲彩的效果（圖4-40）。不拘泥於重現舞臺畫面，而是以戲曲身段來呈現繪畫構圖，全面地烘托梅蘭芳空靈曼妙的詩意與仙氣，這與梅氏此時新編戲的宗旨若合符節。〔註134〕已經非常接近現今拍攝宣傳劇照的概念。

圖4-38：〈梅蘭芳《千金一笑》劇照〉〔註135〕

〔註131〕梅蘭芳，〈漫談運用戲曲資料與培養下一代〉，收錄於《梅蘭芳全集》，冊3，頁175～176。

〔註132〕彭麗君，《哈哈鏡：中國視覺現代性》，頁106。

〔註133〕許姬傳，〈故宮藏梅蘭芳劇照考〉，《故宮博物院院刊》，1980年第2期，頁46。

〔註134〕王安祈，《為京劇體系發聲》，頁49～53。

〔註135〕梅紹武主編，《梅蘭芳》（北京：北京出版社，1997年），頁55。

圖 4-39：〈梅蘭芳
《霸王別姬》劇照〉〔註 136〕

圖 4-40：
〈梅蘭芳《天女散花》劇照〉〔註 137〕

三、伶人照片的商業性質

伶人圖像對於戲迷而言可算是名伶的替代品，拉近了自己與名伶的距離，滿足了親近名伶的慾望。如民國五年（1916 大顛次郎的〈梅迷自傳〉一文便十足展現這種心態：

> 或出塵市又惘惘無所之，偶經相館撇見意中人小影四壁高懸，或葬花、或觀書、或坐、或立、或古裝、或時式、或背、或旁，皆窈窕如生，嫵媚盡致，大顛次郎乃又移其觀劇憨態，玩味再三。爰問價於館主，館主逆知其心，故居奇，一一索三倍值。大顛次郎急回索居囊其數往，悉購以歸，終日反覆撫摩。〔註 138〕

這段自述將戲迷對名伶照片的癡迷寫得活靈活現。可以大量複製的相片，輕易滿足戲迷們的慾望，伶人照片很快成為炙手可熱的商品。早在光緒二十四年（1898）孫寶瑄在其日記中便有：「買得伶人名三盞燈者映像攜歸，此君為

〔註 136〕 許姬傳，〈故宮藏梅蘭芳劇照考〉，頁 46。
〔註 137〕 梅蘭芳《天女散花》劇照，見梅紹武主編，《梅蘭芳》，頁 49。
〔註 138〕 大顛次郎，〈梅迷自傳〉，《順天時報》，1916 年 6 月 15 日，五版。

余所目賞而心醉者」的紀錄。〔註139〕可知此時伶人照片已經成為市面上販售的商品。前文曾提及光緒二十一年（1895）出版的《繪圖情天外史》根據照片改繪的伶人畫像，已可以視為另一種型態的伶人照片了。

在攝影技術尚不普及的年代，相片從攝影到沖洗販賣幾乎都由照相館包辦，伶人照片自然也不例外。如上述的豐泰照相館便因拍攝、販售名伶相片而有不小的獲利。因此照相館會主動邀請伶人拍攝劇照，如中法合資的芝蘭照相館便在光緒三十一年（1905年）邀請楊小樓、王鳳卿、王楞仙等名伶拍攝了一批劇照，掛於窗外作為宣傳，相片銷售量相當不俗。〔註140〕後來這批照片不時刊登在後來的各式戲曲刊物中，也是目前較常見的早期京劇照片。照相館與伶人之間形成合作關係，為了取得伶人照片，照相館甚至願意免費為伶人攝影，如袁世海便回憶自己還在科班時（1930年代）常去照相館免費照相，照相館則可以販賣他的照片營利。〔註141〕從廣告中可知照像館主要業務，除了提供照相服務外，就是批發零售名伶、名人、勝景的相片，還有郵購與客製化的服務。〔註142〕當名伶赴外地演出之時，更是照相館大發利市的好時機。〔註143〕不過清末民初之時名伶照片價格並不便宜，根據民國六年（1917）《順天時報》的廣告，每張名伶照片價格大洋一元。這種高價一定程度上侷限了名伶照片的傳播範圍。不過隨著照片銅版印刷普遍化，收集名伶相片的成本也隨之降低。民國十二年（1923）《北京實事白話報》出版的《名伶化妝譜》，收集了百餘名伶照片，售價僅有八角。各式報刊上也越來越常登載伶人照片，尤其是戲曲刊物無以不蒐集名伶照片為要務。除了從照相館取得外，更與名伶接洽以求得最豐富即時的照片來源〔註144〕，對於罕見照片更

〔註139〕孫寶瑄，《忘山廬日記》，收錄於《京劇歷史文獻匯編》，冊7，頁826。

〔註140〕子輿編，《京劇老照片》（北京：學苑出版社，2013年），頁123。

〔註141〕袁世海口述，《藝海無涯：袁世海回憶錄》（北京：中國青年出版社，1985年），頁128。

〔註142〕〈同生照相館〉，《順天時報》，1916年5月16日，五版。〈廣東太芳照像大減價廣告〉：「名伶梅蘭芳、黃潤卿、白牡丹等僑裝肖像數十種。對茲妙容，令人神往。計八寸每張現大洋壹元，每打十元，四寸六寸均照加印定價計算。《順天時報》，1917年6月27日，五版。

〔註143〕如尚小雲民國六年赴上海演出。當時《順天時報》雲訊報導由於尚小雲未在上海拍照，而北京山本、豐泰、廣元數館寄到北京代售，小雲六寸化妝像片賣至二元四角之多。一個星期來總共賣出了五百餘張。〈雲訊〉，《順天時報》，1917年2月7日，五版。

〔註144〕〈編輯贅言〉，《半月劇刊》第1期，收錄於《中國早期戲劇畫刊》，冊26，頁16。

不惜開出重金。〔註 145〕到了攝影更為普遍發達的 1930 年代，還聘任特約攝
影記者〔註 146〕，這在當時新聞業界都還相當少見。〔註 147〕可見得這類刊物
對伶人相片的重視，照片的良窳更會影響刊物發行量。〔註 148〕《十日戲劇》
主編張古愚在對日戰爭爆發後，為了更容易取得伶人劇照，甚至想遷移到天
津去，只因天津印刷廠水準不足，加上物價昂貴，方才做罷。〔註 149〕民國二
三十年代，名伶圖像轉化成各式產品，以不同方式融入日常生活之中，充斥
在人們的視野。〔註 150〕

名伶圖像除了可以成為商品外，更可以外延出廣告效益。清代中後期誠
一齋繪製的〈京腔十三絕〉等名伶畫像，以及清末民初照相館展示名伶相
片，都有明顯廣告的意味。到了民國時期，名伶更進一步化身為商標乃至於
品牌，發揮自身影像最大的價值，首先被商人鎖定自然是當時如日中天的梅
蘭芳。早在民國十年（1921）北京兩大遊藝場之一的新世界二樓的舊新劇場
便繪有以梅蘭芳為主角的圍幕三幅，分別為天女散煙、晴雯撕煙、黛玉葬煙，
以梅蘭芳三齣新戲形象來宣傳泰安紙煙公司。〔註 151〕現在當然已經無法得知
此事是否經過梅蘭芳首肯，但可以證明梅蘭芳圖像此時已開始被用來行銷特
定商品了。就筆者所見當時梅蘭芳圖像行銷商品的方式，有以下兩種：

（一）品牌

民國十五年（1926）南洋兄弟煙草公司出售梅蘭芳牌香烟，開創了第一
個以名伶為品牌的商品。民國十六年（1927）《順天時報》辻聽花對此事有詳

〔註 145〕張古愚曾言道自己收集劇照：「況乎一照之得，有時所費常至數十金，甚或
　　　　出千金而不能辦，非平常愛美家所肯犧牲。」雖然語氣誇張，亦可知他收集
　　　　罕見照片所需不斐。〈平劇問答欄〉，《戲劇旬刊》第 11 期，頁 19。

〔註 146〕《戲劇旬刊》、《半月劇刊》都有聘請攝特約攝影記者的啟事。《戲劇旬刊》
　　　　第 33 期，頁 19。〈本刊啟示〉，《半月劇刊》第 2 期，收錄於《中國早期戲
　　　　劇畫刊》，冊 26，頁 33。

〔註 147〕1935 年時中國多數報館沒有攝影記者，連新聞照片都得仰賴照相館供給。
　　　　蘇錦元，〈新聞照片與人生興趣〉，收錄祝帥、楊簡茹編，《民國攝影文論》
　　　　（北京：中國攝影出版社，2014 年），頁 127。

〔註 148〕如張谷愚便認為自己主編的《戲劇旬刊》銷售能優於《戲劇月刊》及《劇學
　　　　月刊》之處就在照片。張古愚，〈後臺〉，《戲劇旬刊》第 6 期，頁 1。

〔註 149〕古愚，〈卷頭語〉，《十日戲劇》第 37 期，收錄《中國早期戲劇畫刊》，冊 29，
　　　　頁 40。

〔註 150〕許姬傳，〈故宮藏梅蘭芳劇照考〉，頁 46。

〔註 151〕隱，〈都門菊訊〉，《順天時報》，1921 年 10 月 14 日，五版。

細的報導。聽花認為南洋兄弟煙草公司「首先創制名伶牌香烟」，梅蘭芳則是「洞見時勢要求，打破舊慣，慨然允之，別開劇界破天荒之新例。」認為自此以後以伶人為商標的商品一定會相繼問世。〔註152〕梅蘭芳牌香烟雖然未見實物，但從廣告仍可看到其造型，為繪有梅蘭芳《廉錦楓》扮相的圓罐。〔註153〕（圖4-41、圖4-42）在其中一則廣告上寫著：

> 梅蘭芳牌香烟係由高等技師揀選，頂上菸葉加工製成，罐上印有梅
> 郎倩影，置諸案頭，不啻與梅郎晤言一室也。〔註154〕

圖4-41：〈梅蘭芳牌香烟廣告〉〔註155〕

〔註152〕聽花，〈梅蘭芳牌香烟〉，《順天時報》，1927年3月6日，五版。

〔註153〕根據辻聽花的報導，梅蘭芳香烟繪有梅蘭芳兩種戲裝，一為《廉錦楓》，另一齣則沒說明。筆者曾在網路上見到繪有《天女散花》、《太真外傳》的梅蘭芳香烟小型煙標，可以推知梅蘭芳香烟梅蘭芳圖像商標至少有三種。中國煙草公司網站：http://www.tobacco.gov.cn/html/18/1805/4708579_n.html，查閱日期2017年8月10日。

〔註154〕「梅蘭芳牌香烟廣告」見「上海圖書館歷史圖片搜集與整理系統」http://211.144.107.196/oldpic/node/13714，查閱日期2017年8月10日。

〔註155〕「梅蘭芳牌香烟廣告」見「上海圖書館歷史圖片搜集與整理系統」http://211.144.107.196/oldpic/node/13714，查閱日期2017年8月10日。

圖 4-42：〈梅蘭芳香烟烟標〉〔註 156〕

　　以梅郎倩影來襯托著香烟華貴高雅。除了梅蘭芳牌香烟外，還可發現數
個品牌的香烟也使用了梅蘭芳的形象，但顯得遮遮掩掩。如民國十七年
（1928）的《戲劇月刊》上華商菸公司的富而好施（Full House）香烟廣告
（圖 4-43），畫面主體是古典仕女圖，上寫：「看梅蘭芳戲，吸富而好施香
烟，心曠神怡，不亦樂乎。」〔註 157〕廣告詞雖明確打出了梅蘭芳三字，但筆
者卻以為富而好施（Full House）香烟廣告未必有經過梅蘭芳授權。畫中仕
女雖然類似梅氏舞臺形象，但不是身著戲裝。若有獲得授權，廣告應不會
如此的曖昧不明。另一個知名品牌三貓牌香烟的廣告，伶人圖明顯改繪自
梅蘭芳《太真外傳》劇照，但廣告詞僅言：「觀名伶戲劇而吸三貓香烟，則
愈覺歌喉婉轉而煙味香醇矣。」（圖 4-44）南洋兄弟煙草公司不只在梅蘭芳
牌香烟使用梅蘭芳照片，連其他非梅蘭芳牌的香烟也使用梅蘭芳的形象做
為視覺主題。如金龍牌香烟的圖改繪自梅蘭芳《千金一笑》的劇照（圖 4-
45）。在那個肖像權尚未明確的年代，借用名伶形象作為廣告，有不小的模
糊空間的。商人以打擦邊球的方式，藉梅蘭芳形象爭取目光，來達到廣告
的效果。

〔註 156〕　〈梅蘭芳香烟烟標〉，http://www.tobacco.gov.cn/html/18/1805/4708579_n.html，
　　　　　查閱日期 2017 年 8 月 10 日。
〔註 157〕　〈富而好施香烟廣告〉，《戲劇月刊》第 1 卷第 1 期，收錄於《中國早期戲劇
　　　　　畫刊》，冊 1，頁 104。

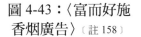

圖 4-43：〈富而好施　　　圖 4-44：〈三貓牌　　　圖 4-45：〈金龍牌
香烟廣告〉〔註 158〕　　　香烟廣告〉〔註 159〕　　　香烟廣告〉〔註 160〕

（二）代言

　　讓梅蘭芳以代言人的身分現身說法來為商品行銷，如明珠霜與偉士廉紅色大補丸的廣告。〔註 161〕其形式都是附上梅蘭芳便裝照與親筆推薦信。今舉明珠霜廣告為例，廣告上除了梅蘭芳身著中式馬褂的半身照外（圖 4-46），還附有親筆書信一封：

　　　章林記寶號　　章林先生大鑒

　　　尊處製造之明珠霜，柔膩如脂，潔白似雪。美丰容潤肌膚，光彩煥

　　　發，分香清揚。蘭芳屢經試用，信為國貨化粧品中之最優美者。特

　　　贈像片以為紀念。專此即頌

　　　大安　　　　　　　　　　　　　　　　梅蘭芳謹啟　二月一日

〔註 158〕〈富而好施香烟廣告〉，《戲劇月刊》第 1 卷第 1 期，收錄於《中國早期戲劇畫刊》，冊 1，頁 104。

〔註 159〕〈三貓牌香烟廣告〉，https://gushi.tw/%E3%80%90%E7%85%A7%E7%89%87%E8%A3%A1%E7%9A%84%E6%B0%91%E5%9C%8B%E3%80%91%E4%B8%80%E4%BB%A3%E5%90%8D%E4%BC%B6%EF%BC%8C%E5%BB%A3%E5%91%8A%E5%B7%A8%E6%98%9F%EF%BC%9A%E6%A2%85E9%83%8E/，查閱日期 2017 年 9 月 1 日。

〔註 160〕〈金龍牌香烟廣告〉，《戲劇月刊》，收錄於《中國早期戲劇畫刊》，冊 2，頁 351。

〔註 161〕「明珠霜廣告」見「上海圖書館歷史圖片搜集與整理系統」http://211.144.107.196/oldpic/node/22005，查閱日期 2017 年 8 月 10 日。

這種試用者推薦的廣告在民國年間非常普遍，但商家能請得動當時第一名伶梅蘭芳來親筆代言，可想見必然下足本錢。

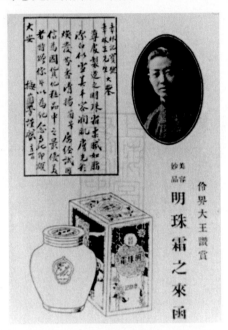

圖 4-46：〈伶界大王讚賞明珠霜之來函〉〔註 162〕

四、伶人照片的研究性質

　　民國初年，劇學的觀念逐漸形成。〔註 163〕面對著戲曲藝術最重要的載體——「名伶」凋零，評劇家自有其藝隨人亡的焦慮感。晚清以來攝像、錄音技術的普及，他們立即意識到這是可以保留名伶藝術、形象的重要管道。舜九在〈保存老伶藝術之我見〉一文中便表現出這種焦慮。認為老年名伶，即便外貌已不適登臺，但要仍要多灌唱片，才能久傳其曲。至於因嗓不能唱的老伶則要多拍戲像，將名聲流傳後世。並對當時頗為暢銷伶人圖錄《名伶化裝譜》不收已亡故之伶人照片感到不滿。〔註 164〕其實早在民國八年（1919）雪印軒主便提出以「留聲、攝影、授徒」為伶人的三不朽：

　　人生如白駒過隙，百年光陰瞬轉即逝，其所恃以長存不朽者，惟名譽

〔註 162〕「明珠霜廣告」見「上海圖書館歷史圖片搜集與整理系統」http://211.144.
　　　　 107.196/oldpic/node/22005，查閱日期 2017 年 8 月 10 日。

〔註 163〕姚贇契，《馮叔鸞戲學之研究》，頁 36～37。

〔註 164〕舜九，〈保存老伶藝術之我見〉，《順天時報》，1925 年 5 月 4 日，五版。（排版錯誤為 4 月 4 日）。

贈親友，因此清末民初伶人便裝照片無論是數量、種類以及流通性都遠遠不如他們的戲裝照廣泛。但目前可見光緒二十年前後最早一批伶人照片中，卻留不少以王瑤卿為代表私寓出身伶人所留下的便裝照片。前述《圖繪情天外史》的圖像便是以這些照片為主要依據。這些照片直到民國二十年代，仍可在各式報刊見到（圖4-49）。民國五年（1916）出版《霓裳艷影》中〔註182〕，除了名伶戲裝外，也收錄了不少包括梅蘭芳在內的私寓童伶便裝照，對照《順天時報》來判斷，這批照片大概拍攝於光緒三十年前後（圖4-50）。全書所收錄的二十四張男伶便裝相片中，確定為私寓優伶者便有十八張，若把三張失名疑似私寓伶人的照片算進去，那更高達二十一張。〔註183〕考量到私寓營業性質，這應非偶然。與一般伶人不同，以舞臺下營生為主的私寓伶人，的確有以便裝照片「貽贈所歡」的需要。這些照片雖然也受當時攝影技術以及習慣影響，照片中伶人大多是正襟危坐，不苟言笑。但也有少部分如《霓裳艷影》中王蕙芳（圖4-51）或是近代《梅蘭芳》畫冊中所收梅蘭芳少年小像（圖4-52）展現出姿態閒逸，頗似現今沙龍照性質的照片。也展現出與《圖繪情天外史》類似的畫面營造。從圖四十九到五十二的照片中，可以看出無論是王瑤卿、佩蘭、研香、王蕙芳、梅蘭芳等伶人，年紀多在十五六歲以下，經由古琴、盆花、團扇、書籍的烘托，共同營造出私寓童伶典雅柔媚的形象。

（二）女伶成為報刊伶人便裝照主角

民國以後，攝影日益普及，在有心人的推廣下，1920年代到1930年代可說是中國攝影急速擴張時期，許多業餘攝影社團紛紛成立，也造就了許多業餘攝影愛好者。〔註184〕此時攝影器材不斷進步，拍照更不受空間所限制。而照片製版技術的發達同時也刺激報刊產生更大的照片需求，無論是伶人戲裝、便裝照片都更加頻繁地刊登在報刊版面，成為報刊的賣點。雖然此時女伶在表演藝術上仍努力地追逐男伶，以他們為學習榜樣，但在報刊娛樂版面上則逐漸取代男伶成為圖像中的主角，這是整個時代風氣所致：

〔註182〕《霓裳艷影》未註明編者、出版年月。根據書前易實甫、羅癭公的序，只可判定為民國甲辰年（1916）後出版。收錄於《民國京崑史料叢書》第10輯，頁215～319。

〔註183〕在這裡的便裝指的是伶人日常所穿的衣服，不包括時裝戲服。

〔註184〕關於1937年前中國攝影的發展可參看陳學聖，《1911～1949尋回失落的民國攝影》（臺北：富凱藝術出版社，2015年），頁67～113。

圖 4-49：
〈王瑤卿十四歲時造像〉〔註185〕

圖 4-50：
〈佩蘭、研香〉〔註186〕

圖 4-51：〈蕙芳〉〔註187〕

圖 4-52：〈梅蘭芳幼年照〉〔註188〕

〔註185〕 〈老伶工王瑤卿十四歲時造像〉，《北洋畫報》，1929 年 3 月 23 日。王瑤卿
十四歲，此照片應拍攝於光緒二十年左右，與唐采芝小照同時。
〔註186〕 〈佩蘭、研香〉，《霓裳艷影》，收錄於《民國京崑史料叢書》第 10 輯，頁 269。
〔註187〕 〈蕙芳〉，《霓裳艷影》，收錄於《民國京崑史料叢書》第 10 輯，頁 269。
〔註188〕 梅紹武編，《梅蘭芳》，頁 3。

民國成立後，女性名流的肖像達到新的高峰。十九世紀末流行的妓
女照片雖然尚未退場，新一代的女性名人在 1920 年代後期取代名
妓成為期刊的封面人物。民國時新女性名流的組成反映出社會的巨
大變動。雖然女性藝人（如演員與歌星）仍占據許多版面，當時的
畫報版面中更充斥著各種女性社會名流的照片，從政客的妻子、運
動員到新興的專業工作者等等。對於新女性與現代化大都會之間的
比擬彷彿是一種時代共同的氛圍，也更加深女性人像在媒體與藝術
攝影之間的流行。〔註189〕

尤其是以照片圖畫為賣點的畫報更是如此。陳學聖總結道：「在這樣的時代氛
圍下，辦畫報的策略很簡單，就是大量的女性肖像加上各種奇聞軼事的照片；
這也是各家畫報的基本編輯方案。」〔註190〕在諸多女性肖像中，坤伶自是佔
有一席之地。整體來看，戲裝方面，女伶戲裝像與男伶、童伶幾無差異，當女
伶扮飾各流派專屬劇目劇中人時，也跟男伶一樣會去模仿流派開創者的劇照
姿態，反映出京劇伶人模擬流派宗師的觀念。但在便裝照方面，女伶無論在
數量與質量上都遠比男伶、童伶都來得更加的多元豐富。

　　民國十七年（1928）11 月 10 日《北洋畫報》同時刊登程硯秋與孟小冬的
便裝照，恰好可以說明這種現象。照片中程硯秋身著長袍，僅是作為一種紀
錄，缺乏畫面上的經營，照片旁的小註更帶有幾分調侃之意（圖 4-53）。而孟
小冬家居照片則明顯在光影姿態上都經過設計（圖 4-54）。當然不是所有男
伶便裝照都如這張程硯秋便裝照般隨興，如民國十八年（1929）一月八日刊
頭刊登一張梅蘭芳大頭照，旁邊註明：「此為梅氏一生得意之照片，絕未在
外發表。」也可看出是精心拍攝的成果。（圖 4-55）但即便是當時如日中天
的梅蘭芳，其便裝照形象也不及女伶照片所展現的多元面貌。當時刊物對拍
攝女伶便裝照重視的態度可以從《北洋畫報》一則關於章遏雲攝影的報導略
窺一二：

七月廿八日，章遏雲來過北畫，筆公擬為攝影，以供北畫劇刊及封
面之需。遏雲笑諾，乃即廊前藤椅以坐。夕陽樓上，斜倚玉人，此
景已不僅可畫。筆公更奮其全神，執行攝影師之職務，翹其趾而蹲
其軀，聳其肩而縫其眼，良久方得留玉雪之痕，此殆所謂「雲在意

〔註189〕陳學聖，《1911～1949 尋回失落的民國攝影》，頁 124。
〔註190〕陳學聖，《1911～1949 尋回失落的民國攝影》，頁 128。

俱遲」也。遏雲又與筆公之六歲令郎小龍合攝一影，「雲」、「龍」合
幅，其巧合尤堪一記。〔註191〕

除了刊登當天所攝製章遏雲的相片外，還附有一幅當天攝影實況的漫畫，相
片與圖畫相映成趣，亦可見畫報刊物對於女伶照片的熱烈需求，以及拍攝時
之慎重。（圖4-56、圖4-57）值得一提的是晚清時期，隨著各國勢力進入中
國，同時引入各式服飾文化。在晚清的上海已是：「男則京式裝束，女則各種
艷服。甚有效旗人衣飾、西婦衣飾、東婦衣飾，招搖過市，以此為榮，俗陋可
哂。」〔註192〕此時作為女性服飾領頭羊的是滬上名妓。〔註193〕到了民國這
些異國服飾，早已成為當時中國服飾文化的一部分。民國戲曲女伶既有需要
也有能力去追逐時尚流行，透過照片刊登傳播，此時引領婦女服飾流行的
人，也從名妓逐漸變成包括戲曲女伶在內的新興的娛樂女明星。〔註194〕

圖4-53：〈在滬演劇之身軀發胖程艷秋〉〔註195〕

〔註191〕若，〈畫樓雲影記〉，《北洋畫報》，1928年8月11日。
〔註192〕蔡床臥讀生，《繪圖冶遊上海雜記》，轉引自宋立中，《閑雅與浮華──明清江
　　　　南日常生活與消費文化》（北京：中國社會科學出版社，2010年），頁182。
〔註193〕宋立中，《閑雅與浮華──明清江南日常生活與消費文化》，頁188。
〔註194〕學者認為1920年代末期，妓女文化因為法令規範，而逐漸沒落，而旦行流
　　　　行則可視為娼妓文化鬆散的延續。彭麗君，《哈哈鏡：中國視覺現代性》，頁
　　　　101。
〔註195〕〈在滬演劇身軀發胖之程艷秋〉，《北洋畫報》，1928年11月10日。

圖 4-54：
〈孟小冬在北平居家近影〉〔註 196〕

圖 4-55：〈現在滬濱奏技之
名伶梅蘭芳〉〔註 197〕

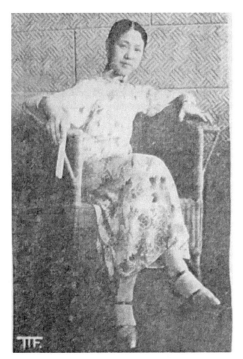

圖 4-56：〈名坤伶章遏雲
最近之小影〉〔註 198〕

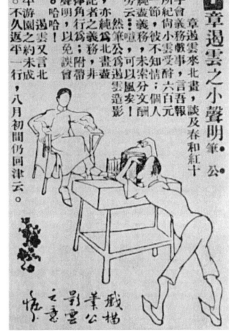

圖 4-57：
〈戲描筆公影雲之意〉〔註 199〕

〔註 196〕　〈孟小冬在北平居家近影〉，《北洋畫報》，1928 年 11 月 10 日。
〔註 197〕　〈現在奏技滬濱之名伶梅蘭芳〉，《北洋畫報》，1929 年 1 月 8 日。
〔註 198〕　〈名坤伶章遏雲最近之小影〉，《北洋畫報》，1928 年 8 月 11 日。
〔註 199〕　〈戲描筆公影雲之意〉，《北洋畫報》，1928 年 8 月 11 日。

（三）撲朔迷離的女伶性別形象建構

性別倒置的演出形式雖非傳統戲曲所獨有，但在戲曲中的確蔚為大觀。由於清代不許女子上臺的禁令，舞臺上所有女性腳色均由男性擔任。一直要到晚清時期舞臺上才又再度出現真正的職業女伶，但一直要到民國後，禁止女伶的法令才完全消失，而男女合演的障礙更要到 1930 年代才徹底排除。這樣的歷史背景，推動著乾旦藝術的高度成熟，以及坤生、坤淨乃至於坤丑的發展。這種性別倒置的扮演使得戲曲伶人成為模糊性別界限的代表群體。

前文已論及明清時期伶人畫像在神態服飾被女性化的現象，清代的梨園花譜對於伶人舞臺下的描述也有多有女性化的傾向。雖然《圖繪情天外史》以及晚清私寓伶人的圖畫或照片並沒有明顯女性化的現象，但根據當時新聞報導，清末私寓優伶確有女裝陪客的情形。〔註200〕民國以後，私寓被視為伶界汙點。男伶此時仍是舞臺上旦行主流，他們的戲裝照更是展現出各式女性之美。但對這時期的乾旦來說，舞臺與日常的分野明顯劃分更加清楚，即便因為自幼的訓練，神態可能仍帶有陰柔色彩，但他們的便裝照不是長袍馬褂便是筆挺西裝。但女伶不同，無論舞臺上下，女伶所展現性別形象遠比男伶來得寬廣複雜。

在諸多女伶中，孟小冬可說頗具典型。孟小冬本是當時鋒頭甚健的坤伶老生，加上與梅蘭芳的關係，一向都是當時報刊關注的焦點。《北洋畫報》創刊不久，便開始追蹤報導梅孟之間婚事八卦。〔註201〕孟小冬面貌端正姣好，符合當時男性對女性審美標準，但扮裝後的老生形象又儒雅端正，無脂粉氣。在先天條件上就比一般女伶具有優勢。當時風氣不僅專攻生、淨等男性行當的坤伶常作男裝打扮，連旦行女伶也有這樣的風尚，甚至在某些特定時候下，她們公開場合均以男裝示人。〔註202〕這些坤伶男裝照時常刊登在報刊之上，孟小冬也不例外，《北洋畫報》便刊登了許多她風格各異的男裝照片（圖4-58、圖4-59），但與此同時亦可看到她不少精心攝製，展現出高度女性

〔註200〕〈掃興而歸〉，《官話京都日報》，1911 年 5 月 23 日，收錄於《京劇歷史文獻匯編‧續編》，冊 4，頁 423～424。

〔註201〕傲翁，〈關於梅孟兩伶婚事之謠言〉，《北洋畫報》，1926 年 8 月 28 日。

〔註202〕如 1928 年孟小冬赴天津演出時，報導強調出入皆作男子裝。斑馬，〈小冬新語〉，《北洋畫報》，1928 年 9 月 19 日。關於民初坤伶好作男裝的現象，可參看張遠，《近代平津滬的城市京劇女演員》，頁 101～106。

化的照片（圖 4-60），甚至有些可以說是帶有女性誘惑的照片（圖 4-61）。從當時報刊的照片來看，孟小冬時而是舞臺上的鬚眉男子，時而是舞臺下的英挺少年，同時又是典雅俏麗的淑女名媛。以孟小冬為代表的坤伶可說是民國以後，公眾性別形象最為複雜的群體，舞臺下的坤伶日常形象，絲毫不比舞臺上來得遜色。這也讓坤伶不僅是當時男子追捧的夢中情人，甚至成為女性愛慕對象。〔註 203〕不過雖然在公眾性別形象上，民國女伶展現出比男伶乾旦更加多元的性別樣貌，有時報導文字中甚至會刻意模糊他們的真實性別，來達到娛樂效果。〔註 204〕但這些看似打破性別分際的打扮或是行為舉止，對於當時以男性為主的報人評劇家來說，不過是性別二元框架中，小小的踰越樂趣，正如張遠所說：「雖然她們臺上與臺下，形象與實際的性別之間經常如此模糊，但實際的性別仍常為人所意識到而加以清楚標示。」〔註 205〕的確，此時無論是戲裝、男裝還是女裝，女伶相片說明文字幾乎都匯明確標示出「坤（女）伶」，而不像男伶多僅作「名伶」，一字之差正代表了此時報刊編者的態度。

圖 4-58：〈孟小冬男裝照〉〔註 206〕　　圖 4-59：〈孟小冬復出造像〉〔註 207〕　　圖 4-60：〈孟小冬臨別造像〉〔註 208〕

〔註 203〕張遠，《近代平津滬的城市京劇女演員》，頁 105。
〔註 204〕張遠，《近代平津滬的城市京劇女演員》，頁 105。
〔註 205〕張遠，《近代平津滬的城市京劇女演員》，頁 106。
〔註 206〕〈名坤伶孟小冬飾西裝男子之攝影〉，《北洋畫報》，1928 年 1 月 21 日。
〔註 207〕〈坤伶孟小冬重登舞臺後第一次造像〉，《北洋畫報》，1928 年 9 月 19 日。
〔註 208〕〈名坤伶孟小冬最近南下前臨別造像〉，《北洋畫報》，1928 年 11 月 24 日。

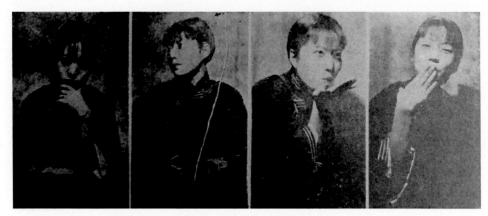

圖 4-61：〈孟小冬表情之形形色色〉〔註 209〕

（四）便裝照的宣傳炒作

　　無論戲裝、便裝照片，對於伶人而言，都有一定的宣傳作用。但如前文所說，戲裝造型隔絕了與現實的關係，單純展現伶人的舞臺形象風姿。但時裝照片不同，它可以與伶人日常生活作聯結。當攝影技術益加成熟，攝影不再侷限於照相館或是經過安排過的空間，而是可以在任何場合攝製時，伶人便裝生活照便成為讀者窺探伶人舞臺下生活的一扇窗口，正如《北洋畫報》報導梅蘭芳赴北戴河避暑時所說：「臺上的梅蘭芳是人人看得見的，下裝的梅蘭芳是人人想一看的，穿著海水浴背心，曲線美畢呈的梅蘭芳，更是人所不得見，而極希望見的。」〔註 210〕一般戲迷既見不到本人，那麼名伶便裝照片也可稍作安慰，這又是一種與戲裝照截然不同的魅力。而且隨著拍攝情境不同，經由現代傳媒，這些便裝照片還能衍伸出戲裝照所沒有的效果。

　　在民國報刊中，時常可以看到伶人與評劇家、票友、社會名流乃至於軍政人物的合照，大多時候這些照片只是作為記錄留念，但有些則是為特別目的而拍攝，透過報刊傳播後，達到所要效果。如 1927 年 11 月 23 日《北洋畫報》刊登了〈名將與名伶〉的報導，並附上一張大合照，內容是程硯秋赴濟南演出時與當時授勳為義威上將軍的張宗昌以及浙閩蘇皖贛五省聯軍總司令孫傳芳的合影（圖 4-62）。報導內容是：

> 從來藝術之興，必由有力者為之提攜。近年戲劇大盛，伶人地位增
>
> 高，亦無非朝野一致獎掖之功。本年雙十節，張義威在濟南閱兵，

〔註 209〕〈孟小冬表情之形形色色〉，《北洋畫報》，1929 年 2 月 9 日。
〔註 210〕二郎，〈戴河瑣語〉，《北洋畫報》，1929 年 8 月 17 日。

> 孫聯帥時亦在濟。程艷秋適應張召往演劇。閱兵時，張攜程艷秋、
> 李萬春諸伶同往，當眾並揚言優伶人格提高之必要，旋復與程等同
> 攝此影。〔註211〕

雖然當時已經明星化的伶人，不再如傳統一般地位卑賤，但軍政界人物與伶人合照在當時仍不算常見。而照片中讓當時年僅23歲的程艷秋位居中位，兩個位高權重的將軍則分坐程硯秋兩旁，連張宗昌之子都侍立一旁。也就難怪記者還特別說明：「特加優待紀念合照。」當然這不代表張宗昌真的尊重伶人。〔註212〕但張宗昌有意識地拍攝此照，或許有炫耀之心，也或許要藉程硯秋名伶身分來突顯自己禮賢下士、文明先進的形象。而對程硯秋來說，若非隔年張宗昌、孫傳芳便因戰敗而下野，這張照片對其伶界地位的提高也能起一定的作用。

圖 4-62：〈名將與名伶〉〔註213〕

　　上述的例子可以說明便裝照所具有獨特宣傳效果，但程硯秋在這事件中仍處被動。真正意識到便裝照片獨特吸引力以及宣傳效果並活用的人，則非梅蘭芳莫屬。前文曾提及梅、孟姻緣一直是當時報刊八卦關注的焦點。《北洋畫報》創辦者馮武越為梅黨健將馮耿光之姪子，因此關於梅、孟的消息，往往不全是八卦謠言。梅、孟婚事就是《北洋畫報》1925年8月首度披露，

〔註211〕斑馬，〈名將與名伶〉，《北洋畫報》，1927年11月23日。
〔註212〕根據程硯秋學生劉迎秋回憶程氏說法，張宗昌曾經要程硯秋不卸妝參加宴會，讓程硯秋感到深受侮辱。見劉迎秋，〈我的老師程硯秋〉，收錄於程硯秋著，程永江整理，《程硯秋日記》，頁515。
〔註213〕〈名將與名伶〉，《北洋畫報》，1927年11月23日。

雖然當時還只是「謠言」。〔註214〕接下來各式消息陸續傳出，如上述 1928 年
11 月孟小冬在北平居家近影那期中，同時也刊登了〈梅孟之謎〉的報導。
〔註215〕諸如此類的報導甚多，可說都在炒作預告兩人婚戀之事。1929 年 2
月份〈孟小冬表情之形形色色〉照片旁，還附有篇短文〈寫於小影之後〉：

> 談起孟小冬，她現在哪裡？現隨何人？言人人殊，莫衷一是，恐怕
> 正在問題──而不成問題──之中。有的說不特做了梅妻，而且快
> 生出了鶴子了，這話倒也不在話下。小冬蹤跡，據傳現在上海，然
> 而現在本報竟得了她最近的妙影多幅，（本期先刊四種，餘容續
> 登），津門傾倒小冬的人很多，大可看看，然而也不過看看而已焉可
> 也，至於她迎吻是迎誰的吻？送吻是送給誰？斜睇睇誰？迎思迎
> 誰？都在似乎可以不必研究之列，因為……〔註216〕

一方面照片中的孟小冬十足女性化形象打扮地向讀者搔首弄姿。另一方面，
文字卻又曖昧模糊地暗示出孟小冬已經身有所屬。同年 3 月 5 日刊頭刊出一
幅名為〈修到梅花之孟小冬自滬北歸後最近造象〉。〔註217〕3 月 8 日的〈如是
我聞〉報導梅蘭芳已經口承認與孟小冬之事，只是礙於福芝芳尚未真正公
開。〔註218〕之後 5 月 7 日在《北洋畫報》戲劇專號第五十期的紀念號上刊登
了一張〈關於梅孟結合的一張照片〉（圖 4-63）。可說是最大的爆點，主題是
梅蘭芳做鵝影的遊戲照，並不見孟小冬身影。但照片右方一行文字：「你在那
裡做什麼阿？」左方一行字則寫著：「我在這裡作鴦影呢」下方說明為：「中
為梅蘭芳遊戲象，右小冬之書，左乃蘭芳所寫。」〔註219〕這不再是間接的八
卦、消息，而是真正透過照片向外宣告了兩人關係。名伶的感情生活一向是
讀者的最愛，這張照片又拍得相當具有趣味性，加上梅、孟親筆小語，將梅
孟兩人甜蜜之情表露無遺。無論是梅迷、冬迷，乃至於一般大眾都具有高度
吸引力，編輯將其放在紀念號中，其心態不言可喻。但這種兩人私下的遊戲
照片，在當時的狀況下，幾乎不可能在像主梅蘭芳不知情的狀況下外流，加

〔註214〕 首度披露的說法是根據許錦文，《梨園冬皇孟小冬傳》（上海：上海人民出版
　　　　　社，2003 年），頁 120。
〔註215〕 〈梅孟之謎〉，《北洋畫報》，1928 年 11 月 10 日。
〔註216〕 〈寫於小影之後〉，《北洋畫報》，1929 年 2 月 9 日。
〔註217〕 〈修到梅花之孟小冬自滬北歸後最近造象〉，《北洋畫報》，1929 年 3 月 5
　　　　　日。
〔註218〕 〈如是我聞〉，《北洋畫報》，1929 年 3 月 8 日。
〔註219〕 〈關於梅孟結合一張照片〉，《北洋畫報》，1929 年 5 月 7 日。

上 2 月份那八張〈孟小冬表情之形形色色〉的刊布，可以說是一連串精心的安排。而下一期《北洋畫刊》刊頭又是孟小冬的便裝照片，照片註明「前名坤伶孟小冬嫁梅後之近影。」（圖 4-64）贈刊者為梅黨健將黃秋岳。〔註 220〕也佐證梅黨成員甚至是梅蘭芳本人都參與了梅孟婚事的宣傳、炒作。

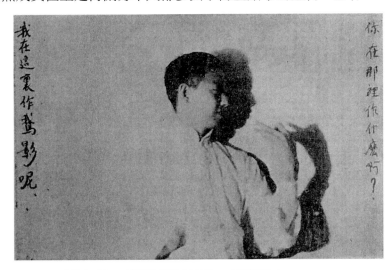

圖 4-63：〈關於梅孟結合一張照片〉〔註 221〕

　　圖像傳遞的訊息往往比文字更將強烈，在梅蘭芳訪美一行中，照片也發揮了相當可觀的力量。梅蘭芳一行人是 1930 年一月中下旬從上海出發，途經日本，在二月初抵達美國，從 2 月 16 日起展開巡演。〔註 222〕此次演出並不是單純的商業巡演，而是一場文化外交事業，梅蘭芳及梅黨中人為此籌備數年，甚至不惜賭上自己的身家。因此從其籌備、出發、演出到歸國，一直都是當時劇界、文化界、新聞界關注的焦點。以《北洋畫報》為例，在巡演的半年左右的時間裡，不時可以看到相關報導以及討論。從四月初開始，更開始陸陸續續刊布梅蘭芳在美照片，最早一批便是由黃秋岳所贈刊。〔註 223〕而在 6 月 10 日梅蘭芳還在美國巡演之時，《北洋畫報》更以大幅版面刊登了三藩市歡迎梅蘭芳的遊行場面以及梅氏與市長的合照（圖 4-65）。有趣的是同版文章

〔註 220〕黃濬（1891～1937），字秋岳，福建閩侯人，為民初知名才子，與當時著名文人羅癭公、樊增祥來往甚密，更是梅黨早期成員，曾參與梅蘭芳多本新編戲之創作，後因間諜案被處死刑。著有《花隨人聖庵摭憶》。
〔註 221〕〈關於梅孟結合一張照片〉，《北洋畫報》，1929 年 5 月 7 日。
〔註 222〕李伶伶，《梅蘭芳全傳》，頁 339～347。
〔註 223〕《北洋畫報》，1930 年 5 月 3 日。

卻是轉述旅美華僑不滿梅蘭芳拒絕為僑胞演出義務戲，遭到抵制的新聞，並責其左右之人不善治事，文與圖形成非常明顯的落差。〔註224〕但照片所展示的盛大場面反而像是在反駁報導內容。這些從美國寄回的照片少數為劇照、演出照，大多是是梅蘭芳與美國名流、政要的合照，雖然有約莫有兩個月左右的時間差，但以當時交通郵遞速度來說已可說是相當難得了。

圖4-64：〈孟小冬　　　　　　　　　　　　圖4-65：
嫁梅後之近影〉〔註225〕　　　　　　〈三藩市長與梅蘭芳握手〉〔註226〕

比對近代所編輯的《梅蘭芳》畫冊可以發現，《北洋畫報》所刊登的照片都在其中，證明這些照片都是由梅蘭芳方面所提供。值得注意的是梅蘭芳訪美照片雖然中西式的服飾皆有，但與外國名流合照時，梅氏絕大多數都身著中式的長袍馬褂。〔註227〕與同行的齊如山、張彭春一律西裝形成明顯對比，這或許呈現出此行梅蘭芳作為中國文化代言人的自我定位（圖4-66）。

梅蘭芳在美演出之時，隨著海外梅訊文字傳回國內的這些照片。雖然數

〔註224〕樂天，〈旅美華僑不滿意梅蘭芳〉，《北洋畫報》，1930年6月10日。

〔註225〕〈前名坤伶孟小冬嫁梅後之近影〉，《北洋畫報》，1929年5月14日。

〔註226〕〈三藩市市長與梅蘭芳握手〉，《北洋畫報》，1930年6月10日。

〔註227〕梅紹武主編《梅蘭芳》畫冊中所收五十八張在美國期間與他人的合照中，有三十四張明確為中式長袍，其他還有些團體照則是模糊難以辯別。若根據拍攝場合來觀察，梅蘭芳除了接受博士學位的儀式外，著西服大多是參與華僑界活動場合。梅紹武主編，《梅蘭芳》，頁127～148。

量不算很多，但比文字更直觀地展示出梅蘭芳受到美國各界歡迎的實況。一直到梅蘭芳歸國後，《北洋畫報》仍不時刊登梅蘭芳在美照片，這些照片不斷強化了梅蘭芳國際級藝人的地位。如（圖4-67）照片特別說明：「項中所懸花圈，在昔專為檀島帝王所御，士庶不得擅用。」〔註228〕無疑烘托當時梅蘭芳梨園王者的地位。

圖4-66：〈梅蘭芳與美國名編劇家 Blasco 把玩拿破崙約瑟芬 合巹杯後合影〉〔註229〕

（後立者正中為張彭春，右為齊如山，左未詳）

圖4-67： 〈梅蘭芳在檀香山 總督府留影〉〔註230〕

（項中所懸花圈，在昔專為檀島帝王所御，士庶不得擅用）

　　梅蘭芳訪美之行受到美國人士廣泛的認可，還授予名譽博士頭銜。某種程度也為自新文化運動以來被新知識分子批判的傳統戲曲圈出了一口氣。〔註231〕但同時也引發一些討論及爭議，如中國劇藝術地位是否已確定，訪美行是梅蘭芳的成功，還是中國戲曲的成功的討論。〔註232〕但無論如何，梅蘭

〔註228〕〈梅蘭芳在檀香山總督府留影〉，《北洋畫報》，1930年11月1日。

〔註229〕〈梅蘭芳與美國名編劇家 Blasco 把玩拿破崙約瑟芬合巹杯後合影〉，《北洋畫報》，1930年6月14日。

〔註230〕〈梅蘭芳在檀香山總督府留影〉，《北洋畫報》，1930年11月1日。

〔註231〕「梅蘭芳一度游美，乃獵得雙料博士之頭銜以歸，可為此行不虛也矣。於是不僅為戲劇界之魁首，且進而為學術界之領袖。……豈不知數年間，胡博士乃僅成其為二分之一的梅蘭芳矣，（梅為雙料博士，胡乃單科博士耳。）斯豈夢想所及料哉。離離，〈梅蘭芳之夢〉，《北洋畫報》，1930年6月21日。

〔註232〕王小隱，〈中國劇之藝術的地位已確定乎〉，《北洋畫報》，1930年6月28日、1930年8月30日。

芳訪美之行，至少提升了中國戲曲的國際知名度，也讓自己成為國際明星，穩固了在戲曲界乃至於文化界難以撼動的地位。值得一提的是，隔年（1931）《北洋畫報》元旦的戲劇專刊，刊登了五張伶人照片。分別為譚鑫培乘驢車照、尚小雲騎驢照、荀慧生少年時期在照像館的乘船照，梅蘭芳少年時反串《釣金龜》張義照以及梅蘭芳在舊金山遊行的遠照。譚、尚兩張照片都搭配著文字談論他們佚事、新聞。但在梅蘭芳遊行照旁的說明文字：

> 右圖是梅博士舊金山坐汽車大遊行的圖片，那自然不是鑫培之車，
>
> 小雲之驢所可比，更不用說慧生之船（那船是在照相館擺著的）。
>
> 說來說去梅博士終於不愧是梅博士也。〔註233〕

編輯者將四張照片並排在同一版面，搭配短短幾語，譚鑫培、尚小雲、荀慧生都成了突出梅蘭芳的配角，展現出梅蘭芳赴美後遠非他人可比之身價地位。

小結

在本章中筆者梳理了自清代到民國時期伶人圖像文化的演變。從清初到清代中葉私寓興起，伶人圖像多作為文伶韻事的紀念。從繪製到傳播過程都帶有濃厚的文人色彩，像主雖是伶人，但事實上多只是作為文人附屬品，只能任人搓圓捏扁，塑造成文人心目中的形象。但隨著晚清西方攝影、印刷技術的傳入，伶人圖像的製作、複製、傳播變得更為輕而易舉，這不只拓展了伶人圖像的商業性、宣傳性，也使得伶人圖像不再只是文人圈子裡流傳賞玩的物件，而是廣大民眾皆可購買的娛樂商品，更進一步具有重現舞臺、評論劇藝、戲曲研究的功能。

而從清末到民國以來的伶人照片中，也可以看出伶人對攝影技術從陌生到熟悉的過程。戲裝照方面，從一開始的戲裝擺拍，到後來開始營造戲劇情境，進而模擬宗師姿態，梅蘭芳更跳脫重現舞臺的局限，開始營造整體畫面的藝術感。這都展現出伶人對自身舞臺形象的重視。便裝照方面，伶人也很早就意識到自身便裝的獨特魅力，這或許也是為什麼他們是最早接受攝影的群體之故。民國以後，以梅蘭芳為代表的部分伶人更掌握相片視覺效果，主動透過報刊傳播照片，以得到超乎圖像本身的宣傳效果。伶人，不再是完全被掌控型塑的群體，而是逐步地掌控了自我形象呈現的權力。

〔註233〕〈去年舊金山市上大跑車之梅蘭芳博士〉，《北洋畫報》，1931年1月1日。

第五章 評劇家群體研究

第一節 評劇家群體分析

一、何謂評劇家

　　清末以來劇評大受歡迎，在商言商，報社自然會著意經營，為了滿足越來越多的劇評需求，出現一批在報刊上發表劇評的群體，他們大多被稱之為「評劇家」或者是「劇評家」、「戲評家」。[註1]他們逐漸成為一個特殊群體。身分複雜多元，與梨園界關係緊密，他們游移於報界與劇界之間，在民國的梨園場域中佔有一席之地。

　　文人與伶人的交遊由來已久，透過文人的視角與筆桿，替被主流文化輕忽的梨園留下不少文字紀錄。而清代中葉以來北京私寓之風，促使清代梨園花譜興盛的基礎。這些文人與伶人往還，除了觀戲論劇，吟詩品伶，還記述梨園掌故，撰寫花譜，並刊刻出版，廣泛流傳。報刊興起後，他們作品更是最早一批刊登的戲劇文字，這些文人其實已有幾分近代評劇家的影子。

　　評劇家一詞雖然在民國以後才被廣泛使用，但在宣統二年（1910）的《國華報》的粉墨場專欄中便已提及了「戲評家」這一名詞：

　　　　北京大戲評家，以古隨雲集山人為第一，皖桐吳靄航稱其如捉優孟
　　　　衣冠人，攝入照相鏡。又曰將軍善畫，蓋有神，可以為先生詠之，
　　　　非過譽也。惟齒牙所及，多屬傅粉兒郎，是其一偏。然以其最賞識

〔註 1〕傅謹，〈大眾傳媒與新興的戲曲批評——中國戲曲文獻的體與用研究之四〉，
　　　　《民族藝術》，2013 年第 6 期，頁 15。

之千盞燈,仍位置於崔靈芝之次,循名責實,終不繆於好惡之公。
何物部曹充隱,竟真呼千盞燈為蓋靈芝,推許過情,其識見不及山
人遠矣。〔註2〕

可知此時在戲迷圈中,評劇家已被認為是一種身分象徵,但怎樣的人才能被
稱為評劇家?報刊是公開的輿論空間,因此正如劍雲〈三難論〉所說:「廣義
言之,能觀劇即可評劇,無論何人皆可稱評劇家。」〔註3〕從這個角度來看,
凡是在報刊上發表的戲劇相關文字者,便可以稱為評劇家。但這種寬泛的定
義,無助於我們了解此一群體。劍雲以專業公正的程度來定義評劇家的內涵,
但這種定義過於抽象,也無法呈現出評劇家這一群體多元複雜的特質。為了
更深入探討此,筆者將根據學者的相關論述,進一步釐清其內涵。

張芳將民國有戲劇相關著述者稱之為戲劇理論家,並將其分為學者型與
報人型兩類,其中報人型的理論家便涵蓋評劇家。〔註4〕古曙光觀則將民國時
期研究、評論戲曲的知識份子,分成高校、學術機構的學者,以及與梨園、優
伶聯繫緊密的劇壇文人兩類。認為前者主要以文本、劇作家為研究物件,注
重案頭,擅長考據。後者則是結交伶人,投身梨園,進而編報刊,寫劇評,已
可視為為半個梨園中人。〔註5〕而朱星威則將《戲劇月刊》撰述群分為報刊知
識分子、學者型知識分子、知名票友、伶界人士〔註6〕。以上這些討論都觸及
了對民國評劇家類型的分析。但我們會發現這些分類存在著曖昧模糊的空
間。如齊如山、翁偶虹等人,在古曙光的分類中應屬於劇壇文人。但張芳與
朱星威則分別把齊如山、翁偶虹稱之為學者型理論家或是學者型知識份子。
會產生這樣的歧異,是因為立論標準差異所造成。古曙光對於學者定義較為
嚴謹,明確定位為在大學任教的學者,而張芳與朱星威則是較為籠統的概念,
專指那些具有學術特質的劇評寫作者。

由於王國維、吳梅這類在大學任教的學者與劇界關係較為疏離,如王國
維素來不喜看戲〔註7〕,吳梅雖然與劇界有所來往,收韓世昌為學生,也寫過

〔註2〕《國華報》,1910 年 12 月 3 日 18 號,收錄於《京劇歷史文獻匯編·續編》,
　　　 冊 4,頁 521。
〔註3〕劍雲,〈三難論〉,《菊部叢刊》,頁 14。
〔註4〕張芳,《民國初期戲劇理論研究(1912~1919)》,頁 16~73。
〔註5〕谷曙光,《梨園文獻與優伶演劇——京劇崑曲文獻史料考論》,頁 359。
〔註6〕朱星威,《戲曲出版與商業文化:《戲劇月刊》研究(1928~1932)》,頁 47。
〔註7〕青木正兒,《近世戲曲史》,〈原序〉(臺北:臺灣商務書局,1988 年),頁 1。

劇評並與評劇家交遊〔註8〕，還曾為演員編劇譜曲。〔註9〕但這些都是偶一為之，他主要的活動領域並不在劇界、報界。至於前述清末民初之時在報刊上發表戲曲改良議論的知識份子，雖然對於劇評地位的提升有所影響，但他們關注的畢竟不是戲曲本身，大多也劇界關係不密切，尤其當舊劇發展未能達到其政治目的時，更不乏成為後來攻擊舊劇的健將。上述兩個群體雖然可能都有撰寫劇評，但對戲曲的參與大多有限，其生命情調也與一般的評劇家大不相同，因此都不在筆者討論「評劇家」範疇內。

綜上所述，筆者定義的「評劇家」將聚焦在古曙光所說的劇壇文人，他們大抵是戲迷，甚至是票友，普遍與報界、劇界有緊密的互動關係，並相對穩定地在報刊上發表各種戲曲相關文字。對戲曲的觀念與態度對於普通觀眾有一定指標作用。相較於改良戲曲，他們往往更重視在戲曲表演的藝術性與娛樂性，因此其文字大多聚焦在報導劇壇動態、品評伶人色藝、記述梨園掌故等，研究戲曲也多集中在實際可考的表演、規範、組織、文物等，而較少理論探究。

二、評劇家類型

民國以評劇家自許之人多如過江之鯽，但率多曇花一現，又多以筆名行世，使得我們難以考察其生平。韓補庵曾將其分成二系四類十四派二十二種，但標準不一，未免過於瑣碎。〔註10〕筆者參酌前述說法，將其分成報人型、學者型、傳統文人型三類。

（一）報人型評劇家

由於報刊是劇評主要的發表空間，因此評劇家自然與報刊都有深淺不一的關係。筆者在此所謂的報人評劇家型是專指那些在報紙產業中任職的評劇家。晚清以來興盛的報業以及近代稿酬制度的建立吸引了大量的文人投身其中，自此文字寫作可以成為一種可以安身立命的職業，甚至可以為自己贏來過去所沒有的聲譽及利益。〔註11〕他們或專職或兼職，在報社中擔任編輯、

〔註8〕聽花，〈陳優優君之雅集小記〉，《順天時報》，1920年3月25日，十版。
〔註9〕根據《順天時報》紀載吳梅曾多次為劇團編寫崑劇劇本，或是為劇中崑腔譜曲。見隱俠，〈奎德社將演《曼倩偷桃》之披露〉，《順天時報》，1918年9月13日，五版。隱俠，〈劇場叢談〉，《順天時報》，1920年7月25日，五版。隱俠，〈女藝員之特色〉，《順天時報》，1919年9月4日，七版。
〔註10〕韓補庵，《補庵談戲》，收錄於《民國京崑史料叢書》，十四輯，頁27～32。
〔註11〕洪煜，《近代上海小報與市民文化研究》，頁172～180。

撰述、主筆、記者，甚至創辦屬於自己的報紙。清末以來，日益興盛的戲曲娛樂產業，創造出大量的劇評文稿需求，這些報人們也就因此順理成章地成為清末民初評劇家最主要的群體。如馮叔鸞、鄭正秋、周劍雲、徐凌霄、張厚載、辻聽花、鄭子褒、張古愚都屬於這類型的評劇家。

對於一般報紙來說，劇評畢竟只是「應時文字」。〔註12〕對其內容自不會有甚麼把關。而報人流品蕪雜，這使得他們所寫的劇評水準極為不齊。而且為了商業目的、吸引讀者，報人的劇評往往會迎合大眾趣味，甚至不惜譁眾取寵，連知名的評劇家都在所不免。如倪秋萍便曾為文逐條批評蘇少卿在其劇評中用小說筆法神話渲染孫佐臣胡琴的來歷。〔註13〕連知名評劇家蘇少卿都有此作，其他的評劇家可想而知。這種娛樂取向的寫作風格，致使五四時期知識份子對此甚為鄙視，批評這些評劇家為「鸚哥派讀書人」視之為鴛鴦蝴蝶派的同輩。〔註14〕而事實上，的確也有不少鴛鴦蝴蝶派的文人從事劇評的撰寫。

雖然這些劇評在當時大多被認為是消閒文字，但在娛樂產業極度發達的上海，報刊所串連的娛樂產業網絡，卻給予這些報人評劇家跨界發展的契機。朱星威便以劉豁公生平為例，說明評劇家如何藉由豐富且精確的評劇風格，累積其文化資本，遊走在各界之中：

> 他（按：指劉豁公）由劇場實踐與戲劇出版而建立起評劇家的身分，更進而涉足通俗文學界、電影界、廣告界和唱片界……劉豁公涉足的這些活動，幾乎囊括了上海文化娛樂生產領域的各方面。通過在不同領域間的穿梭、流動，劉豁公連結起一個跨領域的商業文化網絡。〔註15〕

更稱之為文化企業家（Cultural Entrepreneur）。〔註16〕事實上像劉豁公般的評劇家並不少見，尤其在上海評劇界特別明顯，如鄭正秋、周劍雲便從評劇界跨足到電影界，集資成立明星電影公司，成為中國電影重要的奠基者；鄭子褒、舒舍予以其在劇界的人脈以及戲曲素養，或在唱片公司任職，或協助唱

〔註12〕穆辰公，《梅蘭芳》，頁121。
〔註13〕倪秋萍，〈蘇少卿的神聊及其他〉，見《十日戲劇》第63期，收錄於《中國早期戲劇畫刊》，冊30，頁191。
〔註14〕錢玄同，〈今之所謂評劇家〉，收錄於《新青年》第5卷第2號，頁187～188。
〔註15〕朱星威，《戲曲出版與商業文化：《戲劇月刊》研究（1928～1932）》，頁56。
〔註16〕朱星威，《戲曲出版與商業文化：《戲劇月刊》研究（1928～1932）》，頁58。

片公司處理邀角、編纂戲考等相關工作。〔註 17〕甚至直接受聘於戲院，擔任重要職務。〔註 18〕這些評劇家藉由評劇活動，累積足夠的文化資本，從單純的評論者逐步轉而為娛樂文化商品生產機制的一部分。

（二）學者型評劇家

由於筆者已將大學任教的學者排除在評劇家群體之外，此處「學者型評劇家」專指稱建構「戲曲知識」的評劇家，他們以戲曲本體作為研究對象。也是民國以來「戲曲知識」最主要的建構者。事實上，報人評劇家撰寫的劇評並不乏戲曲知識的陳述，有些更嘗試將其系統化，如辻聽花的《中國劇》便是嘗試建構戲曲知識的早期著作，可惜辻聽花對戲曲的理解有限，內容只能說是蜻蜓點水略具規模罷了。至於精研戲曲的報人，雖也有如馮叔鸞、徐凌霄等人，但他們劇評大多集中在對當時劇壇發展以及演出狀況的針砭、分析，較少建構戲曲知識的體系。而且上述諸人與報業的關係非常緊密，因此筆者仍將其列為報人評劇家的範疇。

齊如山可說是學者型評劇家中最具代表性的人物，是近代「戲曲知識」建構的最主要的奠基者。而陳墨香、翁偶虹、張次溪等人，其研究範圍雖然未如齊氏般全面完備，但也從各自專業累積了不少成果。如陳墨香出身書香世家，又是資深票友，在《劇學月刊》發表的諸多文章，如〈京劇提要〉結合文獻史料、親身見聞，考訂京劇劇目的故事源流、表演變遷，展現出作者過人的文史、劇學素養。翁偶虹為資深花臉票友，精研臉譜之學，在實務經驗的支持下，其論述精深尤在齊如山之上；張次溪則致力伶史的建構。雖然這些文章仍帶有隨筆性質，有著不夠嚴謹的缺點，但卻對戲曲知識建構有著不可磨滅的貢獻。筆者將於下一節詳述評劇家的戲曲研究。

（三）傳統文人評劇家

這類型的評劇家大多參加過科舉，不少還任過官職，有些便以清室遺老

〔註 17〕羅亮生，〈戲曲唱片史話〉，收錄於中國戲曲志上海卷編輯部編，《上海戲曲史料薈萃》（上海：上海藝術研究所，1987 年），第 1 集，頁 99～103。南腔北調人，〈唱片戲考之濫觴〉，收錄《半月戲劇》第 2 卷第 11 期，收錄《中國早期戲劇畫刊》，冊 34，頁 114～115。

〔註 18〕賀客，〈恭喜評劇家吃戲飯〉，《十日戲劇》第 54 期，收錄於《中國早期戲劇畫刊》，冊 29，頁 543。汪菊公，〈故都菊片見〉，《戲劇週報》第 1 卷第 6 期（上海：戲劇週報社，1936 年），收錄於《中國早期戲劇畫刊》，冊 25，頁 475。

自居。他們大多曾是私寓的常客。他們時常在報刊上發表吟詠伶人的詩作，
如易順鼎〈賦贈尚郎小雲〉二首：

> 少年影事在韓潭，花信還從老去探。相馬馬群空冀北（小雲冀州人）
> 從龍龍種出平南（尚王之後）。冰霜性質佳人貴，風月情裡我輩貪。
> 知否太公年八十，尚言美女不如男。

> 玉貌鬖年跡未陳，見遲猶幸在若春。本是菊部無雙客，屈作梅郎第
> 二人。紫稼遭逢同昔日，綠華髣髴是前身。硯芬久逝瑤卿老，珍重
> 歌喉繼後塵。〔註19〕

韓潭即是韓家潭，是清代私寓聚集之所。雖是賦贈尚小雲的詩作，但除了歌
詠尚小雲外，還帶有對於過私寓風華的不勝感慨。這些詩作常常延續私寓中
文伶交往，品優賞戲的風情，也因此他們與伶人的來往交遊，在旁人眼中常
帶有狎優的色彩。如前面提及的羅癭公為程硯秋特別出師一事，便被辻聽花
等人所攻擊。樊樊山贈梅蘭芳詞，也曾被張次溪「梅伶以藝術著於時，吾輩
不宜以文人墨客之口吻而做此輕薄字句」規勸之。〔註20〕不過這些知名的傳
統文人常常被視為名士、名流，因此在傳統的文化圈裡仍是頗有影響力，當
時許多記載都會強調他們對伶人聲譽的影響力：

> 樊樊山、易順鼎兩翁今日詞林中之泰斗也，均極風雅，不拘小節，
> 故常涉足歌臺舞榭，每一月旦優伶，則都人士爭相傳誦，洛紙為之
> 增價，而優伶輩亦以一字之襃引為畢生榮。〔註21〕

> 梅郎畹華以天賦奇才復得樊山、哭厂、癭公諸先生以詩古文辭譽揚
> 之故，其名幾遍天下，無遠近咸知其人。〔註22〕

> 樊山撰〈璧雲曲〉及前後〈梅郎曲〉海內傳誦比之梅村歌行，又樊
> 山喜作劇評，大有一經品題聲價十倍之概。〔註23〕

甚至有人認為梅蘭芳之所以可以名享天下，全賴這些文人為之吹噓揄揚，並
認為只要比照辦理，即使新興的女伶也有機會名揚天下：

〔註19〕易順鼎，〈賦贈尚郎小雲〉二首，《順天時報》，1918年3月2日，五版。
〔註20〕張次溪，〈伶苑〉，《戲劇月刊》第2卷第4期，收錄於《中國早期戲劇畫刊》，
　　　　冊6，頁62。
〔註21〕聽花，〈文人相輕〉，《順天時報》，1918年2月22日，五版。
〔註22〕張次溪，〈珠江餘沫〉（三），《戲劇月刊》第1卷第12期，收錄於《中國早期
　　　　戲劇畫刊》，冊4，頁429。
〔註23〕周維翰，〈宣南雜詠〉，《順天時報》，1919年8月3日，五版。

青衣梅蘭芳聲名洋溢乎中國，今日婦女皆知者也。然彼六七年前特
亦庸碌不足數耳。彼時演劇有報以好者必有反對之聲（咚）發作。
所排戲碼無在倒數五曲後者。今也大名鼎鼎魔力彌天，豈其技藝突
飛進步，實異從前乎。然試就老北京而深於此道者詢之，則莫不曰
乏乏固仍無可取也。此其固究屬安在？請得而言之，是蓋樊山、石
甫諸公如椽大筆獎掖鋪張之力耳。今也吾欲以汙穢之文惹起都人士
之注意，倘得好事名流如樊易諸公者出發為鴻篇巨製極力遊（按：
應為揄）揚，彼弱女子者安見其不名滿天下耶。〔註24〕

當然這種想法實為迂腐之見，單方面強調文人的影響力，完全忽略了伶人自
身的條件、機運與努力。不過對伶人來說，傳統文化圈人士一直是戲曲重要
的消費群體，也有一定的指標作用。知名文人的品評的確是相當不錯的文化
包裝。《立言畫報》對此現象的分析是：

民十以前，在歌臺捧角隊中風頭最健者為遺老。此輩或為達官顯
宦，或為才子詩人，彼時掛名差事甚多，類皆身兼數職。每月俸入
既豐，而又無所事事，於是流連歌場，大作其捧角運動。遺老本人
雖不必然到處受人歡迎，而遺老之一管禿筆卻具有偉大力量。所謂
一經品題，聲價十倍是也。職是之故，名伶對於遺老，不得不相當
恭順，而遺老對於名伶，亦各就其所好力事揄揚。各人算各人一筆
賬，其間關係微妙之極。〔註25〕

許多名伶的確相當著力經營與傳統文人的關係，如《順天時報》便多次刊
登尚小雲拜訪文人求字求詩的報導。〔註26〕梅蘭芳本來就與北京文人墨客
關係非淺，赴滬演出期間也與當時隱居在上海的況周頤、朱祖謀等傳統文
人有諸多往來。況周頤還曾為梅蘭芳繪製《香南雅集圖》以及出版專詠梅
氏的詞集《修梅清課》。〔註27〕這些傳統文人的劇評形式主要是各種詩詞歌
賦，內容也多是有褒無貶。尤其是知名文人由於求詩者眾多，因此難免流
於應酬，這些內容率多空泛，數量雖然相當龐大，但少有佳作。當時評劇

〔註24〕深知，〈燕喜堂之小金蘭〉，《順天時報》，1917年4月13日，五版。

〔註25〕四戒堂主人，〈記樊、易、羅〉，《立言畫刊》，1940年第73期。

〔註26〕張治如，〈小雲詞〉，《順天時報》，1918年3月9日，五版；花，〈菊訊一束〉，
《順天時報》，1918年6月13日，五版。

〔註27〕周茜，〈民國初期梅蘭芳與滬上詞學家交往考述〉，《文藝研究》，2014年第8
期，頁96～102。

家便有所批評：

> 曩者樊山、實甫春明詩酒論交伶官，所為詩歌珠玉琳瑯，美不勝
> 收，然類多頌揚獎掖之作。設無一二事實介乎其中，則姹女能歌我
> 善哀，綽約天仙今化人，酡顏一笑波微動，萬眾低頭拜艷神等等佳
> 什。但換一題目，無論贈送誰何均可用，實空泛兒寡味，想當日諸
> 老之有此類吟詠亦必非其初衷也。〔註28〕

> 樊山先生遺詩三萬首打破前賢記錄，此三萬首中捧角詩侵佔一部分
> 真足驚人。先生為詩不假思索，俯拾即是，故精心結撰之作，究不
> 多見。〔註29〕

不過隨著時代轉變，傳統文化圈的逐漸萎縮，傳統文人的影響力也逐漸消
退。張次溪記錄了這樣一段故事：

> 梅郎畹華未成名時最為易五世丈（哭厂）所賞識，為賦〈萬古愁曲〉
> 以彰之，其名乃顯。哭厂曾用素絹十二幅工楷寫此以贈畹華。畹華
> 得之狂喜，懸之中堂，哭厂頗自得。一日復至梅宅，則中堂所懸已
> 之所書萬古愁曲，已易某當道之半通不通之文字矣。哭厂因之不樂，
> 逢人便說畹華無鑒別力，其實不然，畹華亦知哭厂文名遍天下，而
> 實一窮措大耳，既欲見重於污世不得不如此也。論者謂哭厂癡情，
> 吾曰誠然。〔註30〕

無論這些傳統文人們如何強調自身的影響力，這樣一個小小更換條幅的動
作，赤裸裸地呈現出民國年間戲曲界裡傳統文人影響力消退的事實。日後評
劇家也只能酸溜溜的諷刺罷了：

> 昔日伶工喜與文人雅士遊，以為得文人雅士之品題，身價能就此日
> 增，可見昔日伶頗知慎重地位。今之伶人常與大亨小開伍，因得此
> 輩為伴可以增加勢力，因此亦可想見今之伶人偏重虛偽。〔註31〕

〔註28〕張慶霖，〈美伶詩話〉，《戲劇月刊》第 2 卷第 1 期，收錄於《中國早期戲劇畫
刊》，冊 5，頁 75。

〔註29〕看雲樓主人，〈紅氍漫筆〉，《戲劇月刊》第 3 卷第 7 期，收錄於《中國早期戲
劇畫刊》，冊 11，頁 317～318。

〔註30〕張次溪，〈伶苑〉，《戲劇月刊》第 2 卷第 8 期，收錄於《中國早期戲劇畫刊》，
冊 7，頁 247。

〔註31〕仁，〈今非昔比〉，《十日戲劇》第 1 卷第 26 期，收錄於《中國早期戲劇畫刊》，
冊 28，頁 346。

　　除了上述三類評劇家外，還有一類評劇者值得一提，那就是伶人本身。對於劇界之事最有發言權的自然是伶人，正如周劍雲所說：「老伶工而能握管撰述，評劇家無立足地矣。」〔註32〕不過早期伶人知識水準不高，即使滿肚子的梨園掌故、劇學知識也無法用文字表達出自己的看法，只能依賴劇壇文人為之發聲。但隨著劇界智識逐漸開明，以及其他階層下海為伶，越來越多的伶人有足夠的能力提筆為文，名伶更有專門人士掌管文書宣傳工作。〔註33〕因此1930年代以後，逐漸可以在各報刊中看到以伶人名義發表討論戲曲的相關文章。如《劇學月刊》中程硯秋發表了〈我之戲劇觀〉〔註34〕、〈話劇導演管窺〉〔註35〕等文。《戲劇旬刊》有白雲生〈由字音談到南北曲之異點〉〔註36〕，在《半月戲劇》上出現得更加密集，有梅蘭芳〈花雜談〉〔註37〕、王瑤卿〈論歷年旦角成敗的原因〉〔註38〕、白雲生〈戲劇感言〉、〔註39〕華傳浩〈說丑〉、〔註40〕鄭傳鑑〈粉墨餘譚〉〔註41〕、童芷苓〈真善美〉〔註42〕、李玉茹〈我的演戲生活〉〔註43〕、馬連良〈我為什麼要演《串龍珠》〉〔註44〕、周信芳〈劇

〔註32〕劍雲，〈三難論〉，《菊部叢刊》，頁14。

〔註33〕〈澹厂戲語〉：「今也，伶之旅某地鬻歌，必攜隨從秘書，以作文書交際」。孫澹厂，〈澹厂戲語〉，《戲劇旬刊》第23期，頁11。

〔註34〕程硯秋，〈我之戲劇觀〉，《劇學月刊》，收錄於《中國早期戲劇畫刊》，冊17，頁23～26。

〔註35〕程硯秋口述、劉守鶴筆記，〈話劇導演管窺〉，《劇學月刊》第2卷第78期，收錄於《中國早期戲劇畫刊》，冊20，頁297～348。

〔註36〕白雲生，〈由字音談到南北曲之異點〉，《戲劇旬刊》第30期，頁15；第31期，頁7。

〔註37〕梅蘭芳，〈花雜談〉，《半月戲劇》，收錄於《中國早期戲劇畫刊》，冊33，頁20。

〔註38〕王瑤卿，〈論歷年旦角成敗的原因〉，《半月戲劇》第6卷第2期，收錄《中國早期戲劇畫刊》，冊35，頁445。

〔註39〕白雲生，〈戲劇感言〉，《半月戲劇》第4卷第9期，收錄於《中國早期戲劇畫刊》，冊35，頁169。

〔註40〕華傳浩，〈說丑〉，《半月戲劇》第4卷第9期，收錄於《中國早期戲劇畫刊》，冊35，頁184。

〔註41〕鄭傳鑑，〈粉墨餘譚〉，《半月戲劇》第4卷第8期，收錄於《中國早期戲劇畫刊》，冊35，頁128。

〔註42〕童芷苓，〈真善美〉，《半月戲劇》第4卷第8期，收錄於《中國早期戲劇畫刊》，冊35，頁124。

〔註43〕李玉茹，〈我的演戲生活〉，《半月戲劇》第6卷第3期，收錄於《中國早期戲劇畫刊》，冊35，頁490。

〔註44〕馬連良，〈我為什麼要演串龍珠〉，《半月戲劇》第5卷第3期，收錄於《中國早期戲劇畫刊》，冊35，頁297。

史劇照劇評的重要〉〔註45〕、俞振飛〈小生難〉〔註46〕〈劇藝粹譚〉〔註47〕、
〈江南俞五曲話〉〔註48〕、〈秋窗度曲記〉〔註49〕等。雖然這些文字未必是伶
人親自執筆，也未必都屬於劇評，如梅蘭芳的〈花雜談〉其實是梅蘭芳栽種
牽牛花的心得，與劇事沒有絲毫關係。而馬連良〈我為什麼要演《串龍珠》〉、
李玉茹〈我的演戲生活〉、童芷苓〈真善美〉內容更接近是向觀眾發表的公開
信。其中俞振飛以及諸多崑劇演員的文章多是談論崑曲藝術、戲曲掌故，內
容頗具水準。編輯曾替華傳浩〈說丑〉一文下了個「內家筆墨」的副標題，可
說是相當切題。

第二節　評劇家關於劇評的討論

　　清代梨園花譜已有少數文人企圖透過書寫監督伶人的意圖〔註50〕，但所
占比例並不高。正如潘麗珠所說文人品優其實是文人階層的一種儀式行為。
〔註51〕多數作者的仍是向文人階層發聲，品評伶人良窳意在彰顯自我品味，
強化文人品鑑權威，並沒有強烈以此改變伶人影響劇界的念頭。文人往往是
透過與伶人的交游，才在潛移默化下，間接地影響到伶人表演以及劇界風
氣。〔註52〕

　　在清代梨園花譜還只是初露苗頭的「影響企圖」，在近代報刊高度時效
性、公開性以及戲曲改良運動的催化下，則成為近代劇評鮮明特質。劇評在
發展初期便產生「借紙媒干預演劇」的現象，並對伶人產生一定的監督效

〔註45〕周信芳，〈劇史劇照劇評的重要〉，《半月劇刊》第 6 卷第 1 期，收錄於《中國
　　　　早期戲劇畫刊》，冊 35，頁 408。

〔註46〕俞振飛，〈小生難〉，《半月戲劇》第 3 卷第 4 期，收錄於《中國早期戲劇畫
　　　　刊》，冊 34，頁 279。

〔註47〕俞振飛，〈劇藝粹譚〉，《半月戲劇》第 3 卷第 9 期，收錄於《中國早期戲劇畫
　　　　刊》，冊 34，頁 465。

〔註48〕俞振飛，〈江南俞五曲話〉，《半月戲劇》第 5 卷第 1 期，收錄於《中國早期戲
　　　　劇畫刊》，冊 35，頁 238。

〔註49〕俞振飛，〈秋窗度曲記〉，《半月戲劇》第 6 卷第 2 期，收錄於《中國早期戲劇
　　　　畫刊》，冊 35，頁 470。

〔註50〕如《消寒新詠》評陳五福演出染村妓之態時說道：「故余題鵑詩內，勉其改轍
　　　　也。」鐵橋山人、問津漁者、石坪居士，《消寒新詠》，頁 42。

〔註51〕潘麗珠，《清代中期燕都梨園史料評議三論》（台北：里仁書局，1998 年），頁
　　　　67。

〔註52〕王照璵，《清代中後期北京「品優」文化研究》，頁 244～253。

果。〔註53〕《世界繁華報》還刊載了一篇〈何必知名子致夏月珊書〉，以公開信的方式建議夏月珊好好培養小子和，並提出應該加強文化素養以及應學劇目的意見。〔註54〕但隨後而來的民國評劇風潮中，這種「影響企圖」卻淪為捧角之用，民國評劇界被大量魚目混珠的劇評所湮沒。部分批評自覺較為強烈的評劇家，企圖扭轉這樣的態勢，建立劇評的權威性，因此民國初年以來評劇界對於劇評的定位、效用、內容、水準有著非常熱烈的討論。

一、評劇專業化

報刊作為劇評主要的發表空間，的確打破了傳統書寫的封閉性，召喚了更多群體的參與：

> 報紙雜誌的大量湧現替近代戲曲批評提供了珍貴的陣地，戲曲批評家的戲曲觀念、理論界借助報紙雜誌可以更快速傳播，而在短期內引起讀者廣泛注意，產生良好的社會效果。讓更多的對戲曲感興趣的普通愛好者自願加入到戲劇批評的隊伍，改變了近代以前唯文士曲家才有資格從事戲曲批評的狹隘局面，使戲曲批評的隊伍進入多方參與的文化系統。〔註55〕

這讓劇評的範圍與內涵大為擴張，同時提高此時戲曲評論的影響力與豐富性。但參與的人越多，寫作者的背景、觀念、知識都大不相同，也使得這些文字風格南轅北轍，品質極端良莠不齊：

> 評劇之風起于上海，宣南繼之，報中無此□幾不能發達其銷數。而一般普通人民亦遂蜂擁而起，爭相投劇評之稿。試問其于劇學上素有研究者究有幾人，于劇理上素有考察者就有幾人。雖然此種問題暫不必論，今暫就某某日報關於劇評上之論調討論其一二，即可知作劇評者之真真價值矣。〔註56〕

尤其因為女戲的興起，許多劇評內容醉翁之意不在酒：

> ……蓋北京評劇初發軔於民國開幕，嗣更伴報館之趨勢而發達，其領境漸廣，尤與女劇盛衰有密切之關係。至昨歲七月遂有《戲劇新

〔註53〕谷曙光，《梨園文獻與優伶演劇——京劇崑曲文獻史料考論》，頁331～342。
〔註54〕〈何必知名子致夏月珊書〉，《世界繁華報》，1901年10月10日。
〔註55〕李占鵬，《中國戲曲文獻文學史論》，頁185。
〔註56〕鍾旭，〈討挑撥是非擾亂評劇界之蟊賊〉，《順天時報》，1914年9月13日，五版。

聞》之創刊，為我評劇界劃出一新紀元矣。今春以來女劇更加隆盛，
而評劇亦由是愈熾，其中人才彬彬輩出，筆墨之妙，評論之盛，實
中國前此未嘗有，為多數劇評中雖間有遺失其本來面目，脫離其固
有範圍，毀譽失當，評論不公，使人顰蹙不安者……〔註57〕

因此評劇活動看似極為興盛，卻頗有劣幣逐良幣之趨勢。以北京為例，這些
評劇者要不就是仍流連於傳統風花雪月氛圍之中，不然就是對戲曲認識不
深，率多膚淺之言。因此寫出來的劇評往往集中在伶人（尤其是女伶）面貌
扮相的歌詠，最多對於演員作表作一簡單的評論。佩韋在〈古調重彈之評劇
家〉痛斥這類型的文字：

今之評劇者眼線俱集於坤角一面，居十八九其中所評論的又都在面
貌上著筆，不曰丰姿秀麗即曰體態輕盈，直是品花評柳，而非平章
菊部之文，或則拈弄筆墨填幾句俚詞寫幾首歪詩，此種評劇，余深
痛恨。〔註58〕

甚至出現「雙蘭英之唱做本平常無奇，不過房間乾淨伺候周到而已。」〔註59〕
這種帶有指涉的劇評。再加上民國捧角之風的催化，劇評淪為捧角獻媚的工
具。因此還發生評劇者在大庭廣眾之下，拿著自己所寫劇評向女伶獻媚的景
象。〔註60〕這些劇評其內容水準可想而知。由於目的是捧伶而非評劇，常有
明顯的利益糾葛。因此常在報刊上引發各式筆仗，內容往往超出戲劇範疇，
淪為人身攻擊，形成「以五光十色之新聞紙，不啻為諸君戰爭地」的現象。
〔註61〕這種亂象甚至引起北京官方的注意，民國四年（1915）八月份《順天
時報》的本京新聞欄目刊載了這樣的兩則新聞：

警察總監以改良社會首重通俗教育，其功用固不僅戲劇一端。惟查
報紙係輿論代表。不期近來屢有人向本廳呈請援例《戲劇新聞》紙
情勢。故為尊崇輿論，維持風化起見。現已擬定嗣後凡呈請組織專
門戲劇報紙者概予批駁不准云。〔註62〕

〔註57〕聽花，〈北京評劇界之發達〉，《順天時報》，1915年5月23日，五版。
〔註58〕佩韋，〈古調重彈之評劇家〉，《順天時報》，1914年6月3日，五版。
〔註59〕討厭，〈我之坤角觀（續）〉，《順天時報》，1915年1月24日，五版。
〔註60〕「日前李伯濤逛東安市場，有王某尾後而行，至花園地方王某從懷中取出小
報一張，向伯濤百般詔媚，觀者咸嗤笑之。」治陋，〈菊訊一束〉，《順天時報》，
1918年11月3日，五版。
〔註61〕夢仙，〈忠告評劇諸君〉，《順天時報》，1914年6月26日，五版。
〔註62〕〈限制戲劇報紙〉，《順天時報》，1915年8月6日，七版。

警察廳因各報紙對於評劇一事，非徒消遣筆墨，而與改良社會正風
化俗最有關係。乃以近來竟有評劇人等，對於正風化俗之事毫不介
意，常以所見不合而為筆墨之衝突。甚至不顧道德揭人陰私，互相
攻擊等事故。以此等評劇，非但出乎評劇範圍，而與社會風化尤屬
有害，刻擬製定評劇規則若干條，頒發各報館以資取締云。〔註63〕

從大環境來看，此時袁世凱正籌備稱帝，對於輿論管控日益嚴格，從劇壇來
看，當時北京評劇界有所謂的梅尚之爭，在各報紙燃起戰火。由於《順天時
報》時報並非梅尚之爭的主要戰場，因此細節無法得知，但從一些側面報導
以及幾年後的回顧可知兩造的爭戰已經到了互掀醜事的地步，激烈到需要第
三方組織所謂的評劇保安會來彌平雙方衝突。〔註64〕對於輿論將被箝制的消
息，此時北京評劇者的態度相當微妙，聽花一方面認為此事「東西各國固未
有其例」、「似滑稽且涉壓制」，但另一方面也認為這是評劇者「自繩自縛」，
認為這種管制可以汰選掉不良劇評。〔註65〕另一名評劇家臥龍則較為悲觀，
痛斥不良評劇家搗亂評劇界，評劇將難再起。〔註66〕這次的娛樂輿論管控並
未真正落實，不久便煙消雲散，而亂象依然沒有任何改變。對於評劇種種弊
病，許多有自覺的評劇者對此都有相當嚴苛的批評，認為這些劇評拉低了評
劇家的地位：

按今之評劇文字，多矣，美矣，然每溢出範圍，作無謂之爭持。甚
且藉逾揚為接近之地，攻擊遂敵詐之私，彼此攻訐互相叫罵，而於
評劇家應有之責務全然不顧。評劇家之品格何在？評劇文之價值何
存？此內行老好一聞評劇家三字，所以無不嗤之以鼻也。訥庵所撰
談戲文字就戲論戲，自信不拍伶人馬屁，不做伶人之機械如是而
已。知我罪我，付之公論。〔註67〕

作為監督伶人藝術的劇評反而被伶人嗤之以鼻，因此如何建立評劇家的權
威，增大影響力，便是民初評劇家極為關注的議題。在諸多討論中，屬名重
文的投稿者，對此分析得最為全面深入：

〔註63〕〈評劇將受取締〉，《順天時報》，1915 年 8 月 17 日，七版。
〔註64〕望洋，〈論評劇保安會〉，《順天時報》，1915 年 8 月 24 日，五版。金子岩，
　　　　〈尚小雲傳〉，《順天時報》，1917 年 9 月 23、26 日，五版。
〔註65〕聽花，〈自繩自縛〉，《順天時報》，1915 年 8 月 20 日，五版。
〔註66〕臥龍，〈嗚呼評劇界〉，《順天時報》，1915 年 8 月 28 日，五版。
〔註67〕訥庵，〈中華舞臺聽劇記〉，《順天時報》，1917 年 2 月 4 日，五版。

今日劇界之墮落可謂極矣，雖云惡習相沿由來已久，而攷其近因，實緣于評劇界之墮落所致也。假菊評為敲竹槓之具，藉劇報為奇艷情之書，咬文嚼字，徒興無名之師；分門別戶，甘作極烈之戰。反自飾曰自古才子英雄當年牢騷抑鬱之際，恆借他人酒杯澆自己塊壘。雖潦倒歌場，然醉翁之意不在酒也，惡風彌播，變本加屬。演劇者失其演劇之精神，竟呈獻媚買笑之技，觀劇者變其觀劇心理均為拈花惹草之輩。

然余不能作極端之苛責，亦緣於習慣之沿承。自古騷人墨客其詩詞文集，輒假某劇某伶，或寫風流韻語，或吐抑鬱悲歌，耳濡目染，終流極弊。但往者不可諫，來者猶可追，舊昔社會視優伶為玩物，以戲劇為樂事。自文藝復興，思潮驟變，則戲劇影響于社會甚巨。美人馬秀士謂輿論之淵源有六：學校、報章、戲劇、工人團體、婦人俱樂部。又謂演劇之影響于政俗者不減于學校報章教會之勢力。而在吾國今日之社會尤其邁之。

但我國之優伶未受教育，均乏智識，自認為賤業，甘居於卑位，今欲改良戲劇以促社會之觀感，脫令其自動，勢有所不能。責之官廳，力有所不及。故要其歸宿則在社會本身，明其責任則在於評劇家，是則今日之評劇家不可不知己身之地位，己身之職務。或發其哲學之新理想，或輸其美術學之新技藝，按社會之心性，參情酌理因革損益，以供獻于世，斯有益矣。

戲劇為社會教育之一種，則評劇家今日所居之地位為監督社會教育者也。而其職務則為引披匡正者也。其職務之範圍則限於劇場、劇詞、劇情三者。關於劇場者則建築廠內佈置，內外臺之設備是也。關於劇辭者則字句、道白、韻調、板節是也，關于劇情者則編纂、佈景、扮裝、作工是也。以上三者須預為指導隨時糾正，務去其謬誤而克臻于完善者也。至于優伶，則除上之劇辭、劇情有連帶關係外，餘僅及優伶在劇場內之行為，而不涉于劇場外之行為也。凡優伶演劇時，或言語調笑失矩出軌，或眉目流淫招蜂引蝶，則始之以忠告，繼之以嚴詞，總靳達改過遷善之目的而後已。若揄揚優伶，則就所演之劇加以獎勵之詞，絕不可以唐突誨褻之詞加於伶之本身也。然對於顧曲者亦有匡正之職務焉。如顧曲者在場內出奇異之彩

聲，或用特別之手段引誘蠱惑或醜態畢露，則必申罪致討驅此蠹賊
以免流毒于社會。

嗚呼！國事蜩羹，民生鼎沸，根本之圖，端在教育，改良社會責在
戲劇。而改良戲劇則責在評劇家，吾想今之評劇家早有此覺悟，心
諒不以斯言為河漢也。〔註68〕

這段文字對於民初劇評的淵源、亂象、範疇、展望等議題，都有所觸及，並提
出相對具體的建議，更將戲曲改良的重責大任放到了評劇家身上，明顯展現
出民初評劇家「批評自覺」的精神。這並非是重文的一己之見，而是當時許
多評劇家共同的觀念：

我國戲劇缺點甚多，除說神道鬼，跡近迷信，在今日已無容留之餘
地者外，其於事涉荒唐，絕無通俗教育性質者，亦所在多是。評劇
者果能放大眼光作正當之批評，當改良者改良之，應修正者修正之，
以研究之結果貢之通俗教育。當局請其轉飭採用，誠能如此則直接
受益者雖僅戲劇一小部分，而間接蒙□者，乃至國家社會世道人心，
評劇文之功能、評劇家之價值豈不大哉，豈不巨哉。〔註69〕

在評劇家的理想藍圖中，劇評是整個演劇活動中重要基石。如馮叔鸞與徐凌霄
兩人都以近代民主制度「三權鼎立」來比擬評劇者、演劇者、編劇者之間的
關係，只是兩者見解略有不同。馮叔鸞認為評劇者為司法、編劇者為立法、演
劇者為行政。徐凌霄認同評劇者為司法，但認為編劇者、演劇者皆屬行政，
整個劇界都該尊從的規律及演劇程式才是立法者。〔註70〕有些人甚至認為評
劇地位猶在編劇、演劇之上。如勿幕〈關評劇者偏狹病〉一文便提出「評劇者
左右劇界之權，既勝於編劇者是評劇者之責任，能監督編劇者明明矣，以其能
監督編劇者也，是兼能統治演劇者，尤明明矣。」〔註71〕劇評既有如斯地位，
那麼自然要有高度的專業性，如劍雲的〈三難論〉論及評劇之難時說道：

惟戲劇既為專門之學，其範圍至廣，門類至繁，必須於此道研究有
素，窮其底蘊，然後文字始不空泛，言論始有價值。閱者、伶人亦
獲莫大之益，否則眼光學識不如伶人，老生常談，味同嚼蠟，寧不

〔註68〕重文，〈論今日評劇之職分〉，《順天時報》，1917年7月4日，五版。
〔註69〕訥庵，〈訥庵菊譚〉，《順天時報》，1917年2月16日，五版。
〔註70〕徐凌霄，〈獨立評論〉，《劇學月刊》，收錄於《中國早期戲劇畫刊》，冊21，頁350。
〔註71〕勿幕，〈評劇者偏狹病〉，《戲劇叢報》第1期，收錄於《中國早期戲劇畫刊》，
　　　　冊26，頁409～410。

> 貽笑大方，識者齒冷。予以為求精嚴之劇評難求，求普通之劇評
> 易。廣義言之能觀劇即可評劇，無論何人皆可稱評劇家，狹義言
> 之，至少非有十年閱歷，難虛擁此頭銜。〔註72〕

將評劇家做廣義、狹義之分，認為狹義的評劇家必須要有十年經歷的累積方能
達到水準，更羅列出評劇家「定見」、「學識」、「經驗」、「詞藻」四個要素。
〔註73〕將評劇家要求拉到極高層次。另一位知名評劇家筆名馬二先生的馮叔鸞
在〈評戲感言〉中雖然以評劇會荒廢學業的角度出發，認為「評劇本非專門之
事業」，勸告青年學子不要沉迷於評劇。但在文中卻也強調評劇的難度：

> 苟其能握筆為文者，便可據其一己之見，以發議論，此是游戲文字
> 耳，而不得謂之評戲。蓋戲之為物雖盡人可觀可聽，而戲評則非盡
> 人可作者。以其必須於此中曾加研究，方能道得出其甘苦，判得出
> 其優劣也。〔註74〕

文中認為要成為評劇家前至少要有顧曲家的資格，而馬二先生列出的顧曲家
資格有：「平日顧曲之多、伶界交遊之廣、研究戲學之用心，殫見洽聞，較諸
初問世之伶人遠高十倍，凡同輩之顧曲者咸皆奉其言論以為指南。」〔註75〕
在《順天時報》頗為活躍的評劇家訥庵更提出需要有上臺經驗：

> 評劇有數難，而筆墨不與焉，不明戲劇規矩者不足以評劇，不曾登
> 臺演唱者不足以評劇。規矩明矣，演唱能矣，而別具肺腑，藉捧角
> 行野心者仍不應以評劇家目之。蓋評劇家與捧角客其性質其品格判
> 若天淵，萬無混為一談之理也。〔註76〕

這將評劇資格限於票友群體，排除了那些以評劇為捧角手段的評劇家。這些
評劇標準早已不是一般觀眾所能達到，這些論述也不免有自我標榜之嫌疑，
但藉由強調評劇之難來建立其專業形象的企圖是相當明顯的。

二、評劇？評伶——劇評寫作的討論？

　　作為一種新興文體，面對著當時混亂的評劇風氣，釐清評論範疇是首要
目標，正如訥庵論評劇時言道：

〔註72〕劍雲，〈三難論〉，《菊部叢刊》，頁14。
〔註73〕劍雲，〈三難論〉，《菊部叢刊》，頁14。
〔註74〕馬二先生，〈評戲感言〉，《菊部叢刊》，頁132。
〔註75〕馬二先生，〈評戲感言〉，《菊部叢刊》，頁132。
〔註76〕訥庵，〈訥庵菊譚〉，《順天時報》，1917年2月16日，五版。

凡評論一種事務必先確定其前提，確定其範圍，然後下筆方有依據，
褒貶乃得準繩。〔註77〕

到了 1930 年代，徐凌霄說得更為清楚明白：

孔子曰：必也正名乎？西方先進曰：於某事欲有所述，先求其本身
之界說。指東而說西，指鹿以為馬，任何事皆不可，況劇事嚴重而
龐雜如今日者乎。國劇之稱遍及眾口，而國劇無界說，評劇之家，
周乎南北，而評劇又無界說，凡此現象，皆為國人常識饑荒之證，
猶之禁演戲劇政令多岐，乃國家行政令病態之徵，其可悲觀，尚不
在戲劇本身問題也。〔註78〕

可見得評劇範疇為何？是評劇家相當熱衷討論的議題。當時有所謂評劇、評
伶、評花的討論，其目的就是在於確定評劇範疇，屏除惡性捧角風潮。其中
以聽花的說法最具代表性：

所謂評劇者即就腳本之內容與其俳優及舞臺之關係而評論之，惟欲
著真正之劇評非具有劇學之素養不能，其事似易實甚為難。

所謂評伶者，如腳本內容措而不論，凡屬登場優伶僅就其聲色藝各方
面拉雜評論，或更就斯行內幕就其所知而披露之，然欲著的當之評伶，
非通曉演劇大要，兼細知內情種種，求其切而不泛，實所難能。

所謂評花者，其實與演劇殆無何等至密之關係。惟對于伶人容貌發
抒一己好惡之品評，其中坤伶最多，童伶亦間有之，此種著作座右
若有一種美人譜，不難染筆，並無價值，或反為識者所鄙。〔註79〕

聽花等人經由區分劇評的書寫層次，嘗試排除純粹討論伶人扮相外貌的文
字，與傳統花譜以歌詠伶人色藝、文伶韻事的傳統做了一定區隔。〔註80〕但戲
曲的娛樂本質，使得演員外貌同屬演出整體，很難全然切割。如民國十一年
（1922）梅蘭芳赴滬時在《晶報》上引起捧梅、貶梅之爭，便有不少劇評論及
梅蘭芳外貌美醜之爭。〔註81〕而評劇家即便再怎麼排斥這些水準參差的劇評，

〔註77〕訥庵，〈論評劇文字當限定範圍兼呈聽花隱俠兩方家〉，《順天時報》，1917 年
7 月 15 日，五版。

〔註78〕徐凌霄，〈權威者與國劇前途〉，《劇學月刊》第 4 卷第 3 期，收錄於《中國早
期戲劇畫刊》，冊 24，頁 204。

〔註79〕聽花，〈評劇、評伶、評花〉，《順天時報》，1915 年 9 月 11 日，五版。

〔註80〕吳宛怡，〈近代劇評的發生——《順天時報》與辻聽花〉，頁 92。

〔註81〕參見姚贊契，《馮叔鸞戲學之研究》，頁 41、154。

本身也無法跳脫當時風氣。民國四年（1915）發生的劉鮮大戰之時，聽花也不能免俗地寫了比較二人的〈劉鮮瑣談〉、〈劉鮮續談〉，還製成表格〔註82〕：

項 目	眼	臉	所扮婦人	舊 劇	新 劇
劉喜奎	鳳眼	瓜子臉	閨閣佳人	《遊龍戲鳳》《玉虎墜》	《新茶花》
鮮靈芝	杏眼	雞蛋臉	畫樓美女	《鳳陽花鼓》	《杜十娘》

項 目	容 色	原 性	原 質	作 工	神 氣
劉喜奎	哀艷	沉靜	美	細膩	善哭
鮮靈芝	鮮豔	佻達	媚	活潑	喜笑

雖然對於表演也有所著墨，但仍免不了女伶容貌上的評比。評花、評伶的劃分最終仍是歸於寫作心態的差別。面對這類批評，也有部分評劇家認為太過學究氣：

> 凡所謂名伶者大都以聲藝得名，姿色平庸而已，而一班評劇家亦復染學究氣，不敢公然評論坤伶之妍嫿，惟易哭盦「聲藝易得，色難得」一語差為率真。〔註83〕

不過排除似評花的評伶文字仍是當時多數評劇家的共識。隨著女伶熱潮的衰退，評劇家的焦點逐漸轉移到評劇、評伶之討論。何謂評劇？何謂評伶？每個評劇家的範疇略有不同。如聽花就將披露劇界內幕也算在評伶之中。不過筆者以為此處所說的內幕未必是劇界的八卦，而是指劇界的生態、習俗等報導。但大抵來說評劇是對演出整體的評論，從劇本、演員、舞臺呈現都必須要兼顧。而評伶則是不論劇本，單純只討論演員表演。受當時戲曲改良論的影響，在不少評劇家的眼中，「評劇」具有促進通俗教育改良社會的積極意義，這從上述重文、訥庵等人的引文可以看得非常清楚，在當時批評自覺較高的評劇家眼中，評劇自然是比評伶高上一層。只是戲曲難以撼動的演員中心特質，清末民國又是京劇流派成熟之際，明星大家輩出，這也使得評劇焦點容易往演員身上傾斜。「評劇者無人，評伶者實眾。」〔註84〕一直是民國評劇界存在的現象。在民國初年的評劇亂象中，評劇家旨在屏除評花文字，雖然認為評伶仍搆不上評劇之義，但亦不失為戲劇批評中不可或缺之文

〔註82〕聽花，〈劉鮮瑣談〉、〈劉鮮續談〉，《順天時報》，1915 年 10 月 15、17 日，五版。
〔註83〕鐵梅，〈東亞美人杜雲卿〉，《順天時報》，1916 年 8 月 16 日，五版。
〔註84〕素影，〈致隱俠君書〉，《順天時報》，1915 年 10 月 5 日，五版。

字。〔註85〕正如訥庵所說：

> 即不然僅就戲劇之外表，優伶之技藝，論其派別，評其優劣，雖已
> 去題微遠，無當評劇之義，然苟能句句中肯，事事當理，亦尚不失
> 雅士之深致。〔註86〕

但在經歷了新青年運動、國劇運動等關於中國戲劇的爭議以及討論後，評劇界自覺顯然更加強烈。對於劇評採取較為嚴格的標準，不少評劇家對於劇評只在伶人表演技藝上打轉表達不滿。如聽花民國十七年（1928）在分析當時戲劇評論趨向時便說道：

> 所謂評論優伶技藝者，唯就其技藝優伶則可也，如論涉腳本及累優
> 伶則不可也。一般評劇文中，時見有此種辭句，可謂混淆優伶與腳
> 本者矣。〔註87〕

> 余通觀一般評論腳本者，多被舊式腳本所拘提，徒就其表面的樣
> 式，暨其中二三歌詞品評之，貶賞之，至其劇之意義精神，則等閒
> 視之，或毫不了解。

> 此種評論僅有一斑之價值，固無全豹之價值，其所以然者，必依彼
> 等乏真正劇學之素養，而未曉古今東西劇場之故也。〔註88〕

從他認為評劇者只津津於幾句唱詞的分析品評，而忽略全劇的意旨與精神，更缺乏世界的眼光，便可知這裡說的評論腳本，並非分析劇本，而是品評唱腔。聽花批評當時評劇家混淆了評劇、評伶的界線，很明顯態度較之過去更為嚴格。

聽花還只是表達出對於劇評水準未能提高的遺憾，有些評劇家直接將劇界的淪落歸咎到評伶不評劇所造成。葉慕秋在〈評劇界亟應覺悟〉一文中開門見山認為做劇談寫劇評肩負著「劇界存亡之重任」。除了強調評劇的專業性外，認為過去的人評劇太重視伶人技術，造成了不少弊病，如過度誇大故去伶人表演藝術，而不關心舊劇內容的封建性，讓有意義的劇本不能傳世，使得舊劇在知識份子心中不如西劇。〔註89〕《北洋畫報》中屬名外的評劇家在

〔註85〕素影，〈致隱俠君書〉，《順天時報》，1915 年 10 月 5 日，五版。

〔註86〕訥庵，〈訥庵菊譚〉，《順天時報》，1917 年 2 月 16 日，五版。

〔註87〕聽花，〈花陰箚記（6）〉，《順天時報》，1928 年 4 月 23 日，五版。

〔註88〕聽花，〈花陰箚記（7）〉，《順天時報》，1928 年 4 月 24 日，五版。

〔註89〕葉慕秋，〈評劇界亟應覺悟〉，《十日戲劇》創刊號，收錄於《中國早期戲劇
畫刊》，冊 27，頁 14。

〈怎樣養成捧角風氣〉一文中抨擊了戲曲過度重視名角，不重視劇本，使得劇本成為演員附庸，而名角權威極大化，單純評論唱白做工的劇評得以成立，致使明明是缺點卻成為眾人仿效目標，認為長此以往，戲曲將不再是戲劇，而是退化為舞的狀態。〔註90〕徐凌霄在〈權威者與國劇前途〉一文對於只評伶藝不評劇造成的禍害分析得最為清楚：

> 舊時劇場有最可悲觀之現象能生之極不良影響，即過於重視伶人技術，從不注意戲劇之意識。即如〈賣馬〉一劇，其所涵之歷史材料、社會背景，甚為豐美。然而前後臺之所念念有詞者則譚式（按：氏）之唱功，怎樣行腔，怎樣耍板，及舞鐧之巧術，怎樣四門，怎樣六合而已，甚麼封建不封建，似乎全部了了。照此情形，一切都談不到了，而只好聽其自然。官方要准便准，要禁便禁，縱然將此等「國劇」禁個一乾二淨，無理無法，吾人亦決不批評官方之錯誤。何也，戲界並未說明其劇是何意識，有何價值，則官方無單獨之責任可言。
>
> 於是吾人執筆評劇者，作劇談者，亦不可不有以自警矣。蓋國家的行政機關□於劇本未暇作具體之研究，政令之頒只為百業檢查之一類，劇界中人則只知有沿習之習慣可守，營業之利益可圖，其伶人臺上之技術熟練精能，亦不過蜂蜜蠶絲，操術雖工，而不能自明其所以，任行而不任知，任表演而不任剖解，於是雙方情形隔閡，而關係又不能隔離。如何平亭通貫，完全為第三者之職任，即具有戲劇的嗜好，而有發表意見之權能者，無所逃責也。……民國以後，報紙雲興，劇談一門遂為附張之要素，執筆者大多文雅之士，或為散文，或為吟詠，名為「戲談文字」，而文之量多，劇質苦於太少，即伶話、伶藝充盈篇幅而未及於劇，所謂戲者，伶藝而已，云夫伶藝又不如地方報紙之劇談之較豐而實，至於國劇之精神若何？實質若何？本身具有何種之因素？在世界戲劇藝術上應占何等之位置？固已苦於解人難索，即臺上整個之組織，伶人技術之原理及其品性，亦罕有從事者。……現在欲求國劇地位之明顯，使其特質與要素可以大白於世人，體大緒繁，端來多數嗜愛國劇具備「常識」，精勤不懈之青年人物，認定目標聯合進行，而不幸的趨勢，雖然各

> 校劇社看似蓬蓬勃勃，仍以玩票娛樂者居大多數，此則令人失望不
> 勝悲觀者也。〔註91〕

徐凌霄認為評劇家只關注伶話、伶藝，缺乏對戲劇深入整體的觀照，戲曲愛
好者致力於玩票，只享受戲曲的娛樂性，不關注理論性，使得劇評層次無法
提升，無法彰顯傳統戲曲的價值，乃至於無法抵抗政府不合理的管制。

　　不過也有一派評劇家持不同的意見，為品評優伶技術的劇評辯護。如南
董在〈論評戲之難〉中批評當時評劇家志大才疏，好奇尚異，好發大言，缺乏
對戲曲藝術的深刻了解，在文末說道：

> 評戲僅評戲中之技，評戲大家所不取也。然而評戲亦未有難於評技
> 者也。何也？不可以空言搪塞也，評戲大家果於技皆瞭然矣，可以
> 斥評技之無當於戲劇也。苟尚未能，則我自評戲，人自評技，不必
> 相菲薄，亦不必相因也。然而不知技而評技者，固已多矣，宜彼評
> 劇大家，乘其弊而搆其虛也，咎不在評戲大家也。戲也者，古所謂
> 小道也，而難之固如此也，戲豈小道也哉……至於發揚戲劇之精神，
> 評其於世道之關係。以最高之眼光，而論戲劇，則千百人中，更罕
> 見其一也，而評戲之道苦矣。雖然持論過高，易涉空泛，尚不如評
> 技，較易徵實，但評技之不易，固有如上所述者也。〔註92〕

委婉地認為所謂「發揚戲劇之精神，評其於世道之關係」的劇評往往持論過
高，而流於空疏，反不如評技來得紮實可靠。相對於南董的委婉，另一位知
名評劇家張古愚就顯得激進許多，他曾針對《申報》子嘉〈獻給評劇界的管
見〉一文加以批駁。在〈獻給評劇界的管見〉一文中，子嘉認為評劇界不應該
斤斤計較演員唱腔身段的小疵，而要從情節、唱詞、服裝著手，才能發揚京
劇藝術精神。張古愚則反駁道：

> 情節、唱詞、服裝屬於劇質，腔調動作是屬於藝術，叫評劇界不要
> 在藝術上批評，而在劇質上研究，是平劇藝術尚能發揚改過
> 乎？……平劇是首重藝術，次重劇情，首以藝術吸引觀眾，再以情
> 節警惕人心，藝固重於劇也，不過評藝不能忘劇，言劇不可忽藝，

〔註91〕徐凌霄，〈權威者與國劇前途〉，《劇學月刊》第 4 卷第 3 期，收錄於《中國早
　　　　期戲劇畫刊》，冊 24，頁 204、205。
〔註92〕南董，〈論評戲之難〉，《劇學月刊》第 4 卷第 8 期，收錄於《中國早期戲劇畫
　　　　刊》，冊 24，頁 419。

此則為目今評劇界所應知者。〔註93〕

認為京劇藝術主體是腔調動作，劇情、唱詞、服裝等並非不重要，但有先後之別。他在〈既往不憑唯來者是勉〉中提出「以藝存劇，以劇養伶，伶以劇為生，劇以藝保存。」認為藝、劇、伶同為舊劇核心。不能偏伶而廢劇，也不能專談劇而不論藝，更不能拋了藝而談伶。無論是評劇家死談藝術，捧角家只識伶工，還是話劇派文人只論劇本都是不了解舊劇精神。〔註94〕雖然看起來張古愚認為三者不可偏廢，但事實上仍可看出以「藝」為根本的思想，無論是「劇」、「伶」都不過是「藝」的載體。其實這正是這類評劇家的核心思想，至今也仍深深刻印在許多傳統戲迷的心中。事實上，除非如新青年運動知識分子所主張一般，以西方話劇全面取代中國戲曲，否則戲曲演員中心可說是牢不可破。即便批判評伶的徐凌霄，也有許多關於演員表演的評論，建吾對於徐凌霄的劇評就有這樣的分析：

> 評劇與評伶區別，言者聚訟已久，凌霄漢閣嘗自謂生平評劇不評伶。夫劇由伶人搬演。觀劇目的，在於欣賞伶人之藝術。某也佳，某也劣，某也俗，某也雅。自為吾人所津津樂道。捨伶不評，有烏從評劇。顧此公之意，殆以為報章談劇文字，於舊劇學識，類多膚淺。顧曲之後，惟以空闊言辭，批評伶人技能，充實篇幅而已，初無若何價值，所謂評伶是也。必於舊劇界得深切意味，而又常聆老名角之所演唱，兼曾研習劇事，有舞臺經驗，然後執筆評騭，方能搔著癢處。雖使名伶聞之，亦不得不悅服。此等文字之內容，自多有關舊劇學識，不言時伶演技優劣，而其優劣自見，則所謂評劇是也。然此公雖以評劇自豪，而於故伶譚鑫培、陳德霖及名伶楊梅余諸人之技藝高下，幾每篇道及一二，似亦涉評伶之嫌，惟能批郤導窾，說出老輩精深所在，與淺薄者流，雜綴成語為篇，褒貶時伶者，迥不相同耳，故評劇評伶二事，仍可分而不可分，深者謂之評劇，淺者謂之評伶，如是而已。〔註95〕

〔註93〕編者，〈讀〈獻給評劇界的管見〉〉第 69 期，收錄於《中國早期戲劇畫刊》，冊 30，頁 364。

〔註94〕古愚，〈既往不憑唯來者是勉〉，《十日戲劇》第 3 卷第 6 期，收錄於《中國早期戲劇畫刊》，冊 30，頁 583。

〔註95〕建吾，〈評劇與評伶之區別及蹦蹦戲何以謂之平戲或評戲〉，《半月劇刊》第 4 期，收錄於《中國早期戲劇畫刊》，冊 26，頁 69。

認為不評伶焉能評劇，推測徐凌霄只是不滿當時評伶文字膚淺，因此才批判評伶，因此評伶、評劇不過是深淺之分。這位評劇家無疑誤解了徐凌霄的觀念，卻也呈現出伶藝在民國戲曲評論中難以切割的事實，其實評劇、評伶兩派之間其實並非對立，只是對於孰先孰後的意見不一。

民國以來，評劇家群體對劇評的討論，主要是希望透過劇評監督伶人、針砭劇藝以推動戲曲的進步改良，並確立劇評的價值。評劇家大多也都意識到劇評與社會政治的關係。即便高度重視演員表演評論的張古愚都有：「與乎研究戲劇與國家社會之重要關係，評劇家又須負此責任」之語。不過大抵仍是延續了戲曲改良的觀念，希望透過改正戲曲而對社會發展有所貢獻。不脫前面重文所說：「戲劇為社會教育之一種，則評劇家今日所居之地位為監督社會教育者也，而其職務則為引掖匡正者也。」除了監督伶人劇藝與社會教育外，徐凌霄從另一個角度申論劇評的功用：

> 大大原則既明，始有批評之標準，有批評之標準，則可以批評劇界並可批評國家機關對於劇界之審查，取締之是否合理，如是乃有共遵之軌道，而不紛不亂。且不說前途發展，即未解除各方面之煩悶旁皇（按：徬徨），亦將捨此末由。
>
> 抑有進者，無論何種事業，何種學問藝術，欲求發揮光大，蔚為國光。必賴乎政治與知識兩階之扶掖載量，此兩階者所謂民之上也。東西各國所謂統治階級領導階級是也。然而其所統治所領導者之能否有益，則胥賴夫各本身之確定方針，齊一步驟。而不然者毋寧以眾人之事，還之眾人。夫今人所標榜之國劇所稱道之伶工典型，所以能有彼時之成績者，則伶人之自己的埋頭苦幹之也。彼時無專家名流以導厥先務，亦無「七手八腳」、「七嘴八舌」以擾其心志，亦能成一小果。此尤吾人所應迴憶而深味者也。〔註96〕

認為劇評之所以需要規範化，在於可以成為劇界與社會大眾之間的溝通橋樑，在徐氏眼中劇評不只向政府、社會彰顯戲曲本身的價值，更可以導入政界、學界的力量達到促進戲曲進步發展的終極目標，比起其單方面的強調戲曲對社會的貢獻，徐凌霄論點更突出了戲曲與整個社會的交流互動。

除了評劇、評伶的討論，民國評劇家們對於劇評形式內容還發表許多不

〔註96〕徐凌霄，〈權威者與國劇前途〉，《劇學月刊》第 4 卷第 3 期，收錄於《中國早期戲劇畫刊》，冊 24，頁 204、205。

同的見解，像劇評寫作的規範，如訥庵的〈論評劇文字當限定範圍兼呈聽花隱俠兩方家〉一文中，認為劇評要限制在演員的唱、念、作，以及劇本的編制上，根據行當不同，重點也應有所調整，並提出文字不應涉及演員私德。〔註97〕這很明顯是對應於民初紊亂惡劣的劇壇風氣而發，希望評劇能夠回到表演與劇本的品評上。到了1930年代，徐凌霄所提出的評劇者之「三要」、「四忌」、「六項基本認識」，則是評劇原則的歸納。所謂三要是（一）要戒除作用（二）要勘查物蔽（三）要克制感情，就是各方面維持評劇的公正性。四忌為（一）忌填文料（二）忌玩古董（三）忌忘身分（四）忌混界限，則是評劇時要避免的缺失。「六項基本原則」的內容比較複雜，為徐凌霄所總結的傳統戲曲的美學標準，這些都是寫作劇評時必須考量的要點。〔註98〕

還有關於劇評該用怎樣的文字來呈現，也是此時評劇家所關注的面向。如劍雲〈三難論〉認為要依據行當以及劇目的不同來調整寫作風格，提出：「評旦角用清麗之筆，評丑角用詼諧之筆，評生角用正大之筆，淨角用豪渾之筆，評文劇用綿密之筆，評武劇用雄壯之筆。」〔註99〕而蒼玉〈劇評寫作應注意文筆〉則主張以梁啟超、林語堂的文白體文風為效法對象，屏除虛偽造作的遣詞用句，以達到督促監督伶人的目的。〔註100〕

隨著劇評的興盛，知名的評劇家也發展出自己的風格，如張肖傖曾臚列當時知名的評劇家，並分析他們的文風：

> 近時論劇文字凌霄漢閣主與無名氏兩君，精密愜當，機暢神理文筆雋永，讀之心爽。無名氏尤長攷據，袁寒雲、侯疑始兩君之文，樸茂雋永，竣拔溫雅兼而有之，論劇亦多精心結撰之作。何海鳴君論戲之作不多見，而於譚學心得至富，文亦疏宕閒逸可□。已故之春覺生君好彈古調，而熟於掌故。馮小隱君、呂雉生兩君，馮之文奇崛不襲故常，每好與人筆戰，劍拔弩張無一弱筆，真長槍大戟，躍馬橫戈之文也；雉圭則謹嚴中有瀟洒意者，蘇少卿君近作頗多，微

〔註97〕訥庵，〈論評劇文字當限定範圍兼呈聽花隱俠兩方家〉，《順天時報》，1917年7月15日，五版。
〔註98〕徐凌霄，〈權威者與國劇前途〉，《劇學月刊》第4卷第3期，收錄於《中國早期戲劇畫刊》，冊24，頁205～206。
〔註99〕劍雲，〈三難論〉，《菊部叢刊》，頁15。
〔註100〕蒼玉，〈劇評寫作應注意文筆〉，《半月劇刊》第15期，收錄於《中國早期戲劇畫刊》，冊26，頁295。

婉精鍊之文，並有迴異恆谿，而見解獨勝者。馬二先生昔時滬上報紙述戲之文，頗多跌坐降魔之作，不失為南人研究戲曲之導師，汪俠公、步堂、何卓然、趙伯蘇、王小隱諸君或熟悉掌故或重於攷證或深於音韻或擅長崑曲，皆深於斯道者。如陳優優、陶柳遺及非禪諸君則久不見其文矣。他若幾近捧角，其文非不博雅精通，自成一格當然另論列之。〔註101〕

這種評劇個人風格的建立，正代表評劇文體的逐漸成熟。雖然劇評良莠不齊的現象一直未能根除，但諸多評劇家的琢磨討論下，整體來看劇評水準仍是逐漸提高。即便如時常對劇評水準發出不滿之嘆的張古愚，在回溯劇評發展歷史，也都承認近年來劇評實有進步：

有清時代，只要是文人，誰都可以談戲，一詩一詞，便是戲稿，民國成立以後，更糟了，評劇文字，幾乎都是刻板文章，扮相漂亮，嗓子甜潤，表情細膩，唱腔動聽，皆為萬不可少的基本詞句，西皮二黃僅可不懂，君臣主僕亦所未諳，評劇家因此遂為內行所輕視，外行所不齒。民十五後，傍角者（倚伶為生的文人）漸多，此輩文人反漸絕跡，評劇文字於焉進步。扮相身段之研究，板眼字音之商榷，唱詞行頭之探討，場面舞臺之改革，評劇家皆要處處顧到，淫伶浪女（坤角）之筆誅，佳構庸者之存廢，與乎研究戲劇與國家社會之重要關係，評劇家又須負此責任。至於利己損人，阿其所好，作伶人之牛馬，靠諂諛為衣食，此輩報棍戲蠹，評劇家亦當破臉揭發，不公，不正，不直，不誠，不懼威武，不惜金錢，始可稱評劇家，難以哉今日之評劇家。〔註102〕

有趣的是，他認為倚伶為生的傍角文人漸多，不懂戲的捧角文人反而逐漸絕跡。可惜他並未進一步說明理由。張古愚對於專為伶人宣傳的傍角文人頗為鄙視，為此與他們打過多次筆仗。但從來往文字中，可以發現這些傍角文人為宣傳名伶或許誇大失實，甚至到肉麻程度，但對菊壇掌故、戲曲藝術仍是有相當程度的理解。〔註103〕因此也有人諷刺那些幫伶人宣傳廣告者皆為懂戲

〔註101〕張肖傖，《菊部叢譚》（上海：大東書局，1926年），頁280。

〔註102〕愚，〈時代變遷伶工與評劇家益不易為〉，《十日戲劇》第19期，收錄於《中國早期戲劇畫刊》，冊28，頁84。

〔註103〕撇開一些相互攻訐的文字，與張古愚打筆仗者，至少是資深觀眾，甚至可能是劇刊的編輯。可參看古愚，〈讀《北平白話實事報‧論評劇》一文後〉，《十

人的德政。〔註 104〕在競爭激烈的民國劇壇，這些傍角文人要為伶人效命，自然不再只是單純歌詠伶人色藝即可，需要有相當的戲曲知識方能勝任，這或許是張古愚認為傍角者漸多，評劇文字反而進步之因。

第三節　伶人與評劇家關係

　　傳統的文伶關係裡，從文人立場來看，品評伶人為之揄揚聲譽，其目的或彰顯自我品味，或投射自身情感。追求情感、美學上的滿足，文人並不會期望從伶人身上獲得什麼實際利益。對於伶人而言，文人是戲園以及私寓的重要客群，也多會採取討好迎合的態度。加上自古以來伶人被視為賤民階級。在這樣不對等的關係中，掌握書寫權力的文人所建構之文伶關係中總是呈現伶人仰望著文人的面貌。尤其在清代中後期，在各式梨園花譜中總是看到文人強調自身品鑑權威對於伶人聲譽的影響，自許「梨園主宰」、「菊部平章」。〔註 105〕但清末以來，隨著社會環境變遷，伶人地位提高，逐漸擺脫賤民陰影。與此同時，文人則因西學東來以及科舉廢除的衝擊下，投身不同領域，新興的報業便成為文人主要的棲身之地之一，報紙的傳播性強化了文人書寫力量，評劇家可說是晚清以來伶人明星化的重要推手之一。此時捧伶評戲不再單純只是審美趣味，開始帶有利益色彩。而伶人經濟、地位與聲譽的提高，也逐步凌駕於這批評劇家之上，這使得傳統文伶關係逐漸產生了質變甚至是逆轉，新的文伶關係從單方面文人對伶人的提攜揄揚，轉變為雙方面既合作又相互箝制的複雜關係。

一、情感／利益的糾葛

　　民國以來報刊評劇之風大盛，在戲曲界形成一股不可忽視的輿論力量。不管是伶人、戲院都非常重視這股力量，並開始學習如何引導運用為己助。主要劇評生產者評劇家群體，自然是他們首要拉攏甚至控制的目標，這分別可以從情感和利益兩個角度切入。

日戲劇》第 32 期，收錄於《中國早期戲劇畫刊》，冊 28，頁 560、599。槐軒老叟，〈燕都劇界通訊〉（八）（九），《十日戲劇》第 32 期，收錄於《中國早期戲劇畫刊》，冊 28，頁 558、578。
〔註 104〕玄武室主人，〈懂戲〉，《十日戲劇》第 57 期，收錄於《中國早期戲劇畫刊》，冊 30，頁 10。
〔註 105〕王照璵，《清代中後期北京品優文化研究》，頁 246～253。

在馮叔鸞與徐凌霄的比方中，評劇屬於三權鼎立的「司法權」，因此公平公正，可說是劇評書寫的第一要務，徐凌霄所提出的評劇「三要」便是談論評劇家如何維持劇評寫作之公正性，這幾乎可說是所有評劇家的共識。但事實上，深入劇界與伶界來往，成為半個梨園中人的評劇家，實在難以維持公正超然的地位。

擁有較高知名度、影響力的知名評劇家，本來就是伶人爭相結交的對象。名伶每到新的碼頭前去拜會結交；甫出道的童伶、女伶拜為乾爹，可說是稀鬆平常之事。如林屋山人、梅花館主、斗斗山人（李準）、辻聽花等人都以收伶人義子女聞名。〔註106〕與伶人的交誼，輕易地讓評劇家陷入人際關係與秉筆直書的兩難中。而對於評劇家來說，要建立評論權威，戲曲知識、劇界動態、梨園掌故都是必須的文化資本，甚至可以說與名伶的交情本身就是一種文化資本。評劇家在劇評、報導中記述自己與名伶交遊往還的事蹟，刊登自己與伶人的合照，未嘗不是自我宣傳，如齊如山在其回憶錄中也自承自己的名望是由梅蘭芳帶起。〔註107〕

而與伶人結交，就難免有感情作用〔註108〕，這是人性使然，賢者所不免。正如《十日戲劇》在〈質問《申報》遊藝界編者黃寄萍〉一文所說：「不近內行，所聞不多；一近內行，戲文難作（難免有情感作用）。」〔註109〕為了維持自己公正論述的形象，評劇家們反覆強調自身的客觀性，即便是有計畫的捧角活動也要仔細規劃，盡量維持客觀公正的形象，再怎麼樣都難免有此地無銀三百兩之嫌。〔註110〕

除了私人情感外，金錢利益更是影響評劇家寫作的重要因素，民國時期

〔註106〕夢覺生，〈覺厂雜錄〉，《戲劇月刊》第 1 卷第 11 期，今收錄於《中國早期戲劇畫刊》，冊 4，頁 329～330；禪翁，〈梅花館桃李記〉，《半月戲劇》第 3 卷第 1 期，收錄於《中國早期戲劇畫刊》，冊 34，頁 188～189；慶霖，〈津門劇事〉，《戲劇月刊》第 1 卷第 10 期，今收錄於《中國早期戲劇畫刊》，冊 4，頁 102～103。聊，〈聽花倉皇謝世〉，《北洋畫報》，1931 年 2 月 22 日。

〔註107〕齊如山，《齊如山回憶錄》，《齊如山全集》，冊 10，頁 6164～6165。

〔註108〕張肖傖，〈倩倩室瑣談〉，《十日戲劇》第 68 期，收錄於《中國早期戲劇畫刊》，冊 30，頁 347。

〔註109〕編者，〈質問申報遊藝界編者黃寄萍〉，《十日戲劇》第 70 期，收錄於《中國早期戲劇畫刊》，冊 30，頁 385。

〔註110〕如朱星威便曾討論《戲劇月刊》舉行四大名旦評選與發行荀慧生專號為荀慧生宣傳的關係。朱星威，《戲曲出版與商業文化：《戲劇月刊》研究（1928～1932）》，頁 81～95。

捧角不只是風花雪月的消閒韻事，而是有利可圖的行為。在北京梨園界有「戲忙子」一詞的出現，所謂「戲忙子」是指藉由結交名伶，乃至於供其驅策，以博得金錢利益的人。其中上流者，依靠他們與伶人的交情與劇壇的理解，成為各種堂會的戲提調，乃至於代戲園邀角者。不入流者，只能淪為在劇場中蹭戲、為伶人叫好造勢的工具。徐氏認為這些人實為梨園界的寄生蟲，但卻可以「挑著個個劇評家的招牌，在報紙上亦常露個名兒。」〔註111〕早在穆辰公（1884～1961）所作小說《梅蘭芳》中對此類中人便有所描述，認為他們的劇評是：「誰知遊戲勾當，若作長了，裡面也能生出作用出來。」〔註112〕從當時報導可以知道，重視宣傳的伶人即使赴外地演出，也會邀請報人評劇家同行以總理宣傳事務。〔註113〕到後來更出現直接受聘於伶人，專司宣傳與報界交際者：

> 現在大小伶人皆雇專員司宣傳，抄送大小各報。各報編者，又皆平時常受伶人恭維，不能推之，遂成滔滔皆是之現象。如李××家豢養「報混混」（專向各報社活動受伶人豢養者）有二三人之多。凡一新戲披露，其宣傳部（居然有名宣傳部者）即大肆活動。〔註114〕

富有資財的名伶以及捧角者為了能直接掌控報刊上的輿論，甚至直接辦理報紙。如雪豔琴便曾主辦《藝光報》；梅蘭芳、靈芝花的捧角者曾辦《蘭花報》等。〔註115〕女伶張小仙的支持者也欲集資辦理機關報。〔註116〕但投資辦報開銷較大，也較難長期維持。因此有些伶人則是入股報社，成為股東之一。如荀慧生便曾入股沙大風的《大風報》。〔註117〕無論是聘請專員還是或是參與報社經營，都可以看出伶人想要積極的掌握輿論主動權的企圖心。

〔註111〕 徐慕雲，《梨園外紀》（北京：生活・讀書新知三聯書店，2006年），頁163～164。

〔註112〕 穆辰公著、陳均編，《梅蘭芳》，頁120～121。

〔註113〕 如聽花報導俞振庭帶戴蘭生赴東北演出。聽花，〈劇界片片〉，《順天時報》，1924年3月25日，五版；冬清報導李萬春、李少春赴東北演出，各帶遊藝記者前往，為其主導宣傳。冬清，〈燕都梨園動態〉，《十日戲劇》第51期，收錄於《中國早期戲劇畫刊》，冊29，頁464。

〔註114〕 沙大風，〈答老鰈先生　角非不可捧要在捧之有道〉，《半月戲劇》第2卷第9期，收錄於《中國早期戲劇畫刊》，冊34，頁45。

〔註115〕 百之，〈雪豔琴北平辦報〉，《北洋畫報》，1929年7月27日；〈蘭花報將出現〉，《順天時報》，1919年3月22日，七版。

〔註116〕 〈將有新劇報出現〉，《順天時報》，1919年1月20日，七版。

〔註117〕 荀慧生，《小留香館日記》，1929年12月15日，頁74。

　　從商業娛樂的角度來看，伶人聘請專員為自己宣傳、辯護，本無可厚非，但批評自覺強烈的評劇家對這些頂著評劇家頭銜的人萬分刺眼，對捧伶獲利的行為非常鄙視：

> 作戲館之機關，為個人之牛馬，恃告白費為衣食之資，視酒宴為平章之的，有戲可看有錢可得，則諂諛交加，大捧特捧，斯文掃地，廉恥道喪，此受人津貼之可恥也。〔註118〕

他們薰蕕同器地敗壞評劇界、劇界風氣，是戲曲沒落的罪人。〔註119〕諷刺「此輩為伶人作『起居注』、『墓門碑』者皆一客大餐兩紙劇券之力」。〔註120〕稱之為「職業捧角家」、甚至以「戲混」、「文丐」形容他們：

> ……伶人養文丐數名，平時仰承主人鼻息，一切唯命是從，如果某反方文字一見，就得提起毛錐打起來，大言不慚，唯恐愛護有不週，逢迎有不至，其言過乎質，真不知其捧之歟？抑罵之歟？若輩賴伶人謀衣食，本應私於所事，吾只覺其可憐，不是怪也，真有污翰墨，斯文掃地無餘矣。〔註121〕

這些評劇家為伶人、捧角者、劇院業者效力，在報刊上為之吹捧揄揚，惡劣者更是批鬥攻訐異己，無所不為。造成許多評劇界的亂象：

> 近日京中評劇界五光十色百怪千奇，抑何亂暴混雜一至於此。
> 試閱每日各報劇評欄內，純粹戲評至為少數，其他大半或訐個人隱事，或揭戲館內幕，或罵女伶生涯，其筆墨之醜怪，不覺令人作三日嘔。
> 殊據傳聞其所以攻擊女伶，與戲館者大興廣告及戲價有密接之關係，且其所記載者多與事實不符。所聞如是，未知確否，若果屬實真乃咄咄怪事，劣情可鄙，而中國評劇之幼稚，記者品格之鄙劣亦從可證。〔註122〕

〔註118〕劍雲，〈三難論〉，《菊部叢刊》，頁124。

〔註119〕許穉眉，〈舊劇淪亡是誰之罪〉，《十日戲劇》第2卷第2期，收錄於《中國早期戲劇畫刊》，冊29，頁75。

〔註120〕秋江，〈談戲罪言〉，《戲劇月刊》第2卷第8期，收錄於《中國早期戲劇畫刊》，冊7，頁333。

〔註121〕許穉眉，〈舊劇淪亡是誰之罪〉，《十日戲劇》第2卷第2期，收錄於《中國早期戲劇畫刊》，冊29，頁75。

〔註122〕聽花，〈咄咄怪事〉，《順天時報》，1916年7月7日，五版。

除了伶人聘請專員或拉攏評劇家為己宣傳外，劇場經營者也透過刊登廣告來影響劇評寫作。早在民國初年馮叔鸞便曾藉由與友人的答問，說明上海評劇界何以只能做出隔靴搔癢、模稜兩可之評論：

> 今夫報紙恃以為生活支源者，告白也。而小報之告白則舞臺廣告占其半。此曹舞臺營業者，月出數十元之廣告費，直欲買此全報為之作機關始快於心，比固不懂廣告範圍與報紙評論之為兩事也。是故廣告愈多，則評論之範圍愈狹小。對於登告白之舞臺，不敢有所訾貶也。抑豈不敢訾貶，乃至置不加以評論，則收廣告費時，亦必嘖有煩言，謂吾曹月出若干廣告費，何貴報乃漠然不一加吹噓也。以此原因，辦小報這若為營業計，必須輪次周旋於各舞臺之間，而阿諛評讚之。唱功不佳，則稱其嗓音好，武功不佳，則稱其架子好，於是滿紙皆追蹤譚劉、媲美俞楊等語。吾子但責其無劇之知識，抑豈知彼生活全在此，不分涇渭、一視同仁之中乎。若吾子之評劇論劇，以言內行，則誠內行矣，然如報紙之營業何？〔註123〕

這種現象不只是出現在小報，即使連《申報》、《新聞報》這樣知名大報都不能免俗。《十日戲劇》曾批評《申報》《新聞報》遊藝版：

> 如果編輯人員請得有學識的話，那類矇世的文稿，怎會刊出與吾人相見呢？尤其像申報、新聞報，出了稿酬，去買這類廣告品文字，羞與儈為伍，名家再也不願投寄作品，名作愈少。閒文愈多，所以近一年來《申報》、《新聞報》的遊藝版裡，所刊的文稿，幾乎全是不顧人格，不惜名譽，大膽無恥的幾個文丐的作品。〔註124〕

認為由於主事者缺乏戲曲知識，大量採用為伶人宣傳的文稿，以至於優秀評劇家不願投稿，水準日益低落，最後整個版面終究淪為廣告空間。事實上未必是主編不能鑑別，而是實際利益的考量。倪秋萍記載《申報》主編在宴請評劇家時便公開要求：「稿子要血頭多些，那麼可以求廣告發他。」〔註125〕畢竟對於辦理劇刊的評劇家來說，廣告絕對是重要的收入來源。

　　因此為了廣告利益，部分評劇家只能作違心之論，甚至評劇家本身就是

〔註123〕馮叔鸞，《嘯虹軒劇談》，頁58～59。

〔註124〕編者，〈想到就寫〉（三），《十日戲劇》第68期，收錄於《中國早期戲劇畫刊》，冊30，頁340。

〔註125〕倪秋萍，〈蘇少卿的神聊及其他〉，見《十日戲劇》第63期，收錄於《中國早期戲劇畫刊》，冊30，頁191。

劇院聘僱的宣傳員。〔註126〕從這個角度來看，劇場經營者以資金買下評劇空間，而由戲館宣傳員以及受伶人拉攏的評劇家發表劇評，宣傳演出、引導輿論風向。為了能有發表空間，一些評劇家也不得不迎合伶人、戲館的要求。在沅〈譚馬合論〉一文的編者附記中點名××齋主即蘇少卿，直言他「近年撰稿無一非空泛之論」，點出「非劇學不專，見聞不廣，實以周圍環境關係，不允許其有所申言耳。」〔註127〕因此一些不受攏絡，敢於直言的評劇家反而有可能因此失去了發表空間。如張古愚便抱怨自己得罪人的稿件被《申報》拒絕。〔註128〕他所主辦的《十日戲劇》更逐一批評同時其他劇刊深受廣告箝制的現象，以彰顯自己刊物的公正權威性。〔註129〕當然這難免有自我標榜之嫌，卻也呈現出此時評劇界深受伶人、戲館影響的事實。張古愚對此也只能感慨道：

> 講到評劇界文人，好像戲院裡的宣傳員，將來一班人便先來消息，到滬一批角便來寫介紹，評劇不問劇本意義，談戲不涉場子穿插。言藝，三分好便加七分添投，壞處不示以改良，不加以討論，一筆勾銷，不談。〔註130〕

在理想中作為指點伶藝，導正劇界，引領戲曲改良的劇評，卻在商業文化的影響下，逐漸流失其精神，獨存為伶人搖旗吶喊之效用。在私情與利益的牽制下，連知名評劇家徐凌霄、景孤血都不願開口批評伶人，轉而只論說軼聞瑣事、新聞漫談：

> 蓋古都內行實多於津滬也，然在都中卻少見到真真評劇家，就中以刊物論，金達志先生之《立言畫刊》，王泰來先生之《戲劇報》，可是議論評述文字絕少，不是軼聞瑣事，就是新聞漫談，便是徐凌霄、景孤近（按：應作血）諸先生，亦絕不張口評論戲之內容如何，角之技術如何。而自鄶以下，則李萬春一有新戲，便是一至十

〔註126〕佟晶心，〈北平劇場行政慣例〉，《劇學月刊》第 4 卷第 10 期，收錄於《中國早期戲劇畫刊》，冊 24，頁 532。

〔註127〕沅，〈讀馬譚合論後〉，《十日戲劇》第 69 期，收錄於《中國早期戲劇畫刊》，冊 30，頁 370。

〔註128〕編者，〈質問《申報》遊藝界編者黃寄萍〉，《十日戲劇》第 70 期，收錄於《中國早期戲劇畫刊》，冊 30，頁 385。

〔註129〕編者，〈保存國劇就是本刊的刊訊〉，《十日戲劇》第 3 卷第 1 期，收錄於《中國早期戲劇畫刊》，冊 30，頁 454。

〔註130〕張古愚，〈今日之上海是誰成造之〉，《十日戲劇》第 62 期，收錄於《中國早期戲劇畫刊》，冊 30，頁 160。

六本，連成、戲曲學校也是一排新戲就做宣傳，如斯何來評論文家，如斯更何以見人盡懂戲。而居於津滬者平時於戲子（不如書藝術家）不相往還，即或有之，當然至少是友誼資格，甚者演員還要自卑自謙一些，那麼寫□的人自可秉筆而談，褒者不貶，絕不讚一辭。而北京城的名人內行（系外行懂戲之謂）不有名者只好在家中屋角落裏談談，報紙雜誌上絕不容你出風頭。而有名之士，至少某角將登臺之先，不是中菜就是西餐，塞住尊口再說。夫如是，將罵兩句改為捧兩句，將捧兩句者即要恭維奉承了。〔註131〕

民國評劇家被戲稱「伶人走狗」、「戲院牛馬」，與清代品優文人自許為「平章菊事」、「梨園主宰」，兩者間實不可同日而語。今昔對照，不禁讓評劇家發出：「記得從前是伶人以結交文人為尊貴，現在是文人以結交伶人為光榮，世風日下，社會之變遷許多，豈徒戲劇一道為然哉。」〔註132〕的喟嘆。

二、對伶人的無形枷鎖

前一小節討論的是伶人經由情感、利益等管道影響評劇家以掌握輿論力量。但評劇家與伶人的關係遠非如此單面向。隨著輿論力量的強化，一些心懷不軌的評劇家在掌握輿論工具後，也可以「利用評捧而為挾制之方」〔註133〕，反過來要脅伶人、戲院業者求得利益。聽花在〈劇界腐敗與評劇家之態度〉中便曾轉述三鼻子眼的來函說道：

評劇家束身自愛者故多，藉此施行敲詐者亦不少，終日論甲伶之長，乙伶之短，而伶人視若輩如神聖，今日請客，明日送酬金，三節送禮。〔註134〕

在張北江〈評劇家應有三種知識〉一文中，還記載了天津某小報主筆如何利用手上的輿論機關成為女伶的入幕之賓。〔註135〕雖說此事只是個案，但「職

〔註131〕玄武室主人，〈懂戲〉，《十日戲劇》第 57 期，收錄於《中國早期戲劇畫刊》，冊 30，頁 10。

〔註132〕許蘚眉，〈舊劇淪亡是誰之罪〉，《十日戲劇》第 38 期，收錄於《中國早期戲劇畫刊》，冊 29，頁 75。

〔註133〕張北江，〈評劇家應有三種知識〉，《戲劇月刊》第 1 卷第 12 期，收錄於《中國早期戲劇畫刊》，冊 4，頁 447。

〔註134〕聽花，〈劇界腐敗與評劇家之態度〉，《順天時報》，1923 年 6 月 16 日，五版。

〔註135〕張北江，〈評劇家應有三種知識〉，《戲劇月刊》第 1 卷第 12 期，收錄於《中國早期戲劇畫刊》，冊 4，頁 448。

業捧角家」在民國劇壇的確引起不少紛爭，秋江〈小補之齋隨筆〉引述著名大報《大公報》的文字批評這些「職業捧角者」敗壞劇界風氣：

> 我嘗言，今之捧角家較昔固是精明，惟其品格則愈趨下，例如捧一坤角，不僅色授魂與，且可於中取利。以北平之事觀之，真斯文掃地盡矣。《大公報》曾著論斥之，茲轉錄如下，於以見今日伶人之不易為也，其文云：「捧戲子在有錢的人當作是一件風雅事，在隨隨便便的人呢，又以為他聊以解嘲，那迷戀聲色如醉如痴的，當然脫不了色情變態的嫌疑，至於問人家要到錢就捧，要不到錢就罵，這幾乎是把捧角當作一種買賣看待，真是下焉者耳。本欄因為北平劇界發現有冒名索詐的不幸事，只得將零星的劇訊暫時割捨，這樣去了那班「職業捧角者」的憑藉，看他們還拿什麼幌子去向人家招搖，我們更要鄭重聲明，本欄完全是介紹遊藝消息的所在，絕不願讓人利用這塊地盤作敲詐伶界的工具。」〔註136〕

在文中只提到了冒名索詐之事，可見利用了《大公報》的名聲，其餘則語焉不詳。但足以讓全國性大報取消刊登劇訊的欄目，惹出來的麻煩必定不小，從啟示內容來看也不是單一事件。

　　除了這些害群之馬「利用評捧而為挾制之方」外，一般評劇家對伶人密集的報導與品評，固然可以宣揚伶人聲譽，但同時也放大檢視伶人的一舉一動。正所謂水能載舟，亦能覆舟，這種強大的傳播效果對伶人來說可說是把雙面刃，使得伶人動輒得咎，好像套上了一付隱形枷鎖。《順天時報》報導中曾記述女伶雙蘭英之言：

> 余不幸餬口於伶，識人既多，愛我者故為揄揚，嫉我者則乘間詆隙，彌所不至。試思我輩操此職業，既不能獨處深閨，何能與人無接，好惡乃人之恆情，毀譽自所難免。京師報館林立，訪員如雲，朝有一事，夕見諸紙，故一舉一動不敢不有所審慎，防人之口甚於防川。自今以後唯有束深自好，一心研究戲劇，至是非善惡聽其自然而已。〔註137〕

這段文字充分表達出伶人對報刊傳播又愛又懼的情感。因此多數伶人，尤其是初出茅廬的青年演員，都盡可能不得罪評劇家，如張古愚曾無意在文中提

〔註136〕秋江，〈小補之齋隨筆〉，《戲劇月刊》第2卷第11期，冊16，頁315。
〔註137〕混混生，〈雙蘭英不久登臺〉，《順天時報》，1920年6月2日，十版。

及閻世善路遇卻不與他打招呼以及疑似交外行女友之事。〔註138〕從文義來看是稱讚閻世善不沾染梨園界習氣，不會刻意巴結評劇家，但閻世善仍是特別來函解釋澄清〔註139〕，其實也呈現出伶人對戲評文字的畏懼。對於劇評余上沅曾提出相當有趣的見解：

> 詩人用的是文字，畫家用的是紙筆，你用的是你自己。詩人可以躲到象牙塔裡去，畫家可以到隱林泉之間去，他們的作品一樣可以和世人相見。你呢，作者和作品分不開來，你得和觀眾在劇場裡見面。因為看不見作者，評詩、評畫還可以不牽涉人身，評劇就辦不到了。所以，純粹批評表演藝術的人就不可多得，一不小心，你就得上他們的當。古今有很多演員享受盛名，原因祇是他們年青、俊秀、美麗。這種盛名是不可靠的，曇花一現，三兩年總不免露出馬腳。還有你的習慣，你的嗜好，你的全部私人生活，在在都足以惹動批評者的注意。這是在說你好那方面的危險。再說你壞那方面也是一樣的，他們容易牽到你的人身；又因為他們批評的不僅是你的作品，而且是你的人身，你再寬宏大量些，也不由得不生幾分閒氣。要免除這些煩惱和阻礙，祇好奉小孩為師，除了表演而外，不再抱任何目的，不去理會人，有不要人來理會。演員與評劇者老死不相往來，受損失的是評劇者，不是演員。〔註140〕

不同於文學、畫作，可以純就作品本身討論，伶人作為演出載體，劇評就不容易純就伶人藝術討論。無關藝術的因素，如伶人的習慣、愛好等私生活，都可能會影響到劇評寫作。此文旨在希望演員追求藝術純真性，希望演員不要太在意評劇家的評論，甚至不要與評劇家往來，雖不針對戲曲演員而發。但卻無意中點出了劇評無論善意惡意，所隱含的威脅性。

清末以來伶人聲勢、地位的提升，使得部分伶人不再只是被動接受批評，而會針對劇評、報導的過度檢視或批評展開反擊。如北京專門的戲劇報紙《戲劇新聞》便曾與劉喜奎、楊小樓等名伶發生衝突。〔註141〕除了因八

〔註138〕愚翁，〈忠告閻世善〉，《十日戲劇》第 68 期，收錄於《中國早期戲劇畫刊》，冊 30，頁 356。
〔註139〕〈來函照登〉，《十日戲劇》第 70 期，收錄於《中國早期戲劇畫刊》，冊 30，頁 401。
〔註140〕余上沅，〈表演〉，《國劇運動》，頁 150～151。
〔註141〕劉喜奎之母率眾攪鬧報館事件，此事是民初梨園界喧囂一時的事件，甚至

卦、小道消息與伶人發生衝突外，即使是針對表演評論，也會引起伶人不
滿。如張古愚便屢次自述因辦理刊物，與伶人交惡。〔註142〕即便如四大名旦
中最長袖善舞的梅蘭芳，也曾吃過評劇家的排頭，在長沙被報界集體抵制。
但最終因梅蘭芳聲勢已成，票房並沒有受到太大影響。〔註143〕但同屬四大名
旦的荀慧生就沒那麼幸運了，曾陷入現今所謂的媒體的公關危機之中。

　　荀慧生自出臺不久，便有白社、荀黨一路支持，看似與評劇家建立不
錯的關係。甚至有他之所以能登上四大名旦是由新聞界硬架上去的說法。
〔註144〕但事實上他與評劇家的關係頗為波折。張古愚所說：「荀慧生在北平
不與評劇家接近，南方反是」未必無因〔註145〕，荀慧生童伶時期曾與北方的

在十多年仍作為梨園掌故被評劇者提及。事情起因是民國四年三月十七日
《戲劇新聞》刊載一篇劉喜奎有狐臭的投稿，引發了劉母的不滿，於是隔
天率眾前往討要投稿者，一言不合欲毆打報刊主筆，而被帶入警局之中。主
筆以有聞必錄乃報紙天職，主張言論免責，並控告劉喜奎，這場官司最後
以不起訴作結。從事發到結案的一星期裡，《順天時報》有多篇追蹤分析文
字。整件事情雖然看似劉喜奎不被起訴，《戲劇新聞》被訓斥作結，但女伶
私密之事卻因此被攤開在大眾面前，成為茶餘飯後的談資，對伶人仍產生不
小的傷害。相關報導可見：〈劉喜奎之聲勢〉，《順天時報》，1915 年 3 月 19
日，七版。〈劉喜奎惡貫滿盈〉，《順天時報》，1915 年 3 月 19 日，五版；〈劉
喜奎案詳聞〉，《順天時報》，1915 年 3 月 20 日，七版。〈警廳傳驗狐臭〉，
《順天時報》，1915 年 3 月 21 日，七版。〈喜奎難再抗傳〉，《順天時報》，
1915 年 3 月 24 日，七版。〈喜奎果有所恃〉，《順天時報》，1915 年 3 月 25
日，七版。〈劉案訟爭結局〉，《順天時報》，1915 年 3 月 26 日，七版。《戲
劇新聞》得罪楊小樓則是因為報導第一舞臺的營運內幕與暗潮，主事者殿閣
仙、楊小樓，本欲派人砸毀戲劇新聞社，後因人勸止而作罷。見〈危哉戲劇
新聞〉，《順天時報》，1915 年 4 月 12 日，三版。

〔註142〕如譚小培與李萬春。得罪譚小培是因為《戲劇旬刊》第 1 期〈介梅劇話〉論
及譚鑫培向姚起山偷學〈鎮潭州〉以及照片說明中「論藝術徒最佳，婿次之，
子又次之」之語。編者，〈班房〉，《戲劇旬刊》第 3 期，頁 1。與李萬春的衝
突則是因為，李萬春上海演出期間，《十日戲劇》刊載兩篇批評李萬春過火、
海派的文字，李萬春特意約見張古愚，並要其負責。張古愚憤而批評其舞臺
短處，因而與其決裂，後來多次與李萬春之幕客大打筆仗。張古愚，〈李萬
春臨別贈言〉，《十日戲劇》第 25 期，收錄於《中國早期戲劇畫刊》，冊 28，
頁 310。

〔註143〕青鳥，〈梅蘭芳在長沙〉，《十日戲劇》第 8 期，收錄於《中國早期戲劇畫刊》，
冊 27，頁 284。

〔註144〕丁秉鐩，《青衣花臉小丑》（臺北：大地出版社，1989 年），頁 17。

〔註145〕愚翁，〈平劇問答〉，《十日戲劇》第 4 期，收錄於《中國早期戲劇畫刊》，冊
27，頁 148。

白社有些摩擦，鬧上報紙版面。關於此事，筆者將在後面章節詳述，或許如此荀黨中人多是居住上海的評劇家。而民國三四十年時，荀慧生與陳墨香的恩怨，更使得他與許多評劇家產生明顯鴻溝。

　　陳墨香是荀黨重要成員，也是荀慧生新編戲的主要編劇，但後來兩人關係惡化，乃至於陳墨香過世時，荀慧生並未第一時間前去祭奠，更僅送奠儀四元，因而得罪評劇界，被取了個「四元名旦」的綽號，報紙輿論以程硯秋料理羅癭公後事為例，大肆批評，直指荀慧生忘恩負義，鬧起軒然大波。面對輿論，荀慧生在日記寫道：

> 正午起，午飯畢觀《新北京報》登余及程硯秋對羅癭公死後幫忙，誇讚硯秋義氣，貶余對陳墨香死後不幫忙等語。友誼有遠近，夙日好惡感之。別文人筆墨形容，對外界總有相互不知內容。據余想均是文人落魄，耍筆桿賣文吃飯，吃戲班飯尤甚，結果總是筆墨罵人均是戲匪，表面文章，內之行為不堪言狀。〔註146〕

> 接張舜九函，為陳墨香病故送禮太薄筆墨挖苦，又見各報登載，亦為墨香病故不幫忙之事。余本料到此處報界必罵無疑，但同墨香感情在世已傷，早成惡感；報館不詢內情，筆墨罵人，盲從。余本不怕罵，絕不敷衍，各處報匪無可奈何，將來風潮愈攻擊尤甚。〔註147〕

一開始荀慧生在日記中還頗有自信，但八天後卻也不得不赴當時《三六九畫報》社長朱復昌處說明與陳墨香的恩怨，希望能夠制止各報的攻訐。〔註148〕最後在旁人的斡旋下，陳家表達報上傳聞都非事實。而荀慧生也在接引那天，親往上香致意，為其送殯。並在沙遊天的勸說，以及陳墨香兒子的請託下，為其演出義務戲，作為撫卹之用，由沙遊天登報宣傳此事。〔註149〕但就在答應為陳墨香家屬演出義務戲的同一天，荀慧生看到報界主張韓世昌應為劉步堂家屬演出義務戲時，日記中說道：「可見報界婢痞污穢，善用敲詐心機，與報界常唱義務戲就可得到好評，憑他人筆墨就可以大紅，不要臉之萬分。」〔註150〕

〔註146〕荀慧生，《小留香館日記》，1942年5月28日，頁500。
〔註147〕荀慧生，《小留香館日記》，1942年5月29日，頁500。
〔註148〕荀慧生，《小留香館日記》，1942年5月18日，頁502。
〔註149〕1942年5月22、23、28日以及6月1日的日記。見荀慧生，《小留香館日記》，頁502～505。根據丁秉鐩說法，程幕中人杜穎陶甚至在出殯當天惡整荀慧生。丁秉鐩，《青衣花臉小丑》，頁60～61。
〔註150〕見荀慧生，《小留香館日記》，1942年6月1日，頁505。

其心態頗令人玩味。一方面我們可以看到荀氏在日記中屢次痛罵、嘲笑評劇家，稱之為戲匪、落魄文人；另一方面，卻也不得不借助評劇家為其彌平紛爭的尷尬景況。

自此事後，荀慧生與評劇家之間關係益行惡化，在日記中時常出現笑罵評劇家的紀錄。如同年六月因評劇家劉步堂猝死，評劇界為家屬舉辦的一場義務戲。此次演出特別的是由評劇家粉墨登場，而戲票銷售劇界。荀慧生在看完戲後，在日記記錄下：

> 飯畢至長安戲院觀票界同仁為劉步堂死後演義務戲，幫助伊家屬生活，戲票均派梨園界，大多數男女伶人均派有百元之多戲票，梨園、報界觀戲，其他者沒有購票者。余入門時，《打漁殺家》教師爺徐春羽係小記者扮演之，已夠可笑，該戲大軸《群英會》《借東風》均是記者扮演。除翁偶虹扮演黃蓋上還妥當，計扮演曹操者陳重光出醜萬難，唱、做滑稽，自己得意；趙雲為徐鴻昌扮演，荒唐已極。連上臺鑼經腳步一竅不通，竟敢大膽登臺，景孤血蔣幹一招一式都不對，自稱老手，滿臉得意之氣；吳幻蓀孔明表示老誠練達，沙大風魯肅兩眼近視，等於盲人登臺；張鈺生周瑜前部，後部白潔如無功無過；《借東風》諸葛亮吳宗祐唱做不談，但說像類似樓庫紙人一般，兩眼盲盲，好像紙人忘卻面目，可疼可愛。均荒腔走板不搭調，一個個揚眉吐氣，自命不凡，臺下捧腹大笑，時刻不止，倒彩如雷，掌聲不息，筆墨實難以形容。素日在報上批評，胡言亂道，今日伊等活現，臉皮太厚，認為倒彩正彩不分，一個個揚眉吐氣而走，恭不知恥，在人世裝人，什麼東西。〔註151〕

諷刺這些評劇家在報上對伶人說三道四，但實際上臺一文不值，連正彩、倒彩都分不出來。這樣類似的文字尚有好幾處，如同年八月，看到徐凌霄因姻親關係而大捧喜彩蓮與評戲時罵道：「所謂報混，人格之下流。記者，妓也。」〔註152〕九月在看到報紙又有罵他之文，又寫道：

> 余本性夙不敷衍，報界本仇人甚多，沙遊天、吳了紅、徐凌霄等等，均想敲竹槓，伊等辦書辦報向余來函，要求幫忙，先索洋八百元，並托代銷，屢次來函，要求未答。天津《遊藝畫刊》、《庸報》尤甚，

〔註151〕荀慧生，《小留香館日記》，1942年6月9日，頁508～509。
〔註152〕荀慧生，《小留香館日記》，1942年8月28日，頁528。

　　　　罵余消息時常不確，荒唐，所謂小人之舉。〔註 153〕

意外的是連荀黨要人沙遊天在他心中都成了報界仇人。從荀慧生的角度來看，這些報人評劇家明是尋求贊助，但實際上卻是敲竹槓，只因自己不配合，才被藉機攻擊。荀慧生或許是負氣之言，但若參照前述評劇界為劉步堂家屬演義務戲一事，評劇家以冠冕堂皇的理由向伶人索要資源卻未必是空穴來風。翁偶虹回憶錄曾紀錄此事。根據翁氏說法，本來是評劇家們想撫恤劉步堂家屬，但缺乏足夠資金，本擬規劃名伶演出義務戲，但知名經勵科萬子和提出由評劇家登場，名伶負責銷票，才成就了這場演出。〔註 154〕在翁偶虹筆下看起來這件事像是眾人踴躍響應的梨園佳話，但從荀慧生日記中的反應，卻也提點我們，未必所有伶人都真心支持這類型的義務戲。尤其是把所需資金轉嫁給名伶負責，義演之名卻由評劇家收穫，評劇家可說作了一次無本生意。若考量到不久前荀慧生所面臨的嚴苛批評，這些名伶也不敢不共襄盛舉吧！

　　在清代梨園花譜中不時可見伶人周濟文人紀錄，正如種芝山館主人所說「亟存之，勿使沒其善焉。」〔註 155〕最知名的就是梅巧玲焚券的逸事，因此代代相傳，成為義伶模範，而程硯秋、羅癭公的事蹟更是民國文伶關係的新典型。評劇家們以「文人提攜，伶人報恩」的模式來建構文伶關係模式。因此當荀慧生作為並未符合這種理想型態時，訕謗便隨之而來，如當時報紙報導荀氏家財均是陳墨香一手幫忙而起，在遇上陳墨香之前，荀只能在天橋演出。〔註 156〕便是這種心態的展現。這種無視個別差異，以高道德標準檢視伶人的現象，將原本的伶界佳話卻變成索要伶人資源的理由。文伶關係卻隱然成為一付套在伶人脖子上的無形枷鎖。

第四節　評劇家的戲曲參與

　　跟過去與梨園交遊的文人相比，民國評劇家不只是梨園界的旁觀記錄者，他們是梨園產業的一份子。如民初在北京頗有知名度的評劇家何卓然，除擔任白話實事報的記者外，同時也是北京梨園公會正樂育化會的執事。〔註 157〕

〔註 153〕荀慧生，《小留香館日記》，1942 年 9 月 4 日，頁 529。
〔註 154〕翁偶虹，《翁偶虹編劇生涯》，頁 156～157。
〔註 155〕種芝山館主人，《花天塵夢錄》，收錄於《京劇歷史文獻匯編》，冊 1，頁 581。
〔註 156〕荀慧生，《小留香館日記》，1942 年 6 月 1 日，頁 505。
〔註 157〕〈餞送蘭芳盛會〉，《順天時報》，1919 年 4 月 17 日，七版。

他們除了在報刊上發表劇評，以平章菊事來參與劇界外，更積極地參與戲曲產業的各項環節。如民國以來新編本戲的興起，便多有評劇家的參與，由於為文人編劇的評劇家，常被歸於伶黨成員，因此筆者擬在後面章節再加以討論。評劇家除了文字書寫外，不僅是「坐而言」，更有許多「起而行」的作為，奔走於梨園界，成為此時戲曲發展的重要推手。

一、凝聚力量：曇花一現的評劇組織──評劇俱樂部與劇情商榷會

由於民國初年在北京女伶熱潮正盛，吸引許多良莠不齊的評劇家參與其中，他們各立門戶，為自己支持的伶人搖旗吶喊，報上劇評被大量捧女伶、童伶的評花之文濫竽充數，彼此攻訐，鬧得評劇界烏煙瘴氣。因此有識的評劇家們才致力於重新建立劇評的權威性與公正性，他們並不只是紙上談兵而已，而是有具體的行動。

早在民國四年（1915）二月辻聽花於〈二種之提議〉一文中便提出了組織評劇俱樂部的建議：

> 劇評惹起吾人之逸趣，獎勵優伶之技藝且有關乎戲館營業之隆替，是盡人所知，無庸贅述者，幸北京評劇家不乏其人，每日戲評宣諸報端者有數十家之多，其中見識卓越，文章靈妙亦復不少，其裨補劇界，有益文學絕非淺鮮也。
>
> 所可惜者京中評劇家割據一方互相雄視，而無一聯絡機關，故除極少數人常相會晤外，餘子概多互耳其名無一面緣，如此則不特於個人間各懷遺憾，其結果且不能集注評劇家之權威，結成一勢力圈，縱對劇界有如何要求，無由提出，有何等計畫亦不能實行，甚有時引起意外之椿事，豈非評劇界之一大恨事乎。
>
> 是故余抱一意見欲向京中評劇家諸君有所協議，無他，擬於陰曆正月擇日集會同志討議設立一種俱樂部（會名經議別定）擬定簡章，每月一次或二次開會，同志多人握手一堂煮茗共話，以謀會員相互親睦，對於戲劇昨作種種之研究，推行其意見，以盡評劇家之責任，惟未知評劇諸公以為何如？〔註158〕

辻聽花之所以會有這樣的想法，主要是因為此時評劇家雖多，彼此間卻少有交流，宛如一盤散沙，缺乏對劇界的影響力，無法發揮理想中「獎勵優伶之

〔註158〕聽花，〈二種之提議〉《順天時報》，1915 年 2 月 13 日，五版。

技藝且有關乎戲館營業之隆替」的力量。希望能夠透過俱樂部的成立，強化評劇家間的向心力，以達到引領劇界的目的。這樣的意見很快就引起其他評劇家的回應，三月初便有人附議。〔註159〕不過並不是由辻聽花主導，而是由另兩位北京頗有聲名的評劇家孫谷紉、陳優優發起。〔註160〕雖然聽花非常關注俱樂部的籌備，但從文字中卻可以看出他完全是一個旁觀者，並沒有負責任何實務工作。這或許是由於辻聽花並沒有足夠的人脈與號召力，以及當時中日關係緊張所致。

　　從《順天時報》的報導來看，籌辦人相當的積極，三月底便已經召開籌備會議，四月十二號在報上刊登開會啟示，宣布將於四月十八日借正樂育化會場地召開發起大會。〔註161〕更在召開大會前，刊登宣言書以及簡章全文：

評劇俱樂部宣言書

戲劇者藝術之一種，而娛樂上風化上均大有裨益者也，以物理學論之戲劇，即社會之反射，故善持觀察點以覘人國者，觀其戲園之如何，即可知其社會之文野與國民好尚之程度，是戲劇之為戲劇實伴時勢以發生，而促其進步之媒介物也。

中國戲劇發生最早，歷代名優蔚然雲集，其中含有種種之特長，固屬不可枚舉，而缺點亦復不少，是實研究戲劇之人及伶工與園主所不可不注意者也。

劇之有評論對於戲劇上頗具有密接重要之關係，換言之，即評劇家立於監督指導之地位，而為腳本之批判家也。其對伶工而言，則為熱心之教師，對戲場而言則為親切之保護人，對人民而言則為善良之指南。評劇家天職不可謂不重也。中國近年評劇家地北天南名流輩出，而京師為全國觀型之地，其數尤夥，特以散居各地不相聯絡之故。其結果非特不能氣求聲應，抑且種種之論點而發生誤會衝突，不便不利之事實，終致釀成顧曲界不可思議之浪潮，良可慨也。此缺點之原因果安在乎？嘗試上下求索而得其真理矣。向使此多數評劇家聚首一堂以伐木之嚶鳴，為疑義之共析，則他由攻錯之下，理

〔註159〕聽花，〈評劇俱樂部將出現佳音〉，《順天時報》，1915 年 3 月 5 日，五版。

〔註160〕隱俠，〈評劇俱樂部與評劇家之關係〉，《順天時報》，1915 年 3 月 31 日，五版。

〔註161〕〈評劇俱樂部發起大會之開會期〉，《順天時報》，1915 年 4 月 12 日，二版。

以互勘而益明，事以對照而愈判，又何有顧曲界不可思議之論潮生
其間乎。執此以觀，是此多數之評劇家分散之，則離群索居之，感
而聯合之，品竹調絲之助也，所恃以為聯合之主要物者其為評劇俱
樂部乎。

同人等爰本此義擬組織一評劇俱樂部，以謀評劇家各方面感情之固
結，而消融冰炭水火於無形，又於同時執行神聖不可侵犯之天職，以
謀中國戲劇之進步，而寄緇衣巷伯之真好惡於其中，想在大雅夫倫
之詎子必極端贊同也，敢述巔末用告同志伏願進而教之。〔註162〕

這段宣言除了強調戲劇對國家社會的重要性，以及確立評劇家價值的老生常
談外，更明確指出由於評劇家之間缺乏交流，不能夠攜手合作，才釀成劇界
的衝突。希望透過評劇俱樂部成立，達到彌平爭議、調停黨爭的目的。從簡章
可知在發起者的規劃中，評劇俱樂部並不是單純的同好會，而是有相當的組
織。除了要繳納月費、編訂部報外，對於成員的資格，加入或退出都有明確
規定。〔註163〕雖然只是初稿，但已經可以看出發起者整頓評劇家的企圖心。
但世事總不如人意，短短不到一個月，擔任部幹事的孫谷紉、陳優優、劉髑
髏等人紛紛刊登緊要啟事，說明自己雖已公告辭去職務，但因俱樂部處於草
創初期，故收回之前公告，勉力為之。〔註164〕已可見此時俱樂部內部矛盾已
經相當嚴重。果不其然，在同年九月份辻聽花便報導評劇俱樂部煙消雲散的
消息。〔註165〕從聽花日後回憶，此俱樂部僅開會兩次來看，很可能只運作了
兩個月。〔註166〕至於瓦解的原因，聽花雖未詳述內情，但應與會員的人際關
係有關，致使部務無法推動。〔註167〕若根據陳優優回復聽花的信札來看，更
可能是那些對演員別有居心的「流氓評劇家」搗亂之故。〔註168〕

　　事實上評劇俱樂部的失敗完全可以想像，雖然籌辦過程不為人所知，但
從進度便可知相當的急就章。立意固然良善，想要經由規範、溝通、整合，以
此增加影響力。但評劇家身分龐雜，心思各異，一個民間組織的俱樂部不可

〔註162〕〈評劇俱樂部宣言書〉，《順天時報》，1915年4月13日，五版。
〔註163〕〈北京評劇俱樂部簡章〉，《順天時報》，1915年4月13日，五版。
〔註164〕〈孫谷紉、陳優優緊要啟事〉、〈髑髏啟事〉，《順天時報》，1915年5月16
　　　　日，五版。
〔註165〕聽花，〈評劇俱樂部感言〉，《順天時報》，1915年9月9日，五版。
〔註166〕聽花，〈余之回顧〉（五），《順天時報》，1919年7月23日，五版。
〔註167〕聽花，〈評劇俱樂部感言〉，《順天時報》，1915年9月9日，五版。
〔註168〕聽花，〈陳優優筆札感言〉，《順天時報》，1915年9月14日，五版。

能有足夠約束力來管控別有居心的人士。因此在成立之初，便有人預言「該部前途必有消滅之一日。」雖然後續有「設立乙卯俱樂部，糾合同志，從事評劇」的說法」〔註169〕，但接下沒有任何的相關訊息，此事應是無疾而終。

　　一直到民國五年（1916），北京評劇界才又有劇情商榷會的成立，根據聽花的報導：

> ……夫中國之戲劇成於文人之手者殆少，顧就其劇情細論頗多離情乖理之處，與今日思想大不相合。而今之評劇者徒就戲劇之皮毛與俳優之聲色喋喋曉曉互相討論。至於戲劇之內情則茫然不顧，與通俗教育之本意，詎不大相背謬哉。
>
> 蓋評戲論劇自有內面的及外面的兩途。內面的系研究各劇情理之當否，而外面的專評俳優之聲色及劇場之設備，此兩方面完備，始可望劇道之進步。惟內面的研究必須富有劇學之智識，及通曉其國之歷史與人情風俗，較之外面的評論頗為困難，是今日劇界所以外面的評論獨多，而內面的研究全然缺乏也。余所謂應時勢之要求者，豈非補充此缺乏之意味耶。
>
> 當是時劇學鉅子小謝、俠公、鏐子、非禪、謝塵五君發起劇情商榷會，以糾正劇情，匡輔伶官為目的。而其會員有瘦石、慧眼、瘦鶴、萍劍影、菊隱、博亞諸君。諸君亦斯界健將，識見卓絕，富于詞藻，為余素所佩服不措者。余深喜該會設立善得其時，且堅信其前途之成功，當非淺鮮也。〔註170〕

可惜的是聽花並沒有持續關注劇情商榷會的消息，因此難以追查關於此組織日後發展狀況。不過十年後《順天時報》八千號的專版上，俞劍雲〈二十年來北京之戲劇觀〉一文中曾簡略地提及此組織。根據俞氏說法，此組織成立於民國五年，由參與《遊戲報》筆政的評劇家群體為核心，但隨著該報的停版而解散。〔註171〕

〔註169〕聽花，〈評劇俱樂部感言〉，《順天時報》，1915年9月9日，五版。

〔註170〕聽花，〈劇情商榷會〉，《順天時報》，1917年2月6日，五版。

〔註171〕俞劍雲，〈二十年來北京之戲劇觀〉，《順天時報》，1926年7月16日，八版。不過聽花在民國六年二月七日的報導說道：「該會設立為日尚淺，不過一月」，據此，劇情商榷會應成立於民國六年初。不過一月可能是一個多月的意思，綜合來看劇情商榷會應該是成立於民國五年的十二月中下旬。聽花，《劇情商榷會》，《順天時報》，1917年2月7日，五版。

根據聽花報導，劇情商榷會在短短一個多月內便發表了十九齣戲的商榷案。〔註172〕雖然他們如何「糾正劇情，匡輔伶官」的具體內容已經不得而知，但從報導中可知應是針對劇本中不合情理以及迷信之處加以具體刪改指正。報導中聽花曾對其商榷案提出建議：

> 劇本，戲也，憑假寫真者也，不可一律以嚴格論之。試就劇史言之，當時人民思想尚屬幼稚迷信，頗多故劇中時有奇怪悖理之事，要不可以專以今日新思想、新識見一概斥之，擅行更改，若專以情理論，或以今日新思想斥之，劇之為劇大失本色，且必有削足適履之虞……商榷劇情頗屬緊要，唯需限定商榷之範圍，以劇學的眼光仔細參酌，適可而止，萬勿一筆抹煞，而致矯角殺牛之譏。〔註173〕

聽花雖然肯定他們的成果，但也認為傳統老戲迷信、不合理之處，不宜以今日的角度視之，而過度刪改。或可推知部分商榷書對於老戲的刪改已經碰觸到表演核心，致使失去傳統戲曲的魅力。雖然俞劍雲對於他們的成果「自信與梨園界不少裨益。」〔註174〕但筆者以為這種改良意見，實不易為當時保守的梨園界所接受。

就現實來看，評劇俱樂部以及劇情商榷會並沒有對當時劇界、伶人產生什麼具體影響。但這兩個評劇組織的成立，卻展現了民初評劇家們凝聚力量，擴張影響力的企圖心。雖然當時社會環境並沒有條件足以支持此這類組織，但實可視為未來如國劇學會這類戲曲研究組織的先聲。

二、梨園田野調查──由評論走向研究

無論是工作所需，還是出於自身喜好，評劇家群體本來就相當熱衷於向伶人、票友們打聽消息、收集資訊，這些知識成為評劇家立身評劇界的重要文化資本。穆辰公便在《梅蘭芳》中藉由一對評劇家兄弟把這種心態說得非常明白：「既然成了職業，當然得作出通行的樣子來，關於梨園掌故、伶人佳話，也不時打聽些個，寫在記事簿上，預備作戲評時引用，好教人說他們知

〔註172〕計有謝塵〈巧得雙鳳〉、〈三娘教子〉；劍雲〈梵王宮〉、〈釣金龜〉及〈訓子〉、〈帥府招親〉〈玉堂春〉、〈黃鶴樓〉；覺僧〈晴雯撕扇〉；俠公〈天水關〉；小謝〈讓成都〉；瘦石〈戰宛城〉；非禪〈捉放曹〉；慧眼〈花蝴蝶〉；瘦鶴〈青雲下書〉；劍影萍〈斬子〉；菊隱〈探陰山〉；博亞〈失街亭〉；懺仙〈鐵弓緣〉。聽花，《劇情商榷會》，《順天時報》，1917年2月7日，五版。
〔註173〕聽花，《劇情商榷會》，《順天時報》，1917年2月7日，五版。
〔註174〕俞劍雲，〈二十年來北京之戲劇觀〉，《順天時報》，1926年7月16日，八版。

道的多。」〔註175〕從辻聽花《中國劇‧凡例》中也可以看出他許多戲曲知識都是得之於資深票友與伶人。〔註176〕他更早在民國三年，提出要趁名伶尚健在時要有計畫地訪談，以此來建立戲曲近代史：

> 余勸告劇界有志諸子，就上列著名之優伶在起居尚健之時，聽聞近
> 五六十年間中國戲舉之變遷各名伶之藝術，及彼等自身之詳細閱歷
> 及軼事異聞編成一書以付鉛□其有益於斯學，固為可量也。更披瀝
> 余之欲望而言，則清朝乾隆以來二百餘年戲曲各腔之盛衰，戲本之
> 增減，名伶腳色之系統及四大徽班組織以降，大小科班之興亡，其
> 他斯界之趣事佳聞，由劇界志士之手網羅一切，循序編輯出版行
> 世，不惟中國戲劇之寶鑑，亦如余輩外客於研究中國之戲劇惟渡江
> 無二之舟筏也。〔註177〕

這種近似「田野調查」的研究，的確提供了接近「內行」的視角，這可說是評劇家研究戲曲主要的特色。但是伶人、票友未必是可靠的知識來源，其中不乏道聽塗說的耳食之言。再加上評劇家寫作往往帶有商業目的，為了吸引眼球，渲染鋪張也就在所難免，於是一傳十，十傳百，許多梨園軼事，就這麼以訛傳訛，幾成被人們認知的事實。如常被評劇家們津津樂道的晚清軍機大臣那桐向譚鑫培請安一事，古曙光便曾溯本追源發現事情從原本譚鑫培登場那桐拱手致意，一步步被渲染成下拜請安以煩戲。〔註178〕陳墨香便曾對這種現象提出批判：

> 一般戲劇大家從伶人口中討生活，他們或成心給你左的，或自己不
> 知底細隨便胡謅，你要照樣寫出編輯成書，在屢上自己附會之詞，
> 豈不誤盡後人。〔註179〕

而且這些劇評大多零散且缺乏體系，稱不上嚴謹的學術研究，徐凌霄便說道：

> 至就劇評而論，可云有豐富之參考材料（惟係指舊京一隅而言）能
> 代表後臺一部分所欲述的話，吾素日所主張由伶人自行發表文字以

〔註175〕穆辰公，《梅蘭芳》，頁121。

〔註176〕「是書所收之材料，除自己研究外。由汪笑儂、小連生（即潘月樵）劉永春、崔靈芝、王瑤卿、孫菊仙、時慧寶、熊文通、小桂芬（姓張）諸名伶，及楊鑑青、陸文叔諸君所獲者甚多，茲謹謝其隆意。」辻聽花，《中國戲曲》，頁1。

〔註177〕聽花，〈壁上偶評〉，《順天時報》，1914年1月16日，五版。

〔註178〕谷曙光，《梨園文獻與優伶演劇——京劇崑曲文獻史料考論》，頁171～177。

〔註179〕陳墨香，〈觀劇生活素描〉，收錄於陳墨香、潘鏡芙，《梨園外史》，頁456。

除隔閡，既不能實現，則有此老票代為介紹，因亦事實上之所需要
也。惜乎所述多而無系統，筆墨多用北京方言術語，往往自己說得
與會淋漓而觀者但覺其澀滯，其所以能與梨園接近者在此，其所以
不能為知識界所注意者亦在此。〔註180〕

如民國七年（1916）的《菊部叢刊》中的戲曲源流單元中，劍雲與景麟合述
的〈不可不知錄〉一文，便有鑑於戲曲界「內部專門名詞及其作用，苟非內
行殊難瞭解」，因此將當時戲曲專有名詞，包括曲牌、鑼鼓點、十三道轍、
衣箱、京班規則、術語作介紹。〔註181〕就當時的角度來看，記錄下這些知識
已經算是相當難得。但僅只是把資料一股腦地編纂成文，沒有主題以及更深
入的分析，以今天的角度就是缺乏「問題意識」。早期評劇家對「戲曲知識」
的建立與介紹大多如此，要從這些龐雜的田野資料中，梳理出系統性且可
信的戲曲知識，宛如淘沙撿金一般。齊如山便多次提及研究戲曲時所遇到的
困難：

> 我一開首研究國劇，就遇到這種難處，國劇是舊文化舊藝術，研究
> 舊藝術，就得在舊書集裡頭找，可是入手一找，就碰了壁了，找到
> 的書，倒也有些種，但都是談上邊所說的幾種情形，對於臺上戲劇
> 之組織，絕對沒有人談及。沒有法子，此路不通，只好別找辦法，
> 才想到問戲界人員，一定可以知道一些道理，沒有想到一問他們，
> 更是令人失望，簡直的是都說不上來，大致是只知其然，不知其所
> 以然。使我意興頓消，很停頓了些時日，未去再問。但又一想，除
> 了戲界人，還是無人可問，只好還是問他們。好在我認識的戲界人
> 多，逢人便問，每到戲館子後臺，見好腳就問，後來又知道光問好
> 腳還不夠，於是連跑龍套，甚至管行頭、管水鍋等人也都要問，後
> 來又到各腳家中問了一年有餘，才感覺是越老的腳，知道的越多，
> 他雖不能詳知，更不能具體的告知，但談的多了，往往就找出道理
> 來。問了回來，就把他寫在本子上，前後問了二三十年，寫了有五
> 六十本，後來才由這裡頭找材料，把他們說的話，都歸了類再由這
> 裡頭，找理論找原理之所在，找到原理之後，還不敢有自信，再去

〔註180〕徐凌霄，〈權威者與國劇前途〉，《劇學月刊》第 4 卷第 3 期，收錄於《中國
　　　　早期戲劇畫刊》，冊 24，頁 205。
〔註181〕劍雲、景麟，〈不可不知錄〉，《菊部叢刊‧戲曲源流》，頁 1～56。

> 請問各位老名腳，他們都同意之後，才算規定。全部大體上歸納得
> 都有了眉目，才入手編纂，想著把他寫成一部有系統的記錄，寫了
> 有二十幾種……〔註182〕

伶人雖然是戲曲藝術的傳承者，但他們罕有系統化地去研究，因此往往無法
提供精確的答案，研究者只能從其隻言片語中，整理脈絡，架構理論。因
此這些訪談收集而來的資料，必須要經過紀錄、整理、正偽，方能凸顯出
其價值。這需要研究者既要對戲曲界有足夠深入的認識，又要有豐富的文
史功底，以及紮實的研究方法，並不是一般只是泛談掌故、評伶論劇的評
劇家所能勝任。而民國以來戲曲學術方法的建立，便提供評劇家們很好的借
鑑方向。

　　五四時期的新文化運動，為當時的中國帶來許多思想衝擊，其中對傳統
戲曲的攻擊，可說是傳統戲曲在近代面對的第一個挑戰。新知識分子雖然從
形式與內容全面地否定傳統戲曲的價值，卻無法從根本上改變當時觀眾喜愛
傳統戲曲的現實。反而對戲曲知識的建構帶來正面影響，促使傳統戲曲支持
者的評劇家們開始反思戲曲本身的獨特性與價值。如在《新青年》上與胡適
等人筆戰的張厚載，便歸納中國戲劇特色是假象的、有一定的規律、音樂上
的感觸與唱功上的感情三點加以反駁。〔註183〕而新文化知識分子雖然不待見
傳統戲曲，但對於過去被認為不入流的白話小說堆崇倍至，其實也間接地肯
定了同屬邊緣文類的戲曲價值。而約莫同時，由胡適等人發起的整理國故運
動，主張以批判的態度、科學的精神研究中國傳統的歷史文化，做一番整理
國故的功夫，來區分什麼是「國粹」，什麼是「國渣」，以達到去蕪存菁，活化
傳統的目的。〔註184〕雖然此時胡適等人可能認為傳統戲曲屬於「國渣」，但
其方法思路也提供評劇家們證明傳統戲曲是「國粹」的機會。可以說1930年
代劇學本位的確立，是在新文化活動的刺激下而完成。〔註185〕對此徐凌霄有

〔註182〕齊如山，《國劇藝術匯考》（瀋陽：遼寧教育出版社，1998年），頁3。
〔註183〕張厚載，〈我的中國舊戲觀〉，《新青年》第5卷第4號，頁343～348。
〔註184〕胡適，〈《國學季刊》發刊宣言〉，收錄在《胡適全集》，冊2，頁1～17。
〔註185〕關於「劇學本位」的確立，張一帆認為以1932年《劇學月刊》、《戲劇叢刊》
　　　　的發行作為標誌。張一帆，《劇學本位的確立——20世紀二三十年代中國戲
　　　　劇研究範式之轉型》（北京：中國人民大學出版社，2015年），頁63～72。
　　　　而姚贊絜則把時間提前到民國三年到四年馮叔鸞《戲學講義》的發表。見姚
　　　　贊絜，《馮叔鸞戲學之研究》，頁108～131。但筆者以為馮叔鸞固然把戲劇
　　　　當成一門專業的學問，給予極高的關注，但其所下的定義「戲學者，研究演

非常深刻的體認：

> 自新文化運動以來，中國的幾部小說如《水滸》、《紅樓》、《儒林外史》等經新文學家，品題標點之後，地位登時提高起來。他們說中國的文學家不是桐城派不是選學家，乃是幾個作小說的人，這話一點也不錯，替被壓迫的真正的文學吐一口氣，為文學界主張公道，是值得佩服的，可惜他們只肯捧小說，不捧戲劇，未免令人莫名奇妙了，要說中國的東西不值得一顧，則《水滸》、《紅樓》亦並非作於外國文豪之手，如說中國的小說，有社會思想有歷史價值，則中國戲劇之描寫深刻，範圍廣大，材料豐富，比寥寥的幾部小說，超越十倍，為甚麼「南枝向暖北枝寒」戲劇就不能與小說同登新文化的龍門。

> 我想其中的原因，小說無論是線裝還是木版，總可以攤在明窗淨几之間仔細觀玩，戲劇則不是只看戲本就能了解的，必須在戲園裏實地觀察、動作、服裝、音樂等等需要相當時間之研究，然而戲場秩序不佳，空氣亦確實有些惡濁，新先生們不免有些望而生畏，裹足不前，於是絕好的劇本，極豐富的社會寫真，民眾歷史，便不能得到新先生的青睞了。

> 其實，凡是一種有立場有特性有真實量的東西，自然就有他的存在與發展的可能，隔膜的議論，感情的武斷，只能使他受一時虛浮的打擊，並不能搖動他的根本磨滅他的功能，不但不能搖動，磨滅而且還可以借反響的振動力，而大放光明，因為從前之就戲迷對於戲劇亦很少有正確的認識，（名伶技術，老伶故事，是枝節不是本體）經過一番打擊，一番剖白之後，才能引起大家的注意來。現在新先生大半回心轉意了，舊伶迷、曲迷們，亦漸漸把目光轉移到戲劇的組織藝術上來了，所謂「真金不怕火來磨」又道是「金以爍而彌光」世間事原有個相反相成的道理，所以攻擊「舊劇」者，也未嘗不是

戲之一切原理及其技術之學科也。」他所言之戲學多聚焦在場上表演，如第三章京戲，內容多是談流派、唱法、板腔，第四章京戲名伶志，則是名伶小傳，雖然較有體系與條理，但還是延續一般評劇家的觀點。但 1932 年《劇學月刊》、《戲劇叢刊》對傳統戲曲的研究，雖然仍有筆記閒談的遺跡，但其內容更加重視文獻考究，學術研究特徵更為明顯。因此筆者認為馮叔鸞只是戲學概念的成形，1932 年的劇學則是真正往學術化方向發展。

中國戲劇的功臣。〔註186〕

新文化學者對戲曲的攻擊，促使部分評劇家跳脫了傳統劇評注重伶藝評賞分析、梨園掌故、名角軼事的侷限，而且開始借鑑學者的研究方法與觀念撰寫戲曲研究文章。齊如山在回憶錄中也提及自己極為佩服胡適講求證據的研究態度。〔註187〕其研究方法與態度，與胡適等人所提出整理國故頗有相通之處。〔註188〕

　　新文化學者所提供的是原則性方法，戲曲學者則可提供具體操作的研究方式，雖然筆者將王國維這類戲曲學者排除在評劇家的範疇之外，但他們的研究方法與成果，走入評劇家的視野，影響他們的寫作方式。王國維早從光緒三十四年（1908）開始，便陸續完成許多戲曲研究著作，民國二年（1913）的《宋元戲曲考》更是集大成之作，吸收西方觀念，並以乾嘉考證學的方法治曲學，奠定了近代戲曲學術研究方法的典範。或許由於王國維重視文獻考證，輕忽劇場演出，以及重心放在古劇與元雜劇上，與當時劇壇流行劇種沒有直接的關係，因此沒有立即在民國劇界以及評劇界產生明顯的影響。但在他的影響之下，卻帶起當時學術界研究戲曲的風氣，正如傅芸子所說「今日研究戲曲之盛，吾人追朔既往，當推王靜安先生提倡之力矣。」〔註189〕王國維研究方法可以說是全面影響到民國以來所有的戲曲研究者，正如陳平原評價王國維時所說：

> 即便後世學者將目光從文本轉為歌場，不再以劇本為中心，但在文
> 獻方面窮搜冥索、精雕細刻，仍是必不可少的基本功。在這方面，
> 王國維無疑樹立了極好的榜樣。〔註190〕

這種研究方法對於學者型評劇家也產生了一定的影響，如齊如山民國十六年（1927）出版的《戲劇腳色名詞考》，從名字上很容易讓人聯想到王國維的《古劇腳色考》。雖然沒有證據表示齊如山撰寫此書受其啟發，但〈凡例〉提到：「元朝有邦老、孛老、卜兒、俫兒、酸等名目，但此非純粹腳色名詞，所

〔註186〕閣，〈補充悔廬的話〉，《劇學月刊》第 1 卷第 1 期，收錄於《中國早期戲劇
　　　　畫刊》，冊 17，頁 9～10。
〔註187〕齊如山，《齊如山回憶錄》，《齊如山全集》，冊 10，頁 6108。
〔註188〕陳淑美，《舊京城　新曙光論 1930 年代的齊如山與北平國劇學會及其期
　　　　刊》，頁 79～80、88。
〔註189〕傅芸子，〈中國戲曲研究之趨勢〉，《戲劇叢刊》第 3 期，收錄於《中國早期
　　　　戲劇畫刊》，冊 16，頁 314。
〔註190〕陳平原，〈中國戲劇研究的三種路向〉，《中山大學學報》（社會科學版），第
　　　　50 卷（總 225 期），頁 23。

以不錄。」〔註191〕參照齊氏晚年回憶寫作原因時，提及王國維此書對腳色的研究是「此作太簡單，而且有相渾之處。例如邦老等名詞，乃等於現在戲中之員外及家院等等這類的名詞，不能算是腳色名詞。」〔註192〕至少可證明齊氏曾讀過此書，並有補王國維不足之意。從《戲劇腳色名詞考》內容來看，雖然主要仍是以齊如山長期在劇界的調查為主，但也引證了不少古籍文獻。如總論中為了釐清腳色之概念，便引述了《揚州畫舫錄》、《樂府雜錄》、《教坊記》、《輟耕錄》、《名義考》等古籍；《兩軍師隔江鬥智》、《昊天塔孟良盜骨》、《金雀記》、《義俠記》、《西樓記》等雜劇、傳奇劇本，從歷時性的角度說明腳色的變遷。〔註193〕齊如山晚年在《回憶錄》曾強調研究國劇，必須避免將伶人之言奉為圭臬的誤區，認為「必須旁徵博引，再找證據。」〔註194〕因此即使當時缺乏研究京劇的參考用書，齊如山仍是盡可能引證古籍加以佐證。正如《國劇藝術匯考・凡例》所言：「但舊籍中，果有可供參考者亦極力蒐羅，多方引證，所引用之書雖不多，而亦有幾百種，照現在出版的習慣，多把引用之書，盡數列名於後。」〔註195〕

　　學術氣息濃厚的《劇學月刊》，撰述群對於文獻的整理爬梳同樣重視，如邵茗生的《曲調源流考》一文〔註196〕便從各式古籍中詳盡考述詞牌、曲牌的來源、體例，實可視為延續了王國維《唐宋大曲考》對古代中國音樂的研究路線。就連提要性質的〈京劇提要〉都表現出對古籍文獻的高度重視。過去類似的文章如晚清《申報》上連載的吳下健兒〈戲考〉專欄，僅是簡述故事情節，然後論及當世擅演名伶的表演風格，這些都建立在評劇者自身的觀劇經驗上。〔註197〕民初《菊部叢刊》中檮瘂、切膚的戲曲考源的評論，雖也引述一些史料說明劇作不合史實、情理之處，但寫作態度相當隨意。〔註198〕相形之下〈京劇提要〉的撰寫則嚴謹許多，陳墨香在其〈例言〉中說道：

〔註191〕齊如山，〈凡例〉，《戲劇腳色名詞考》，1925 年排印本，頁 1。
〔註192〕齊如山，《齊如山回憶錄》，收錄於《齊如山全集》，冊 10，頁 6203。
〔註193〕齊如山，《戲劇腳色名詞考》，1925 年排印本，頁 1～3。
〔註194〕齊如山，《齊如山回憶錄》，收在《齊如山全集》，冊 10，頁 6108。
〔註195〕齊如山，《國劇藝術匯考・凡例》，無頁碼。
〔註196〕邵茗生，《曲調源流考》，見《劇學月刊》，收錄於《中國早期戲劇畫刊》，冊 22，頁 333～344、453～464；冊 23，頁 79～89、325～336；冊 24，頁 188～190。
〔註197〕如吳下健兒，〈戲考・明末遺恨〉，《申報》，1911 年 11 月 13～14 日。
〔註198〕參見周劍雲編，《菊部叢刊・戲曲源流》，頁 73～79。

京劇取材多本說部，往往與史冊不合，如諸葛之神，關、岳之聖，包拯之奇，張士貴、潘美之險，均嫌描寫太過，而當時民心之向背，與秉史筆之士大夫異趣，亦可由茲可證矣。今凡此類，皆節錄史文，並引舊說以資考核，亦欲窮其來源而已，非敢炫奇示博，他如秋胡妻之非羅敷，徐艷貞為借用張巡妾事，《南天門》之由左伯桃、羊角哀影撰，亦皆為揭出，庶使人知戲曲多借古事發揮，如莊、列寓言，非神道碑墓誌銘體也，其老伶相傳諸俚誕不經之談，若雷擊范增，實娥法場生聖神，種種異聞，皆蒐羅附記之，比於明人羅懋登《三寶太監下西洋》小說詳載五鼠鬧東京五鬼鬧判舊例，但載籍浩繁，俗說猶夥，挂一漏萬，徒自形其荒陋耳。……伶人言行，當別為撰述，而其於演劇有關者，似未容割棄，今於某伶某劇之遺事趣聞，與夫其所心得或改造，輒載之於篇，但不能每劇皆然耳，而墨香自身經歷，即昔年觀劇時之見聞，亦偶一附錄，唯對於諸伶不作標榜之辭，不為攻訐之語，據事直書，庶可免於海內名賢之責備乎。〔註199〕

引用資料囊括了史籍、筆記，乃至於文學作品等文獻，還包括了作者見聞與伶界掌故，其內容早已超乎一般「提要」性質，已經是對於劇目源流衍變的綜合研究了。雖然這些評劇家行文不免有筆記閒談的風格，但明顯可見結合文獻與場上的研究趨向，傅芸子便認為：

年來國人對於戲劇之研究，已漸有濃厚興趣，其治戲劇者，亦多趨重學術方面之研究與整理，以打破昔時以所謂戲評為工具之風尚，此實吾國戲劇界前途之一縷光明也。〔註200〕

雖然說「以打破昔時以所謂戲評為工具之風尚」未免有些過譽，但這種學術化傾向的確在部分評劇家間發酵。民國二十年代後期即便以娛樂為目的戲曲刊物，也開始出現學術考證色彩較濃的文章。如《北平半月劇刊》中有雙禽館館主〈雙禽館戲談・戲源〉〔註201〕、藏哲〈皮黃發達概考〉〔註202〕、

〔註199〕陳墨香，〈京劇提要〉，見《劇學月刊》第3卷第3期，收錄於《中國早期戲劇畫刊》，冊22，頁45。

〔註200〕傅芸子，〈戲劇叢刊・發刊詞〉，《戲劇叢刊》第1期，收錄於《中國早期戲劇畫刊》，冊16，頁4。

〔註201〕雙禽館館主，〈雙禽館戲談〉，《北平半月劇刊》第6、9期，收錄於《中國早期戲劇畫刊》，冊26，頁110、174～175。

〔註202〕藏哲，〈皮黃發達概考〉，《北平半月劇刊》第4～9期，收錄於《中國早期戲劇畫刊》，冊26，頁70～71、91、115～116、132、152、176。

〈史劇摭談〉〔註203〕、〈弦索、雜劇、傳奇小釋〉〔註204〕、傅惜華〈獅吼記〉〔註205〕。另一份知名戲刊《半月戲劇》也有不少這類文章，如莊一拂〈關於水滸戲曲的敘演〉〔註206〕、宋瑞楠〈元明雜劇鬚髮考〉〔註207〕、〈元明雜劇砌末考〉〔註208〕等，這些文章不是引述大量文獻進行申論，就是引用學者與學者型評劇家的成果作為立論基礎。不過刊登較具學術風格的文章也造成刊物娛樂性的降低，引起讀者的不滿，便有讀者投書批評《半月戲劇》近來理論稿太多，內容不如過去。〔註209〕

　　隨著研究成果的積累，學者或學者型評劇家的相關著作也成為評劇家撰寫劇評時的參考著作。如《戲劇旬刊》在廣告《清代伶官傳》時，便強調此書採用詳實可信的文獻資料，可以糾正關於伶人的謬誤傳聞，作為評劇投稿指導之用。〔註210〕雖然部分評劇家開始採用學者與學者型評劇家的研究成果寫作，但實地考察與梨園經驗依然是評劇家群體的優勢。尤其是花部劇種，不同於雜劇傳奇有大量的傳世文獻可供考察，花部劇種相關文獻的缺乏，使得這些嫻熟劇界的評劇家更有發言權，甚至以此檢視學者的研究成果。如綠依評論盧前《中國戲劇概論》時便認為此書過度重視戲曲的文學性，忽視戲曲場上藝術的本質。直言盧前「對於舞臺方面，則未免隔膜了些」，並一一指出此書在亂彈章節的錯誤，認為「盧先生若不接近梨園行的人，怎能分辨其中的是非呢？」並建議盧前「祇要找一位梨園界的老人物，談上一談，一會兒就成功了。」〔註211〕在評論錢南揚《宋元南戲百一錄》時，則提出目前舞臺

〔註203〕藏哲，〈史劇摭談〉，《北平半月劇刊》第 16 期，收錄於《中國早期戲劇畫刊》，冊 26，頁 315、334。

〔註204〕藏哲，〈弦索、雜劇、傳奇小釋〉，《北平半月劇刊》第 7 期，收錄於《中國早期戲劇畫刊》，冊 26，頁 135。

〔註205〕傅惜華，〈獅吼記〉，《北平半月劇刊》第 16、17 期，收錄於《中國早期戲劇畫刊》，冊 26，頁 312、332。

〔註206〕莊一拂，〈關於水滸戲曲的敘演〉，《半月戲劇》第 5 卷第 1、3 期，收錄於《中國早期戲劇畫刊》，冊 35，頁 250、288。

〔註207〕宋瑞楠，〈元明雜劇鬚髮考〉，《半月戲劇》第 5 卷第 1 期，收錄於《中國早期戲劇畫刊》，冊 35，頁 240。

〔註208〕宋瑞楠，〈元明雜劇砌末考〉，《半月戲劇》第 5 卷第 3 期，收錄於《中國早期戲劇畫刊》，冊 35，頁 290～293。

〔註209〕〈奉答邵鈞軒先生〉，《半月戲劇》第 6 卷第 2 期，收錄於《中國早期戲劇畫刊》，冊 35，頁 461。

〔註210〕〈《清代伶官傳》版預告〉，《戲劇旬刊》第 23 期，頁 19。

〔註211〕綠依，〈介紹與批評〉，《劇學月刊》第 3 卷第 9 期，收錄於《中國早期戲劇

依舊盛演的亂彈劇目可以做為南戲研究的補充。〔註212〕

這還只是以場上經驗作為文獻考察的補充，有些評劇家則直接以自身見聞經歷反駁學者的結論，如張古愚曾在《十日戲劇》的平劇問答專欄中，批評王芷章的《腔調考源》關於西皮二黃來源的論斷有誤：

> 此書我也見過，起先也不敢反對他，後在漢口看了幾次花鼓戲與研究漢戲之後，便覺得此書作者是一個死讀書者，他所斷定的幾條，實不敢相信其實在。因為京調腔之所以名為西皮或二黃，都是歷年傳沿下來的，決不會有人硬派此種是西皮，那種腔是二黃。看漢戲後，覺得京調之西皮二黃以及反調，全是從漢調裡脫胎出來的，因為漢調也有西皮二黃反二黃等腔，有許多小節處，過門等，與京調幾乎完全相像，便是花鼓調也是二黃腔的一種，又想起來，漢調決不致於抄襲京調，那麼西皮怎麼又是甘肅腔了呢？同時希望《腔調考源》的作者，於漢劇下些功夫，並回遊湖北省各處，那麼所研究者，或可有些靠得住的發現了。〔註213〕

張古愚以自身看戲經歷反駁王芷章關於西皮二黃來源的見解，並認為王芷章缺乏實際考察經驗，讓研究淪為紙上談兵。

民國劇評水準不一，是長久的問題。正如綠依所說：「這些年來，談戲文字之多，簡直是擢髮難數，說得是的固不少，不過總遠不及胡說者多。」〔註214〕大多缺乏嚴謹有體系的研究方法，致使歷來學者輕忽這些梨園中的田野調查。學者型評劇家恰好一定程度彌補了這種缺失，奠定戲曲研究結合場上與文獻的學術基礎。

三、戲曲文物的收集與整理──名伶遺品展覽會

收藏明星周邊產品是當今粉絲文化中的常態，經由收集相關物件，以達到心理上的滿足。這種現象不僅出現在現當代，早在清代就有類似的行為。

畫刊》，冊23，頁321～234。

〔註212〕〈介紹與批評〉，《劇學月刊》第5卷第1期，收錄於《中國早期戲劇畫刊》，冊25，頁106。

〔註213〕張古愚，〈平劇問答〉，《十日戲劇》第1卷第19期，收錄於《中國早期戲劇畫刊》，冊28，頁101。

〔註214〕綠依，〈介紹與批評〉，《劇學月刊》第3卷第9期，收錄於《中國早期戲劇畫刊》，冊23，頁321～234。

只是在那個還沒有明星周邊商品化的年代，最常見的就是收集伶人書畫作
品。道光年間以書畫文名的范秀蘭，不僅將現場書畫作為演出的一部分，其
作品更成為當時戲迷們爭相收藏的目標：

> 嘗演馬湘君畫蘭，於紅氍毹上，灑翰如飛，煙條雨葉，淋漓絹素。
> 或作水墨，或作著色沒骨體，娟秀婀娜，並皆佳妙。頓覺旗亭壁
> 間，妙香四溢。諸游冶少年，爭就場頭乞得，珍重裝池，錦帶玉
> 軸，什襲藏弄。有不能致小桐手蹟者，自慚為不登大雅之堂，自慚
> 為不韻。〔註215〕

這種現象到民國年間更是有增無減，對於名伶來說，書畫是他們交際應酬的
重要技能，甚至有「輓（按：晚）近伶人工書畫者頗不乏人，蓋伶不講究此
道，便不能應酬一般文人。」〔註216〕的說法。他們的作品自然也是戲迷的蒐
集品，如辻聽花曾多次報導王君在所收藏的大量伶人書畫。〔註217〕由於需索
量龐大，伶人甚至會委託擅於模仿的文人為其代筆。〔註218〕名伶書畫在當時
便有相當的商業價值，因此在民國九年（1920）春柳雜誌社與中一通信兩家
報社便以救濟貧民為名，邀集北京名伶舉辦了一場慈善書畫展覽會，募得五
百餘元的善款。〔註219〕

除了伶人書畫外，戲單也是戲迷手上珍貴的收藏。有些戲迷還會將其裝
訂成冊，倩人題詠，製作成一本精美的玩賞讀物，如晚清民初的譚迷鳴晦廬
主人便自述：「有餘閒，遂將所收英秀戲單，裝池成冊。」〔註220〕其中一部分

〔註215〕蕊珠舊史，《長安看花記》，收錄於張次溪編纂，《清代燕都梨園史料》，頁304。
〔註216〕張舜九，〈梨園叢話〉，《戲劇月刊》第1卷第9期，收錄於《中國早期戲劇
　　　　畫刊》，冊3，頁529～530。
〔註217〕「王君在明家藏都中名伶之書畫甚多，或陳之几上，或懸之壁間，以供賞玩，
　　　　亦趣事也。」聽花，〈王蕙芳畫幅之題詠〉，《順天時報》，1920年2月12日，
　　　　十版。
〔註218〕「又吳興亢榕門氏，書畫並擅，模仿前人手跡，可亂楮葉，當代各名伶書繪
　　　　便面，信筆塗抹，皆隨個人之筆法，而別成意境，代替王瑤卿、梅蘭芳氏所
　　　　作尤夥」。歷下布衣，〈如是我聞〉，《戲劇旬刊》第31期，頁2。
〔註219〕根據報導名伶書畫展覽會於民國九年八月十四、十五兩日在中央公園展覽會
　　　　舉辦，共展出一百六十餘件名伶書畫，作品售價在二到五十元之間，共獲得
　　　　善款五百餘元。展覽會當天多名銀行界、學界、伶界人士出席。參見〈伶界
　　　　將開慈善書畫展覽會〉，《順天時報》，1920年7月24日，十一版；隱俠，
　　　　〈伶界書畫展覽會雜記〉，《順天時報》，1920年8月18日，五版。
〔註220〕鳴晦廬主人，《聞歌述憶》，收錄於張次溪編纂，《清代燕都梨園史料正續
　　　　編》，頁1151。

還以《辛亥庚戌劇目》之名被收藏在北京國家圖書館。〔註221〕更遑論可以大量複製的伶人照片，當然是戲迷們炙手可熱的收藏品。除此之外，有些狂熱戲迷還會透過管道取得名伶使用過的行頭物品，這與現今粉絲不惜重金購買明星使用過的物品，可說是一般無二。

　　無論是收集書畫、戲單、照片和行頭、用品，對於戲迷來說大多只是單純紀念玩賞之用。但到了民國初年，評劇家開始認知到這些物品的文物價值，如辻聽花便多次提出保留戲單的必要性，並公開徵求老戲單，他提出戲單「研究戲劇實為有用之材料」，從中可以可考知優伶之名、優伶擅演劇目、當時流行劇目。〔註222〕他也時常在報刊中發表他人贈給的老戲單。〔註223〕張次溪也以雪印軒主為名發表討論戲單重要性的文章。〔註224〕

　　對於戲曲文物保留與研究觀念的成熟，可以民國二十年（1931）成立的北平國劇學會成立做為指標。該會設有陳列館，展示各種戲曲文物。而其學會刊物《國劇畫報》中，也不時刊登了相關文物照片，呈現出對文物初步的研究成果，可說是戲曲文物收藏研究重要奠基者。

　　不過早在民國十年（1921），北京便曾舉辦過一次規模不小的戲曲文物展覽——「菊界名人遺品展覽會」，國劇學會的主要發起人齊如山便曾參與其事。雖然名伶遺品展覽會與國劇學會的陳列館的意義不盡相同，但已可視為戲曲文物整理展覽的濫觴。筆者將於下文陳述「菊界名人遺品展覽會」舉辦的過程與其時代意義。

（一）舉辦過程

　　最早提出展覽名伶遺物的想法是辻聽花，分別在民國五年、七年、九年數度提議。〔註225〕但此一主張並沒有獲得積極的回應。一直到民國十年七月初，在一次與余叔岩的聚會中，意外地獲得了余叔岩的支持，願意借出家傳

〔註221〕古曙光，《梨園文獻與優伶演劇——京劇崑曲文獻史料考論》，頁162～171。
〔註222〕聽花，〈十年前之戲單〉，《順天時報》，1917年8月24日，五版。
〔註223〕聽花，〈十年前之戲單〉，《順天時報》，1917年8月24日，五版；聽花，〈三十年之戲單〉，《順天時報》，1917年11月16日，五版；聽花，〈譚小培持贈之三戲單〉（上）（下），《順天時報》，1917年12月19、20日，五版；聽花，〈二十年前之戲單〉，《順天時報》，1917年12月28日，五版。
〔註224〕雪印軒主，〈菊社劇話六〉，《順天時報》，1919年4月23日，五版。
〔註225〕聽花，〈合祀已故名伶並開設遺品展覽會之私議〉，《順天時報》，1918年4月25日，五版。

余三勝與余紫雲的遺物提供展覽，一同列席的評劇家汪隱俠擔起籌辦責任。
〔註 226〕籌備活動很快地進入狀況，獲得了正樂育化會執事何卓然與齊如山、
張鐐子、周瘦廬等知名評劇家的支持與參與，而楊小朵、楊小樓、俞振廷、蕭
長華、于雲鵬等名伶也表達出願意出借遺物展覽的意願。〔註 227〕除了向名伶
後代借取展品外，自 9 月 28 日起，在《順天時報》刊載五天的啟事向大眾徵
求名伶遺物〔註 228〕，並於開展的前一天 10 月 5 日正式公告展覽時間、地點
以及票價。〔註 229〕

　　由於名人遺品展覽會是由辻聽花、汪俠公發起，因此《順天時報》對此
活動非常關注，展覽期間在非文娛版面的本京新聞中都有相關報導，介紹各
類展品以及前來參觀的名伶、名票。根據《順天時報》統計整個展覽期間共
有四千餘人前來參觀，但排除優待軍界及各機關人員，售票則為七百六十四
張，總共收入銅元一千五百二十八吊。〔註 230〕扣除必要花費後，餘款為銅元
四百九十六吊，最後委託《群強報》捐助貧民。〔註 231〕日後辻聽花、汪俠公
都希望名伶遺物展覽會常態化，最重要的展品提供者梅蘭芳也非常滿意此次
展覽，承諾明年將再出借其他藏品。〔註 232〕可惜最終並沒有下文，常態辦展
之事便無疾而終。〔註 233〕

　　雖然「菊界名人遺品展覽會」僅一屆便寂然無聲，不過在當時可算是一
時的梨園盛事。根據報導，展覽期間梅蘭芳、朱素雲、姚玉芙、王瑤卿、王琴
儂、小翠花、譚二、侯喜瑞、金少梅、于紫雲、于紫仙、尚小雲、九陣風、貫
大元、王少卿、安俊卿、馬二先生、劉寶雲、譚小培、吳順林、時慧寶、孫化

〔註 226〕聽花，〈再提名伶遺物展覽會〉，《順天時報》，1921 年 7 月 8 日，五版。
〔註 227〕聽花，〈再誌名伶遺物展覽會〉，《順天時報》，1921 年 8 月 21 日，五版；隱，
　　　　〈都門菊訊〉，《順天時報》，1921 年 9 月 24 日，五版。
〔註 228〕張鐐子、何卓然、齊如山、周瘦廬、李道衡、辻聽花、汪俠公，〈徵求菊界
　　　　名人遺品啟事〉，《順天時報》，1921 年 9 月 28 日，五版。
〔註 229〕展覽時間為民國 10 年 10 月 6 日至 12 日午後 1 時至 5 時；地點為城南遊藝
　　　　園；票價為銅元 20 枚。〈破天荒之菊界名人遺品展覽會〉，《順天時報》，1921
　　　　年 10 月 5 日，五版。
〔註 230〕〈名伶遺物展覽會啟事（一）〉，《順天時報》，1921 年 10 月 14 日，五版。
〔註 231〕〈名伶遺物展覽會啟事〉，《順天時報》，1921 年 10 月 22 日，五版。
〔註 232〕聽花，〈梅蘭芳之遺物展覽會談〉，《順天時報》，1921 年 10 月 26 日，五版；
　　　　隱，〈都門菊訊〉，《順天時報》，1921 年 10 月 19 日，五版。
〔註 233〕隱俠，〈展覽會之餘聲〉，《順天時報》，1921 年 10 月 14 日，五版。聽花，〈開
　　　　設第二次名伶遺物展覽會之主張〉，《順天時報》，1922 年 7 月 2 日，五版。

成、陳墨香、莫敬、吳彩霞、吳少霞、張采林、朱幼芬、林佩卿、李伯濤、崑茂亭、張福昆、程硯秋、郝壽臣等名伶、票友、評劇家都前來共襄盛舉，可說是一時梨園盛事。〔註234〕

（二）文物保存意識

這次的展覽會可以視為評劇家與伶人攜手合作的一場文化盛事。之前辻聽花雖然屢次提議，但他只是單方面在報上呼籲，並沒有積極尋求伶界配合，因此只能淪為紙上談兵。一直要到名伶響應，以及更多評劇家的參與，遺品展覽會才得以順利推行。根據紀載提供展品者有王鳳卿、王琴儂、李壽山、田際雲、張某、郝壽臣、周瑞祺、貫大元、梅蘭芳、退菴居士、安俊卿、徐碧雲、王蕙芳、蕭長華、小翠花、時慧寶、吳彩霞、楊小朵、誠裕如、李翰圖、郭子明、郎少山、譚海清、譚小培、楊小樓、余叔岩、馬連良、朱幼芬等人。〔註235〕可見得伶人仍是最主要的文物提供者，不過除了少數伶人如梅蘭芳有收集文物的習慣外，多數伶人並沒有保留的概念。時慧寶便感嘆其父時小福的遺物因屢次的搬遷以及被他人借走而佚失，最後只能出借兩項。〔註236〕此次的展覽會一定程度上喚起伶人們保存前人文物的意識，如隱俠（即汪俠公）便引述王琴儂之言：「梨園後人保存仙逝遺物者頗少，經貴會提倡，感想甚大，將來必然善自珍藏，此舉與吾劇界收效良多。」〔註237〕而隔年四月，高慶奎無意中在天樂園後臺檢出光緒末年譚鑫培、路三寶、許蔭堂在天樂園玉成班演出登報用的木板名戳，便主動提供聽花、隱俠，希望做為未來名伶遺物展覽會之用。〔註238〕

不過最早的提議者辻聽花，並不是從保護文物的立場出發倡導此事，根

〔註234〕名單整理自以下幾篇報導：〈名伶遺物展覽會之第一日〉，《順天時報》，1921年10月7日，七版；〈名伶遺物展覽會之第二日〉，《順天時報》，1921年10月8日，七版；〈名伶遺物展覽會之第三日〉，《順天時報》，1921年10月9日，七版；〈名伶遺物展覽會之第五六日〉，《順天時報》，1921年10月12日，七版；〈名伶遺物展覽會昨日閉幕〉，《順天時報》，1921年10月13日，七版。又報導中將陳墨香與陳敬餘視為二人，應是筆誤。〈名伶遺物展覽會之第五六日〉，《順天時報》，1921年10月12日，七版。

〔註235〕聽花，〈遺物展覽會之出品人名單〉，《順天時報》，1921年10月8日，五版。

〔註236〕聽花，〈時小福之酒杯〉，《順天時報》，1921年10月2日，五版。

〔註237〕隱俠，〈展覽會之餘聲〉，《順天時報》，1921年10月14日，五版。

〔註238〕聽花，〈光緒末年譚鑫培等之木板名戳〉，《順天時報》，1922年4月4、5日，五版。

據相關文章來看，這展覽會是要搭配奉祀名伶的活動一起辦理。〔註239〕其中〈合祀名伶之私議〉說得最為清楚：

> 余因是提出一私議曰：當由正樂育化會倡設一特別之祠堂，將已故名伶對於劇界功德最大者合祀於祠中，春秋分祭。一以追尊劇界前輩，一以獎勵後進，並於祭祀時附開一展覽會，將各名伶之遺物一一陳列，以示大眾。如此不獨維持梨園之道義，激發後進之優伶，且可使一般顧曲家及各界士女，撫古思今，倍有趣味。殊如名伶之遺物，尤可使觀者慨然追慕老伶工，而比較今昔，互為研究，以供演劇上之參攷。〔註240〕

透過祭祀彰顯已故名伶的名譽才是聽花主要目的，名伶遺物展覽不過引起眾人目光，讓一般觀眾與伶人們得以睹物思人，緬懷先賢。延續的是辻聽花一直以來企圖建立伶人身後名的觀念。〔註241〕這一構想在其他評劇家加入後，目的明顯有了改變，在〈徵求菊界名人遺品啟事〉中：

> 慨自國粹復興，戲曲見重，推原闡本，研究尚焉。溯戲界物品之變化，自咸同以迄今日，不可方物，徵集比較不待言。而知其不可緩，同人之創菊界名人遺品展覽會，亦斯意耳，特恐見聞有囿，搜羅未周，倘有收藏家能以所蓄借供陳列，拜嘉隆誼，彌可言宣，大雅明達，幸能惠我珍藏，善衛不敢自失。
>
> ▲送品處東栓馬樁小馬神廟西口路西十六號辻宅代收
>
> （送品日期限於陰曆九月初四以前為妙。）
>
> 張鏐子、何卓然、齊如山、周瘦盧、李道衡、辻聽花、汪俠公　同啟〔註242〕

展覽會已經從紀念名伶「撫古思今」、「追慕老伶工」的緬懷活動，變成「推原闡本」、「溯戲界物品之變化」的文物徵集，可惜報導中並沒有詳述籌辦過程，已經無法知道這改變是不是與齊如山有關。

根據聽花的說法總共展示了 150 餘件遺物，筆者根據相關報導，整理為

〔註239〕聽花，〈合祀已故名伶並開設遺品展覽會之私議〉，《順天時報》，1918 年 4 月 25 日，五版；聽花，〈合祀名伶之私議〉，《順天時報》，1920 年 6 月 5 日，十版。

〔註240〕聽花，〈合祀名伶之私議〉，《順天時報》，1920 年 6 月 5 日，十版。

〔註241〕辻聽花在譚鑫培過世後，曾主張政府應對譚伶嘉獎，也曾提出為譚鑫培鑄像紀念的意見。

〔註242〕〈徵求菊界名人遺品啟事〉，《順天時報》，1921 年 9 月 28 日，五版。

〈名伶遺物展覽會展覽物品表〉（表 5-1）。這些遺物在歸還前都有拍照存底〔註 243〕，整個展覽會可說是一次對北京梨園界戲曲文物初步的調查整理，讓一些罕見物件得以現世。如朱蓮芬、陳桂亭的〈琴挑〉劇照在當時已經非常罕見，因此陳桂亭的外孫貫大元還特別要求翻拍保存。〔註 244〕根據主辦人汪俠公二十年後的回憶，除了朱蓮芬、陳桂亭的〈琴挑〉劇照外，其中劉趕三騎驢《探親家》劇照、徐小香便裝照都是照片收藏家誠裕如提供，這三張照片日後還曾被齊如山借去展示在國劇陳列館中，而後來《國劇畫報》也中的確刊行了這些照片，汪俠公更認為正因有此展覽會才有機會被翻印，得以流傳至今。〔註 245〕

表 5-1：《名伶遺物展覽會》展覽物品表〔註 246〕

已故伶人	文物類	提供者
程長庚	程長庚製戲場升官圖	
梅慧仙	梅巧玲書隸書立幅	梅蘭芳提供
	團扇五十八柄：慧仙歀二十四柄、肖芬歀九、霞芬歀六、桐雲歀三、韻香歀三、麗芬歀二、紫雲歀一、湘雲歀一、菊秋歀一、倩雲歀一、杏雲歀一、蓉秋歀一	
	演〈盜庫銀〉之青蛇形	辻聽花提供，原退庵居士贈
	臉譜一冊	梅家所藏文獻
	戲曲抄本十二種	
	內府藏五色抄本《獅吼記》一卷	
	殿版五色字《勸善金科》一部	
	小楷堆書浣紗女立軸一幀（以字堆成）	

〔註 243〕隱，〈都門菊訊〉，《順天時報》，1921 年 10 月 21 日，五版。
〔註 244〕〈都門菊訊〉，《順天時報》，1921 年 10 月 30 日，五版。
〔註 245〕汪俠公，〈梨園史料〉，《立言畫刊》第 192 期，1942 年 5 月 30 日。
〔註 246〕此表根據以下報導整理。聽花，〈名伶遺物展覽會之進行〉，《順天時報》，9 月 27 日，五版；聽花，〈時小福之酒杯〉，《順天時報》，1921 年 10 月 2 日，五版；隱，〈都門菊訊〉，《順天時報》，1921 年 9 月 30 日、10 月 2 日、10 月 5 日，五版；〈菊界名人遺物展覽會開會之準備〉，《順天時報》，1921 年 10 月 6 日，七版；〈菊界名人遺品展覽會之鉅觀〉，《順天時報》，1921 年 10 月 7 日，五版；〈遺物展覽會之第一日〉，《順天時報》，1921 年 10 月 7 日，七版；〈遺物展覽會之第二日〉，《順天時報》，1921 年 10 月 8 日，七版；〈遺物展覽會之第三日〉，《順天時報》，1921 年 10 月 9 日，七版。

梅雨田	胡琴	
譚鑫培	蛐蛐罐	譚小培提供
	譚家收藏字畫	
	鼻煙壺	
	泥人張偶像	
	盔頭黃靠（演《珠簾寨》用）	為辻聽花提供，原譚小培贈
楊月樓	三尖兩刃刀	
	花褶子	
王九齡	演《八大錘》之畫圖	辻聽花提供，原退庵居士贈
余三勝	余三勝《黃鶴樓》塑像	余叔岩提供
余紫雲	筆筒	辻聽花提供，原余叔岩贈
劉鴻升	鼻煙壺	王玉甫第二天補送
朱蓮芬	朱蓮芬贈梅巧玲扇面、對聯	
楊桂雲	便衣	
楊明玉	水衣	
王儀仙	宮裝	王琴儂第二天補送
	扇面	
賈洪林	便帽	
	彩鞋	
	白髯	
	水衣子	
劉趕三	演〈請醫〉之眼鏡	辻聽花提供，原退庵居士贈
時小福	酒盃	時慧寶提供
	線尾子	
路三寶	〈得意緣〉雌雄鏢與戟	
李壽峰	手鐲腳鐐	
	演〈孫臏裝瘋〉之木爬	安俊卿提供
	彩鞋	
	《奇雙會》李奇之草鞋	安俊卿提供
徐寶芳	木魚	
	銅錘	
王巧福	網子	
王聚寶	鬢髮	

田雨農	甩髮	
郎德山	夫子盔	
	黑靠	侯喜瑞第三天補送
吳巧福	酒壺	
	酒杯	
	網子	
陸華雲	酒壺	
汪笑儂	汪笑儂所書之字	辻聽花提供
趙仙舫	方巾	
	富貴衣	
汪桂芬	念珠	
黃三	鐐銬	
	鬍子	
李順亭	胡桃	
羅壽山	彩衣	
	蒲扇	
	氈帽	
	帶子	
羅百歲	《十二紅》戲衣	
穆鳳山	演《鍘判官》鏢旗	辻聽花提供，原退庵居士贈
	演《鍘判官》鏢旗九件	退菴居士第三天補送
朱霞芬	紅裙子	
	八音盒	
李鑫甫	佩劍	
	花槍	
孫秀華	崑曲本	第二天孫二補送
孫永才	戲本	
楊桂雲	便衣	
照片圖像		
徐小香、程長庚《鎮潭州》畫像		
徐小香便裝照		
梅巧玲戲裝小影（梅蘭芳提供）		梅蘭芳提供
《思志誠》名伶全影（繪畫）		

梅雨田畫像	
梅竹芬畫像	
譚鑫培便裝照	
余紫雲畫像	余叔岩提供
楊月樓之便裝照	
劉鴻升《碰碑》劇照	
汪笑儂之《罵閻》	
汪笑儂之《空城計》劇照	
劉趕三便裝照	
劉趕三騎驢《探親家》劇照	
劉趕三、李富才《探親家》劇照	辻聽花提供
李富才便裝照	
李富才《探親家》劇照	
王桂官（楞仙）〈琴挑〉劇照	
王楞仙、陳壽峰之〈寄子〉劇照	張謬子提供
麻德子、黃三《五人義》劇照	
麻德子、慶四《九龍盃》劇照	
路三寶、趙仙舫之《小上墳》劇照	
王仙舟《借趙雲》劇照	李翰園提供
羅壽山演《探親家》劇照	
羅壽山便裝照	
何桂山《嫁妹》劇照	張謬子提供
朱蓮芬、陳桂亭之〈琴挑〉劇照	
田雨農便裝照	
田雨農《長坂坡》劇照	
田雨農《惡虎村》劇照	
俞潤仙〈長坂坡〉劇照	辻聽花提供，俞潤仙贈
陸華雲《悅來店》劇照	
姚增祿《五人義》照片	辻聽花提供，姚富才贈
李鑫甫《鎮潭州》劇照	安俊卿提供
吳艷芳便裝照	
侯友雲便照	
王金蘭照片	艾子芳補送

小結

　　清末民初新興的報刊吸引不同背景的文人在這公共的輿論空間發表與戲曲相關的文字，捧角論戲，逐漸形成評劇家群體。比起品伶論劇的傳統文人純粹吟風弄月，彰顯自我審美的趣味。這些評劇家展現出更多元的面貌，也回應著社會對戲曲觀念、期待的改變，逐漸發展出專業意識，雖然無法徹底改變延續自梨園花譜以及八卦新聞的遊戲娛樂色彩，但仍相當程度上提升了劇評的水準。

　　值得注意的是，清代品優文人雖然與伶人在私領域上有著密切的關係，但他們終究是站在旁觀者的角度，書寫、評賞伶人，與梨園仍有著相當的距離。但到了民國時期，評劇家群體逐漸深入戲曲界，成為整個戲曲產業的重要環節，一定程度上化為戲界與社會大眾的橋樑。部分評劇家更不只是單純的評論者，有些成為戲曲研究者，對此時「劇學」奠基有著莫大貢獻，也有些協助伶人編劇，是此時最主要的戲曲劇本創作者。除了寫作之外，也有不少評劇家奔走於劇界，無論是邀角、灌片、籌備演出、經營劇院、舉辦活動、戲曲機構都可以看到他們的身影，成為劇界中最活躍的外行，與伶人形成非常緊密的共生關係。

　　由於此時名伶社經地位的攀升，不再如過去仰望文人。部分評劇家甚至受聘於伶人，為其奔走效力。這種身分位階的改變，與文尊伶卑的傳統觀念相衝突，也使得兩個群體在密切合作之餘，卻也存在著相互箝制對立的一面。

第六章　捧伶集團：「伶黨」研究

　　清代中葉以後，透過私寓營業文、伶之間形成了穩定的交往型態。遊逛伶人私寓是清代道、咸、光數朝，許多客居北京文人們的共同記憶，為此他們留下了大量的梨園花譜。從這些筆記中，可以輕易勾描出文、伶歡宴的畫面，《鳳城品花記》便直說：「都門積習，文宴往來，往往不能無此輩。」〔註1〕伶人成為文人社團的參與者，與伶人交遊已經成為文人的集體行為。這些文人帶著自己賞識的優伶參與文會，吟詩結集，彼此之間交換情報，分享看戲心得，這些文社已經可視為某種戲迷團體，不過他們不是某個特定優伶的支持者，而是喜好品優賞戲的同好，其本質仍是文人的結社。

　　但隨著清末民初西方文化的輸入，政權的轉移、制度的改變等種種因素，整個大環境對於傳統文伶關係產生根本性的衝擊。伶人群體在大眾觀念逐漸改變以及明星化的光環下，社經地位逐步攀升，而傳統文人群體則因科舉的終結，以及新知識分子的崛起而日益式微。而在這個易代之際，劇壇上如雨後春筍般出現了許多戲迷團體，與私寓背景下以文人為主的結社截然不同。而是以伶人為核心，周遭環繞著一批支持者。不同於私寓時期的文人將伶人視作抒情客體或慾望的對象，新興的捧角文化讓這些伶人的支持者在各種空間為伶人營造聲勢，故常被冠以伶人姓名中的某一字稱呼之，如梅（蘭芳）黨、朱（幼芬）黨，賈（璧雲）黨等〔註2〕，展現以伶為中心的傾向，為方便論述，若無特定指稱時，在文中皆稱之為伶黨。

〔註1〕　香溪漁隱，《鳳城品花記》，收錄於張次溪編纂，《清代燕都梨園史料》，頁569。
〔註2〕　不過這也不是絕對的，如小翠花的支持者便稱為翠花黨，這大概與小字不夠響亮有關。荀慧生曾以白牡丹為藝名，故荀黨也稱白黨。

　　但一如清末民初局勢之混亂，民國以來這些圍繞在伶人身邊的支持者，雖然同被視做一黨，但所懷心思卻大不相同，與伶人的關係深淺也大不相同。有些延續了傳統態度，有些則是單純捧角追星，有些希望透過伶人以達成自己理想，有些更只是受聘於伶人。其中與伶人關係最緊密的一批人，除了被冠以某「黨」之外，還當時常常被名為某「幕」。他們背景多元複雜，其中也不乏學兼中西之輩。大多有一定傳統文化的素養，也具有相當西方文化的視野。這些人甘於退居幕後，眾星拱月般地為演員們效命奔走，雖然身處幕後，但任誰都難以忽略他們對民國時期名伶以及劇壇文化的深厚影響，雖然其中也有不少筆耕甚勤之人，但大多缺乏完整的著述，除了如齊如山、翁偶虹等有留下較多著作者外，學界對這些人的研究並不興盛。因此本章將鎖定這捧伶集團「黨」、「幕」，對其由來、組成、內部關係等逐步作梳理廓清。

第一節　伶黨淵源與類型

一、伶黨由來

　　什麼時候開始以「黨」來稱呼這些戲迷團體，實已不可考。民國初年評劇家普遍認為是從民國元年起的馮賈之爭開始。如馮叔鸞分析劇界黨爭之由來時，認為是首開於賈璧雲赴上海的賈黨，而馮子和的支持者見之眼熱而繼起。〔註3〕一些紀錄也都呼應此說：

　　　　壬子夏，蘭芳勢益張，好事者為之結梅黨，奉蘭芳為黨魁。〔註4〕

　　　　壬癸之交，都中有翠花黨，時翠花年方十二三。〔註5〕

也就是民國後才有伶黨的說法，穆辰公更把梅黨的成立明確定在民國元年（1912）夏天。但筆者所見最早關於伶界之「黨」的紀錄則是在《梨園影》續編中賈璧雲的小傳談及：

　　　　……惟風俗鄙陋，顧曲家分樹三黨，即所謂賈黨、梅黨、朱黨是也。

　　　　三黨鼎峙，互相攻擊，筆鏖舌戰，凌厲風雲，縱有魯仲連出，排難

　　　　解紛，三黨亦莫知釋其憾……人之嗜好不同，花之品評亦異，豈真

〔註3〕馮叔鸞，《嘯虹軒劇談》，頁60～61。
〔註4〕穆辰公，《伶史》，收錄於《民國京崑史料叢書》第1輯，頁49。
〔註5〕燕山小隱，〈近世伶工事略〉，周劍雲編，《菊部叢刊》，頁368。

知花者哉！不過花情為移爾。三黨之名，黨其黨，亦如是也。〔註6〕

《梨園影》分為前編、續編、再編三部分，由北京愛國白話報館在清末民初陸續出版，三編的作者、完成時間都不相同。〔註7〕前編署名戣禪先生所作，即咸豐年的梨園花譜《曇波》，但略多出數人。續編則是冷佛，再續則是劍雲。續編前有小序，所署年月為庚戌年，可知續編完成於宣統二年（1910）之前。因此早在清末便以「黨」來稱呼這些伶人的支持者。「黨」的形成往往與「爭」息息相關，而從《梨園影》續編的文字某種程度上可以看出傳統品優者如何看待新興的捧角文化所造成的紛擾。詩樵在〈京華菊部瑣記〉一文中在顧往觀今時也不免感嘆道：

> 從前京師……一般戲迷之心理亦僅以顧曲為消閒之一助，迷則迷矣，專一亦專一矣，然絕無是紫非朱，各載一伶，互相軒輊，自樹其敵，為可異也。〔註8〕

第二章曾提及捧角文化的集體性、排他性正是伶黨形成的土壤。雖說一直到宣統二年才有以黨稱呼這些戲迷團體的紀錄。但事實上早在光緒年間，伶黨便已隱然成形。前文論及光緒三十三年（1907）因羅小寶與小十三旦所引起兩個陣營的筆墨紛爭，被陳墨香視為捧角之始，也可見伶黨的雛形。但何以直到清末民初才以「黨」來稱呼這些戲迷團體，並且很快地被普遍使用，這與清末民初梨園風尚、政治環境的變遷有密切的關係。

從前幾章的討論可知，評劇家對於評劇之專業性與客觀性有相當熱烈的討論，希望可以屏棄胡吹亂捧，企圖與單純的捧角者作明顯區隔。其立意上佳，但實際執行卻大不如人意。實際上這兩者間存在著非常模糊的地帶，報刊為戲迷們提供了各抒己見的公共輿論空間，雖然此時評劇家企圖建立客觀專業的劇評，但在明星化的光環下又豈能做到真正公平。加上報刊即時性、傳播性遠非傳統花譜、花榜能比，原本只限於少數文人圈子裡，點到為止的品味競爭，被引入更加激烈多元的輿論戰場。評劇者難免會有偏愛之優伶，為逾揚心中名伶不免會貶抑到他伶，循環往復之間往往「以一字之微釀成大

〔註6〕冷佛，《梨雲影續編》，收錄於《京劇歷史文獻匯編》，冊2，頁472。

〔註7〕前編署名戣禪先生即咸豐年的梨園花譜《曇波》，但略多出數人。續編則是冷佛，再續則是劍雲。續編前有石勝華小序，說前編為其少年所作，且未曾面世，與事實不合。谷曙光推測為書商將舊籍改頭換面，拼湊成書。見《梨雲影》，收錄於《京劇歷史文獻匯編》，冊2，頁447。

〔註8〕詩樵，〈京華菊部瑣記〉，《菊部叢刊》，頁339。

訟」。〔註9〕如馮叔鸞與其兄馮小隱皆為當時知名評劇家，卻因捧梅、尊譚而在報刊上大打筆仗：

> 馮叔鸞早年文章喜譏諷好嫚（按：謾）罵者，著有《嘯虹軒劇評》，對於伶人均貶多而獎少，以視今日評劇家之善頌善禱實有天壤之判，獨於梅蘭芳大加青睞，愛護唯恐不周，其捧也，無微不至。乃兄小隱時方尊譚，且以尊譚二自署其齋名，因此伶界前後兩大王：一生（鑫培），一旦（蘭芳）之故，兄弟互為文章，刊諸《晶報》，各走極端，譁然交鬨，雖曰各為其主，不惜大義滅親。然而忠於伶官，事出捧角，當時士大夫不無微詞，朋輩為之掩飾者，只得曰此游戲文章，風流韻事，豈真兄弟鬩牆哉。事後，叔鸞義頗悔意氣用事太過，因有嘯虹軒自訟之文。〔註10〕

連知名的評劇家都如此，其他人可想而知。評劇家如是，別有居心的捧角者更是利用報刊評劇欄目作為結取伶人歡心的方法。〔註11〕加上報刊主事者推波助瀾，有意無意間製造糾紛，促使各伶支持者投入戰局，來達到吸引讀者眼球，增加銷路的目的。如劉少少（1870～1929）任《中國公報》主筆時，便借賈璧雲來京演出之機，先為朱幼芬（1892～1933）、賈璧雲（1890～1941）舉辦選舉，引起梅蘭芳支持者的不平，再順勢舉辦朱幼芬與梅蘭芳的選舉，於是造成朱、賈、梅三派「各逞筆鋒於報端，鸛鵝列陣如火如荼，有如崑陽雷雨屋瓦皆飛，令觀者目眩神迷……歷時累月攻擊不休。」〔註12〕最後才在劉少少與梅花館主的調停下平息此紛爭。第三章提及的劉鮮之爭也明顯有報社操作的痕跡，可見得當時戲迷對自家名伶捍衛心之強，也正因此時捧角風氣如此壁壘分明、針鋒相對，才讓馮小隱有「民國有捧角之說，以前所無也」的

〔註 9〕 嚴獨鶴，〈對《戲劇月刊》之期望〉，劉豁公主編，《戲劇月刊》第 1 卷第 2 期，收錄於《中國早期戲劇畫刊》，冊 1，頁 207。具體案例如易順鼎在《民事報》的遊戲之作，引起劉少少在戲劇閒評回擊，不得不寫一長文解釋，說明自己對梅蘭芳、朱幼芬兩人並無軒輊之分。見易實甫，《哭庵賞菊詩》，《清代燕都梨園史料》，頁 770。

〔註10〕 張北江，〈評劇家應有三種知識〉，《戲劇月刊》第 1 卷第 12 期，收錄於《中國早期戲劇畫刊》冊 4，頁 445。

〔註11〕 如《梅蘭芳》小說中描述劉少少為捧朱幼芬，聘請章氏兄弟為常用投稿員。見穆辰公著、陳均編，《梅蘭芳》，頁 121。本書雖為小說家言，但作者本身為資深報人，亦為著名評劇家，所說多可作為參考。

〔註12〕 謝素聲，〈梨園綴錄〉，《戲劇月刊》第 2 卷第 6 期，收錄於《中國早期戲劇畫刊》，冊 6，頁 474～475。

感慨。〔註13〕羅癭公《菊部叢譚》記載：

> 民國元、二年間，梅蘭芳初露頭角。其時朱幼芬每日出演，交游甚
> 廣，捧之者眾。評劇捧角之風已漸開矣！於是朱、梅兩派，互相攻
> 擊。蘭芳名日益顯，及赴上海歸來，名乃成立矣。〔註14〕

可以說「捧角」之風是伶黨出現重要原因。在清末民初，伶黨之爭除了梅、朱
兩黨外，更著名的是發生在上海的馮春航（1888～1942）、賈璧雲兩黨之爭。
〔註15〕這種透過報刊傳播所形成「分立門戶，各有擁戴，互有針砭」〔註16〕
的現象，既與古代的黨爭頗有類似之處，也與清末民初的政治浪潮相互映
照。清末以來如火如荼的革命活動，使得革命黨、保皇黨等名詞為人熟知。
到了民國建立，政府體制轉換，許多近代政黨紛紛成立，彼此傾軋鬥爭，政
局紛亂，恰好與上述的梨園分門別戶的現象相互呼應，因此民初文人常常將
伶黨、政黨並稱：

> 時人稱賈黨，蓋於共和黨、國民黨、民主黨以外第四黨也。〔註17〕

> 近年中國政潮激烈，黨派傾軋，光怪陸離，不可捉摸，識者謂此即
> 亡國之端，不謂區區評劇界亦有所謂黨派者夫。〔註18〕

評劇家馮叔鸞更直接點名伶黨的出現乃源於文人表達對民初政黨政治亂象的
厭惡，與其支持政治人物，不如支持清歌曼舞的伶人：

> 夫劇界之有黨也，始自賈璧雲。人之黨賈也，實以厭惡政黨之翻
> 覆，故託言與其勢力之結合。奉亡國大老暴亂渠魁為黨首，毋寧以
> 色相取人，傾心低首於輕歌曼舞工顰善笑之賈郎，故此黨發生之
> 始，號稱第四黨。蓋對政黨中三大黨而言也。一班醉心春航者，見
> 而眼熱。急不加察，貿貿然亦豎起一幟曰馮黨。且姑勿論甲黨馮黨
> 孰優孰劣，孰是孰非，即就其發生之原因一詳查之，則一為有意

〔註13〕馮小隱，〈顧曲隨筆〉，《戲劇月刊》第1卷第11期，收錄於《中國早期戲劇
　　　　畫刊》，冊4，頁229～230。
〔註14〕羅癭公，《菊部叢譚》，《清代燕都梨園史料正續編》，頁781。
〔註15〕波多野乾一著、鹿原學人譯，《京劇兩百年之歷史》，收錄於《民國京崑史料
　　　　叢書》，第3輯，頁305。
〔註16〕慶霖，〈津門劇事〉，《戲劇月刊》第1卷第10期，收錄於《中國早期戲劇畫
　　　　刊》，冊4，頁104。
〔註17〕天笑，〈觀賈璧雲演劇口占〉，《璧雲集》，收錄於傅謹編，《京劇歷史文獻匯
　　　　編》，冊2，頁713。
〔註18〕秋星，〈說捧角家〉，《菊部叢刊》，頁142。

識，一為無意識，已灼然共見矣。〔註19〕

認為這是當時人們對政治亂象的諧擬（parody），以此發洩對政治動盪的不滿。這種對政黨政治的諧擬戲仿心態，在揚善為小翠花成立翠花黨所寫的揚善〈翠花黨宣揚書〉表現得最為淋漓盡致：

> 黨人者惡法之淵藪也，黨而于戲，戲者美術，以美術動人之美感，而結黨人之歡心，惡法或□茲鮮乎。羼體嘗觀人之為政黨者，蓋萬惡之藪，而道德之所由消乏之地也乎，□無美術可以動人，而以甘言詭計為其美術，故惑之者入之，不惑而受其愚者不入也，若人有美術而不由于政，則無甘言詭計以中人，其所以動人之美感而結其歡心者，為技之是賴，此為道與實業無益也，顧吾言之，今世界所謂政，以吾先賢所謂之政，理何異哉？蓋其術一。實境之所積，而未嘗以甘言詭計市也。然則戲而有黨，殆由術以為政，而因美以召感其為黨員之招也，實而不虛，多而不乏，故其相萃處也以道藝合，則群而不爭，雖矜而黨而無比，匪之傷矣。吾又常關于戲之為黨者，或以其色而色不色，或以其藝而藝不藝，其為黨也，虛矣，曩之為政黨者則乏矣，所謂虛者，色藝不足之謂也。所謂乏者，美術與美感不足之謂也。〔註20〕

伶黨以真實的美術號召人心，比起政黨「以甘言詭計為其美術」的萬惡淵藪更為可信。揚善還模仿黨章條例擬了〈翠花黨草章〉，敘述其組織機關、黨員資格、權利義務、選舉規則等規章。〔註21〕不過此時諸多伶黨在報上所引發的爭論，引發了圈外人的關注，《順天時報》非文娛版面在民國四年（1915）發表了數篇相關的社論，如署名無是對劇界黨爭有所分析感慨：

> 民國初興時，政黨林立，勢成水火，各黨議員舌戰於議場，由以為不足更假機關報互相攻擊。于是為社會耳目之報紙，遂一變而為罵人之具焉。今政黨已寂然無聲矣，孰意評劇家竟蹈其故轍，創教結社分道揚鑣，始猶評演劇之優劣，繼則攻擊伶人之陰私，終且捨劇捨伶專對他派之評劇者肆其醜詆，起黨同伐異之見，固有出于天性者哉。嗚呼！今日言論界惟於評劇尚有完全之自由耳，乃竟不知愛惜，教

〔註19〕馮叔鸞，《嘯虹軒劇談》，頁 60～61。
〔註20〕揚善，〈翠花黨宣揚書〉，《順天時報》，1914 年 8 月 23 日，五版。
〔註21〕揚善，〈翠花黨草章〉，《順天時報》，1914 年 8 月 26、28、30 日，五版。

溢出於常軌又何怪政府當局不許諸君容喙於政治乎。〔註22〕

報紙天職原在指導社會，而今之報紙則專務罵人，故販夫村婦之言均不惜行諸楮墨，而於個人陰私闇薄之事，尤認為新聞上之好材料焉。自民國成立以來，時而開國會，則罵議員；時而設政黨，則罵政黨，時而談內政則罵政府，時而論外交責罵鄰邦。試取近三年中各種報紙觀之，殆無一頁不以罵人之文章占其紙面之大部分也。今則欲罵議員而議員已解散，欲罵政黨而政黨已取消（雖有存者亦皆有名無實）欲罵政府而政府□□日□又不免有所顧忌，於是不得不尋一種無拳無勇之人以為謾罵之目的，特此劇界黨爭之所由起歟。〔註23〕

無是認為伶黨乃是受民初政黨政治之混亂以及報紙濫用言論權力的惡劣風氣影響形成，更指出因北京輿論界逐漸緊縮，使得輿論壓力轉往當時仍尚稱寬鬆的評劇界發洩，另一位署名愚千的社論也持類似立場，認為伶黨的出現實可視為中國政黨之尾聲，並以此認為中國不適合政黨政治。〔註24〕

　　綜上所述，馮叔鸞從評劇界中人的角度出發為伶黨相爭的亂象做說明，而無是、愚千則從外界角度，提出伶黨亂象實為惡劣政治環境的反應。角度雖然不同，但都共同指出伶黨之成形與當時政治環境有緊密的關係，戲迷團體才成為與政黨並稱的「伶黨」。

二、「伶黨」類型

　　「伶黨」可說是當時人們對政黨的諧擬，因此使用上相當隨性，也沒有精確的定義，很多時候只是對某一名伶戲迷群的泛稱。不過除了泛稱外，還是可以將這些「伶黨」約之為「戲迷團體」與「文士團體」兩類。〔註25〕但這兩類並非判然二分，成員身分也不是最主要的差異。戲迷團體中當然不乏文士成員，「文士團體」同時也是伶人的戲迷。兩者主要差異是在戲迷團體僅能為伶人宣揚炒作，助長聲勢，而「文士團體」更對伶人藝術有著深遠的影響。由於時人除了稱呼這「文士團體」為某「黨」外，有時則會加「健將」、

〔註22〕無是，〈劇界之黨爭〉，《順天時報》，1915 年 3 月 12 日，七版。
〔註23〕無是，〈劇界黨爭之由來〉，《順天時報》，1915 年 3 月 24 日，七版。
〔註24〕愚千，〈黨會之尾聲〉，《順天時報》，1915 年 3 月 18 日，七版。
〔註25〕林幸慧，《京劇發展 VS 流派藝術》，頁 199。

「中堅」等字眼指稱這些核心人士，或者統稱為「幕」突出其輔弼之功，因此筆者以為用「幕僚」取代「團體」會更為貼近這類文士的特質。我們可以這麼理解：「戲迷團體」是伶黨的初級階段，而「文士幕僚」則是在「戲迷團體」基礎上發展出的伶黨成熟階段，為方便論述，當筆者欲突出伶黨的幕僚性質時，或以「伶幕」稱之。

（一）戲迷團體

「戲迷團體」即是熱情戲迷為名伶所創立的組織。「伶黨」雖源於男伶，但在民國三四年間，伶黨極盛時期，女伶、童伶才是這類伶黨主力。此時伶黨除了以黨為名外，還有各式各樣的名稱，比較常見的是某社或某教的名稱。〔註26〕如荀慧生的白社、尚小雲的醉雲社、聽雲集、尚友社、杜雲紅的杜教、鮮靈芝的嘗鮮團、馮素蓮的蒂蓮社等。這些社團雖然是戲迷為捧角而創，但組織率多鬆散。如首次提出「翠花黨」之名的謝塵，在〈覆揚善君〉一文中提及其初創翠花黨的宗旨：

> 加以凡歡迎翠花者均為黨中之人，預備膨脹翠花之名，故無論其為政客、為記者、為士、為農、為工、為商，只欲其歡迎翠花變為黨中之人，至其姓名、籍貫、居址、年歲、職業，更何從而知，是雖為黨名，然黨與黨異，乃一無形之組織，既無黨章又無黨綱，不過於功（按應為公）餘之時，假此名以消遣時日而已。星期六、日之會亦不過聚會耳，至於介紹之事，欲其表彰翠花藉此聯絡人士而已，豈有他哉！……此數人者除柳遺、冷鴈外，餘雖為同道實無一面之緣，即見面亦不相識。〔註27〕

說穿了就只是一群同好，在假日戲園相邀聚會，為喜愛的伶人捧場。檢閱報上這些戲迷團體成員的往來文字，會發現他們一方面以黨、教為團體命名。另一方面又不斷排斥將伶黨如真正的政黨、教團一般組織化。上述揚善為翠花黨製作黨綱黨章時，便引起不小的反對聲浪。如羽衣郎〈為振作于黨掖進翠花事與謝塵君書〉認為此舉已經造成評劇界之駁斥，認為不應該將伶黨建

〔註26〕「今日評劇界中時有黨、社、教等之名稱，例如翠花黨、白社、杜教是也既有黨焉、有社焉、有教焉，其對于所信仰首領之評論多偏於己見，有失公允，乃勢所不免，若由劇學上暨純粹戲評上論之，自缺完善之資格。」聽花，〈北京之評劇界（下）〉，《順天時報》，1914年10月2日，五版。

〔註27〕謝塵，〈覆揚善君〉，《順天時報》，1914年9月3日，五版。

成有形之組織。〔註 28〕雖然揚善亦作〈覆羽衣郎君書〉回覆，提出「既以黨名則必有黨綱黨章」，但針對不應為有形之組織的說法是：

> 所謂開會之時，同職務之分配，黨員之聯絡，職員之推選亦不過任
> 意書成，具其章程形式而已，若準定何時開會，職員理應如何推
> 選，則斷難辦到也，是故有黨綱黨章與否，不同即謂為有形無形
> 也。〔註 29〕

以這些黨綱黨章都只是虛文，並不能作為有形、無形之區別為自己辯解。從中可窺知這類戲迷團體中人的微妙心態。當時白牡丹（荀慧生）的支持者所組成的戲迷團體之所以稱為「白社」，正是為了避免「黨」所帶來的意氣之爭：

> 白社二字本屬抽象名稱無形組織，吾儕原以牡丹為題，結文字之
> 會，與屈原香草吟，靖節閒情賦同一寄託也，雖對于牡丹時有譽
> 詞，卻絕無擁之為魁之意。所以不曰黨而曰社，其設立之本旨為時
> 人所共鑒也，蓋有黨必有爭，同人雅不欲以陶寫性情之舉變為競爭
> 意氣之行。〔註 30〕

這些戲迷團體成員甚至彼此之間未曾謀面，只有文字之誼。如病夫寫給諸多杜教同人的〈懷人十律呈吟壇哂正並祈賜和〉詩旁小註便常說明為彼此未曾見面感到遺憾。〔註 31〕

　　在私寓之風未遠，女伶之風新盛的民國初年，童伶與女伶難免成為當時某些觀眾慾望投射的對象。也因此這兩個群體的支持者的狂熱與遊戲心態特別明顯，讓他們在公共空間捧角分寸常常拿捏不當。如杜雲紅支持者所組成的杜教成員不只在各報中刊登捧角劇評來褒揚杜雲紅，還在報上記述了不少半真半假的杜教成員之間的互動。如杜雲紅死忠支持者，自署杜教門外間接奔走使者的羅歡禪，雖然在劇評中多次談及自己未曾與杜雲紅一面，甚至有人要引介杜雲紅與他相識，他亦以禪理婉拒之。〔註 32〕但卻在歡禪〈論杜教

〔註 28〕羽衣郎，〈為振作于黨披進翠花事與謝塵君書〉，《順天時報》，1914 年 12 月
　　　　9 日，五版。

〔註 29〕揚善，〈覆羽衣郎君書〉，《順天時報》，1914 年 12 月 17 日，五版。

〔註 30〕琴公、夢詞、劍濤、啟心，〈對于《國華報》社團童伶之選舉與吟籍韜伯之商
　　　　榷意見書〉，《順天時報》，1914 年 12 月 27 日，五版。

〔註 31〕如〈懷莊蟄公先生〉註：「余未得識荊終成憾事」。〈懷羅歡禪先生〉「余與公
　　　　卒未一見殊為憾事」《順天時報》，1914 年 9 月 2 日，五版。

〔註 32〕「某友曰：『子愛雲紅可謂至矣，而未一把晤，吾力能使子二人相見也。』予
　　　　曰：『愛之仍不予之見，不與之見仍愛之，歡禪本名為禪，非深於禪理者不能

即上亞仙科長〉文前記述：

> 聞杜教承宣科長蕭龜君云：「昨日教堂開第二次會議，淨君、小醉君
> 以科長記名，並由杜教主親制花帽一頭賞戴，嘯龍君則由教主交議
> 決以經理記名。」〔註33〕

引起了當時頗具名望的評劇家陳優優的批評，以「並由杜教主親制花帽一頭
賞戴」一語，懷疑杜教成員與杜雲紅有「闇干之意」。羅歡禪特地為文澄清，
再度強調自己與杜雲紅未曾一面，也不認識蕭龜，所謂「花帽賞戴之語，為
予一人所臆造。」是因為同好讚譽雲紅時語出詼諧，「故予遂矯詔而賞戴以花
帽，然矯詔之稿甫寄報館，予已自知綺語之失矣。」〔註34〕諸如此類的輕佻
之語，難免引起時人猜疑訴病。

如果說杜教所引起的爭議，還只是筆墨遊戲引發的誤會，那麼「嘗鮮
團」、「蒂蓮社」的行為就帶有很強烈的狎邪色彩，從其社名便可知發起人對
坤伶意淫心理。在聽花〈最近之怪團體〉一文中描述：

> 惟聞近日竟有駭人聽聞，謀佔人妻之怪團體發現於社會。查該團體
> 之名稱曰嘗鮮團，團員約有二十餘人，其份子頗形複雜。惡官僚、
> 假名士倡之於前，不肖記者以及流氓遊民和之於後。係以嘗鮮靈芝
> 異味為宗旨，聞其手續（一）由流氓遊民等投稿於報館藉靈芝吞金
> 之風說捏作種種罪狀以恐嚇丁靈芝（二）在報紙上伸張女權慫恿靈
> 芝與伊夫生離異心，如提起離婚訴訟時，惡官僚即為靈芝之援助，
> 俾其脫離羈絆。（三）鮮靈既得自由伊等即達嘗鮮之目的。並聞該團
> 體已在大柵欄也是樓雅座會議數次矣。嗚呼！北京號稱首善之區乃
> 竟有謀佔有夫之婦怪團體。〔註35〕

從此看來「嘗鮮團」就是一漁獵女色的工具，還曾為了「採芝」一詞與易實甫
大打筆仗。〔註36〕而蒂蓮社內涵不過是：「其宗旨專為捧馮，社員每夕皆箕踞

知我心事也，此知謂色不異空，空不異色。』某君曰：『子為雲紅登報提倡鼓
吹，何不使雲紅知子為何許人也。』予曰：『登報者我表我之愛情，何必使雲
紅知之，此之謂正誼不謀利和明道不計功』」。歡禪，〈偶評〉，《順天時報》，
1914 年 3 月 25 日，五版。

〔註33〕歡禪，〈論杜教即上亞仙科長〉，《順天時報》，1914 年 5 月 14 日，五版。
〔註34〕羅歡禪，〈杜教教徒叢談〉，《順天時報》，1914 年 6 月 5 日，五版。
〔註35〕聽花，〈最近之怪團體〉，《順天時報》，1916 年 2 月 29 日，七版。
〔註36〕豁公，〈哀梨室隨筆〉，《戲劇月刊》第 1 卷第 1 期，收錄於《中國早期戲劇畫
　　　　刊》，冊 1，頁 89。

廂中，口有喊喊素蓮之好，手有鼓鼓素蓮之興。」〔註37〕蒂蓮社社長更因此得償所願，與馮素蓮生下一女，最後卻又拋棄馮氏母女，而引起公憤。〔註38〕戲迷團體所造成的伶黨之爭、遊戲筆墨、狎邪事件，不僅讓民初伶黨形象不佳，也讓某些伶人產生排拒感。如劉喜奎（1894～1964）便曾經為文公開表達不喜為人評騭，更不願意見到因她而起的黨派之爭。〔註39〕

這些戲迷團體的成立常常是少數戲迷運作的成果，缺乏完善組織，因此往往只能喧騰一時，只要幾個核心成員離開，其聲勢就會大受影響。〔註40〕大多隨著伶人的昇沉浮降，旋起旋滅。也如民初評劇家所批評的：「蓋捧角家苟見更美之旦，必將移其譽此以譽彼，昔日之黨散，而異日之黨成矣。」〔註41〕但其中也有相對穩定的戲迷社團，如追捧尚小雲的尚友社。在醉魂的《尚小雲集》序中提及最早先有「尚黨」，但因黨徒複雜，而無形消滅。後來才成立「尚友會」，而且取締甚嚴，強調「潔己自愛，不求與小雲通殷勤接言笑。」〔註42〕根據民國十八年（1929）的說法，此一社團在北京已維持了十多年，有人主持其事，社員接近千人，可見已頗有組織規模。〔註43〕

關於這些戲迷團體捧角方法在第二章已有所討論，不外乎在劇場上的武捧以及報刊、專集上的文捧兩項。文捧除評劇文章外，詩詞也是捧角文字大宗。因此可以發現某些戲迷團體還兼有詩社的特質。如以捧劉菊仙與張小仙的菊社，便是一例。遂江漁隱在〈菊社詩課〉一文中紀載：

> 丙辰（1916）春初，余與漢史、醉魂、曼庵、楚客、籛鏗、君山、頑叟、无我、毋愴、子身、逸品、天傭諸同志組織菊社詩課。原以擁護雙仙（劉菊仙、張小仙）獎掖後起為宗旨，故六美之吟，十美之詠，弁冕二仙次列眾美，一時此唱彼和，佳什如林，莫不本詩人敦厚溫柔

〔註37〕秋江，〈小補之齋劇話〉，《戲劇月刊》第2卷第6期，收錄於《中國早期戲劇畫刊》，冊6，頁438～439。

〔註38〕秋江，〈小補之齋隨筆〉，《戲劇月刊》第3卷第2期，收錄於《中國早期戲劇畫刊》，冊9，頁492～493。

〔註39〕張次溪，〈珠江餘沫〉（三），《戲劇月刊》第1卷第12期，今收錄於《中國早期戲劇畫刊》，冊4，頁433～436。

〔註40〕「杜教自蟄公南返，歡禪作津遊，亞仙絕跡歌場，其勢已大形衰落。」白沙後人，〈與遁天君書〉，《順天時報》，1914年6月27日，五版。

〔註41〕秋星，〈說捧角家〉，《菊部叢刊》，頁142。

〔註42〕醉魂，《尚小雲集·序》，《順天時報》，1916年8月30日，五版。

〔註43〕棘公，〈尚小雲別傳〉，怡樓主人，〈講講北平的尚友社〉，《戲劇月刊》第1卷第8期，收錄於《中國早期戲劇畫刊》，冊3，頁190、206。

之旨，發為心聲，一切毀謗攻訐之語，蓋予屏棄。夫人身不幸為女子身，或少失怙恃，寄身假母，或家貧親老，菽水難求，不得以廁身優伶，藉謀生活，其行可憫，其志可悲，凡有聲藝之長者，宜切嘉矜之意，是我同社提倡風雅之苦心，當為評劇大家所共見矣。〔註44〕

菊社與其說是特定伶人的戲迷團體，更不如說是以女伶為主題的詩社團體。類似的還有以富氏姊妹為主的詠竹雅集〔註45〕、女武生杜雲峰為主的雲峰詩鐘社〔註46〕。這些團體相當偏好以詩鐘這種詩歌形式來展現文采。〔註47〕有時還會在報刊上公開徵稿：

徵求詩鐘啟事

敬啟者：現隸天樂園之名伶金桂芬，問年瓜字，貢藝梨園，浩唱珠圓，妍姿玉映，芳名騰踔，有自來已。曩者劉菊仙、富竹友均以冠時色藝入詠鐘壇。藻思既敷，芳稱益遠。今援曩立以金桂芬為題鴻爪為格。伏希　諸大唫壇，寫韻苔箋，增輝菊部，各卷彙齊後送　易石甫先生評定甲乙，並備薄酬，藉答雅意，竚聽珠咳，勿吝玉音，謹具事例如左

一、題為鴻爪格金桂芬三字隨意分嵌，但題中字不得直連橫對。

二、卷交舊刑部街長安公寓寄樓主人收

三、限陽曆五月十二日截卷逾期不收

四、卷用信箋楷書並註明作者姓名住址

寄樓主人謹啟〔註48〕

這種詩社團體一定程度上受到了傳統文人的影響，如當時兩位名士樊增祥、易順鼎便是此中高手。〔註49〕上述的詩鐘徵文也是特請易實甫所評定優劣，

〔註44〕遂江漁隱，〈菊社詩課〉，《順天時報》，1916 年 3 月 12 日，五版。

〔註45〕蘭江，〈詠竹雅集發起辭〉，《順天時報》，1917 年 2 月 11 日，五版。

〔註46〕雲峰詩鐘社投稿，〈金臺十二仙小史〉，《順天時報》，1917 年 12 月 5 日，五版。

〔註47〕詩鐘是一種介於對聯與詩之間的一種詩歌體裁，限定字句，有各種格式，是一種文人間逞才鬥文的文字遊戲。

〔註48〕〈徵求詩鐘啟事〉，《順天時報》，1917 年 4 月 27 日，五版。

〔註49〕聽花便曾轉述螺樓關於樊增祥與易順鼎之間以鑲嵌伶人與自己名字諧音的對聯互相調侃的笑話。螺樓認為：「近日所謂兩大詩人曰樊增祥易石甫社會人士對之毀譽參半，平心論之，詩筆風華典贍固不多得，特晚年各趨纖巧，僅僅以嵌字詩鐘競勝爭強，亦殊自貶文人價值。」聽花，〈文人相輕〉，《順天時報》，1918 年 2 月 22 日，五版。

某種程度來說，其重點已不在捧角，而是藉此嶄露自己的文采，本質或許更趨向於以文人為主體的組織，雖然這些詩作多流於遊戲之作，但也為此時戲迷團體增添一抹獨特的色彩。

　　這類戲迷團體存在時間大多不長，但在短時間內為伶人造勢，仍是相當有效果。即便是引起爭議，也是足以吸引目光，達到宣傳的目的。如民國五年（1916）劉喜奎再度進京演出，便有鮮靈芝支持者春淚五郎來函希望辻聽花號召成立鮮團，來對抗劉喜奎的劉教。聽花在回覆中表達出自己一貫反對為伶人結黨立社的立場，但也認為「結黨立社以為優伶之後援，於博一時名譽，護一種利益，固為便利。」〔註50〕在當時盛行的菊選中，也少不了這些戲迷組織的影子。〔註51〕

　　民國四年（1915）年初，《順天時報》、《國華報》、《戲劇新聞》三報幾乎同時辦理菊選，可說是當時劇壇盛事。其中《國華報》更將捧角社團列入票選行列。〔註52〕筆者雖然未能見到《國華報》選舉簡章，但從琴公、夢詞、劍濤、敢心共同發表的〈對于《國華報》社團童伶之選舉與吟籟、韜伯之商榷意見書〉一文中可知，《國華報》的社團選舉一開始就是針對這三個伶人社團設計，意圖激起他們的競爭心態，在北京的部分白社成員認為沒必要隨之起舞。〔註53〕卻引起當時在天津的白社重要成員梅影的關切，主張不應如此消極。〔註54〕從最後三社的選舉結果來看，白牡丹雖沒有入選《國華報》童伶榜，在社團選舉方面也遜於杜教。但在《順天時報》、《戲劇新聞》的選舉中都名列前茅，因此白社應該還是動員起來了。故聽花才會有「夫所謂白社之首

〔註50〕聽花，〈斥組織鮮團下〉（答覆春淚五郎君），《順天時報》，1916年7月5日，五版。

〔註51〕聽花，〈三社菊選之比較研究（下）〉，《順天時報》，1915年2月7日，五版。

〔註52〕聽花，〈三社菊選之比較研究（中）〉，《順天時報》，1915年2月6日，五版。

〔註53〕「乃閱二十三號《國華報》有社團童伶選舉之特設，按其條文係專為白、于、杜三團體發生者，雖屬各選所屬人自為政。然票數之多寡，實足以引起彼我之競爭，吾社若亦隨同附和，從事競選，不第與立社本旨相違。行且結怨于他黨教，以傷昔日彼此贊助之雅，是惡可者。況牡丹現尚在修業時代技藝未能精嫺，萬一僥倖獲選，則博士、學士之虛榮適足以長童年之驕習，而阻其學業之進步，彼等共同籌議，對于此舉擬堅持與人無爭之初旨，縱有是項票紙，亦以投選他伶為是，質之高明以為何如，晤同社諸友祈商榷及之。」見琴公、夢詞、劍濤、敢心，〈對于《國華報》社團童伶之選舉與吟籟韜伯之商榷意見書〉，《順天時報》，1914年12月27日，五版。

〔註54〕〈梅影自津門來函〉，《順天時報》，1915年1月19日，五版。

領者為白牡丹、杜雲紅為杜教之本尊，俱有多數同志為之後盾，勢力頗大，故此三社之菊選橫行闊步，得票頗多，遂荷絕大之名譽。」〔註55〕的感慨。謝素聲在民國二十年（1930）時曾回憶這段時間白社盛況：

> ……至友劉述吾供職公府，一見大加賞識，公餘輒往顧，風月平章，不惜齒芬提倡，嗣鄉人秋吟籍來自東省，作京伶十二敘評以慧生居首，列之仙品，擬以瓊花，並綴短贊，復系絕句。贊語為：非誇獎，他真德言工貌；詩云：「色藝叢中獨擅場，佳名不愧傲花王。任教蘭蕙饒風趣，到此低頭亦拜降。」一篇跳出，乃如咳唾九天，聲共步虛，吹下雞鳴風雨無間履綦爭霏玉屑，嘔盡心肝。詩文投贈，日披露於各報，《中國華報》時最著名，不啻為其機關。未幾，即有白社之成立，與杜教、嘗鮮團並響於長安道上，朝夕為之捧場。同社小謝、老朱、沈漢英、劉發伯諸公尤屬中堅份子，擁護不遺餘力。《國華報》戲開童伶菊選，以一萬零七百三十一票當選為博士。慧生之名於以大噪。白社中人擬為刊專輯問世，屬漢英操筆政，嗣漢英調津沽海關服務，將稿攜去，以事冗遷延未果。余當時曾一覩其稿本，皆精心結撰之作，今不知古錦囊中尚存否也。〔註56〕

不過謝素聲記憶可能有誤，如上所述白牡丹並未入《國華報》童伶榜，而是入選《戲劇新聞》、《順天時報》。或者後來《國華報》又辦童伶菊選，就不得而知了。原本為此白社還有刊行專集的計畫，但因主事者調職，因而作罷。

此類社團大致來說類似現今影歌星後援會，由於沒有門檻，成員也就非常複雜多元，甚至有外國人士參與。〔註57〕某些時候，這類戲迷集團的確可以成為伶人後盾，讓伶人更有資源得到更好的發展，甚至對其藝術產生正面影響。如白社成員對荀慧生出師爭議與改習京劇等都起了關鍵作用。〔註58〕

（二）文士幕僚

戲迷集團雖然可以為伶人造氣勢，廣名聲，但旋起旋落，對伶人的局幫助限於某個時期，效果仍是有限。真正起最深遠影響的還是伶人周邊聚集的

〔註55〕聽花，〈三社菊選之比較研究（下）〉，《順天時報》，1915 年 2 月 7 日，五版。
〔註56〕素聲，〈荀詞〉，《戲劇月刊》第 3 卷第 8 期，收錄於《中國早期戲劇畫刊》，冊 11，頁 496～497。
〔註57〕波多野乾一著，鹿原學人譯，《京劇兩百之歷史》，頁 277。
〔註58〕素聲，〈荀詞〉，《戲劇月刊》第 3 卷第 8 期，收錄於《中國早期戲劇畫刊》，冊 11，頁 497。

「文士幕僚」。就形式來說文士幕僚甚至比戲迷團體更加鬆散，沒有什麼黨章
黨綱，但他們對優伶的影響力則遠非一般戲迷團體所能比擬。雖然民國時期
伶黨林立，也並不是所有伶人的「黨」都能夠形成「幕」，其中尤以梅蘭芳身
邊的伶幕最具規模與代表性。除了乾旦外，某些坤旦或老生、武生身邊也聚
集了一些文士，但規模與影響力遠遠不及梅蘭芳等人了。

　　當論及伶人身旁的「伶幕」時，會讓我們聯想到的是上海馮春航的馮
黨。馮黨骨幹為清末民初著名的「南社」。馮春航與南社的關係在清末民初
的時空下是相當特殊的，在北京品優文化中，優伶雖以文人梨園知音的身分
參與文會結社，但僅作為陪襯或吟詠的對象，但馮春航則是貨真價實的南社
的一份子，這對於傳統文、伶關係可說是很大的翻轉。南社本身帶有的強烈
政治與戲劇改革色彩，對馮春航演藝起了怎樣的作用呢？從馮賈之爭來看，
的確可以發現不僅只是伶人間藝術、名望的比較，更蘊涵了南／北、傳統／
創新、封建／民主的對立。此次黨爭與其說是為了捍衛馮春航的色藝，到不
如說南社成員以此抒發自己戲劇、政治的主張。〔註 59〕不過馮春航所排演的
數十齣新劇，南社諸君對這些劇作雖然盛讚不已，但並不見他們協助馮春航
創編新劇的資料，南社中人主要是透過評論來支持此時的京劇改良運動。
〔註 60〕因此以南社為核心的馮黨終究仍是文人社團，伶黨不過是短暫時期的
附屬性質。馮春航作為南社成員，其思想與戲劇觀固然可能受到影響，但南
社文人並沒有成為實質輔佐馮春航的伶幕，他們為馮春航所作所為也未脫戲
迷團體宣傳揄揚的程度。最後隨著馮春航逐漸退出舞臺，南社的馮黨色彩也
隨之煙消雲散。

　　其實「伶幕」的形成與傳統私寓有著微妙的關係。前文曾論及民國元年
禁絕私寓的法令對此時文、伶關係的衝擊，但旦角與文人之間長期複雜深厚
的關係，豈是這麼容易一刀兩斷。葉凱蒂民初捧旦文化的研究中，便點出民
國伶幕文士與私寓的品優集團間一貫相承的脈絡：

> 通過媒體，旦角從所謂的老斗的捧角的對象，變為公眾捧角的對
> 象，文人的身分也就從過去護花人過渡到旦角的知音。但是這並不
> 意謂著文人的傳統身分的消失。這種關係是傳統與現代的結合，是

〔註 59〕關於馮賈黨爭可參看劉汭嶼，〈梨園內外的戰爭——20 世紀第二個十年上海
　　　　京劇界之馮賈「黨爭」〉，《文藝研究》，2013 年第 7 期，頁 101～110。
〔註 60〕北京市藝術研究所、上海藝術研究所編，《中國京劇史》上卷，頁 319。

情人、愛慕者、策劃人與藝術指導的融合。前兩種身分跟基於傳統
文化，後兩者則是新角色。這種融合起來的新身份，導致旦角的支
持者本人的公共身份逐漸隱退，成為幕後策劃者；旦角反而日益聲
名顯赫，便成新聞人物、社會人物。〔註61〕

與私寓關係在早期的伶黨中相當明顯，梅蘭芳、朱幼芬等人本來就是相公堂
子出身，其私寓時期的客人也順理成章地成為民國時期的捧角者。以梅黨為
例，其最重要的支持者馮耿光（1882～1966）便是在私寓時期結識的。〔註62〕
早期梅黨文人如樊增祥（1846～1931）、易實甫（1858～1920）都是相公堂子
的熟客，與梅蘭芳的父親梅竹芬（1872～1898）皆有舊，後更因梅蘭芳為梅巧
玲（1842～1882）之孫而大加逾揚。〔註63〕齊如山（1875～1962）回憶民初
與梅蘭芳初見，雖認為其友人多為正人君子，但也有一二位心中稍嫌齷齪，
以老斗自居。〔註64〕荀黨的陳墨香（1884～1942），程黨的羅癭公（1872～
1924）也都曾與相公堂子來往。〔註65〕這都可以證明不少伶幕的中堅份子都
是私寓的常客。正如第二章所述，在民國初年劇壇上仍有私寓陰影，與童
伶關係密切者，容易成為眾矢之的。羅癭公為程硯秋出師之事便是一例。
羅、程關係雖是梨園佳話，但也一定程度延續了私寓文化中老斗為相公出師
的傳統。

不過民國伶黨的文士和清代的品優客還是有很大的差異，畢竟時代環境
已經改變。葉凱蒂所述情況在伶黨初期較為明顯，隨著私寓被視為「藏汙納
垢」「實乖人道」的觀念越來越普遍後。〔註66〕民國初年雖還不像後來諱言
伶人出身私寓，但對私寓中風流韻事仍採不欲多加宣揚的態度，如張次溪
（1909～1968）編寫梅蘭芳父親二瑣傳時，曾徵信於齊如山，但齊氏因「傳
中所述，多昔年風月故事」而感到不以為然，認為：「此乃騷人墨客所言，非

〔註61〕葉凱蒂，〈從護花人到知音──清末民初北京文人的文化活動與旦角的明星
化〉，頁122。

〔註62〕梅蘭芳自述十四歲結識馮耿光，此年為光緒33年（1907），此時梅蘭芳尚在
雲和堂。參看王長發、劉華，《梅蘭芳年譜》，收錄於《梅蘭芳全集》，冊4，
頁268～267。

〔註63〕穆辰公，《伶史》，頁47～48。

〔註64〕齊如山，《齊如山回憶錄》，收錄於《齊如山全集》，冊10，總頁6121。

〔註65〕齊如山，《五十年來的國劇》，收錄於《齊如山全集》，冊5，總頁2759。

〔註66〕此二語見於民國元年禁絕私寓的佈告。轉引自張次溪，《燕歸來簃隨筆》，《清
代燕都梨園史料》，頁1243。

吾輩評劇家之所宜」，促使張次溪燒毀原稿。〔註67〕在這樣的趨勢中，正如葉凱蒂所言傳統文化「情人」、「愛慕者」的色彩日益隱沒，「策劃人」與「藝術指導」則逐漸鮮明。〔註68〕

　　而且民國時期伶幕成員也遠比私寓品優客來得複雜，清代私寓最主要消費者就是赴京趕考的各省舉子。〔註69〕他們熟經史，諳文墨，都是以科舉為晉身之階的傳統讀書人。但自光緒三十一年（1905）科舉制度終結，傳統文人失去之千百年來賴之晉身的途徑，等同敲響了傳統文人階層的喪鐘。而自晚清以來西學東漸，在洋務運動的推行與西式教育的引進下，海外歸國的留學生以及受到西方文化影響的文人逐漸取代傳統文士，成為清末民初最具代表性的知識分子。在清末民初的伶黨成員身上也可以看到這種變化趨勢，此時伶黨中固然有如易實甫、樊增祥、奭召南、羅癭公、陳墨香這類傳統中國文人，但如馮耿光、吳震修（1883～1966）、齊如山、黃秋岳（1891～1937）、李釋戡（1876～1961）、許伯明、劉少少都有留學背景。張厚載、金仲蓀（1879～1945）、翁偶虹（1908～1994）雖未出國留學，也都接受過新式教育，他們分別在政界、金融界、文教界、報界等領域發展，在接受西學之餘，對古典文化亦有相當素養，且都是標準的戲迷。他們學貫中西的文化底蘊與寬廣人脈是過去伶人身邊的傳統文人們所沒有的特質。在伶黨風氣初起之時，多數伶人與伶黨成員仍未察覺到這種關係的改變，致使大多伶黨仍只停留在戲迷團體的層次。尤其是那些曾參與過私寓活動的傳統文人，大多保有傳統文伶關係的觀念。陳墨香在其自傳體小說《活人大戲》藉由與王勁聞討論今昔捧角差異，對此發表自己的意見。王感慨當時風氣未開，賈璧雲又不擅應酬，未能把握機會，以至於往後衰敗不振時，陳墨香回答道：

> 那些捧賈璧雲的人們，另是一派，是不能利用的。他們都是些文人，酸溜溜咬文嚼字，拿著陳石函的《品花寶鑑》當作實事，硬要派賈璧雲做杜琴言，他們互相標榜，自比十名士，湊了十個旦角，硬派作花選十旦，除了瑤卿年齡稍長，不得列入，此外有名的都算在裡頭了。卻都沒什麼資財，誰也作不了徐度香，也沒一個老成人，可

〔註67〕張次溪，〈伶苑〉，《戲劇月刊》第 2 卷第 3 期，收錄於《中國早期戲劇畫刊》，冊 5，頁 468。

〔註68〕隱沒不代表不存在，且此現象主要指男伶為主的伶黨，女伶伶黨中男女關係當然是多采多姿，往往是娛樂小報追逐的新聞。

〔註69〕王照璵，《清代中後期北京「品優」文化研究》，頁 101。

以作屈道翁，又沒一位在宦途得意，夠不上田春航。偏遇著賈璧雲
安心唱戲，不像杜琴言厭棄戲班，混的日子久了，自然不大投機。
這些人自與賈璧雲絕裂以後，又掉過頭去捧梅蘭芳。……他們恭維
蘭芳，也算到十足，然而後來都不曾作蘭芳的幕中得力朋友。待蘭
芳成了大事，他們早不上梅家的門了，連蘭芳的善於用人，不愧三
國的曹公，都與他們捏不攏，又何論賈璧雲。〔註70〕

在陳墨香的觀察中，民初的賈黨不過就是延續私寓風氣的遊戲產物，把自己
與梨園名旦比擬作為小說人物，沉溺於自我的想像之中。雖然只是一己之
見，但也點出早期伶黨部分成員對於伶人所持之心態，自然無法成為伶人身
邊重要輔佐。

　　承先啟後使「黨」進化為「幕」的關鍵人物正是梅蘭芳。從民國二年
（1913）起梅蘭芳開始借助身邊的文士編演新戲，建立了文、伶合作的典範，
開始推動伶黨由「戲迷集團」往「文士幕僚」轉型。從相關的文章來看，這些
文士幕僚可說是形成了一個經紀創作團隊，除了編排新戲、設計砌末行頭、
出版專輯之外，還各司所職地包辦了伶人臺上臺下的一切事宜。不過各伶黨
成員不同，執行的重點當然也不同。如梅黨實力最為強大全面，既有以馮耿
光為代表的政經人士支持，也有如齊如山、李釋戡等文人襄贊創作，還有如
張厚載這類報人在報刊上為其宣揚。這些人為其打點政商關係、安撫地方勢
力，成為梅蘭芳的保護傘，維持演出順遂，諸如製造輿論、應付記者、票務
營銷、召集現場啦啦隊等更是不在話下。梅蘭芳赴滬演出時，還可以在當時
大報《申報》刊行〈梅訊〉，可說是梅蘭芳在滬時期的日常生活的起居注，既
滿足戲迷窺視名人私生活的欲望，同時也是對營業演出很好的行銷。〔註71〕
而荀慧生的白黨雖少有達官顯貴，大多為報人以及銀行界職員。但上海白黨
則為荀慧生舉行作戰會議，討論劇碼、分析演出得失並作出調整應變，同時
處理一切內外事務。〔註72〕且白黨中多報人，使得他們深諳輿論操作，荀慧
生得以擠入四大名旦，荀黨功不可沒。蘇少卿（1890～1971）便直言：「慧生
時名白牡丹，猶在創業，白黨遂提出四大口號，加三為四，不久遂為世所公

〔註70〕陳墨香，《活人大戲》，頁258。
〔註71〕馮小隱，〈顧曲隨筆〉，《戲劇月刊》第1卷第11期，收錄於《中國早期戲劇
　　　　畫刊》，冊4，頁229～230。
〔註72〕秦瘦鷗，〈捧腳集團——梅黨、白黨〉，《戲迷列傳》（北京：人民出版社，2009
　　　　年），頁64～65。

認。」〔註73〕丁秉燧也認為是「南北新聞界硬把荀慧生架上去的。」〔註74〕白黨成員以細膩有計畫的輿論操作，不動聲色地將荀慧生捧進四大名旦行列。〔註75〕恰可作為秦瘦鷗所說白黨「工作做得更細緻深入」的證據。

而程硯秋的程黨，眾所皆知，程硯秋從出師到初步成名，是由羅癭公一手促成，羅癭公雖屬於曾經參與過私寓活動的傳統文人，也曾是賈黨、梅黨的一員。還曾為程硯秋出師一事，被部分人士在報上圍剿。但他是少數跳脫私寓文、伶關係格局的傳統文人，全力襄贊程硯秋，為其延師、編劇，拓展人際關係網，諸如後來程黨要人金仲蓀、陳叔通等人，都是經由他的引薦相識，這些付出在他身故後仍持續發酵，金仲蓀更成為繼羅癭公之後程硯秋第二位專屬編劇。

隨著程硯秋的聲名鵲起，也為自己累積不少人脈，其中李石曾（1881～1973）〔註76〕、張嘉璈（1889～1979）〔註77〕這兩個政經要員對於程氏以及程黨的轉變實有相當深遠的影響。根據《程硯秋史事長編》紀載，民國十九年（1930）程硯秋赴上海演出後與李石曾、張嘉璈開始有較為密切的往來。李石曾將程硯秋、金仲蓀帶入了中華戲曲音樂學院的組織之中。中華戲曲音樂學院是以法國返還的庚子賠款所成立的組織。在民國二十年時（1931），李石曾分別聘請金仲蓀、齊如山擔任中華戲曲音樂學院副院長。齊如山任北平戲曲音樂院院長、梅蘭芳為副院長。南京戲曲音樂院院長由自己兼任，委金悔廬、程硯秋為副院長；任焦菊隱為中華戲曲專科學校校長。看似公平對等，但由於張嘉璈之故，事實上多數資源皆投注在南京戲曲音樂院，北平戲曲音樂院僅是空架子，這還引發了梅黨人士創立北平國劇協會與其競爭。但一為官方撥款，一為私人募資，規模自然無法相比。〔註78〕谷曙光便曾經為文討

〔註73〕蘇少卿，〈現代四大名旦之比較〉，《戲劇月刊》第 3 卷第 4 期，收錄於《中國早期戲劇畫刊》，冊 10，頁 260。

〔註74〕丁秉鐩，《青衣花臉小丑》，頁 17。

〔註75〕關於這過程可參看梅花館主，〈四大名旦專名詞成功之由來〉，梅花館主主編，《半月戲劇》第 3 卷第 10 期，收錄於《中國早期戲劇畫刊》，冊 34，頁 532～533。

〔註76〕李石曾（1881～1973），本名煜瀛，資深國民黨員，知名文化人士、社會活動家，曾組織留法勤工儉學會，以及籌備故宮博物院。徐友春編，《民國人物大辭典》（石家莊：河北人民出版社，1991 年），頁 307。

〔註77〕張嘉璈（1889～1979），字公權，民國時期政治人物、銀行家，曾擔任鐵道部部長、交通部部長、中央銀行總裁等職。徐友春，《民國人物大辭典》，頁 962。

〔註78〕張伯駒，〈北京國劇協會成立之緣起〉，《京劇談往錄》，頁 128～131。

論過此中暗含的梅程黨爭現象。〔註 79〕

　　而南京戲曲音樂院於民國二十三年（1934）進一步改組為中國戲曲音樂院，由程硯秋擔任院長。〔註 80〕民國二十四（1935）焦菊隱赴歐離職後，則由金仲蓀接任中華戲曲專科學校校長一職，程硯秋擔任副校長。〔註 81〕可見得程硯秋在整個中華戲曲音樂學院的組織機構中，位置日益重要。對他來說獲得相當可觀的資源，以南京戲曲音樂院、中華戲曲專科學校為樞紐，以《劇學月刊》陣地，招攬了大量的戲劇家、評劇家參與，如徐凌霄、邵茗生、杜穎陶、翁偶虹、焦菊隱、王泊生、劉守鶴、佟晶心都是《劇學月刊》中相當活躍的撰述者，連荀慧生的編劇陳墨香都被招攬入戲曲音樂院中工作。

　　雖然不能簡單地將這些人一概歸為程黨，但程硯秋參與中華戲曲音樂學院後，的確大大地拓展了程幕的圈子，事實上不少人也真的成為程幕中人，如徐凌霄、杜穎陶、翁偶虹、佟晶心在時人眼中都屬程幕中人，連焦菊隱都被視為曾參加程幕而中道分離者。〔註 82〕至少這些人與程硯秋建立了較為密切的關係，這些人中的焦菊隱、王泊生、劉守鶴、佟晶心等人，都不是典型的評劇家，他們深受西方戲劇影響，有些是舞臺上的實踐者，焦菊隱更是日後更成為知名的戲劇導演。這也使得程幕中人比起其他伶幕更具有中西戲劇交流色彩。

（三）伶黨形象的轉變

　　伶黨是在清末民初捧角文化興起後，伶人支持者在報刊上大開筆戰下逐漸成形。由於這些戲迷團體式的伶黨常常阿私所好，在報刊上大出毀謗之言，在戲園等公共空間做出誇張的捧角行為，不僅引人側目，也造成各式亂象。再加上部分女伶黨、童伶黨所造成的桃色狎邪糾紛，自然引起許多評劇家以及時人的不滿，當時報章雜誌上時常可見相關批評，如民國七年（1918）出版的《菊部叢刊》對戲迷集團式的伶黨多持負面態度，如秋星直斥他們是「評劇界之小人，為色是趨」〔註 83〕。劍雲則批評他們感情用事：「逐臭之夫搖唇鼓舌，競出其毀謗之言，以壞人名譽為快，是非因以混淆，黑白遂至不分，黨

〔註 79〕谷曙光，《梨園文獻與優伶演劇——京劇崑曲文獻史料討論》，頁 349～352。
〔註 80〕程永江編，《程硯秋史事長編》，頁 284、365。
〔註 81〕程永江編，《程硯秋史事長編》，頁 337、381。
〔註 82〕墨庵，〈談談幾位文人之依附名伶者〉，《戲劇旬刊》第 28 期，頁 8。
〔註 83〕秋星，〈說捧角家〉，《菊部叢刊》，頁 142。

同伐異，傾軋成風」〔註84〕使得劇壇紛擾，永無寧日。小隱則對梅黨成員欲以法律手段捍衛梅蘭芳新戲興行權（著作權）的行為提出批判。〔註85〕

　　這種戲迷團體間的口舌筆墨之爭，一直到民國十多年起逐漸緩和起來，張慶森在回顧這段歷史時說道：

> 考已往因伶人樹黨相爭，而至學者聚訟其事至夥，不勝枚舉。凡稍習劇界歷史者，靡不知之。而其文字相詆，結社相閧，累月經年，辯之無已，固無論已。甚至以武力為文章之後盾，幾演不共戴天之怨，而成滅此朝食之仇。更俱已試為探本窮源追搜其交惡之故。吾恐彼伶官之蓋臣功狗，終不免付之一笑也。近年幸少此習，各伶各黨間，絕不侵犯他伶，作無味之紛爭。故因伶人觀念變更，抱船多不礙港旨，井水不犯河之意，各行其是，不願結怨同行。亦是捧伶之學者捧之程度進步，而捧之方式亦大有改良，有以致之耳。但其捧法又各走極端，之其能不惜鞠躬盡瘁，競奢鬥靡，百出奇而為之。〔註86〕

認為是因為伶人觀念改變，以及捧伶學者程度進步，而捧之方式亦大有改良之故。所謂「捧伶之學者捧之程度，而捧之方式亦大有改良」，就是指伶黨輔佐伶人的功效逐漸被戲迷、評劇家所認知。於是到了民國二十年（1931）《戲劇月刊》舉行了四大名旦的徵文比賽時，被列為第一的蘇少卿，在文中特列師友一節，詳細評析四大名旦身旁的文士幕僚：

> 蘭芳之師有喬蕙蘭、陳德霖等十餘人，友有李釋勘、齊如山、黃秋月（按：實為岳）等數十人。或為編劇或為顧問，或為宣傳，或為交際。每一句編成，對於穿插場子、配置行頭、斟酌詞句、安排腔調必群策群力，集思廣益，務求善美。蘭芳亦能從善如流，力求進步，故其成績如彼。蓋唱戲亦如創業之難，非有良師友從而提攜，多士從而運籌不能成功。漢高用三傑，故足成大業，項羽有一范增而不能用，故其敗立見。誠以一人之耳目難應天下之事物也。硯秋師事羅癭公而友金仲蓀，不著名者不計焉。慧生師吳、王，友十餘

〔註84〕劍雲，〈三難論〉，《菊部叢刊》，頁 124。

〔註85〕小隱，〈論興行權無益於伶人〉，《菊部叢刊》，頁 155～156。

〔註86〕張慶森，〈學者與伶工〉，《戲劇月刊》第 2 卷第 1 期，收錄於《中國早期戲劇畫刊》，冊 4，頁 395～396。

人，如陳、舒、楊、張為之編劇宣傳，故成功甚速。小雲性驕不能

容人，早師孫怡雲不能變化，近有清逸居士者為之編戲，而參贊乏

人，未能盡善。觀四子師友之多少，亦可以斷其事功矣。〔註87〕

此時文士幕僚已經為評判伶人優劣高下的依據之一。在結論中更指出條件不輸四大名旦的徐碧雲、芙蓉草之所以無法與他們分庭抗禮，正是由於「幕中無人」，缺乏他們的「提攜鼓吹」。〔註88〕其他兩篇也都提到文士幕僚的影響。蘇老蠶更將梅蘭芳創作成績完全歸功身旁這批幕僚，稱梅氏「是人性情溫良，初無創作能力，所以至此者，在善交友又能從善如流」故能成大名。〔註89〕這樣的說法當然失之偏頗，但亦可見文士幕僚對伶人的助益則已被評劇家認可。不過也不是所有人都肯定伶幕的價值，如馮小隱認為「業伶者，技術不必果精，交遊不可不廣」，因為一般觀眾都是「以耳代目盲從附和，人云亦云，只需捧之者眾，雖無真實本領，亦能浪得虛名。」〔註90〕馮小隱還只是諷刺伶幕宣傳吹噓，致使伶人真實藝術不被重視。而辻聽花就尖刻許多，稱這些人為幕中之寄生蟲：

凡無論男伶坤角，苟有技藝精妙，聲譽鉅大者，則其惟幕中，必有

一派數人，為其名伶，朝夕出入，奔走幫忙，以竭一種特別之義務。

余稱謂此輩曰名伶幕中之寄生蟲。其故何哉？查此種寄生蟲，多係

一種小吏，或一派文人，或會館公寓，賦閒無事者，此項一輩，對

於名伶，巧言令色，無所不至。或託名編排腳本，或利用介紹友人

（富家或名士）或周旋堂會，或從事宣傳，或代理書記，以謀該伶

名利上種種利便，而至其實內幕，則此輩藉口前列種種名義，由該

名伶暨劇場兩方面，秘密索錢，資其餬口，或有時演出不規則之行

為，其心事之陋劣，手段之狡獪，可厭可憎。

此項寄生蟲蟠居者，比較言之，青年男伶佔最多數，妙齡坤角次

之，而著名童伶，亦間有之，而彼等優伶中演花衫或青衣者最多，

〔註87〕蘇少卿，〈現代四大名旦之比較〉，《戲劇月刊》第3卷第4期，收錄於《中國早期戲劇畫刊》，冊10，頁259～260。

〔註88〕蘇少卿，〈現代四大名旦之比較〉，《戲劇月刊》第3卷第4期，收錄於《中國早期戲劇畫刊》，冊10，頁260。

〔註89〕蘇老蠶，〈現代四大名旦之比較〉，《戲劇月刊》第3卷第4期，收錄於《中國早期戲劇畫刊》，冊10，頁276。

〔註90〕馮小隱，〈顧曲隨筆〉，《戲劇月刊》第1卷第11期，今收錄於《中國早期戲劇畫刊》，冊4，頁229～230。

鬚生武生甚少，其他腳色殆屬絕無，彼等寄生蟲之心理如何可以想
見矣。

蓋此輩一派之種種行為，頗極陰險，出人意外。惟多數名伶固雖厭
其麻煩，而因種種關係，輻輳其中，故對於於彼等，不意脫離，每
晨夕相見，平心應酬，糊塗一時。余亦雖知此輩一派之姓名人物，
而不忍一一列舉，示辱天下，惟不過著作一文，揭之報端，披露劇
界內幕之一端已耳。〔註91〕

陳墨香《活人大戲》中也提及當時部分人們視李釋戡、齊如山、羅癭公這些
為伶人出力幫忙的人為「忙子」，將之比作《金瓶梅》中謝希大、賁第傳這類
幫閒人物。〔註92〕這種排斥，固然有伶幕成員良莠不齊之故，但同時也反映
了傳統文尊伶卑的觀念仍深深烙印此時人們的心中。評伶捧角可以是文人風
雅遊戲，但若牽涉到利益，就是不入流的行為。即便到民國二十年代後期，
伶幕價值已經被時人注意，但在談及這些伶幕成員時，部分評劇家仍發出：
「文人之傍角，亦可慨也」的喟嘆。〔註93〕

第二節　伶黨中的文、伶關係

一、戲迷團體中的文伶關係——以北京白社為例

　　排除如嘗鮮團、蒂蓮社這種對伶人有特別企圖的戲迷團體，一般戲迷團
體中伶人與成員之間關係並不容易考察。由於這類伶黨以童伶與女伶為主
流，或許是為了避嫌，發起者往往強調與伶人不熟，甚至未曾見面。如杜雲
紅杜教的首倡者羅歡禪，便不斷強調自己與杜雲紅未曾見過面；從上述劉喜
奎的公開宣言來看，她與她的支持者也是頗有距離；尚友會也強調不與尚小
雲「通殷勤接言笑」。而有些投稿者的遊戲筆墨更是難辨虛實真假。如民國五
年（1916）三月下旬，當時頗為知名的女伶金玉蘭因時疫病逝，引發北京評
劇界一陣哀悼潮，《順天時報》為此在 3 月 28 日以第五版半版的頁面刊載哀
悼詩文，稱之為玉蘭榮哀錄，後因為投稿者過多，於 4 月 1 日再續登半版。

〔註91〕聽花，〈名伶幕中之寄生蟲（上）（下）〉，《順天時報》，1926 年 4 月 11、14
日，五版。
〔註92〕陳墨香，《活人大戲》，頁 164。
〔註93〕孫澹厂，〈澹厂戲語〉，《戲劇旬刊》第 23 期，頁 11。

不僅如此，從 4 月 7 日起又連續刊載由署名少韓所寫的〈蘭緣珠淚〉長篇祭文，敘述其與金玉蘭未曾一面的「真摯」情感。〔註94〕從這類文字很難從中去探究戲迷團體與伶人的關係。

就筆者所見，可以考察戲迷團體與伶人關係的，只有支持荀慧生的北京白社。不同於梅與程兩黨，某種程度上延續了私寓的文伶關係，從一開始便有核心骨幹，如梅黨的馮耿光，以及程黨的羅癭公，他們與梅、程二人關係緊密，擁有較為豐沛的文化資本，成為伶黨中心，因此梅、程兩黨從一開始就不是一般散兵游勇式的戲迷團體。雖然同時期或許還有支持梅蘭芳、程硯秋的戲迷團體存在，但對梅、程二人影響相當有限。但白社不同，它是真正從戲迷團體逐步轉型成文士幕僚的伶黨。

根據荀慧生的演藝生活來看，白社可分為前後兩個階段，前一個階段約莫從民國三年（1914）開始〔註95〕，到民國八年（1919）荀慧生隨楊小樓赴上海演出，並駐班演出為止，可稱為北京白社時期；後一個階段，則從民國八年一直到民國三十八年政權更迭為止，則可稱為上海白社時期。徹底從戲迷團體轉型成伶幕的荀黨（白黨），是以上海白社成員為骨幹，諸如沙遊天、舒舍予、楊心詞、鄂呂弓等人，都與荀慧生結下穩定且長期的友誼。為其編劇陳墨香雖是北京人氏，但也是在荀慧生回到北京後透過王瑤卿的引介，才開始協助荀慧生編劇。相形之下，北京白社的成員，除了胡佩衡日後長期教導荀慧生繪事外，幾乎沒有人成為荀慧生身邊的要人，因此大體來看仍屬於戲迷團體性質。不過根據時人與荀慧生的回憶，北京白社也不是單純捧角而已，在荀慧生出師、改學京劇等事件，都有關鍵性的影響，荀慧生晚年是這麼回憶的：

> 白社，是一個以我的藝名命名的觀眾團體，不但有中國大學的大學生，還有著名國畫家胡佩衡、于非闇等許多社會名流。他們在北京西單的皮庫胡同設有白社公寓。平時他們不但到劇場看我的演出，義務為我捧場，在各報刊給我撰寫戲曲評介文章，還在皮庫胡同的白社輔導我讀書識字，閱讀劇本，幫助我分析劇本和人物。當我學

〔註94〕 少韓，〈蘭緣珠淚〉，《順天時報》，1916 年 4 月 7、9、12、14、16、19 日，五版。

〔註95〕「蓋吟籟諸公所以獎勵牡丹者，冀其早顯頭角于舞臺，故六月初間成立白社，至今未及兩旬之久，風聲所播而相繼贊成」見愧儂，〈牡丹感言〉，《順天時報》，1914 年 6 月 24 日，五版。

　　習皮黃，遇到師父阻攔的時候，他們出面找師父談判解決我學習皮
　　黃的問題。當我嗓音變聲時，他們又出面要求師父讓我休養，不要
　　累壞了我的嗓音；當我出師受到師父無理糾纏時，他們又找師父說
　　明我必須按時出師的道理；當我經李際良先生斡旋後法庭判決我出
　　師的時候，他們又在各報刊祝賀我獲得自由。他們的真誠愛護和熱
　　情無私的幫助，對我後來藝術上的成長是至為重要的。〔註96〕

除了作為荀慧生與師談判時的後盾外，更為其謀畫改學京劇，並集資為其聘
請老師，無疑北京白社已經有伶幕化的端倪。但當時荀慧生尚且年幼，又缺
乏如羅癭公、馮耿光這樣的核心骨幹。而缺乏有力主幹的戲迷團體，便容易
因為意見不同而影響團體和諧。從白社成立之初，就有內鬨的傳聞便可窺知
一二。〔註97〕除此之外，正如第二章提及捧角文化具有排他性，這排他性不
只存在於不同伶黨之間，即使是同一伶人的支持者也會彼此排斥，甚至引發
對於伶人的攻擊。民國五年（1916）發生的部分白社成員攻擊白牡丹事件便
是一例。

　　民國五年元月，北京知名戲報《戲劇新聞》開始刊載白牡丹醜史，在當
時評劇界引發相當大的關注，所謂醜史的詳細內容雖不得而知，但從辻聽花
為此發表的〈白牡丹〉長文中，事件始末仍可略知一二。〔註98〕根據辻聽花
的探訪，起因是荀慧生新識雍某，引起了白社部分成員的不滿所致：

　　近據傳聞自牡丹與雍某相識以來，白社諸君心甚不平，怒氣填胸，
　　且偶值牡丹有事不赴招筵一二次，諸君中並有挾憤怨之情者相率
　　聯合忽示反對態度，且與《戲劇新聞》互相聯絡用種種手段攻擊牡
　　丹，且加以罵詈讒謗無所不至。余□□，後經探訪，始知其事非
　　虛，駭然大驚，且頗有所遺，以為白社諸君對於牡丹何其甚熱於前
　　面，而忽冷于後如斯也……今諸君以其人等不屬於白社之故，對於
　　牡丹多方攻擊，繼以罵詈，即欲使牡丹為白社之專利品，而不與他
　　人以賞鑑……〔註99〕

〔註96〕和寶堂整理，《戲苑宗師荀慧生》，頁37～38。
〔註97〕「讀杜教宣言書致杜教定名之意義，及白社內鬨之風潮，不禁喟然而嘆曰：
　　　　『創議易，而成立不易。守成難，而進行尤難。』」見夢醒，〈讀杜教宣言書
　　　　後〉，《順天時報》，1914年12月13日，五版。
〔註98〕聽花，〈白牡丹〉，《順天時報》，1916年1月16、18、19、22日，五版。
〔註99〕聽花，〈白牡丹——敬告白社諸君〉，《順天時報》，1916年1月19日，五版。

辻聽花擺出和事佬的態度，一方面希望白社不應企圖獨佔伶人，而是要盡良朋益友之義務，接納非白社的荀慧生戲迷，並不要以激進手法批評。另一方面則勸誡荀慧生，要謹記白社的提攜之恩，並提醒荀氏：

> ……且由一方面論之，白社諸君多富詞藻並與京中各報館關注接近，若諸君果終與中子相敵視，則筆鋒所及，銳利無前。各報爭載子事，多方攻擊，子之名譽一落萬丈，前途藝業多枯少榮，可不懼哉。〔註100〕

不知聽花有無自覺，這「善意」的勸告，更近似一種婉轉的威脅，點出了伶黨對於伶人既可捧之，亦可毀之的可能性。這些在報刊上為伶人逾揚名聲的伶黨成員，與一些評劇家相同，在伶人身上套上了一付「情義」的枷鎖。

此一事件，穆辰公在帶有自傳性質的小說《北京》也有提及。〔註101〕穆辰公本身也屬白社成員〔註102〕，但在此事件剛爆發時，穆辰公即將此事收錄《國華報》的名伶外史中，還要「探續編牡丹詳細歷史」，對於此事頗有推波助瀾之意。〔註103〕不知是本身就屬於抨擊白牡丹派的白社成員，亦或是單純視此事為賣點，而不顧交情。不過作為曾收集此事件資料之人，其內容或可做為補充參考。小說中穆辰公詳述主角甯伯雍與白牡丹的初會，以及他與白社成員如何替白牡丹捧場，協助其解決出師爭議，並代其延師改習京劇的經過。但在白牡丹逐漸成名後，捧者日多，豪客維二爺（暗喻雍某）的介入，致使白牡丹與其師父對於白社成員日益冷淡，以至於白社分崩離析。〔註104〕穆辰公把小說後期的白牡丹刻劃成見利忘義的形象，延續了他另一部伶人小說《梅蘭芳》情財相爭的主題，最後情在財的面前一敗塗地。只是在這裡的情不再是《品花寶鑑》、《梅蘭芳》所描述的近似愛情的情感，而是戲迷集團捧角之情。正如小說中其他白社成員所說：「我們捧他，打算教他成名優，沒教他當像姑。」〔註105〕小說中也經由伯雍報館同事子玖之口，批判當時劇壇捧角被名士、紈絝兩派把持，而這兩派人物沒有鑑賞力，只能依賴報刊上的劇

〔註100〕聽花，〈白牡丹——勸告白牡丹〉，《順天時報》，1916年1月22日，五版。
〔註101〕陳均，〈京話與伶史——穆儒丐京話小說《北京》前記〉，穆儒丐著、陳均編，《北京》，頁3。
〔註102〕謝塵，〈對于翠花白牡丹之意見〉，《順天時報》，1914年9月23日，五版。
〔註103〕聽花，〈白牡丹〉，《順天時報》，1916年1月16日，五版。
〔註104〕穆儒丐著、陳均編，《北京》，頁177～189。
〔註105〕穆儒丐著、陳均編，《北京》，頁179。

評作基準，於是乎白社將白牡丹聲望捧起後，反而淪為「為淵驅魚，為叢驅爵」。〔註106〕

　　從《北京》的敘述可以讀到穆辰公的強烈偏見，不過一定程度上也表現出一般戲迷團體面對強勢捧角者欲競爭卻又無力的微妙心理，正如子玖所說：

> 再說，這些事情根本上便寓著競爭好勝的性質。結局，有錢的要佔勝利，沒錢的要乾鼓肚子……何況捧娼優的勾當，那存不利於孺子之心的，一定先說別人不懷好意，我們窮書生，尤且招人忌恨。人家總以為一般窮念書的，一文不花，只憑一篇臭文章，要得大便宜，真是癩蝦蟆想吃天鵝肉，這樣的詛咒，我想終不能免的。你保得住維二爺不跟牡丹一家說這樣的話嗎？他拿現洋和時髦衣服一招，你們的文章便半文不值了。〔註107〕

無論是小說還是報導中，部分白社中人因被白牡丹疏遠，而感到不忿。但他們不斷強調自己宣傳揄揚之功，自認對伶人有莫大恩慧，甚至以此要求伶人對其另眼相看，在本質上與他們所批判紈絝、名士捧角家排除異己的行為，並無太大差異。那些現實中以文字要脅伶人的伶黨成員甚至更為惡劣。〔註108〕

　　根據小說，在此事件後白社便解散了，而現實中，聽花在發表〈白牡丹〉後，仍有白社成員夢雲來函澄清社中人多數仍是支持荀慧生。〔註109〕在同年二月所爆發的白牡丹逃走事件。〔註110〕聽花在〈對白牡丹之責任〉中認為此事龐氏父子、白社、荀慧生皆有責任，但指出：「而余最所惜者白社諸君前對

〔註106〕穆儒丐著、陳均編，《北京》，頁179～180。

〔註107〕穆儒丐著、陳均編，《北京》，頁180～181。

〔註108〕筆者翻閱荀慧生日記，見到穆辰公在民國二十一年（1932）三月約荀慧生飯局的紀錄：「前數日，接穆辰公、林賢生、卓博公請帖，約今日下午六時在觀音寺福興居晚飯，三君均是余十餘年前老友。七時赴飯局……穆、林、卓三君主辦《北平新報》，託余登戲界廣告，代伊宣傳。」想到《北京》穆辰公中對荀慧生的醜化，不知當時穆辰公心中作何感想。荀慧生，《小留香館日記》，1932年3月15日，頁224。

〔註109〕聽花，〈聽花啟事〉，《順天時報》，1916年1月22日，五版。

〔註110〕據和寶堂整理的《戲苑宗師荀慧生》與李伶伶《荀慧生全傳》的敘述來看，逃跑事件應發生於荀慧生理應滿師那一年，即民國四年（1915）。見和寶堂整理，《戲苑宗師荀慧生》，頁35～37；李伶伶，《荀慧生全傳》，頁136～143。但從新聞報導可知實發生於民國五年（1916），不過出師爭議的確在民國四年即爆發，當時白社便開始介入斡旋。見聽花，〈白牡丹之苦衷（上）（下）〉，《順天時報》，1915年3月7、9日，五版。聽花，〈牡丹糾轕之冰釋〉，《順天時報》，1915年3月11日，七版。

於牡丹問題不置可否，其態度過於慎重，其用意太失時機，致使牡丹出於三
十六計之第一著，亦不得已也。」〔註111〕由於剛發生白社攻擊事件，再加上
對比於去年剛爆發出師爭議時：「白社諸人介於二氏之間，不惜盡力仲裁周
旋一切。」〔註112〕在聽花眼中，此時白社態度似乎顯得過於消極。但在六天
後，白牡丹出師問題獲得初步的解決，根據聽花〈牡丹問題之解決〉的報
導，雖然出面調解的主要是三樂科班班主李際良，但白社仍擔負起部分費
用。〔註113〕從此可知白社並不如穆辰公小說所說，在雍某事件後便消失於無
形。但此事件後，《順天時報》上與荀慧生相關的報導裡，就幾乎不再見到白
社的身影。民國七年十一月到八年一月，荀慧生因與父母失和，憤而離家近
兩個月。此事件無論是在《順天時報》的追蹤報導還是日後荀慧生傳記中，
都沒提到任何白社消息。最後是在荀慧生妻兄吳彩霞的斡旋下，才談好條件
簽下合同，以兩方分居作結。〔註114〕或許是因為這是家務事，外人不好插
手，但更可能的是北京白社成員此時已經四散東西。

　　如前所述，戲迷團體時常因為主事者的離開而驟起驟落，而白社成員多
是在京就讀的學生或者謀事的年輕人，因此容易隨著學業、工作離開北京。民
國六年，譚鑫培亡故後，聽花刊載了前白社有力份子張夢詞從奉天的來函，討
論譚派後繼者，並詢問荀慧生近來消息，從內文便可知他離京已久。〔註115〕
再加上民國八年（1919）荀慧生前往上海，並駐班長達五年，在這段空窗期
中，北京白社隨之煙消雲散，也在情理之中。

〔註111〕聽花，〈對白牡丹之責任〉，《順天時報》，1916 年 2 月 23 日，五版。
〔註112〕聽花，〈牡丹糾轕之冰釋〉，《順天時報》，1915 年 3 月 11 日，七版。
〔註113〕合同大要為「一、白牡丹得自立用功、二、白牡丹師幫仍由白社維持、三、
　　　　白牡丹仍在正樂社演劇、四、白牡丹戲分若干仍歸龐師，但分與戲分以本年
　　　　陰曆九月初十日為限（九月初十即為師弟所定和同期滿日期）。」聽花，〈牡
　　　　丹問題之解決〉，《順天時報》，1916 年 2 月 29 日，五版。和寶堂《戲苑宗
　　　　師荀慧生》與李伶伶《荀慧生全傳》說法，在調解後荀慧生出科時間被延後
　　　　了兩年，直到民國六年（1917）才真正出師，戲份分成也一直維持到出師為
　　　　止。而在聽花觀念後則是調解後就算出師了，只是需要分成到民國六年陰曆
　　　　九月，這應是外行對行規的誤解。但也有記憶誤差的因素，如荀慧生傳記逃
　　　　走事件的時間，便與報刊報導時間不合。
〔註114〕聽花，〈白牡丹父子合同感言〉，《順天時報》，1919 年 1 月 21 日，五版。
〔註115〕聽花，〈張夢詞之消息〉，《順天時報》，1917 年 6 月 28 日，五版。張夢詞的
　　　　確是白社發起人之一。荀慧生夫人張偉君在所寫的〈荀慧生傳略〉中，便提
　　　　及白社是由米佩弦、秋吟籟、劉弦（疑為發）伯、張夢詞四位中國大學學生
　　　　發起。張偉君，〈荀慧生傳略〉，《京劇談往錄》，頁 304。

　　而嚴獨鶴、袁寒雲、周瘦鵑、吳昌碩、沙遊天、舒舍予、楊懷白等所成立的上海白社,他們雖然沒有如梅黨、程黨成員擁有豐沛的經濟、文化資源,但他們掌握的文化資本也遠非北京白社的學生所能比。其中尤以沙遊天、舒舍予、楊懷白最為活躍,原本任職上海交通銀行的沙遊天、楊懷白,更為了荀慧生將職務調往天津。〔註116〕相對穩定的關係以及金錢、文化資本,才是支持伶黨的轉型的關鍵,這也是為何後來荀慧生身旁的伶幕是以上海白社為核心的骨幹的主要原因。

二、文士幕僚中的文伶關係

(一)伶黨文士的競合關係

　　成為伶人幕僚的伶黨,為伶人提供各種有形無形的資源。但既然是黨,仍免不了有黨爭。由於這些文士與伶人關係密切,彼此之間也大多熟識,有些還遊走不同伶人之間,因此在這些伶人、文士之間形成非常複雜的人際網絡,所以文士幕僚黨爭並不是如戲迷團體那樣肆無忌憚在公開在輿論平臺上發表非黑即白、針鋒相對的文字之爭,而是在私底下展開著各種競爭、合作的關係。

　　不同伶幕之間當然存在著合作交流關係,根據其齊如山的說法他便曾鼓勵羅癭公、陳墨香為程硯秋、荀慧生編劇;齊、羅之間更曾相互協助編劇排戲。〔註117〕不過應該是發生在民國十二年前後(1923)〔註118〕,當時只有梅黨已轉型為伶幕,程黨、荀黨都還處於轉換階段,壁壘尚不分明,加上羅癭公本身也曾是梅黨要人,當時程硯秋挑班不久,聲勢未起,又是梅蘭芳弟子。因此合作也算順理成章。但隨著各伶人的「伶幕」的成熟,各黨向心力也逐漸凝聚,彼此的鴻溝也就日益加深。民國十九年(1930)程硯秋邀請陳墨香編劇時,就必需「親詣小留香館相借」。〔註119〕而民國三十六年(1947)梅蘭芳邀請翁偶虹為其編戲時,實際為專業獨立編劇的翁偶虹,仍因客觀被歸為

〔註116〕丁慕琴,〈捧角趣史〉,《半月戲劇》,收錄於《中國早期戲劇畫刊》,冊35,頁420。
〔註117〕齊如山,《編劇回憶》,收錄《齊如山全集》,冊5,總頁2759。
〔註118〕據齊如山記載,他們彼此協助合作的作品是《西施》、《紅拂記》,這兩齣都首演於民國十二年(1923)。而陳墨香則是在民國十四年(1925)開始協助荀慧生編戲。
〔註119〕陳墨香書寫,中中發表,〈關於荀劇的幾封信〉,《戲劇月刊》第3卷第8期,收錄於《中國早期戲劇畫刊》,冊11,頁587。

程黨而有所顧忌，認為必須獲得程硯秋的諒解方可應允。〔註120〕這並非單純只是禮數問題。從荀慧生日記中來看，民國十九年（1930）程硯秋屢次來看荀的新戲演出，並請陳墨香為其說戲時，以便赴滬演出，荀慧生便有所疑惑。〔註121〕不久後才有程硯秋「親詣小留香館相借」之事。〔註122〕對於陳墨香而言兩大名旦皆找其編劇，顯然是相當有光彩之事。

　　荀慧生的防備並非無理之事，擔任名伶專屬編劇者就等於掌握了名伶的私房秘本，尤其如陳墨香這種資深且行票友，不僅對劇本瞭若指掌，對表演要訣能說出一二。從新艷秋為了得到程硯秋的私房本戲，不惜攙掇出民國十八年（1929）鳴和社倒戈事件，便可見當時名伶對自己專有劇目的重視。誠然以程、荀聲望不至於剽竊，但程硯秋、金仲蓀又邀陳墨香進戲曲音樂學院任職。陳墨香自然無法再如之前全心全意輔佐荀慧生，從後來的日記中便可發現荀慧生對於陳墨香遊走荀、程之間逐漸有所不滿：

> 早十鐘起，接輔仁大學宿舍二百四十八號張益謙函，伊云有丁修士編制一劇，名《鴛鴦劍》，取材與《紅樓夢》尤三姊自刎之事，伊欲將此劇本送余，即復函向伊索之。此函系敬老代筆，其大意乃云程艷秋早有此劇本，因同業相關，暫時不能演唱。如艷秋不演唱，再排為是。復函後，敬老向閑談，伊云程艷秋早有此劇本，我們為同業義氣，最好不唱。伊又云，明日往艷秋家詢問，如果艷秋不唱你再唱，余只好諾之。予於此竟想起敬老對予常云，程艷秋自去年請伊幫忙編劇，並常云伊予程感特別融洽。竊憶予與伊相處已十餘年矣，自問對伊尚好，何以近來伊老表示不滿？或者是予之待人有不妥處耶？否則一年交情反厚，十餘年交情倒薄嗎？〔註123〕

荀慧生對於要不要排此戲，還得詢問程硯秋，頗有意見，再加上陳墨香不時拿程硯秋說嘴，在荀看來不免感覺陳的心思已經偏向程硯秋，又懷疑陳墨香不想自己演出別人劇本。因此稍晚又托另一友人回函，四天後張益謙便將《鴛鴦劍》送來。恰好陳墨香《活人大戲》也有關於此事記述，按陳墨香說法則是程硯秋已經托其刪改相同題材的劇作，因此幫得了荀，幫不了程。荀主

〔註120〕翁偶虹，《翁偶虹編劇生涯》，頁238～239。
〔註121〕荀慧生，《小留香館日記》，1930年9月6日，頁133。
〔註122〕荀慧生，《小留香館日記》，1930年9月17日，頁135。
〔註123〕荀慧生，《小留香館日記》，1932年11月3日，頁189～190。

動說他可以不演，但他覺得此戲程艷秋不對路，要去「用話砸上一砸」確定程的態度，更引導程硯秋放棄此劇，並把自己的本子送給了荀慧生，後來的《紅樓二尤》便是在這兩個本子上基礎上刪繁補漏而成。〔註 124〕或許從陳墨香角度來說本是好意，但此事的確在荀慧生心中留下陰影，同年 12 月 11 日荀慧生便向陳墨香發難，責其不辨親疏。〔註 125〕從幾天後的日記來看：「敬老來，加工作劇，乃余一激之力也。」〔註 126〕「敬老來，候至下午三時，余方起，伊無所事事，竟將《紅樓二尤》初稿告成。」〔註 127〕看來應該與《紅樓二尤》編製有關。從日記內容來看，那段時間裡陳墨香的確也比較謹小慎微，荀的文字中更隱然有得意之感。〔註 128〕雖然兩人合作關係仍持續了數年，但兩人嫌隙已生，從日記中可知自此事後兩人關係持續惡化。在隔年 4 月 16 日《紅樓二尤》首演結束隔天，便因荀慧生之子對陳墨香失禮，陳墨香以絕交威脅荀慧生責打其子，鬧得不可開交。在日記中可見荀慧生對此非常不以為然。〔註 129〕若從日記中所呈現的脈絡，不無陳墨香藉題發揮的可能性。同年章遏雲邀請陳墨香為其編劇，陳墨香特意告知荀慧生此事，但荀慧生的態度已是：

> 敬餘來，云今日章遏雲云：約伊再玉華臺晚飯，為請伊幫忙新劇，系富祿、仲仁、桐珊介紹；又云金、馬、趙言請伊嚴守秘密，不要告慧。余與其等相交十餘年，這種鬼祟行動實在可笑。敬餘惟恐日久走漏消息，不如預先告知，表示親近之意，其實多奸多詐。〔註 130〕

雖然兩人的決裂有許多主客觀因素，但溯其根由，早在陳墨香自詡打破之門戶遊走兩幕之時，就埋下日後兩人衝突的種子。

　　整體來看紅氍毹上的競爭，更會延伸到戲臺下的人際關係，競爭越激

〔註 124〕根據陳墨香說法，後面尤二姐吞金情節是荀慧生所增。陳墨香，《活人大戲》，頁 440。

〔註 125〕「早十鐘起，敬老來。伊近來多不合余意，余因面詰，其不辨親疏，伊認錯無詞。」荀慧生，《小留香館日記》，1931 年 12 月 11 日，頁 198。

〔註 126〕荀慧生，《小留香館日記》，1931 年 12 月 15 日，頁 199。

〔註 127〕荀慧生，《小留香館日記》，1931 年 12 月 24 日，頁 200。

〔註 128〕「余聞敬老來，即起，則已去。余恍然大悟，今日是程艷秋會期，伊所以不久留。……六時，敬老又來。據云，早間恐擾余眠，故行。余笑而頷首。」荀慧生，《小留香館日記》，1931 年 12 月 14 日，頁 199。

〔註 129〕荀慧生，《小留香館日記》，1932 年 4 月 17 日，頁 231～232。

〔註 130〕荀慧生，《小留香館日記》，1932 年 5 月 8 日，頁 236～237。

烈，伶幕的界限越來越分明。因此梅黨要人李釋戡前來為荀慧生慶三十歲生辰，才會有「荀幕中皆驚」的反應。〔註131〕而翁偶虹在民國二十八年（1939）為中華戲校編排《鴛鴦淚》大受歡迎，驚動齊如山前來看戲。翁偶虹是這麼回憶道：

> 齊如山先生是梅蘭芳綴玉軒中唯一的編劇家。金仲蓀則是繼羅癭公
> 之後，為程硯秋雅歌投壺彈棋說劍之軒中的唯一編劇家。梅與程有
> 師友之誼，金與齊亦有文字之雅，但是，為了事業的競爭，無形中
> 分為了「梅派」、「程派」，鴻溝頗深，各不相讓。這時，梅蘭芳已離
> 平南下，齊如山無所事事，他看到仲蓀先生掌握著戲曲學校，大有
> 用武之地；因而他也接受富連成社之請，為富社出謀劃策，運籌帷
> 幄，決勝舞臺。齊如山先生從來不看戲校的戲，金仲蓀先生也從來
> 不看富連成的戲，壁壘日益分明，冰炭之勢已成。〔註132〕

雖然兩人已經淡出第一線，但競爭關係仍從梅、程之爭延續到富連成與戲校的對峙，對金仲蓀而言，齊如山前來看戲，頗有占得上風之感。〔註133〕金、齊較勁還維持著君子之爭的風範，但劇壇曾流傳「梅黨人壽、程黨人驕、尚黨人乏、荀黨人壞」的諺語。〔註134〕可以窺知這些伶幕暗地相爭仍是相當激烈，陳墨香對此有深入的觀察：

> ……弟默察梅尚程荀好尚不同，而能公義相取，其幕友則喜為傾軋
> 之語，各忠所事，故無足怪，所不可解者，則幕中人自相排擠，甲之
> 腳本不許乙過目，甲斥乙無用，乙詆甲少才，怪狀百出，實足笑破天
> 下人之口。若我曹之和衷共濟，互相維持可云難之又難。〔註135〕

可見不僅異黨間競爭慘烈，同黨的傾軋也不惶多讓。這從齊如山著作談論為梅蘭芳編劇時從不談李釋戡、黃秋岳等人，《回憶錄》中直言都是自己所編，

〔註131〕陳墨香書寫，中中發表，〈關於荀劇的幾封信〉，《戲劇月刊》第3卷第8期，
　　　　收錄於《中國早期戲劇畫刊》，冊11，頁579。

〔註132〕翁偶虹：《翁偶虹編劇生涯》，頁47。

〔註133〕翁偶虹，《翁偶虹編劇生涯》，頁47～48。

〔註134〕由於陳墨香引述此諺語時，強調自己遊走兩黨之間，可以破除門戶之見，認
　　　　為改革風氣時始於荀黨，可知這裡的黨是指文士幕僚，而非一般戲迷集團。
　　　　陳墨香書，中中發表，〈關於荀劇的幾封信〉，《戲劇月刊》第3卷第8期，
　　　　收錄於《中國早期戲劇畫刊》，冊11，頁587。

〔註135〕陳墨香書、中中發表，〈關於荀劇的幾封信〉，《戲劇月刊》第3卷第8期，
　　　　收錄於《中國早期戲劇畫刊》，冊11，頁580。

並無他人插手；以及敘述梅蘭芳決意南遷上海與齊如山告別時，齊氏直指梅黨其餘諸人無益於梅蘭芳的藝術等狀況〔註136〕，都可嗅出這種味道。

尤其近來隨著伶人相關史料的出版，對於伶幕中人的關係有了更多可參考的資料。如荀慧生在其日記中便有齊如山前來拜訪在其面前痛罵李釋戡的記錄。〔註137〕而那時恰正是李釋戡與荀慧生來往最密切的一段時間，是上述李釋戡前去參與荀慧生三十生辰「荀幕中皆驚」後之事，其間因由頗令人玩味。

以實力最為雄厚的梅黨為例，傅謹便曾指出《齊如山回憶錄》中許多不可盡信之處，重新梳理了齊如山與梅蘭芳的關係，認為齊如山對梅蘭芳表演藝術以及訪美行貢獻，並不如他所說的那麼關鍵，必需要重新評估。〔註138〕的確如傅謹所說，在齊如山的文字中，的確可以看到他逐步淡化其他梅黨要人存在感。如訪美歸來後所寫的《梅蘭芳遊美記》雖突出自己訪美籌備規劃的功勞，但仍敘述了馮耿光等銀行界中的梅黨成員，在上海臨時張羅募集了十萬餘元的功績。〔註139〕但到了晚年《齊如山回憶錄》中就幾乎不提馮耿光等人一字，強調都是自己主導籌備，甚至曖昧不明的指出，在成行前有許多在上海的梅黨中人因吃醋而反對，自己為了平息紛爭而交出主導權。〔註140〕根據近年出版的《梅蘭芳往來書信集》所收信件來看，齊如山書中所謂因為齊如山太出風頭而吃醋的人很有可能就是被稱為梅黨首領，掌握梅蘭芳財政大權的馮耿光。

《梅蘭芳往來書信集》收錄了馮耿光寄給梅蘭芳的十三封信件，其中信十、十一、十二內容都是為了梅蘭芳赴美的事宜籌備而寫。書中還收錄一封齊如山致馮耿光、趙叔雍、吳震修三人的長信。這些書信大多沒有署年月，又沒有完整的往返信件，因此無法得知整個事情的詳細樣貌。不過大致可以推測是寫於民國十八年（1929）梅蘭芳訪美前一年。當時梅蘭芳與馮耿光分居北京上海兩地，梅氏為此不斷魚雁往返，頻頻問馮氏意見，甚至要他拿主

〔註136〕齊如山，《齊如山回憶錄》，收錄於《齊如山全集》，冊10，頁6196～6197。

〔註137〕「一鐘起，齊如山來，大罵李釋戡；孟一來又罵之，殊覺可笑。」荀慧生，《小留香館日記》，1929年2月16日，頁29。

〔註138〕傅謹，〈齊如山和梅蘭芳之關係二三題〉，收錄於傅謹主編，《梅蘭芳與京劇的傳播：第五屆京劇學國際學術研討會論文集》，頁33～44。

〔註139〕齊如山口述，齊香筆，《梅蘭芳遊美記》，收錄於《齊如山全集》，冊2，頁1024。

〔註140〕齊如山，《齊如山回憶錄》，收錄於《齊如山全集》，冊10，頁6157～6158。

意〔註141〕，除了證明兩人深厚的友誼外，也可看出因赴美一事在梅黨中引發一場茶壺裡的風暴。

從這些書信來看，當時身在上海的馮耿光並沒有直接參與訪美之行的規劃，但在與時任駐美公使的施肇基晤面後〔註142〕，得知籌備狀況，才開始關切此事。〔註143〕在接下來的往來書信中，馮氏感覺到此次赴美籌畫顯然有許多問題，諸如燕京大學校長司徒雷登（John Leighton Stuar t1876～1962）所能提供的協助不確定因素太多〔註144〕、美方接頭單位安排不佳〔註145〕、經費來源不確定〔註146〕、低估赴美所需預算〔註147〕，甚至連行程規劃都有多頭馬車的現象。〔註148〕如此貿然前去不僅大損梅蘭芳的體面，也有害國體。稍有不甚，更會讓梅蘭芳面臨破產甚至身敗名裂的危機。〔註149〕而梅蘭芳在國內無人能與之抗衡，沒必要在尚未準備周全之前冒險赴美。主張延後行程，甚至暫緩此事，等到有萬全準備再出發。〔註150〕

從這些書信來看，當時梅黨主導籌畫訪美行的確是齊如山，馮耿光信中也說道：「到時候終歸是你同他的事，他人都在遠地，不能幫你忙的。」〔註151〕對於馮耿光的保守態度，齊如山信中強調梅蘭芳出國的必要性，認為唯有赴美才能拉開與其他名伶的距離，希望「則他人方不能比肩，弟方心滿意足。」〔註152〕更希望按原先計劃於民國十八年年底出發，絕不能拖延到隔年秋天，否則人心渙散，要再赴美便難矣。強調自己不為名，不為利，至於馮

〔註141〕王文章、秦華生編，《梅蘭芳往來書信集》，頁155。
〔註142〕施肇基（1877～1958），清末民初之外交家，清末時曾隨端方五大臣出洋考察憲政。民國後歷任北洋政府駐英、駐美全權公使、外交總長、駐美大使、外交部長等職。徐有春，《民國人物大辭典》，頁615。
〔註143〕王文章、秦華生編，《梅蘭芳往來書信集》，頁134～136。
〔註144〕王文章、秦華生編，《梅蘭芳往來書信集》，頁137。司徒雷登（John Leighton Stuart 1876～1962）出生於中國杭州之美國人，雙親皆為傳教士。美國傳教士，燕京大學創始人之一，為燕京大學首任校長，1946年曾擔任美國駐華大使。
〔註145〕王文章、秦華生編，《梅蘭芳往來書信集》，頁142～143。
〔註146〕王文章、秦華生編，《梅蘭芳往來書信集》，頁143～144。
〔註147〕王文章、秦華生編，《梅蘭芳往來書信集》，頁153～154。
〔註148〕王文章、秦華生編，《梅蘭芳往來書信集》，頁155。
〔註149〕王文章、秦華生編，《梅蘭芳往來書信集》，頁145、155。
〔註150〕王文章、秦華生編，《梅蘭芳往來書信集》，頁153、317。
〔註151〕王文章、秦華生編，《梅蘭芳往來書信集》，頁143。
〔註152〕王文章、秦華生編，《梅蘭芳往來書信集》，頁317～318。

耿光最擔心的款項以及失敗破產事宜，認為馮氏過於多慮，重申自己不會讓梅蘭芳擔負起責任，如有必要由他簽字負責，並羅列了萬一赴美失敗，他所安排的後路，絕不會讓梅蘭芳破產。值得注意的是，在這封信中齊如山反覆強調司徒雷登的重要性，將他比作梅氏訪日演出時出大力的龍居瀨三，也為他某些或許不那麼恰當的行為辯護。〔註153〕

　　事實上，馮耿光開始不那麼贊成訪美，就是源於施肇基對於訪美規劃的不安，希望馮耿光勸梅氏小心行事。從馮、齊兩人的信件中，可知馮耿光對司徒雷登是有些疑慮的。在馮耿光眼中，司徒雷登似乎認為他只要做到介紹牽線之責即可。而司徒所介紹的在美負責人哈布欽斯（Hapkins）所提出的演出規劃，他也覺得極為不妥。〔註154〕而且從馮、齊二信推測，很可能由於款項不足，司徒雷登有意讓梅蘭芳簽名作保，好挪用燕大資金。〔註155〕這觸及到了梅蘭芳與馮耿光的敏感神經，馮耿光最後一封寫給梅蘭芳的信中特別強調：「我向來主張你不能負金錢責任，是齊先生早已聽見，而且非常贊同……如果墊款的人叫你來負責任，我想他絕不肯答應的，如果防有此事不放心，准可請齊、黃兩位同你去見石作，先行說明白，自然可放心了。」〔註156〕雖然在這信中稱讚齊如山一向很幫梅蘭芳的忙，並在此事上尤為熱心，要梅蘭芳多跟齊氏溝通說明，認為齊氏「必可以依從你的意見，斷不會任你由他人擺佈。」〔註157〕但在信末又提醒梅氏：

> 我想最好由你將我的意思同齊先生商量，如果你怕說不清楚，不妨
> 拿著這封信同齊先生說。我本來想直接寫信同齊先生說的，不過我怕
> 齊先生不耐煩，擱在旁邊冷笑，一字不復，我又何必呢？〔註158〕

可見此時兩人嫌隙已生，這封信除了是寫給梅蘭芳之外，更是寫給齊如山看

〔註153〕「又薇兄態度之不對。又薇兄信中有云，今司徒既有此兩缺點，則吾不去亦沒什麼對不起他云云。玩此語味，似又薇兄老在那裡尋找司徒錯處似的。仿佛司徒倘有錯處，吾便可不去。若如此無誠意，則當初又何必進行乎？此非梅黨首領所應持之態度也。司徒固不敢必其無錯，然彼系一文人，乃具極熱之心腸，而幫助婉者非園主之謀利者可比。倘彼有不到處，吾應匡正之，補助之，助彼即所以助婉也，若曰尋其短，好藉為不去之理由，則太不對矣。」王文章、秦華生編，《梅蘭芳往來書信集》，頁319～320。
〔註154〕王文章、秦華生編，《梅蘭芳往來書信集》，頁142～143。
〔註155〕王文章、秦華生編，《梅蘭芳往來書信集》，頁145、320。
〔註156〕王文章、秦華生編，《梅蘭芳往來書信集》，頁152。
〔註157〕王文章、秦華生編，《梅蘭芳往來書信集》，頁155。
〔註158〕王文章、秦華生編，《梅蘭芳往來書信集》，頁156。

的。那麼同信中關於梅蘭芳不能負金錢責任的話甚至有點警告意味了。

　　值得注意的是訪美期間給予梅蘭芳大力協助的張彭春〔註159〕，可能並非如許姬傳所紀載，在赴美講學時看完梅蘭芳華盛頓演出，提供意見後，梅氏才邀請他協助在美時期的工作。〔註160〕從齊如山的信件來看，的確呼應了傅謹的懷疑，張彭春與梅蘭芳同時期赴美或許並非巧合。〔註161〕早在赴美前就有安排張彭春同去的想法，在齊如山信中是這麼記述的：

> 司徒與張仲述之比較。又微兄示云，此次得罪仲述，恐其為害。此固不無卓見，但此不足為憂也。南開本無在美募款之資格，當張伯苓赴美之先求助於司徒，司徒與之寫了幾封介紹信，並未提及捐款事，且皆係個人名義，蓋不欲犧牲燕京也。現伯苓在美失敗，故仲述傍晼赴之意頗為極進（震修兄盡知，施公使亦知之），於晤司徒時侈言彼在美識人之多且舉數人，司徒聞之，頗知其人，且不甚相干，又不足助（亦不足為言）晼。當即問仲述云：令兄募款事如何？仲述云：「有幾處失敗，有幾處有點效力。」於是司徒疑其藉晼為彼募款，又恐其蓋過晼，專講自己學說，使晼成其試驗品，則尤不合矣。此司徒反對仲述之情形也。且得罪仲述固可怕，若得罪司徒，則以後尚能赴美乎？
>
> 司徒非妒，司徒只欲助晼，則不欲再有第二人蓋過晼，此為西洋人之通例。司徒對仲述、對梁乾社，故皆反對，連弟亦反對，亦恐弟蓋過晼之面子。彼背地曾對涇波談，捧起齊先生亦不要緊，及彼為晼之師，亦無妨。蓋無何等名人，皆有先生，且其師亦未必勝於徒弟也。彼所以如此云者，蓋因弟不會英文，無論如何不能蓋晼之面子也，然其心理可知矣。故若梁不佔晼之面子，則彼絕不反對。故其極讚成徐九爺同去，因其只能助晼酬應，而不能佔晼之面子也。
>
> 然司徒亦非自己出風頭者，故特四大學校介紹之，而不欲一人擔

〔註159〕張彭春（1892～1857），字仲述，中華民國教育家、外交官。為南開大學校長張伯苓胞弟，曾任南開大學教授。1930 年梅蘭芳赴美期間協助梅蘭芳並擔任發言人。1940 年起擔任外交官，曾擔任駐土耳其公使、駐智利公使。徐友春，《民國人物大辭典》，頁 951。

〔註160〕許姬傳，〈梅蘭芳訪美散記〉，《許姬傳藝壇漫錄》，頁 153～154。

〔註161〕傅謹，〈齊如山和梅蘭芳之關係二三題〉，收錄傅謹主編，《梅蘭芳與京劇的傳播：第五屆京劇學國際學術研討會論文集》，頁 37～38。

任，此便是不欲出風頭知明證也。〔註162〕

齊如山抬出司徒雷登名義，質疑張彭春在美國的人脈，懷疑張彭春想假借此行為其兄募款，更強調司徒雷登不是出於忌妒之心，而是不欲他人「蓋過畹之面子。」儼然有「有司徒雷登，就沒有張彭春」之意。這真的是司徒雷登的意思，還是齊如山的想法，不得而知。在信末齊如山也負氣似地寫下：「又微兄則生平不能聽完人說完一套話者，更又以行事之忙，更不能看完此信矣。」〔註163〕不禁令人懷疑因為齊如山的態度，所以張彭春才以這種曲折的方式加入訪美演出團中。

雖然齊如山在其著作中突出自己的貢獻，未免有誇大其詞的部分。但從這些書信來看，此次訪美也的確是在齊如山的極力推動甚至是不擇手段下，才能得以成行。〔註164〕事實上馮耿光並不反對梅蘭芳赴美，但對他而言，於公，梅蘭芳訪美成敗不僅關係自身名譽，也關係國家榮譽。於私，馮梅相識遠在梅氏成名前，對馮來說梅蘭芳先是其朋友，而後才是伶界大王。尤其此時梅蘭芳已三十六歲，從當時狀況來看已經是旦角舞臺巔峰末期，一但失敗，無論是名譽還是財產，梅氏都將難有翻身機會。因此他才希望梅氏一行人是在準備周全，不出一絲一毫差錯的前題出發。但在他眼中梅、齊、司徒等人的籌備疏漏百出，這絕對是他主張延後行程，甚至取消此行的主因。

而對齊如山來說，他參與了梅氏發展時期多數的新編本戲的編演。梅蘭芳能一步步成為伶界大王、四大名旦之首，絕對有他一份貢獻，他也因此建立了在戲劇圈、文化圈的聲望，齊、梅二人可以說是彼此互相成就。從他的角度來看，美國行將可以拉開梅蘭芳與其他名伶名望上的距離，更希望藉由這次機會籌辦一所以梅蘭芳為名的戲劇大學。〔註165〕而自己籌備多年，也作

〔註162〕王文章、秦華生編，《梅蘭芳往來書信集》，頁316～317。
〔註163〕王文章、秦華生編，《梅蘭芳往來書信集》，頁321。
〔註164〕在《梅蘭芳遊美記》中提到出發前兩天接到電報得知美國發生經濟大恐慌，美方人員希望能多酬幾萬元再出發一事，書中輕描淡寫地說到由馮耿光等人張羅籌得經費。但根據許姬傳的紀錄齊如山壓下電報足足一星期，才在開完歡送會、在報上公告出發日期後的前兩天告知眾人。當時馮幼偉質問為何現在才拿出，齊如山答以怕渙散軍心。馮氏希望梅蘭芳自己決定，最後梅蘭芳撕掉電報決定出發。見齊如山口述、齊香筆，《梅蘭芳遊美記》，收錄於《齊如山全集》，冊2，頁1024。許姬傳，〈梅蘭芳訪美散記〉，《許姬傳藝壇漫錄》，頁148～149。
〔註165〕王文章、秦華生編，《梅蘭芳往來書信集》，頁318。

了許多整理、宣傳、聯絡的工作，好不容易有了眉目，卻要因為款項、籌備的疏漏就要放棄，豈不是為山九仞，功虧一簣，從信中完全可以感覺齊氏深怕機會不再的情緒。這也是為什麼他在信中強調：「弟因以上種種原因，以為畹非去美一次不可，故不管一切艱難，不管一切犧牲，每日以八個鐘頭之工作，助其成功，想兄等所亦極表同情者。」〔註166〕對於馮耿光梅氏破產之顧慮，在信中也指出近來梅蘭芳經濟負擔益重，但未來演出只會更少，暗示著梅蘭芳演藝生涯即將走入晚期。即便有馮耿光為之經營，也難以久持，強調「助彼出國，正為其不破產。」〔註167〕事實上梅蘭芳此行的經濟風險，大概從來沒在齊氏考量之內，信中所謂的退路可說完全為書生之見。〔註168〕從各項紀載來看，齊如山就是認定有馮耿光這位銀行界鉅子可以依靠，才敢用如此激進的手段推動梅蘭芳赴美。〔註169〕因此他晚年回憶錄暗指馮是因吃醋而阻撓訪美行程，也是事出有因。

不管如何，梅蘭芳終究在重重阻難下毅然赴美，大獲好評，獲得名譽博士學位，穩固自己在戲曲界、文化界難以撼動的地位，齊如山看似佔了首功。但從梅蘭芳實際訪美行程來看，可以發現完全脫離了最初司徒雷登所介紹的哈布欽斯的規劃。根據齊如山的說法，哈布欽斯為了溝通中美文化，不計較金錢，一口允諾梅蘭芳在其劇場演出。〔註170〕但是到了紐約後，因為僑胞建議不必假手他人，才改由專業表演藝術演出經理人喀普克司（F. C. Cappicus）負責總理一切。〔註171〕但根據馮耿光民國十八年八月的信件，哈

〔註166〕王文章、秦華生編，《梅蘭芳往來書信集》，頁320。

〔註167〕王文章、秦華生編，《梅蘭芳往來書信集》，頁319。

〔註168〕萬一演出失敗，齊如山所做的安排是將自己這幾年為出國所準備的圖畫、文字或捐贈或販賣，根據他的估計可獲得兩萬元左右。並將梅蘭芳行頭或捐或賣，至少亦可得五六萬元。又說場面答應如果梅蘭芳賠錢，將不索取薪資。認為就算失敗，七、八萬元也夠賠損，自己再為梅蘭芳編幾齣新戲到上海演出，賠累即可抵銷，因此梅蘭芳不會有破產危機。王文章、秦華生編，《梅蘭芳往來書信集》，頁320～321。

〔註169〕馮耿光向梅蘭芳解釋自己的經濟狀況時，便提及齊如山不了解他，以為他不肯出錢幫忙。《梅蘭芳往來書信集》，頁144。許姬傳也紀載姚玉芙的說法：「齊如山的心理是，如果在美國賠了錢，馮六爺一定會籌款把我們接回來。」許姬傳，〈梅蘭芳遊美訪蘇的一段佳話〉，《許姬傳藝壇漫錄》，頁165。

〔註170〕齊如山口述、齊香筆，《梅蘭芳遊美記》，收錄於《齊如山全集》，冊2，頁1029。

〔註171〕齊如山口述、齊香筆，《梅蘭芳遊美記》，收錄於《齊如山全集》，冊2，頁1070～1071。

布欽斯開出的條件對梅劇團其實並不友善。在哈布欽斯的規劃中，梅劇團赴美三星期後才登臺，先試唱兩星期，每星期只有兩天日場，其他時間仍演劇院原先的戲碼。若演出受歡迎，才將劇場交給梅劇團演出或者另覓大劇場。這不僅拖長在美時間，演出機會更十分有限。馮耿光便認為這種安排完全不符合美國上層階級的生活作息，而且哈布欽斯劇場不大，就他估計即便滿座，所得也僅夠全團在美的一日旅費。〔註172〕在齊如山寫給馮耿光的回信中，仍規劃中先在哈布欽斯劇場演出，若受歡迎，在移到大劇場，進一步往各大城演出。如不能獲利，則透過交涉，往大學、工廠演出，由大學、工廠以程儀為名助款〔註173〕，雖然較為完善，但仍不脫司徒雷登走一步算一步的做法。〔註174〕

　　最後美國方面正式邀請梅蘭芳赴美者並不是哈布欽斯，而是改由胡適、張伯苓、梅貽琦、杜威等人發起的華美協進社出面，由社長孟治博士親赴北平邀請。根據孟治回憶，是張彭春向梅蘭芳、齊如山建議由華美協進社主辦。〔註175〕因此絕對不可能如齊如山所說，到了美國才臨時變動計畫。從馮耿光回復梅蘭芳的信件來看，民國十八年十一月初，當時還是依照哈布欽斯的規劃，但在短短三個月內，赴美行程卻發生了天翻地覆的大變化。從下一站還不知道在哪裡的冒險出訪，成為足跡遍布紐約、華盛頓、西雅圖、芝加哥、舊金山、洛杉磯、檀香山各大都市的大型巡演。更獲得美方政界、學界、文化界、娛樂界、僑界人士的積極參與。這樣的翻轉，正如傅謹所注意到的，梅蘭芳訪美的成功，不能忽略新文化知識分子的協助。〔註176〕新知識分子是在怎樣的契機下開始參與梅蘭芳訪美籌備，目前缺乏具體資料，難以考察。但從馮耿光以建議的口吻向齊如山說「得罪仲述，恐其為害」，其實正表達出他不反對張彭春同去的態度。以信件中梅蘭芳對馮的倚重，甚至可以說是依賴的態度，而馮耿光除了推估預算，審視行程，連同行人的服裝禮儀等細節都處處關照給予建議。最後訪美行程的大幅度調整，很難想像沒有馮耿光的參

〔註172〕王文章、秦華生編，《梅蘭芳往來書信集》，頁142～143。
〔註173〕王文章、秦華生編，《梅蘭芳往來書信集》，頁314。
〔註174〕施肇基向馮耿光轉述司徒雷登的意見：「司徒已經說過，他已經介紹開戲院的哈君替他布置。他還說先到三四百人的戲院唱看看，碰運氣。如果唱得好就挪到別的戲院，一步一步試試，唱不好就回來。」王文章、秦華生編，《梅蘭芳往來書信集》，頁135～136。
〔註175〕李伶伶，《梅蘭芳全傳》，頁325～326。
〔註176〕傅謹，〈梅蘭芳與新文化〉，《文藝研究》，2014年第5期，頁93。

與。事實上在美國半途加入的張彭春也弱化了齊如山訪美行的主導權,根據許姬傳的說法,齊如山、張彭春兩人相處並不融洽,梅蘭芳大多時候都聽從張彭春的意見,除了導演、藝術見解差異外,失去在美演出主導權,令齊氏有為他人作嫁之感,或許也是原因之一。〔註177〕

　　從這四封書信中可以勾勒出這場因梅蘭芳赴美所引發茶壺裡的風暴的輪廓,就結果來說齊如山可說是贏了面子,輸了裡子。正如傅謹所說,訪美歸來後,梅、齊二人的關係起了微妙的變化。〔註178〕雖然梅蘭芳歸國後仍與他合作一段時間,並在民國二十年(1931)與余叔岩、張伯駒等人一同成立了北平國劇學會。在張伯駒的回憶中馮耿光列名理事之一。〔註179〕但根據《北洋畫報》報導,當時戲曲音樂學院以及國劇學會皆邀馮氏參與,但馮氏以評劇捧角乃少年遊戲之事,今國難當前豈宜為之,推辭了這兩個職務。〔註180〕若張伯駒晚年回憶無誤,那麼或許是在梅蘭芳的強烈要求下,終於還是掛上理事頭銜。但按以往馮氏對梅蘭芳不遺餘力的支持,此舉未免有些令人意外。隨著東北戰事吃緊,民國二十一年(1932)梅蘭芳離開他多年的故鄉遷往上海,終止了齊、梅近二十年的合作關係,二人正式分道揚鑣。民國二十四年(1935)梅蘭芳的訪蘇行,馮耿光、吳震修等梅黨骨幹透過外交部、教育部替張彭春請了兩個月假期,聘為總導演,並邀余上沅同行。而齊如山雖然仍參與部分的籌備工作,但沒有隨之訪蘇。〔註181〕齊如山晚年在《回憶錄》說自己因他故未去,但又強調都是他籌備的,甚至說梅蘭芳之所以未能赴法、德演出是因為自己未能同去,就不免有些夸夸其談了。〔註182〕

　　在這場因訪美行所引發的馮、齊之爭裡,側面呈現了伶幕成員在為伶人謀畫時,所產生的競爭關係。齊如山或許因此讓自己得罪了梅幕中的核心成員,再加上政治局勢的改變,齊如山在梅幕中逐漸被邊緣化。根據相關資料來看,在梅蘭芳離開北京後,齊如山仍持續與伶人合作,如為馬祥麟組班,協助富連成,捧李世芳、毛世來,引薦他們拜師梅蘭芳等,但都未能有所成

〔註177〕許姬傳,〈梅蘭芳遊美訪蘇的一段佳話〉,《許姬傳藝壇漫錄》,頁165～166。
〔註178〕傅謹,〈齊如山和梅蘭芳之關係二三題〉,收錄傅謹主編,《梅蘭芳與京劇的傳播:第五屆京劇學國際學術研討會論文集》,頁38。
〔註179〕張伯駒,〈北京國劇學會成立之緣起〉,《京劇談往錄》,頁129～130。
〔註180〕〈劇訊〉,《北洋畫報》,1932年2月13日。
〔註181〕許姬傳,〈梅蘭芳遊美訪蘇的一段佳話〉,《許姬傳藝壇漫錄》,頁166。
〔註182〕齊如山,《齊如山回憶錄》,收錄於《齊如山全集》,冊10,頁6159。

就。〔註183〕這也或許是何以他在晚年回憶錄絲毫不提這些事蹟的緣故吧。

雖然格局不同,這種類似的紛爭,在當時伶幕中可說是司空見慣。撇開一些私人恩怨外,這種紛爭凸顯出伶黨成員企圖主導伶人的競爭心態。即便不斷念叨著要改革伶黨相軋成風的陳墨香,也難以跳出文人相輕的規律,如荀慧生便在日記中數次質疑陳墨香處處阻撓他排演他人的本子。〔註184〕這種競爭使得伶幕由內到外都交織著非常複雜的人際間的權力運作關係。在陳墨香的自傳體小說《活人大戲》中,藉由書中人劉姓之口,大談給戲班伶人編戲的苦樂,有段描述頗為深刻:

> 墨香道:也不是說老兄哭得不該,只我見現在的人,有那本不出名,因替老板們編戲竟出了大名,而且因此得了大利,真算名利雙收,怎麼老兄說是幹不得?

> 劉姓道:這一路人我也曉得,只是老板天料太好,運氣尤佳,他也活該走運,二人碰到一塊兒,彼此得了益處。只老板認得的人不止他一個,他因老板成名,別人也想因老板成名,他因老板得利,別人也想因老板得利,早釀成與他不兩立之勢。他一面應酬老板,一面擴充自己的勢力,一面還得防被別人給他小鞋兒穿,他那背後的凌逼,也就不少,他只是苦樂俱全,而且苦占其七,樂占其三。那別家戲班的人物,恨他們得志,還要把他大罵。況且他編戲以外,凡老板的瑣事,一切都管,真個費盡心血,捨己從人,平心而論,到底圖些甚麼?他並沒十分好處,這一派是幹不得的。〔註185〕

這段文字是不是意有所指地夫子自道不得而知,某種程度上,的確說出伶幕核心成員時常面對的境遇。事實上不僅異黨,同黨成員間如此,甚至連文士與伶人之間都有「相互依存卻又相爭主導權」的弔詭關係。〔註186〕

(二)相依相爭的文、伶關係

整體來看這些伶幕核心成員與伶人的關係是非常緊密的,如梅蘭芳與馮

〔註183〕墨菴,〈談談幾位文人之依附名伶者〉,《戲劇旬刊》第 28 期,頁 8。路介,〈也算雜記〉,《北洋畫報》,1935 年 12 月 14 日。翁偶虹,《翁偶虹編劇生涯》,頁 47。

〔註184〕荀慧生,《小留香館日記》,1931 年 11 月 3 日、1933 年 4 月 3 日,頁 190、323。

〔註185〕陳墨香,《活人大戲》,頁 350。

〔註186〕王安祈,〈京劇文士化的幾個階段〉,收錄於《傳統戲曲的現代表現》,頁 70。

耿光、齊如山等人的密切友誼，一直為人所津津樂道。《京劇兩百年之歷史》
便記載梅蘭芳曾說：「他人愛我，實不知我，知我者其馮侯乎。」〔註187〕直到
梅蘭芳晚年的《舞臺生活四十年》也不忘提及馮耿光，稱他是：「所以我在一
生的事業當中，受他的影響很大，得他的幫助也最多。」〔註188〕從《梅蘭芳
往來書信集》所收相關書信來看，更可以看出馮、梅兩人深厚的情誼。而程
硯秋與羅癭公如父子師徒的真摯情感更是菊壇佳話。荀慧生與陳墨香的關係
雖沒有那麼戲劇性，但在兩人發生齟齬之前亦是相當親密。荀慧生晚年也說：
「編劇和演劇的關係，素來就十分密切。過去演員和劇作家不僅在藝術上合
作，生活上也是打成一片的。」〔註189〕從荀慧生日記來看，不只陳墨香，其
他荀黨成員如楊心詞、舒舍予、沙遊天等人，也都時常出入荀家，與其一起
用餐、竹戲，為荀慧生整晚燒煙甚至代筆寫日記。陳墨香在《活人大戲》中描
述第一次見到荀黨要人楊心詞時說道：「楊心詞替慧生招呼了一切，居然是半
個主人。」〔註190〕這些伶幕文士與伶人關係如此密切，他們不止在伶人公領
域有影響力，在私領域也能插足一二，如梅蘭芳與福芝芳、孟小冬的婚姻都
明顯有梅黨諸人的影子。〔註191〕荀黨諸人也可以對荀慧生孩子管教方法發表
意見。〔註192〕更遑論如羅癭公對程硯秋如父如師的關係。或許正因關係如此
緊密，文士編劇才能精準的掌握伶人氣韻，為其量身打造私房本戲。但也因
為於公於私兩者的關係匪淺，彼此的糾葛也異常複雜。也就會出現前文所說
文士與伶人間「相互依存卻又相爭主導權」的弔詭關係，這種現象最容易體
現在編與演的關係上。

　　傳統京劇多出於伶人之手，正如吉水所說：

　　當清道光年間，皮黃已盛，腳本極多，特文人均鄙為俚曲，不肯
　　著手，大半出於伶人自編，其志在排演，以號召座客，不在於傳
　　世，文人亦不為揄揚。諸伶復彼此防範，甲恐乙之竊，乙畏甲之
　　盜，不以付梓。求見其原來作品，尚不可得，作者之姓名於是乎

〔註187〕波多野乾一著、鹿原學人譯，《京劇兩百年之歷史》，收錄於《民國京崑史料
　　　　叢書》，第3輯，頁251。
〔註188〕梅蘭芳，《舞臺生活四十年》，頁135。
〔註189〕荀慧生，〈編劇瑣談〉，收錄於《荀慧生演劇散論》，頁236。
〔註190〕陳墨香，《活人大戲》，頁380。
〔註191〕許錦文，《梨園冬皇孟小冬傳》，頁109～171。
〔註192〕秦瘦鷗，〈捧腳集團──梅黨、白黨〉，《戲迷列傳》，頁65。

更湮沒矣。〔註193〕

雖然因伶人不通文墨之故，往往需要文人的協助。〔註194〕這些協助伶人戲班編劇的文人，囿於時代侷限，多安於幕後，因此其聲名大多只能在部分戲界中人口耳相傳。田根勝便指出此時京劇作者「往往成為班社或演員的附庸，很難有自己的藝術個性或理想追求，有的甚至連名字也不曾留下。」〔註195〕在這樣的狀況下，自然談不到什麼編演關係。

但到了民國時期，隨著大環境的改變，局面開始有所改變。民國四年（1915）協助田際雲編劇的賈潤田過世，隱俠感慨道：

> 吾國劇界對於演戲編劇向無分別，含混久遠，漫無稽考，故舊有諸劇，質諸園宿老，某戲係何年所演，戲詞係何人所編，而瞠目不能答。蓋中國戲詞編演之初，輕易不傳於人，嚴防抄襲，視為秘密，因而編劇之姓名亦不能流傳於社會，迄今思之深為可惜也。
>
> 近年以來，劇界漸見開通，編劇者之姓號屢有宣諸報端者（此節大有深意，容日詳論）如新故之編劇家賈君潤田即其一也。賈君粗通文墨□田際雲辦理戲班有年，善編戲劇，向為田君所器重，如《孽海波瀾》一劇，經賈手而成，各園演唱頗合顧曲者之眼光，其中至理不過渠之經驗較深，布置穿插分配腳色皆按舊劇之排場改頭易面，與胸無成竹徒編新劇者不可同日而語。至翊文社所編之《春阿氏》，本劇聞賈主張最多，數易寒暑始克告成，今斯劇未能全行演唱，而賈君因身弱多病，遂溘然長逝。余不得不為編劇家痛惜也，雖然賈君之死尚能使編劇家之名氏傳流於後世，較諸歷來之編戲家，名譽未彰者，亦大有榮幸焉。〔註196〕

可惜隱俠日後並未詳論所謂「大有深意」之故，但這則報導反映了民國初年協助伶人戲班編劇者，已經透過報紙逐漸為一般讀者所知。在新戲競演的民國劇壇，的確不時可以看到編劇者之名見於報端。甚至在某些評劇家筆下，還將這些編劇塑造成名伶最得力的「功臣」，甚至是「恩人」，如吳幻蓀在介紹清逸居士時說道：

〔註193〕吉水，〈近百年來皮黃劇本作家〉，《劇學月刊》第 3 卷第 10 期，收錄於《中國早期戲劇畫刊》，冊 23，頁 379。

〔註194〕齊如山，《五十年來的國劇》，收錄《齊如山全集》，冊 5，頁 2750。

〔註195〕田根勝，《近代戲劇的傳承與開拓》（上海：上海三聯書店，2005 年），頁 96。

〔註196〕隱俠，〈聞賈潤田君棄世感作〉，《順天時報》，1915 年 9 月 11 日，五版。

清逸居士即有清大名鼎鼎之莊親王也。籍本天潢家世貴冑，係溥儀
（即宣統）同輩，名溥緒字竹生，清逸為其別署……入民國後盡力
提倡劇學，尤肯提掖伶界後進，如方連原、馮連恩、尚小雲等俱受
其深恩，故居士百萬家財盡消沉於絲竹，可謂豪矣。溯其編劇以
《五龍祚》為嚆矢（一名《白兔記》係為尚小雲製者）繼則有《林
四娘》、《貞女殲仇》（即謝小娥）、《白蛇傳》等劇。最著名者則有
舉世咸知之《摩登伽女》、《文君當爐》、《婕妤當熊》諸傑作。更翻
有全部《玉堂春》諸劇。以上諸戲俱為尚小雲製者。綜計小雲之成
名皆出於居士一手造成，在尚未成名時，居士維護之、厚恤之，更
謂延譽，譜新聲。故吾謂綺霞之有今日，實居士之金錢與心血換
來。今居士老矣，兩鬢斑白，處境清貧，尤復乘興抽筆，為尚伶嘔
血揮汗研歌選譜。而尚不忘故恩，對於居士之生活厚加供給，至
今見居士時，猶請雙安（皇族例請雙腿安即跪安）語時足恭而立，
禮貌有加。方諸今日伶界實難得也。近人談伶人義氣，每盛稱玉霜
含殮羅癭公事，而獨遺尚綺霞對清逸之報德。故余為此文以表揚
之。〔註197〕

但根據翁偶虹的回憶，清逸居士實為尚小雲、楊小樓、高慶奎等名伶所延聘
的編劇，因生活所逼，並為了滿足晚年日深的煙癮，以至於想出輪流走編的
路數，到各名伶家蹭飯蹭煙，以求在編劇酬金之外，多食幾頓煙、飯。〔註198〕
吳幻蓀此文一定程度上既包裝了尚小雲義伶形象，也翻轉了清逸寄食伶界的
處境，並彰顯了文人編劇對伶人演藝生涯的重要性。

　　齊如山晚年評述當時編劇說道：「彼時編劇之人，品德似乎都較高，編出
戲來，交給戲界，能演固好，不排演也不好意思再問，演出之後，不但不要報
酬，且不要名。」〔註199〕未免有些故作姿態。如墨庵便曾在《戲劇旬刊》上簡
單的介紹幾位為名伶編劇的文人，文中便稱齊如山為「傍角者之泰斗，國劇界
之功臣」，認為他是唯一因傍角而致富者。〔註200〕齊如山因傍角而致富未必

〔註197〕吳幻蓀，〈吟碧館劇筍〉，《戲劇月刊》第2卷第12期，收錄於《中國早期戲
　　　　劇畫刊》，冊8，頁492～493。
〔註198〕翁偶虹，〈京劇早期編劇家憶述〉，收錄翁偶虹著、張景山編，《梨園鴻雪錄》
　　　　（下），頁253～254。
〔註199〕齊如山，《五十年來的國劇》，收錄《齊如山全集》，冊5，頁2761～2762。
〔註200〕墨庵，〈談談幾位文人之依附名伶者〉，《戲劇旬刊》第28期，頁8。

是事實，但正如翁偶虹所說：「年經月緯、川流不息的寫寫編編，齊如山的名
聲，自然不脛而走」〔註201〕經由編寫劇本，這些編劇也逐漸為外界所知。

這些長期為名伶編劇者，往往被視作伶幕中人。〔註202〕當這些圍繞在名
角身邊的文人編劇雨露均霑地被觀眾關注時，也開始刺激部分文人編劇，他們
不認為替伶人效力奔走是恥辱，因此更樂於走向幕前，翁偶虹可算是其中代
表。翁偶虹在回憶錄中提到自己的劇作被戲園以南府秘本作為宣傳時說道：

> ……理由是戲曲界原有一個先天性的不公道——從來不提劇作者
> 的姓名。造成這樣惡果，最初當然是受了時代的侷限，在思想上更
> 表現出濃厚的封建意識。當年藝人自己編寫的劇目，由於自卑而不
> 敢以姓名問世，後來出現文人代庖，他們卻又搔首弄姿地不屑以姓
> 名示人。這就逐漸養成了一般演員常常以自己為中心的高貴感，彷
> 彿他們享了大名，他們就是萬能者；他們的一切傑作，都是他們自
> 己創作的——包括劇本在內，在隨著時代發展的戲曲長河中，很出
> 現了一些優秀的劇作者，他們提供給演員們以豐富的營養，而演員
> 們則大都是表面上尊重，內心裡卻是輕視；或者是在懇求作者寫劇
> 本時是尊重的，而一旦劇本到手至演出，卻又蔑視甚至不理睬劇作
> 者了。此時的演員，對於一個劇本的成功演出，往往諱莫如深地不
> 願再提作者姓名，更何論刊印問世。他們似乎覺得請人編劇是自己
> 的恥辱，原因就是他們總把自己看成是個萬能者。當然，那時的劇
> 作者行列中，確也有一些玩弄戲曲藝人的所謂「名士」，意在滿足自
> 己的色欲而不計其它；也有一些筆耕墨耘、仰鼻息於演員的落魄文
> 人，旨在解決自己的溫飽而不敢計及其他。這樣，就形成了「奉天
> 承命」不提作者的一條定律。〔註203〕

翁氏正是從編劇立場對當時演員中心所造成編劇著作權不彰的劇壇文化進行
批判，這種批判在其晚年由弟子記述，經本人修訂的〈京劇早期編劇家憶述〉
一文中更是發揮得淋漓盡致，一開頭不僅仔細分析當時名伶對編劇的不同態
度，更給了個諷刺的結論：

〔註201〕 翁偶虹，〈京劇早期編劇家憶述〉，收錄於翁偶虹著、張景山編，《梨園鴻雪
錄》（下），頁246。
〔註202〕 翁偶虹，《翁偶虹編劇生涯》，頁238～239。
〔註203〕 翁偶虹，《翁偶虹編劇生涯》，頁212。

歷來的演員，奉為瑰寶地珍視並尊崇的只是「一劇之本」的劇本，
而並不珍視並尊崇那完成「一劇之本」的劇本編者。〔註204〕
並批判部分伶人獨佔劇本之功：

> 一種是演員慕名延聘編者，卑躬重贄，雖非三顧隆中，亦常五趨林
> 下。受聘者感其知己之情，報以忘我之心，精心結構，量體裁衣。
> 此受聘者，當然是既嫻劇事，又擅文章，默契相應，文必對題。演
> 出效果，自然一鳴驚人。而演員自標其大名，編者則無望于榜尾。
> 只有內幕中人，偶爾口角流露，編者始得騰譽於小小圈內，所謂
> 「此中人語云：『不足為外人道也。』」然而歲月磨礪，劇碼愈演愈
> 精，新劇已成傳統，新人變為古人；演員則更視劇本為獨有寶笈，
> 而對於當年禮聘之編者，反視為偌個窮酸，不屑提及。〔註205〕

這種走向幕前的慾望，也象徵這些文人編劇主體意識的覺醒。事實上，翁偶
虹並非孤例，如陳墨香在《活人大戲》中特別敘述坤伶華慧麟接受其義父龐
敦敏建議：「向來新戲亮臺，只寫唱戲人名姓，不寫教師與原編人，似乎不
合。」〔註206〕並在戲單列上編劇陳墨香與導演王瑤卿之名，其實也是含蓄地
宣傳這種想法。而前述墨庵〈談談幾位文人之依附名伶者〉一文中，特別介
紹一位為名伶編劇的無名英雄李亦青，稱馬連良近來在上海演出的《胭脂寶
褶》、《羊角哀》、《一捧雪》皆出自其手筆。並說道：「李氏始終不露名，所製
各戲，多書馬氏自編，成人之美，有如此者。」〔註207〕但從後來張古愚〈悼
李亦青〉文中可知墨庵即李亦青之筆名。〔註208〕所謂成人之美，恐怕也是不
得已而為之，因此只能以這種方式婉轉地彰顯自己的存在。

除了劇本著作權之爭外，陳墨香還提到有些伶人對於編劇存有某種微妙
的競爭心態：

> 那花臉票友道：依我看來倒是我們票房朋友對於唱戲，本有研究，
> 若再讀過書，去給老板編戲，倒是合式。

〔註204〕翁偶虹，〈京劇早期編劇家憶述〉，收錄於翁偶虹著、張景山編，《梨園鴻雪
　　　　錄》（下），頁243。
〔註205〕翁偶虹，〈京劇早期編劇家憶述〉，收錄於翁偶虹著、張景山編，《梨園鴻雪
　　　　錄》（下），頁242～243。
〔註206〕陳墨香，《活人大戲》，頁486。
〔註207〕墨庵，〈談談幾位文人之依附名伶者〉，《戲劇旬刊》第28期，頁8。
〔註208〕古愚，〈悼李亦青〉，《十日戲劇》第2卷第40期，收錄於《中國早期戲劇畫
　　　　刊》，冊29，頁143。

> 劉姓道：不然，票友雖然研究戲曲，既非本業，天然欠一蘿蔔皮兒。
> 讀書萬卷，不能運用的該有多少。即令你能運用，偏遇著老板自命
> 天生戲中大聖，不在文字上著意，你將說到書本上的話，他早給你
> 駁回來了，他偏要說，書是書，戲是戲，他另有他的道理。而且老
> 板們大半怕編戲人壓倒自己，處處總要露出，本子不佳，是我給唱
> 好了的，他們一存此心，編戲人可就不大得勁。〔註209〕

翁、陳二人都是當時知名的編劇，也不只同一個伶人合作，因此他們所意識
到對編劇並不友善的劇界舊習，以及文、伶之間所隱含的競合關係，並不是
單純個案。某些評劇家也注意到這種現象，如張舜九在介紹金仲蓀的《荒山
淚》時，也呼籲戲曲界應改變輕視編劇的舊習：

> 泰西各國戲劇，演員與編劇家無分軒輊，非如我國藝苑只重演員藝
> 術，而不重編劇家，此弊不除，實為改良國劇前途之障礙，冀海內
> 同志，起而倡之，俾增高編劇家在藝苑之地位，苟不注意及此，雖
> 有良好演員，而編劇不佳，結果決難以生色。〔註210〕

與清末民初與知識分子以西洋各國為例希望提升伶人社會地位一樣，可見此
時編劇在戲曲界的之尷尬處境可見一斑。根據翁偶虹的回憶，伶人對於從事
編劇的外行文人編劇常有排斥、試探之舉，翁偶虹回憶吳幻蓀時說道：

> 一般傍角之流（名演員的親信配角）、捧角之輩（幫閒清客），只知
> 逢迎老板，不惜中傷清儒；有時按本排戲，居然以請教為名，而折
> 幻兄。這個問扮相，那個問臉譜，這個問舞劍怎麼舞法，那個問曲
> 牌怎樣唱法。幻兄對於京劇，原有極高明的科學理論，可是對於劇
> 場瑣事，如盔頭、把子、鑼鼓、曲牌、臉譜、檢場等，卻不重視研
> 究，認為這是舞臺專責，無關編劇之筆。結果事到臨頭，被困垓下，
> 鬧得他面紅耳赤，瞠目不知所答。〔註211〕

同文所述另外一位景孤血也曾面臨到類似的尷尬處境。〔註212〕即便是翁氏本

〔註209〕陳墨香，《活人大戲》，頁350～351。
〔註210〕張舜九，〈金兆棪制曲記〉，《十日戲劇》第1卷第22期，收錄於《中國早期
　　　　戲劇畫刊》，冊28，頁204。
〔註211〕翁偶虹，〈京劇早期編劇家憶述〉，收錄於翁偶虹著、張景山編，《梨園鴻雪
　　　　錄》（下），頁255。
〔註212〕翁偶虹，〈京劇早期編劇家憶述〉，收錄於翁偶虹著、張景山編，《梨園鴻雪
　　　　錄》（下），頁257。

人，從開始編劇後也不時碰到伶人對他妄斥論兩，考驗的內容並非劇本文辭、內涵等文學層面問題，而是各式舞臺知識。〔註213〕這種現象除了反映伶人保守排他的心態外，與前述的競爭心理也脫不了關係，更呈現伶人以表演為中心的思考模式。

早期京劇伶人多未受過完整教育，文化有限，舞臺表演才是他們的強項，於是表演優先的思維自然反應在劇本上，對伶人而言，故事不過是提供一個發揮表演的框架。也就是王安祈指出的京劇「從編劇開始就以表演為考量重心」的編劇文化。〔註214〕在長期的發展下，形成京劇界極為穩固的「演員中心」文化。因此劇情、文字絕非欣賞重點，無論伶人還是觀眾所關注的是整體的表演設計。只要一齣戲裡有絕活，無論文詞之精粗，情節之良窳，皆為次要。因此京劇劇本的粗陋常成為當時許多知識分子所抨擊的對象，曾經下海為伶的歐陽予倩便批評舊劇不過是「一種之技藝」，而文采華美的崑劇也只是曲子而已，更直言「中國無戲劇」。〔註215〕但這些批評對於傳統劇界的影響有限。能被梨園界所認可的編劇，大多如翁偶虹、陳墨香、清逸居士這類知名票友，自幼嫻於劇事，舞臺知識不遜內行伶人，寫作能媒介演員技巧，劇作便於搬演，才容易在戲曲行業中嶄露頭角。相形之下吳幻蓀、景孤血對於舞臺藝術知識較為不足的編劇，即便有生花妙筆也只能落得個「懂戲而不甚知戲」評價，其心血更容易為伶人所獨佔。〔註216〕

雖然文人編劇逐步走向幕前，但「名伶中心」仍是劇界不可撼動的現象，再好的劇本仍必須依賴名伶方能為觀眾所注目，伶幕成員對此大多有深刻的認知。正如陳墨香的《活人大戲》引述羅癭公詠《天女散花》詩：「猿背間身在北平，拚枯霜穎按新聲。凭他絕代輕盈態，替爾流傳在玉京。」並說道：「他這末兩句最說得透徹，後出劇本，哪一齣不是經好角演唱，才有人聽，任你怎麼穿插鬆懈，也不妨事。」〔註217〕名角中心制如此根深蒂固，因此編

〔註213〕 如翁偶虹為戲校改編《平陽公主》，便被負責排戲的伶人、容裝，透過學生質問武打套子、扮相設計等問題。翁偶虹，《翁偶虹編劇生涯》，頁17～22。

〔註214〕 王安祈，〈關於京劇劇本來源的幾點考察〉，收錄於《為京劇表演體系發聲》，頁203。

〔註215〕 歐陽予倩，〈予之戲劇改良觀〉，收錄於《歐陽予倩全集》（上海：上海文藝出版社，1999年），卷5，頁1。

〔註216〕 翁偶虹，〈京劇早期編劇家憶述〉，收錄於翁偶虹著、張景山編，《梨園鴻雪錄》（下），頁255。

〔註217〕 陳墨香，《活人大戲》，頁279。

劇在面對名伶時，態度是非常微妙的，一方面不甘心隱於幕後，另一方面又
對伶人有所依賴。如晚年對於伶人獨佔編劇之功忿忿不平的翁偶虹，在提到
程幕中人為程硯秋編戲時，卻一反之前的態度說道：

> 我們與程先生之間似乎有一種默契，不但寫戲的風格，羅、金、翁
> 沆瀣一氣，即以參議排戲、研討劇目，也是互相尊重，置腹推心；
> 因此，更談不到標榜編劇姓名這樣的瑣事了。〔註218〕

翁偶虹念茲在茲的編劇署名權，在談到程硯秋時就變成了「瑣事」。當然，程
硯秋的禮賢下士或許是翁偶虹安於幕後的主因，但截然不同的態度，也點出
翁氏心中的矛盾。有時有些編劇甚至會產生獨佔名伶創作權的心態，關於這
點，荀慧生與陳墨香兩人的關係或許可以做為一個觀察個案。

陳墨香自民國十五年（1926）與荀慧生開始合作，是荀幕重要成員，荀
派本戲大多數都是由其所編寫，在當時編劇中非常具有名望，如徐筱汀在評
論當時新編戲缺失後說道：

> 要之戲劇需有專家纔可以頭頭是道，絕不是騷人文士可以妄自涉獵
> 的。演劇誠然不易，編劇卻較演劇更為繁難。中國能有幾個像陳墨
> 香（荀慧生的編劇能手）先生那樣的淵博呢？〔註219〕

而焦菊隱在其博士論文中介紹當時中國劇作家時，也稱其為最有成就的傳統
派劇作家。〔註220〕民國二十年（1931）《戲劇月刊》四大名旦徵文中，入選的
三篇劇評中就有兩篇將陳墨香為荀慧生編寫的新劇列為荀氏成功之因：

> 荀之資質，演新戲最宜，以其嬌媚絕倫也，演義烈、武俠、哀艷諸
> 路戲亦復頭頭是道。加以編劇之陳墨香，以名票兼擅文學，所排各
> 劇大有意思。慧生又擅演新劇，故相得益彰，慧生之所以能儕於四
> 大名旦之列，新戲功也。〔註221〕

> ……為之編劇者，於安排場子頗有研究，劇本重情節穿插，與他人

〔註218〕翁偶虹，〈京劇早期編劇家憶述〉，收錄於翁偶虹著、張景山編，《梨園鴻雪
　　　　錄》（下），頁248。

〔註219〕徐筱汀，〈京派新戲和海派新戲的分析〉，《戲劇月刊》第1卷第3期，《中國
　　　　早期戲劇畫刊》，冊1，頁468。

〔註220〕焦菊隱將當時戲曲編劇分成以齊如山為代表將古代舞蹈派、以金仲蓀為代表
　　　　宣傳理念派、以陳墨香為代表的傳統舊式派。見氏著，〈今日之中國戲劇〉，
　　　　收錄於《焦菊隱論導演藝術》，頁392～394。

〔註221〕蘇少卿，〈現代四大名旦之比較〉，《戲劇月刊》第3卷第4期，收錄於《中
　　　　國早期戲劇畫刊》，冊10，頁259。

本子只顧主角歌舞者不同，慧生之大成功，得力於全本《玉堂春》、
全本《十三妹》等劇，或謂慧生能列入四大名旦，在其新戲之力，
信然。〔註222〕

陳墨香的劇本協助荀慧生晉身四大名旦，而荀氏的演出也奠定陳氏劇界知名
編劇的地位。因此程硯秋還親自登門向荀慧生借將，但如前所述，陳墨香遊
走伶幕之間，卻也埋下兩人齟齬的種子。即使陳墨香不只為單一伶人編劇，
仍多次阻撓荀氏演出他人的作品，因而引發矛盾。荀氏在日記中寫道：「近十
幾年來，各方友人寄來的本子不少，真好，伊也說有毛病。究竟是伊眼光好，
予的眼光差嗎？」〔註223〕後來荀慧生經由沙游天介紹，委託李壽民編寫《賽
金花》，完成初稿後，荀慧生相當滿意，認為此劇「新舊潮流合作，劇中大約
迎合觀眾心理。」〔註224〕但由於當時荀、陳仍處合作狀態，故荀仍請陳加以
修改，卻引發了陳墨香強烈反彈：

> ……去歲余托友人李壽民幫忙編一劇名《賽金花》，李系游天介紹，
> 劇本去年臘月編好，托敬餘刪改，敬餘因為是編劇家，大有醋意，
> 時常大罵沙、李，並罵劇本疵謬太多，至去歲罵至今日未息。敬餘
> 編劇以來，本為余一手提拔至今，伊編劇處甚多，有戲曲學校及艷
> 秋並坤伶若干，約有十餘家，每月有三、四百進帳，與昔日初到余
> 處迴不相同，得新忘舊，可稱小人，令人傷心。〔註225〕

陳墨香同樣展現出伶幕中人試圖影響伶人演藝生涯的競爭性與排他性。但在
荀慧生眼中，這行為無疑侵害了這段合作關係中自己的主導性。日記中荀慧
屢次提及陳氏的成就為自己所「提拔」〔註226〕，便顯露出他自居上位者的心
態。陳墨香雖然沒有對此留下直接的看法，但從《活人大戲》或可窺知其態
度。全書後部談及為荀慧生等伶人編戲時，絲毫不見關於報酬的文字。在描
述兩人第一次合作的全本《玉堂春》僅道：「這一年慧生又到上海去了一趟，

〔註222〕蘇老蠶，〈現代四大名旦之比較〉，《戲劇月刊》第3卷第4期，收錄於《中
　　　　國早期戲劇畫刊》，冊10，頁279。
〔註223〕荀慧生，《小留香館日記》，1931年11月3日，頁190。
〔註224〕荀慧生，《小留香館日記》，1932年11月15日，頁285。
〔註225〕荀慧生，《小留香館日記》，1933年4月3日，頁323。
〔註226〕在前述《紅樓二尤》首演後，因管教孩子而爆發衝突時，荀氏便在日記寫下：
　　　　「敬餘在戲界，余一手提拔。現在各角找他編劇，出風頭於戲界，皆乃余之
　　　　功也。伊既要錢又要面子，票習太重。」荀慧生，《小留香館日記》，1932年
　　　　4月17日，頁232。

臨行之時，墨香贈了他一齣全本《玉堂春》。在上海排演，十分叫座，墨香在京聞知，也甚高興。」〔註227〕從用「贈」字便可看出陳氏淡化金錢色彩的心思。而在描述荀慧生之子拜程硯秋為師時則說到：「我的主意是要叫伶人與我同心考正戲曲，不是我們投降伶人，甘心受他的指揮，黨同伐異，替一個伶人盡忠。」〔註228〕雖然是強調自己要打破門戶之見，但也表達出陳墨香在這段文伶關係中的自我定位。筆者以為這種認知的落差，正是兩人最終分道揚鑣的根本原因。雖然每段文伶關係都有其獨特性，但從荀慧生與陳墨香的分合，也折射出文伶相爭的某種面向。

小結

在本章中，筆者梳理了民國伶黨起源、形態與轉型，並嘗試勾勒伶黨內文伶複雜糾葛的競合關係。筆者以為伶黨是新興的捧角文化環境中所孕育的獨特劇壇文化。在伶人明星化的光環下，多數伶黨都是捧角的戲迷團體，成員們用各種方式為伶人營造聲勢，在各式公共空間，如劇場、報紙版面上，引發各種亂象，因此常為當時人們所詬病。但部分伶黨在伶人與骨幹成員的合作下進行轉型，成為指導伶人藝術，規劃演藝生涯，足以決定伶人成敗的「伶幕」。也逐漸改變時人對伶黨的負面印象。值得注意的是，無論是同黨還是異黨，抑或是戲迷團體與文士幕僚，伶黨都存在著相當複雜的競合關係，伶黨成員與伶人更不僅相互依存，也存在著相互競爭、對立的現象。

早期伶幕骨幹成員如馮耿光、吳震修、羅癭公等人社經地位較高，因此他們不求名利，挹注資源協助伶人經營演藝生涯，因此才會有如前文葉凱蒂所述「公共身份逐漸隱退，成為幕後策劃者」的現象。〔註229〕但隨著伶幕的擴大，更多文人投身伶幕，其中部分人士不再安於幕後，其自尊、主導的意識也逐漸抬頭，開始衝撞以演員為中心的梨園傳統，兩者間隱含著緊繃張力，醞釀了民國年間文、伶之間糾葛複雜的合作關係。

〔註227〕陳墨香，《活人大戲》，頁414。
〔註228〕陳墨香，《活人大戲》，頁442。
〔註229〕葉凱蒂，〈從護花人到知音——清末民初北京文人的文化活動與旦角的明星化〉，收錄於《北京：都市想像與文化記憶》，頁122。

第七章　結　論

　　1872 到 1949 年這段時間，是近代中國政治、文化變動最激烈的年代，新舊交替，中西混雜，動盪不安的社會環境，正是「捧角」文化的崛起大時代背景。此時傳統封建王朝式微，舊有階級逐漸瓦解，在新式傳媒、西方觀念的影響下，過去被視為下層階級的伶人在短短數十年的時間裡，迅速化身為眾所矚目的娛樂明星，在這過程中報刊起了關鍵的作用。此時部分文人也以報刊為園地，發表戲曲的相關文字評伶論藝，逐漸形成「評劇家」的群體。報刊推動戲曲明星的誕生，而戲曲明星反過來也提供評劇家寫作的材料。經由報刊與各式的捧角活動，評劇家與伶人、甚至整個劇界產生新的連結。伶人與評劇家成為支持「捧角」文化發展的兩大群體。比起傳統品優文化所蘊含的文人品味，以新興傳媒為陣地，招喚全民參與的「捧角」文化，無疑更具有現代化、大眾化的色彩。但即便參與「捧角」的群體更加廣泛，但以文人為核心的評劇家群體仍擁有不可取代的關鍵地位。與「品優」文化中品優客將伶人當作評賞的客體，單方面的強調自己品鑑的力量不同。在「捧角」文化中，評劇家不再是高高在上的「菊部平章」、「梨園主宰」，而是與伶人、劇界形成共生關係，他們逐漸深入劇界，成為梨園產業的一份子。隨著伶人的社經地位逐步攀升，評劇家與伶人的互動更顯複雜糾纏。因此本論文便以報刊作為主要研究文獻，窺視清末民國「捧角」文化諸多面貌，探究對戲曲發展的影響以及在這文化下建立的文、伶關係。

　　清末民國「捧角」文化可衍伸議題，遠非一本論文所能概括，因此本論文中選擇處理了以下三個議題：

一、「品優」文化的衰落與「捧角」文化的崛起

　　這部分探討傳統品優如何過渡到捧角，這又可分成二個階段陳述。第一個階段從清末《順天時報》考察此時私寓營業狀況，並探究此時品優文化的變遷。自 1900 年八國聯軍進入北京，私寓產業遭受到沉重的打擊而步向衰落，同時新式報刊進入北京，讓我們看到了品優文化最後一抹殘陽。此時《順天時報》上的相關評論展現出與傳統梨園花譜截然不同的品優氛圍。比起傳統梨園花譜優雅抒情筆調，這些評論顯得寫實尖刻許多，這些品優文人一方面緬懷過去梨園花譜所營造梨園情天的美好想像，另一方面透過報刊嚴格監督批判此時私寓伶人，弔詭的是在這些品優客筆下，私寓伶人時常以卑污、低賤來形容，甚至稱之為怪物，與傳統視為文人們的寶友、韻友，形成非常強烈的對比。

　　第二階段則是考述清末民初由品優轉向捧角的過程，以及兩者之間的差異。私寓禁絕後民國初年北京劇壇上籠罩的私寓陰影。由於晚清以來由於西方思潮影響，戲曲改良論所帶來的社會觀念改變、伶人自覺等因素，再加上營業衰落的客觀現實，私寓逐漸失去存在的依靠，許多出身私寓的伶人反而成為推動禁絕私寓的主力。雖然私寓產最終落下帷幕，但百餘年的私寓之風不會因為一張禁令而立即消失，人們既有觀念也需要時間改變。如在穆辰公眼中，私寓禁絕反而讓更多伶人以交際為名，效相公之行為，將私寓風尚吹到其他伶人群體。所謂捧角不過是品優的變體，因此民國初年女伶、童伶交際應酬。往往會受到一些自詡為伶人護法的評劇家的批判，如日人辻聽花在民國初年便因與尚小雲的義父子關係，捲入漩渦之中，被嚴加抨擊，而聽花本人也為了伶人應酬之事，與許多評劇家展開多次筆戰。

　　在整體環境的變遷與新式媒體的催化下，「捧角」逐漸取代「品優」，兩者間的確有許多類似之處，甚至可以是說一脈相承。如兩者都不是單純的觀演關係，常有各式觀眾與演員之間都存在情感慾望流動的可能，也都牽涉到舞台上的品賞，與舞台下交際兩個層面。但兩者相較之下，仍是有明顯的不同。如傳統品優延續文尊伶卑的階級差異，無論文人與伶人關係再怎麼親密，再怎麼被歌詠揄揚，伶人終究不過是文人間文宴往來的配角。而品優文化無論在文字意趣、觀劇審美無處不透顯雅文化的特質。但捧角文化不同，由「品」到「捧」，一字之差，伶人從任人品賞的客體，變成眾星拱月的追捧對象，反映了民國時期伶人與參與者關係的改變。此時伶人不是特定群體交

際籌應時的配角，而是公共娛樂場域上被追捧的主角。在明星光環下，在公共空間集體性、競爭性、排他性的捧角行為，更是傳統品優所罕有的特質。

二、評劇書寫與伶人圖像傳播

這也可以分成兩個層次來探討。首先是關於劇評的研究。筆者從空間拓展、發展分期，以及內涵的擴充來探討近代劇評。在近代傳媒以及西方觀念的影響下，評伶論劇從文人的傳統消閒韻事，被賦予了指導伶人、引領劇界乃至於改變國家社會的期待。而這種期待卻又與新興傳媒所造成的捧角文化以及傳統品優美學相互糾纏拉扯。在此時的劇評中，同時可以見到傳統梨園花譜的抒情性、新興傳媒的新聞娛樂性以及近代通俗教育的啟蒙性等複雜特質，體例上則混和了傳統的筆記、詩歌以及近代新聞、評論於一身。多方面的影響，注定了近代劇評無論在內容或形式上都極度駁雜的特質。從清末到民國二三十年代，劇評經過數十年的發展，內涵不斷擴充，從評述演員色藝，針砭表演良窳，到宛如梨園參謀為戲曲界提出各式各樣的建議。範疇涵蓋了人、戲到整個劇界。而隨著劇學觀念的成熟，劇評更開始具有學術研究性質，如伶人小傳，從傳統色藝風致品評人物美學，逐漸轉向為宣傳伶人聲譽，進而有目的性地書寫伶人藝術史。

西方的新技術，克服了圖像難以快速複製傳遞的障礙，使得晚清時期民國時期圖像文化飛越的成長，由於伶人職業帶有的視覺性、娛樂性、商業性，使得伶人成為此時圖像文化的要角。筆者梳理了自清代到民國時期伶人圖像文化的演變，可以發現從清初到清代中葉私寓興起，伶人圖像多作為文伶韻事的紀念。從繪製到傳播過程都由文人主導，伶人雖是像主，但只是作為文人附屬品任人搓圓捏扁，塑造成文人心目中的形象。但隨著晚清西方攝影、印刷技術的傳入，伶人圖像的製作、複製、傳播變得輕而易舉，這不只拓展了伶人圖像的商業性、宣傳性，也使得伶人圖像不再只是文人圈子裡流傳賞玩的物件，而是廣大民眾皆可購買的娛樂商品。經由圖文搭配，更具有重現舞臺、評論劇藝、戲曲研究的功能，與劇評同樣是此時報刊上的寵兒。

伶人可說是最早接受攝影的群體之一，從清末到民國以來的伶人照片中，也可以看出伶人對攝影技術從陌生到熟悉的過程。戲裝照方面，從一開始的戲裝擺拍，到後來開始營造戲劇情境，進而模擬宗師姿態，梅蘭芳更跳脫重現舞臺的局限，開始營造整體畫面的藝術感。這都展現出伶人對自身舞

臺形象的重視。除了劇照外，伶人也很早就意識到自身便裝的獨特魅力，民國以後，部分伶人們重視相片視覺效果，透過有計畫的傳播，讓照片獲得超乎本身的宣傳效果。伶人，不再完全被掌控型塑，而是逐步地掌控了自我形象呈現的權力。

三、評劇家、伶黨與文伶關係

　　評劇家是支持捧角文化最重要的群體，他們留下了大量文字資料，成為考察捧角文化的第一手資料。比起品優文人純粹吟風弄月，彰顯自我審美的趣味。這些評劇家展現出更多元的面貌，品優文人無論與伶人關係在怎麼密切，終究站在旁觀者的角度，書寫、評賞伶人，與梨園維持著相當的距離。但民國時期評劇家群體逐漸深入戲曲界，成為整個戲曲產業的重要成員，一定程度上成為戲界與社會大眾的橋樑，協助戲曲界回應社會大眾對於戲曲的期待。逐漸發展出專業意識，雖然無法徹底改變延續自梨園花譜以及八卦新聞的遊戲娛樂色彩，但仍相當程度上提升了劇評的水準。除了寫作之外，也有不少評劇家奔走於劇界，在各種戲曲相關活動組織中都可以看到他們的身影，與伶人形成非常緊密的共生關係，是劇界中最活躍的外行人。

　　伶黨可說是在捧角文化環境中所孕育的獨特劇壇現象。集體性、排他性在伶人明星化的光環下，多數伶黨都是捧角的戲迷團體，成員們用各種方式為伶人營造聲勢，在各式公共空間，如劇場、報紙版面上，引發各種亂象，因此常為當時人們所詬病。但也有部分伶黨在伶人與骨幹成員的合作下進行轉型，成為指導伶人藝術，規劃演藝生涯，足以決定伶人成敗的「伶幕」。

　　無論是評劇家群體還是伶黨成員，都與伶人有著相當錯綜複雜的人際關係往來，一方面他們與伶人合作共同創造了自古以來文伶合作的典型，另一方面卻又存在著彼此互相箝制、競爭的弔詭關係。

　　清末民初的劇壇還有許多議題值得探討，今就筆者寫作過程中所見，希望持續挖掘的幾個方向，略陳述如下：

（一）名伶與新知識分子的關係

　　整體來看，參與捧角文化的文人主要是以混和型文人和部分傳統文人為主，由於不少新文化知識分子對傳統戲曲的猛烈攻擊，常給我們他們是站在戲曲對立的印象，但事實上兩者之間卻非如此涇渭分明。民國二三十年代，不少新知識份子對於戲曲的觀念已經逐漸改變，他們認知到傳統戲曲的價

值，其觀點思維也逐漸在傳統劇界發酵，產生一定的影響。梅蘭芳、程硯秋
的出訪，都可以看到這些新知識份子的參與。傅謹在〈梅蘭芳與新文化〉一
文中已有初步的討論，除了張彭春外，同行赴美擔任會計的黃子美、擔任翻
譯的張禹九也都是新月社的成員，並從梅蘭芳寄給胡適的書信推知胡適應在
此事上給予助力。揭開了梅蘭芳與新月社的關係的一角，認為這是探究梅蘭
芳與新文化知識份子關係的一個突破口。〔註1〕關於此點本論文在討論張彭
春參與梅蘭芳訪美行程時也有觸及，筆者在整理相關文獻時發覺不只梅蘭芳
本人，梅黨骨幹馮耿光與知名女作家凌叔華是表兄妹關係，甚至凌叔華的婚
姻，也是由馮耿光出面替陳西瀅向凌家提親。而凌、陳兩人都屬新月社的一
份子，這是不是梅蘭芳與新月社搭上關係的另一條線索呢？除了梅蘭芳外，
程硯秋與新知識份子來往也值得關注，透過李石曾、張嘉璈的關係，程硯秋
進入中華戲曲音樂學院擔任各項要職，以《劇學月刊》為陣地，身邊聚集了
一批撰述群，除了傳統評劇家外，也不乏具有西方戲劇背景的成員。可以發
現《劇學月刊》的戲劇觀念與「國劇運動」有許多相合之處，甚至可以說就
是國劇運動的延伸。他們雖然未必都可劃歸程黨，但一定程度上對程硯秋產
生影響，程硯秋赴歐遊學便是以溝通中西戲劇文化改良為目的，歸國後也作
過以西方劇場技術改良自己的私房劇作的嘗試。無論是梅、程二人與新知識
份子的關係，抑或是傳統劇界與新知識子的交流，應該還是可以持續挖掘的
主題。

（二）伶黨與評劇家的個案研究

　　雖然本論文足足花了兩章探討評劇家與伶黨，但只能算是初步的分析。
文中偏向於伶幕、評劇家的「共性」研究，對於各自的特殊性著墨較少。尤其
是沒有對最具代表性的三大伶幕：梅黨、程黨、荀黨，以及一些特定的評劇
家進行細部個案研究，是筆者耿耿在懷的遺珠之憾。這些伶幕形成過程中所
建立的人際網絡實在值得好好一探。

　　筆者在寫作過程中，就隱然發現伶黨中人際關係的改變，對於伶人演藝
生涯與藝術創作實有不小的影響。如程硯秋的程幕，其實就可以初步勾勒成
前、中、後三個階段，與其演藝生涯與表演發展有著相當的牽連。至於評劇
家、伶黨文人的研究，過去受限於文獻資料，幾乎都重點都放在齊如山身

〔註1〕傅謹，〈梅蘭芳與新文化〉，《文藝研究》，2014年第5期，頁93。

上，而翁偶虹、辻聽花、馮叔鸞等人也累積了一些成果。近來由於報刊資料庫的建立，給予我們收集這些文人相關資料時很多便利，若能再加以輯佚，相信應該可以收集出更完整的文獻資料，提供個案研究的基礎。

清末民國劇壇一如當時的局勢多元而喧囂，仍有許多議題值得挖掘，各種思想、文化在這個場域中鬥爭、糾纏、合流。筆者希望以此為起點，對此時紛亂又迷人的梨園作更深入全面的理解。

參考書目

一、報紙期刊

1. 《申報》（1872～1949），微卷版。

2. 《順天時報》（1901～1930），微卷版。

3. 《北洋畫報》（1926～1937），北京：書目文獻出版社，1985 年。

4. 《新青年》（1915～1922），上海群益書社、新青年社發行，1988 年上海書店影印本。

5. 北平國劇學會編：《國劇畫報》，北京：學苑出版社，2009 年。

6. 姜亞沙、經莉、陳湛綺主編：《中國早期戲劇畫刊》，北京：全國圖書館文獻縮微複製中心，2006 年。

7. 張古愚等編：《戲劇旬刊》（1935～1937），上海：上海國劇保存社。

8. 陳志明、王維賢選編：《立言畫刊京劇資料選編》，北京：學苑出版社，2009 年。

二、史料（依作者姓氏筆畫順序）

1. 天蟾舞台編：《程硯秋圖文集》，民國三十五年（1946）十一月刊行。

2. 王文章、秦華生編：《梅蘭芳往來書信集》，北京：文化藝術出版社，2015 年。

3. 王夢生：《梨園佳話》，據商務印書館民國四年（1915）版影印，收錄於《民國京崑史料叢書》，北京：學苑出版社，2008 年，第一輯。

4. 立言畫刊社編：《名伶百影》，收錄於《民國京崑史料叢書》，北京：學苑

出版社，2009 年，第六輯。

5. 朱書紳輯：《同光朝名伶十三絕傳略》，據民國二十二年（1943）版影印，收錄於《民國京崑史料叢書》，北京：學苑出版社，2008 年，第一輯。

6. 余上沅編：《國劇運動》，上海：新月書店，1927 年。

7. 佚名：《申江名勝圖說》（光緒十年，管可壽齋木刻本）。

8. 吳秋帆：《伶界大王事略》，據民國六年文藝編譯社版影印，收錄於《民國京崑史料叢書》，北京：學苑出版社，2010 年，第九輯。

9. 沙遊天：《白牡丹》，1927 年 1 月出版，收錄於《民國京崑史料叢書》，北京：學苑出版社，2012 年，第九輯。

10. 沈太侔：《東華瑣錄》，北京：北京古籍出版社，1995 年。

11. 周志輔：《京劇近百年瑣記》，收錄於《平劇史料叢刊》，台北：傳記文學出版社，1974 年。

12. 周明泰：《近百年的京劇》，香港：周志輔自印，1962 年。

13. 周劍雲編：《菊部叢刊》，據 1918 年交通圖書館影印，收錄於《平劇史料叢刊》，臺北：傳記文學出版社，1974 年。

14. 波多野乾一著，鹿原學人譯：《京劇二百年之歷史》，據上海啟智印務公司民國十五年版影印，收錄於《民國京崑史料叢書》，北京：學苑出版社，2008 年，第三輯

15. 金仲蓀編：《霜杰集》，上海：上海商務圖書館，1926 年。

16. 柳亞子編：《春航集》，上海：上海廣益書局，1913 年。

17. 唐友詩編：《梨園軼話》第一冊，據首都圖書館藏本影印，錄於《民國京崑史料叢書》，北京：學苑出版社，2012 年，第十二輯

18. 唐友詩編：《梨園軼話》第二冊，據首都圖書館藏本影印，錄於《民國京崑史料叢書》，北京：學苑出版社，2012 年，第十二輯

19. 徐珂：《清稗類鈔》，北京：中華書局，2003 年。

20. 徐慕雲：《故都宮闈梨園秘史》，北京：生活‧讀書‧新知三聯書店，2010 年。

21. 徐慕雲：《梨園外紀》，北京：生活‧讀書‧新知三聯書店，2006 年。

22. 徐慕雲：《梨園影事》，收錄於《平劇史料叢刊》，台北：傳記文學出版社，1974 年。

23. 張次溪編：《清代燕都梨園史料》，北京：中國戲劇出版社，1988 年。

24. 張聊公：《歌舞春秋》，據上海廣益書局 1951 年版影印，收錄於《民國京崑史料叢書》，北京：學苑出版社，2008 年，第二輯

25. 張聊公：《聽歌想影錄》，據天津書局 1941 年版影印，收錄於《民國京崑史料叢書》，北京：學苑出版社，2008 年，第二輯

26. 梅社編：《梅蘭芳》，據 1919 年上海中華書局版影印，收錄於《民國京崑史料叢書》，北京：學苑出版社，2008 年，第五輯。

27. 梅社編：《梅蘭芳》，根據 1920 年版影印，收錄於《民國京崑史料叢書》，北京：學苑出版社，2008 年，第五輯

28. 陳康祺：《郎潛紀聞四筆》，北京：中華書局，1997 年。

29. 傅謹主編：《京劇歷史文獻匯編（清代卷）》，南京：鳳凰出版社，2011 年。

30. 傅謹主編：《京劇歷史文獻匯編（清代卷）續編》，南京：鳳凰出版社，2013 年。

31. 馮叔鸞：《嘯虹軒劇談》，上海：中華圖書館，1914 年。

32. 黃金大戲院吳江楓編：《程硯秋專輯》，民國二十七年（1938）十一月刊行。

33. 楊中中、鄂呂弓、舒舍予、吳江楓編：《荀慧生專集》，上海：黃金出版社，1941 年。

34. 楊塵因：《春雨梨花館叢刊》，上海：民權出版部，1917 年。

35. 楊靜亭編，張琴等增補：《都門紀略》，揚州：廣陵書社，2003 年。

36. 劉菊禪：《譚鑫培全集》，據 1940 年版影印，收錄於《民國京崑史料叢書》，北京：學苑出版社，2012 年，第九輯

37. 編者不詳：《名伶劇影——六十四家小照》，收錄於《民國京崑史料叢書》，北京：學苑出版社，2012 年，第十輯

38. 編者不詳：《霓裳豔影》，據首都圖書館藏本影印，收錄於《民國京崑史料叢書》，北京：學苑出版社，2012 年，第十一輯

39. 穆辰公：《伶史》，據民國六年（1917）宣元閣版影印，收錄於《民國京崑史料叢書》，北京：學苑出版社，2008 年，第一輯。

40. 戴樸生主編：《名伶影集》，據首都圖書館藏本影印，收錄於《民國京崑

史料叢書》，北京：學苑出版社，2012 年，第十一輯。

41. 戴蘭生：《名伶化妝譜》，根據《事實白話報》民國十二年版影印，收錄於《民國京崑史料叢書》，北京：學苑出版社，2012 年，第十輯。

42. 韓補庵：《補庵談戲》，收錄《民國京崑史料叢書》，北京：學苑出版社，2012 年，十四輯。

43. 聽花：《中國戲曲》，北京：順天時報，1925 年。

三、回憶錄、傳記（依作者姓氏筆畫順序）

1. 丁秉燧：《青衣花臉小丑》，臺北：大地出版社，1989 年。

2. 丁秉鐩，《孟小冬與言高譚馬》，臺北：大地出版社，1989 年。

3. 中國戲曲志上海卷編輯部編：《上海戲曲史料薈萃》第 1～5 集，上海：上海藝術研究所，1987 年。

4. 李伶伶：《尚小雲全傳》，北京：中國青年出版社，2009 年。

5. 李伶伶：《荀慧生全傳》，北京：中國青年出版社，2010 年。

6. 李伶伶：《梅蘭芳全傳》，北京：中國青年出版社，2001 年。

7. 李伶伶：《程硯秋全傳》，北京：中國青年出版社，2007 年。

8. 周漢平主編：《京劇大師尚小雲》，西安：陝西人民出版社，2003 年。

9. 和寶堂：《戲苑宗師：荀慧生》，瀋陽：遼寧美術出版社，1999 年。

10. 政協北京市委會文史資料研委會編：《京劇談往錄》，北京：北京出版社，1996 年。

11. 政協北京市委會文史資料研委會編：《京劇談往錄》三編，北京：北京出版社，1996 年。

12. 政協北京市委會文史資料研委會編：《京劇談往錄》四編，北京：北京出版社，1997 年。

13. 政協北京市委會文史資料研委會編：《京劇談往錄》續編，北京：北京出版社，1996 年。

14. 秦瘦鷗：《戲迷列傳》，北京：人民文學出版社，2009 年。

15. 翁偶虹：《翁偶虹編劇生涯》，北京：同心出版社，2008 年。

16. 翁偶虹著、張景山編：《梨園鴻雪錄》，北京：北京出版社，2017 年。

17. 荀慧生：《小留香館日記》，北京：中國戲劇出版社，2016 年。

18. 荀慧生：《荀慧生演劇散論》，上海：上海文藝出版社，1963 年。

19. 荀慧生：《荀慧生舞台藝術》，北京：中國戲劇出版社，1962 年。

20. 曹其敏、李鳴春編：《民國文人的京劇記憶》，北京：中國戲劇出版社，2013 年。

21. 梅紹武主編：《一代宗師梅蘭芳》，北京：北京出版社，1997 年。

22. 梅蘭芳口述，許姬傳等執筆：《舞臺生活四十年》，收錄《梅蘭芳全集》，石家莊：河北教育出版社，2000 年。

23. 許姬傳：《許姬傳七十年見聞漫錄》，北京：中華書局，1985 年。

24. 許姬傳：《許姬傳藝壇漫錄》，北京：中華書局，1994 年。

25. 張慶善主編：《程硯秋百年誕辰紀念文集》，北京：文化藝術出版社，2003 年。

26. 許錦文：《梨園冬皇孟小冬》，上海：上海人民出版社，2003 年。

27. 陳伯熙：《上海軼事大觀》，上海：上海書店，2000 年。

28. 程永江整理：《程硯秋史事長編》，北京：北京出版社，2000 年。

29. 程硯秋著，程永江整理：《程硯秋日記》，長春：時代文藝出版社，2010 年。

30. 程硯秋著、程永江整理：《程硯秋戲劇文集》，北京：文化藝術出版社，2003 年。

31. 齊如山：《齊如山全集》，臺北：聯經出版社，1979 年。

32. 齊如山：《齊如山戲本》，瀋陽：遼寧教育出版社，2010 年。

四、小說（依作者姓氏筆畫順序）

1. 徐凌霄：《古城返照記》，北京：同心出版社，2002 年。

2. 陳森：《品花寶鑑》，臺北：三民書局，1998 年。

3. 陳墨香：《活人大戲》，北京：中國戲劇出版社，2015 年。

4. 潘鏡芙、陳墨香著：《梨園外史附觀劇生活素描》，北京：寶文堂書店，1989 年。

5. 穆儒丐著、陳均編：《梅蘭芳：穆儒丐孤本小說》，臺北：秀威資訊科技股份有限公司，2012 年。

6. 穆儒丐著、陳均編：《北京：穆儒丐京話小說》，臺北：釀出版，2013 年。

五、專書（依作者姓氏筆畫順序）

1. Matt Hills 著、朱華瑄譯：《迷文化》，臺北縣：韋伯文化國際出版有限公司，2005 年。

2. 么書儀：《晚清戲曲的變革》，北京：人民文學出版社，2006 年。

3. 中國藝術研究院戲曲研究所編：《中國京劇藝術圖集》，北京：京華出版社，1996 年。

4. 戈公振：《中國報學史》，臺北：學生書局，出版年不詳。

5. 方漢奇：《中國近代報刊史》，太原：山西教育出版社，1981 年。

6. 毛文芳：《物・性別・觀看——明末清初文化書寫新探》，臺北：臺灣學生書局，2001 年。

7. 毛文芳：《圖成行樂：明清文人畫像題詠析論》，臺北：臺灣學生書局，2008 年。

8. 王安祈：《性別、政治、與京劇表演文化》，臺北：臺大出版中心，2011 年。

9. 王安祈：《為京劇表演體系發聲》，臺北：國家出版社，2006 年。

10. 王安祈：《傳統戲曲的現代表現》，臺北：里仁書局，1996 年。

11. 王安祈：《當代戲曲》，臺北：三民書局，2002 年。

12. 王敏：《上海報人社會生活（1872～1949）》，上海：上海辭書出版社，2008 年。

13. 王德威、陳平原、商偉：《晚明與晚清：歷史傳承與文化創新》，武漢：湖北教育出版社，2002 年。

14. 王德威：《晚清小說新論——被壓抑的現代性》，臺北：麥田出版事業部，2003 年。

15. 王樹村：《戲齣年畫》，北京：北京大學出版社，2007 年。

16. 田根勝：《近代戲劇的傳承與開拓》，上海：上海三聯書店，2005 年。

17. 吳小如：《吳小如戲曲文錄》，北京：北京大學出版社，1995 年。

18. 吳群：《中國攝影發展歷程》，北京：新華出版社，1986 年。

19. 宋立中：《閒雅與浮華——明清江南日常生活與消費文化》，北京：中國社會科學出版社，2010 年。

20. 李元皓：《京劇老生旦行流派之形成與分化轉型研究》，臺北：國家出版

社，2008 年。

21. 李楠：《晚清、民國時期上海小報研究——一種綜合的文化文學考察》，北京：人民文學出版社，2005 年。

22. 谷曙光：《梨園文獻與優伶演劇——京劇崑曲文獻史料考論》，北京：中國科學出版社，2015 年。

23. 孟兆臣：《中國近代小報史》，北京：社會科學文獻出版社，2005 年。

24. 林幸慧：《由申報戲曲廣告看上海京劇發展（1872～1899）》，臺北：里仁書局，2008 年。

25. 林幸慧：《京劇發展 VS 流派藝術》，臺北：里仁書局，2004 年。

26. 青木正兒：《近世戲曲史》，臺北：臺灣商務書局，1988 年。

27. 洪煜：《近代上海小報與市民文化研究（1897～1937）》，上海：上海書店，2007 年。

28. 唐雪瑩：《民國初期上海戲曲研究》，北京：北京大學出版社，2012 年。

29. 徐劍雄：《京劇與上海都市社會》，上海：上海三聯書店，2012 年。

30. 泰瑞·貝內特：《中國攝影史中國攝影師 1844～1879》，北京：中國攝影出版社，2014 年。

31. 祝帥、楊簡茹編：《民國攝影文論》，北京：中國攝影出版社，2014 年。

32. 秦華生主編：《京劇流派藝術論》，北京：京華出版社，2001 年。

33. 翁思再編：《京劇叢談百年錄》，石家莊：河北教育出版社，1999 年。

34. 袁英明：《東瀛品梅：民國時期梅蘭芳訪日公演敘論》，北京：北京大學出版社，2013 年。

35. 馬運增等：《中國攝影史（1840～1937）》，北京：中國攝影出版社，1987 年。

36. 張一帆：《劇學本位的確立——20 世紀二三十年代中國戲劇研究範式之轉型》，北京：中國人民大學出版社，2015 年。

37. 張芳：《民國初期戲劇理論研究 1912～1919》，長春：吉林大學出版社，2013 年。

38. 張遠：《近代平津滬的城市京劇女演員（1900～1937）》，山西：山西教育出版社，2011 年。

39. 梁燕：《齊如山劇學研究》，北京：學苑出版社，2008 年。

40. 陳平原主講，梅家玲編訂：《晚清文學教室：從北大到臺大》，臺北市：麥田出版，2005 年。

41. 陳學聖：《1911～1949 尋回失落的民國攝影》，臺北：富凱藝術出版社，2015 年。

42. 彭麗君著、張春田、黃芷敏譯：《哈哈鏡：中國視覺現代性》，上海：上海書店出版社，2013 年。

43. 程麗紅：《清代報人研究》，北京：社會科學文獻出版社，2008 年。

44. 楊光輝、熊尚厚、呂良海、李仲民主編：《中國近代報刊發展概況》，北京：新華出版社，1986 年。

45. 葉凱蒂著、楊可譯：《上海・愛：名妓、知識份子和娛樂文化（1850～1910）》，北京：三聯書局，2012 年。

46. 劉輝：《小說戲曲論集》，臺北：貫雅文化事業有限公司，1992 年。

47. 歐陽予倩：《歐陽予倩全集》，上海：上海文藝出版社，1999 年。

48. 盧寧：《早期申報與晚清政府──近代轉型視野中報紙與官吏關係的考察》，上海：上海科學技術文獻出版社，2012 年。

49. 蘇移：《京劇發展史略》，北京：燕山出版社，2013 年。

50. 龔鵬程：《中國文人階層史論》，宜蘭：佛光大學出版社，2002 年。

六、工具書（依筆畫順序）

1. 山西省戲劇研究所等合編：《中國梆子戲劇目大辭典》，太原：山西人民出版社，1991 年。

2. 中國戲曲志編輯委員會編：《中國戲曲志》，北京：文化藝術出版社，1990 年。

3. 王芷章：《中國京劇編年史》，北京：中國戲劇出版社，2004 年。

4. 王家熙等編：《上海戲曲史料薈萃》，上海：上海市藝術研究所，1988 年。

5. 北京市藝術研究所、上海藝術研究所編：《中國京劇史》，北京：中國戲劇出版社，1999 年。

6. 徐友春編：《民國人物大辭典》，石家莊：河北人民出版社，1991 年。

7. 陳潔：《民國戲曲史年譜（1912～1949）》，北京：文化藝術出版社，2010 年。

8. 曾白融主編：《京劇劇目辭典》，北京：中國戲劇出版社，1989 年。

9. 黃鈞、徐希博主編：《京劇文化辭典》，上海：漢語大辭典出版社，2001 年。

七、學位論文（依作者姓氏筆畫順序）

1. 王照璵：《清代中後期北京「品優」文化研究》，埔里：國立暨南國際大學碩士論文，2008 年。

2. 田皓：〈翁偶虹劇作研究〉，收錄於吳尉民主編：《戲劇擷英錄——戲劇學碩士優秀論文集》第三集，昆明：雲南大學出版社，2009 年，頁 1～71。

3. 朱星威：《戲曲出版與商業文化：《戲劇月刊》研究，1928～1932》，新加坡：新加坡國立大學碩士論文，2009 年。

4. 吳億偉：《近代上海畫報戲劇畫之研究（1884～1912）》，台北：國立台北藝術大學碩士論文，2006 年。

5. 李湉茵：《京劇知識形成、商業宣傳與演員中心現象——由 1917 至 1938 京劇報紙期刊探討京劇之發展》，新竹：清華大學博士論文，2016 年。

6. 姚贇契：《馮叔鸞「戲學」研究》，台北：國立政治大學博士論文，2017 年。

7. 耿祥偉：《晚清民國戲劇期刊研究》，上海：復旦大學博士論文，2010 年。

8. 張雅筑，《報刊媒體與京劇坤伶的明星化（1912～1937）》，中壢：國立中央大學碩士論文，2016 年。

9. 陳淑美：《齊如山京劇參與之探討》，宜蘭：佛光人文社會學院藝術學研究所碩士論文，2004 年。

10. 趙海霞：《1872～1919 年近代報刊劇評研究》，上海：復旦大學博士論文，2010 年。

11. 盧琳：《辻聽花京劇劇評所反映清末民初演劇與新聞的關係》，台北：國立台灣大學戲劇學研究所碩士論文，2015 年。

12. 謝欣儒：《齊如山編導理論暨劇本七種研究》，臺北：國立臺灣師範大學碩士論文，2002 年。

13. 鍾欣志：《走向現代：晚清中國劇場新變》，臺北：臺北藝術大學，2012年。

14. 董虹：《城市、戲曲與性別：近代京津地區女伶群體研究（1900～1937）》，南開大學歷史學所博士論文，2012 年。

八、單篇論文（依作者姓氏筆畫順序）

1. 王萍：〈民國時期京劇流派文獻史料研究〉，收錄《中國戲曲學院學報》第 29 卷第 3 期（2008 年 8 月），頁 33～40

2. 仝婉澄：〈辻聽花和波多野乾一：日本的中國戲曲研究者〉，《廣州大學學報（社會科學版）》第 14 卷第 6 期（2015 年 6 月），頁 64～72。

3. 吳宛怡：〈近代劇評的發生──《順天時報》與辻聽花〉，收錄於《戲劇研究》第 10 期（2012 年 7 月），頁 69～108。

4. 吳新苗：〈從狎優到捧角：《順天時報》中堂子史料及文人與「相公」的關係〉，《文藝研究》，2013 年第 7 期，頁 111～118。

5. 李孝悌：〈民初的戲劇改良論〉，《中央研究院近代史研究集刊》第 22 期下，1993 年，頁 281＋283～307。

6. 李長莉：〈從「楊月樓案」看晚清社會倫理觀念的變動〉，《近代史研究》，2001 年第 1 期，頁 82～118。

7. 李虹佳：〈對《順天時報》晚清京劇文獻的梳理與思考〉，收錄於《中華戲曲》，2009 年第 2 期（總 40 期），頁 194～208。

8. 李偉：〈論傳統文人對京劇改革的推進──以齊如山、翁偶虹為例〉，收錄於《中華藝術論叢》第十輯，頁 265～282。

9. 李莉薇：〈從《順天時報》看近代傳媒對梅蘭芳首次訪日公演的推動〉，收錄《廣東技術師範學院學報》，2012 年第 5 期，頁 88～90。

10. 李莉薇：〈辻聽花對京劇的研究與傳播〉，《中國戲曲學院學報》第 35 卷第 3 期（2014 年 8 月），頁 64～72。

11. 沈后慶：〈民國捧角文化：以梅黨為例〉，《中國戲劇》，2017 年第 5 期，頁 67～69。

12. 周茜：〈民國初期梅蘭芳與滬上詞學家交往考述〉，《文藝研究》，2014 年第 8 期，頁 96～102。

13. 周淑紅：〈南社人「捧角」中的戲曲現代性因子〉，《南京理工大學學報（社會科學版）》第 28 卷第 4 期（2015 年 7 月），頁 44～50。

14. 周閱：〈辻聽花的中國戲曲研究〉，《國際漢學》，2012 年第 2 期，頁 586～600。

15. 房學惠：〈簡析紫雲出浴圖〉，收錄於《東南文化》，2006 年第 1 期，頁 91～95。

16. 胡淳艷：〈民國時期京劇劇評之批評〉，《四川戲劇》第 2 期（2009 年 2 月），頁 35～37。

17. 胡疊：〈翁偶虹的當代意義〉，《中國戲曲學院學報》第 30 卷第 3 期，2009 年，頁 48～51。

18. 徐煜：〈明星崇拜心理中的非審美成分——以晚清以來捧角現象為樣本〉，《戲劇文學》，2012 年第 10 期（總 353 期），頁 113～117。

19. 徐劍雄、徐家林：〈都市里的瘋狂——近代上海京劇捧角現象〉，《貴州社會科學》，2007 年第 3 期（總 207 期），頁 40～45。

20. 陳平原：〈中國戲劇研究的三種路向〉，《中山大學學報》（社科版），2010 年 3 月第 50 期（總 225 期），頁 1～27。

21. 傅謹：〈大眾傳媒與新興的戲曲批評——中國戲曲文獻的體與用研究之四〉，《戲曲文獻研究》，2013 年，頁 12～16。

22. 傅謹：〈梅蘭芳與新文化〉，《文藝研究》，2014 年第 5 期，頁 88～96。

23. 傅謹：〈齊如山和梅蘭芳之關係二三題〉，收錄傅謹主編：《梅蘭芳與京劇的傳播：第五屆京劇學國際學術研討會論文集》，頁 33～44。

24. 葉凱蒂，〈何處是文化業的中心：從地方藝人到全國明星的晉升看清末北京與上海文化經營模式間的競爭〉，收錄《清史譯叢》，冊 9，頁 334～369。

25. 葉凱蒂：〈從護花人到知音——清末民初北京文人的文化活動與旦角的明星化〉，收錄於陳平原、王德威主編：《北京：都市想像與文化記憶》，北京：北京大學出版社，2005 年，頁 121～134。

26. 賈佳：〈梅蘭芳的媒體形象——從北平期刊的視角〉，收錄於《藝術百家》第 101 期，2008 年，頁 13～18。

27. 趙婷婷：〈《申報》京劇評論家的自我建構〉，收錄於杜長勝主編：《京劇

與現代中國社會》，北京：文化藝術出版社，2011 年，頁 695～706。

28. 趙婷婷：〈《申報》劇評家立場的轉變〉，收錄於《戲劇藝術》第 1 期（2008 年 2 月），頁 50～54。

29. 趙興勤、趙韡：〈杜穎陶戲曲研究的學術路徑與啟示意義──民國時期戲曲研究學譜之十四〉，《社會科學論壇》，2013 年第 8 期，頁 206～218。

30. 趙興勤、趙韡：〈佟晶心戲曲研究的學術取徑與創新意義──民國時期戲曲研究學譜之十八〉，《中國礦業大學學報（社會科學版）》，2014 年第 2 期，2014 年 6 月，頁 48～59。趙興勤、趙韡：〈馮叔鸞「戲學」的豐富內蘊及文化旨歸──民國時期戲曲研究學譜之二十〉，《中國礦業大學學報（社會科學版）》，2014 年第 4 期，2014 年 12 月，頁 77～85。

31. 趙興勤、趙韡：〈徐筱汀戲曲研究的主要特色與學術貢獻──民國時期戲曲研究學譜之十六〉，《中國礦業大學學報（社會科學版）》，2014 年第 1 期，2014 年 3 月，頁 78～88。

32. 劉汭嶼：〈梨園內外的戰爭──20 世紀第二個十年上海京劇界之馮賈「黨爭」〉，《文藝研究》，2013 年第 7 期，頁 101～110。

33. 簡貴燈：〈發現鄭正秋 1910～1912 鄭正秋的劇評實踐及其意義〉，《上海戲劇學院學報》，2015 年第 3 期，頁 40～48。

34. 顏全毅：〈羅癭公創作敘論〉，收錄於中央戲劇學院學報《戲劇》，2013 年第 2 期（總第 148 期），頁 53～65。

35. 顏全毅：〈20 世紀早期文人京劇創作與「角兒」演劇風格創建的合力與難題〉，杜長勝編：《京劇表演理論體系建構》，北京：文化藝術出版社，2013 年，頁 1145～1155。

36. 顏全毅：〈陳墨香京劇創作敘論〉，《中國戲曲學院學報》第 36 卷第 3 期（2015 年 8 月），頁 24～31。

37. 顏全毅：〈羅癭公創作敘論〉，收錄於中央戲劇學院學報《戲劇》，2013 年第 2 期（總 148 期），頁 53～65。